相似还是相异？

18世纪中英农村经济与社会比较

徐浩 著

图书在版编目（CIP）数据

相似还是相异？：18世纪中英农村经济与社会比较／徐浩著．—北京：商务印书馆，2022
ISBN 978-7-100-20395-1

Ⅰ．①相… Ⅱ．①徐… Ⅲ．①农村经济发展—对比研究—中国、英国—18世纪 Ⅳ．①F323 ②F356.13

中国版本图书馆CIP数据核字（2021）第264753号

权利保留，侵权必究。

相似还是相异？

18世纪中英农村经济与社会比较

徐浩 著

商 务 印 书 馆 出 版
（北京王府井大街36号 邮政编码100710）
商 务 印 书 馆 发 行
涿州市星河印刷有限公司印刷
ISBN 978-7-100-20395-1

2022年3月第1版	开本880×1230 1/32
2022年3月第1次印刷	印张15⅝

定价：76.00元

本成果得到中国人民大学2019年度"中央高校建设世界一流大学（学科）和特色发展引导专项资金"支持

再版前言

《相似还是相异？——18世纪中英农村经济与社会比较》即将出版单行本，该书原书名为《18世纪的中国与世界：农民卷》，1999年6月由沈阳的辽海出版社出版，至今已逾二十年。值此旧作出版单行本之际，出版社编辑约我写个序言。思考再三，笔者拟对该书写作过程和选择这个新书名的原因做一简要说明，权且作为单行本的再版前言。

《18世纪的中国与世界：农民卷》撰写于二十多年前。1992年，戴逸先生主持的哲学社会科学"八五"国家规划重点课题《18世纪的中国与世界》获准立项，该课题后来还入选"211工程"重点项目"清史"子项目。与以往绝大多数中国史研究就中国论中国不同，该项目旨在将清中期中国的整体及其诸多方面放在世界历史的坐标系下进行审视，并以此为参照来评估古代中国最后一个专制王朝在最后一个主权独立的世纪的成就与局限，正如戴先生在《18世纪的中国与世界：导言卷》中谈到此书的研究意图和方法时所说："它试图对18世纪的中国历史展开全景式的论述，并立足于中国，与世界其他国家在有可比性的方面进行比较。因此，有别于通常所见的国别史和断代史，

相似还是相异？

其特点是按照政治、军事、边疆民族、经济、农民、社会、思想文化、对外关系等范畴，对这一时期的中国作出比较宏观的、综合的历史分析。"①在项目从立项到完成的七八个春秋中，戴先生倾注了大量心血，主持召开了多次专题研讨会，不仅谋划全书主旨，还具体指导各卷写作，最后又花费很大精力对书稿进行修改，充分体现出老一代学者严谨扎实的治学风范。

承蒙戴先生信任，1995年左右，非清史专业背景的我也有幸作为课题组成员忝列其中。我1987年到中国人民大学历史系任教，从事世界中古史、中西历史比较、西方史学理论及史学史的教学与研究。由于专业原因，加之当时未设历史学院，历史系和清史所是两个独立单位，因而我与清史所绝大多数老师接触较少，彼此并不熟悉。那么，从事不同专业和身处不同单位的我，如何加入了《18世纪的中国与世界》课题组？具体原因和过程现在已经记忆模糊，推想起来大概有三个原因。一是如上所述，我的研究方向之一是中西历史比较，硕士论文题目为《英国中古时代行政、司法和教区体制述论——兼与中国封建社会相关体制比较》，并发表过《中英封建社会农村的行政、司法和教化体制的比较》(《世界历史》，1988年第3期)，②这样

---

① 戴逸：《18世纪的中国与世界·导言卷》，第116页。(图书详细出版信息，请参见书后参考文献，此处略。余同。)

② 本文中凡涉及古代中国社会时使用的"封建社会"、"封建主义"等概念是20世纪以来的习惯用法，但近年来学术界许多学者认为其名实不符，且容易与西周的"封邦建国"(简称"封建")和之后中国古人所说的"封建制"(与郡县制相对而言)，以及中世纪西欧的封建制度(采邑制)相混淆，应改用"专制社会"或"专制主义"等更准确的术语。参见冯天瑜：《"封建"考论》(第二版)；中国社会科学院历史研究所等编：《封建名实问题讨论文集》。有鉴于此，拙著中原先使用的封建社会等均做了修改。

ii

的专业背景有助于从事18世纪的中国与世界的研究工作。二是由于从事中西历史比较研究,对中国史有一定了解,经历史系王汝丰先生引荐,1995年我考上了戴先生的博士生,他对我并不陌生。三是大约1995年左右,有一次我带女儿在操场玩耍,与也在操场带孩子玩耍的清史所郭成康教授邂逅,相谈甚欢。郭老师是《18世纪中国与世界》课题组"政治卷"作者兼项目"总管",负责课题组的事务性工作。在此之前"农民卷"作者出现人事变动,经郭老师介绍,戴先生批准,我进入课题组负责"农民卷"的撰写。课题组成员大多为清史所老师,外单位作者除我以外,只有"对外关系卷"的作者吴建雍研究员是北京市社科院历史所的,非清史专业的作者则只有我一人。在课题组成员中,我是倒数第二个入组的,最后进组的是军事卷第二作者(戴先生是第一作者)张世明教授,原因也是由于作者人事变动。

18世纪的中国与世界是一项全新的研究。如何看待18世纪的中国与世界?是从中国看世界,在朝贡体系中将自己永远视为最先进国家,陶醉于康雍乾盛世盖世无双;还是从世界看中国,认识到18世纪中国与世界先进国家的差距,知耻而后勇,这是一个无法回避的问题。很显然,戴先生主张从世界看中国,不仅从纵向上找出康雍乾盛世的成就,更要从横向上比较清中期与世界的差距,"一个是资本主义的青春,一个是封建主义的迟暮,两者的发展阶段不同,社会性质不同,已不可同日而语"[①]。那么,18世纪的中国与世界先进国家在整体上和诸多方面

---

① 戴逸:《18世纪的中国与世界:导言卷》,第4—5页。

相似还是相异？

差异何在，只有通过实证研究方能获得答案。《18世纪的中国与世界：农民卷》旨在对比18世纪中英与农民相关的各种问题，找出双方的差异和差距所在。"因此，本卷除重点比较了18世纪中英两国农民各个阶层的状况，宏观的农村经济、微观的农民家庭经济和农民斗争实践外，还以相当多的篇幅，阐述了两国地主阶级在生存方式、阶级属性和历史作用上的差异，以及农村商品经济发展的各自特点及其影响等问题。"①

本书单行本书名《相似还是相异？——18世纪中英农村经济与社会比较》中的主标题来自我的一篇已发表的笔谈文章《相似还是相异？——近现代国外有关中西方文明的历史比较》。之所以如此选择，是由于该文章标题反映了自启蒙运动以来国外中西比较研究的两种主要方法。文章指出，历史上的中西方文明究竟相似还是相异，近现代国外学者进行过颇有价值的历史比较。在此过程中，尽管学者们的观点不尽一致，有时甚至截然对立，但主流意见还是比较清楚的。大致来说，欧洲对古代中国历史文化的系统认识肇始于新航路开辟后的西学东渐。16世纪耶稣会士在将天主教传入晚明的同时，也把古代中国文化带回欧洲，为启蒙思想家建构世界历史体系提供了东方样本。从启蒙运动起，中西方历史比较便引起欧洲思想家的重视，并由此开始较为系统地辨析它们的异同。启蒙运动还只不过是欧洲人构建世界历史体系的发端。19世纪属于历史学的世纪，自此以来世界历史知识的积累才真正称得上蔚为大观。黑格尔、马克思和韦伯在他们各自的时代都是学贯中西的思想巨匠，并

---

① 徐浩：《18世纪的中国与世界：农民卷》，绪言，第6页。

不约而同地主张东西方文明是相异的，并探讨了造成双方差异的原因。① 以上探讨开启了一种影响深远的历史比较研究范式，即资本主义或现代化起源的比较。该范式主张资本主义或现代化起源离不开相适应的政治、经济、社会和思想条件。欧洲是资本主义或现代化起源的原生地区，它们最晚在工业革命前已经完成了这场转变。古代中国在政治、经济、社会和文化等方面与欧洲是相异的，因而阻碍了其走上现代化之路。② 换言之，中国现代化需要系统性和结构性改革。

20世纪后期，随着改革开放，特别是邓小平"九二"南巡后中国经济发展进入快车道，国外中西历史比较再次升温。与18—19世纪以来资本主义或现代化起源的研究范式不同，20世纪晚期新古典经济学理论成为中西历史比较的主要研究范式。新古典经济学理论范式的中西历史比较否认了马克思、韦伯等赋予15、16世纪的划时代意义，并斥之为西方中心论，倡导欧亚双中心论。他们将20世纪70年代西方流行起来的早期现代（early modern，16—18世纪）概念作为挑战15、16世纪转型模式的学理依据，③ 主张早期现代的亚洲并不落后，欧洲也不先

---

① 徐浩：《相似还是相异？——近现代国外有关中西方文明的历史比较》，《史学理论研究》，2016年，第3期。
② 埃里克·琼斯：《欧洲奇迹——欧亚史中的环境、经济和地缘政治》（第三版）；戴维·S.兰德斯：《国富国穷》。
③ 早期现代具有现代的许多特征，但仍残留某些前现代因素，并非完全意义上的现代，因而被称为早期现代。例如有学者认为，早期近代概念具有中世纪和近代两面性，"它是一个既非中世纪也非近代、包含了其前后两个时代某些因素的转型时期"（施诚：《全球史中的"早期近代"》，《史学理论研究》，2009年，第4期）。上文所使用的"早期近代"和"近代"，即本文所说的早期现代。

相似还是相异？

进，欧洲的崛起只是晚近的事情。受此影响，学者们通常放弃资本主义或现代化起源模式所信奉的中西历史发展道路不同的观点，认为早期现代中西方同处于农业社会，但市场和交换已占有重要地位，斯密型动力适用于双方的商业化经济，直到18世纪下半叶工业革命发生后双方才分道扬镳，走上不同的发展道路。①

新古典经济学理论的研究模式侧重于中西早期现代的经济史比较，以寻找两者的相似性。代表人物及其著作太多来自加州学派，包括王国斌的《转变的中国——历史变迁与欧洲经验的局限》，弗兰克的《白银资本——重视经济全球化中的东方》，彭慕兰的《大分流——欧洲、中国及现代世界经济的发展》，戈德斯通的《为什么是欧洲？——世界史视角下的西方崛起（1500—1850）》等。例如王国斌在分别考察了农业和手工业后认为，"当我们转而考虑中国在16至19世纪之间究竟发生了什么时，我们发现：在近代早期的欧洲和明清时期的中国的经济扩展中，斯密型动力都起了重要作用。中西之间的分道扬镳，直到工业革命发生后才出现"②。弗兰克也持有类似看法，他

----

① 与传统将15、16世纪作为转型时期相比，早期现代概念实际上推迟了欧洲转型的时间。不过，另一种观点却认为，中世纪中晚期英国存在许多现代因素，因而将转型时期的上限追溯到13世纪。该论点主张13世纪的主要特征与早期现代没有本质区别，比传统的15、16时期转型提前了两三个世纪。克里斯托弗·戴尔：《转型的时代——中世纪晚期英国的经济与社会》，导论。
② 王国斌：《转变的中国——历史变迁与欧洲经验的局限》，第79页。当然，王国斌也承认，与经济相比，早期现代中西政治和社会方面则呈现更多的相异性，如他在该书第十章"比较史学与社会理论"中所说："中、欧政治与社会性质的相似性，似乎更为复杂。我们可以洞悉国家形成及转型过程的共同因素，但其差异性也同样明显。"（同上书，第246页）

通过考察印度和中国等为中心的亚洲贸易后认为，早期现代时期亚洲胜过欧洲，"亚洲在1750年很久以前的世界经济中就已经如日中天、光芒四射，甚至到了1750年依然使欧洲黯然失色"，"但是，正是这种经济优势在18世纪晚期逐渐成为亚洲各地区的绝对和相对劣势。人口和收入的增长以及经济和社会的两次分化造成了越来越大的资源压力，限制了社会底层的有效需求，使亚洲比其他地方更容易获得廉价劳动力，生产和贸易开始衰退"。[①]彭慕兰主张19世纪前中西历史在诸多方面极为相似，或者说是"合流"的，此后由于西方获得生态上的意外"横财"才导致中西历史出现"大分流"，如他在"引言"中所说："本书承认欧洲发展的内在因素的重要性，但着重于直到1800年以前，这些过程与其他地区——特别是东亚——的过程的相似之处。确实存在某些重要的差异，但我将证明，它们只有在欧洲拥有海外资源特权所规定的背景下才能引起19世纪的大变革。因而，本书认为海外高压统治带来的好处有助于解释欧洲的发展和我们在欧亚大陆其他一些地方（主要是中国和日本）所看到的现象之间的差别。还有其他一些完全不适合上述任何一种情形的因素也起了作用，例如煤矿的位置。"[②]换言之，西方的最后胜出在很大程度上应归之于海外资源和煤的利用等偶然因素。

加州学派的中西经济史比较主要局限于经济方面，对政治、社会和思想文化等更广泛领域的比较少之又少，这不能不说是

[①] 弗兰克：《白银资本——重视经济全球化中的东方》，第83、423页。
[②] 彭慕兰：《大分流——欧洲、中国及现代世界经济的发展》，引言，第2页。

相似还是相异?

一个严重缺憾。仅就经济而言,中西历史天平在早期现代已出现了逆转,并没有等到18世纪末工业革命完成以后。例如麦迪森认为,"在15和18世纪之间,中国的经济领先地位让给了欧洲"①。据他估计,按照1990年的美元计算,1300年中国与欧洲人均GDP水平分别为600和576美元,中国略高于欧洲。1700年,两者分别为600和924美元;中国停滞不前,欧洲则快速上涨,达到中国的1.5倍。②1700年以来,中国与欧洲在世界人口和GDP中的占比也佐证了这一点。在世界GDP分布中,1700年中国和欧洲分别占22.3%、24.9%,1820年分别占32.9%、26.6%;仅从在世界GDP分布中看,与1700年相比,1820年的中国似乎比欧洲更先进。然而,如果与同一时期双方人口在世界人口中的占比联系起来,那么就会得出不同结论。1700—1820年,中国人口从1.38亿上涨到3.81亿,同期的欧洲人口从1亿仅增加到1.7亿。在此期间世界人口分别为6.03亿和10.42亿,其中中国分别占22.9%、36.56%,欧洲分别占16.58%、16.3%。③从GDP

---

① 安格斯·麦迪森:《中国经济的长期表现,公元960—2030年》,第3页。

② 安格斯·麦迪森:《中国经济的长期表现,公元960—2030年》,第19页,表1.3 中国及欧洲人均GDP水平,公元1—1700年。根据此表,1300年前中国和欧洲人均GDP水平数据为:公元1年(即罗马帝国和西汉末年),双方分别为450美元和550美元,欧洲高于中国。960年(即北宋建立和中世纪早期),双方分别为450美元和422美元,中国没有变化,欧洲则出现下降。960—1300年(即北宋至南宋和中世纪早期)双方均开始上涨,中国上涨33%,欧洲上涨36%。

③ 安格斯·麦迪森:《中国经济的长期表现,公元960—2030年》,第12页,表1.2 中国、欧洲、印度、日本及全世界人口粗略比较估计,公元1—2003年;第36页,表2.2a 世界GDP分布,1700—2003年。

占比和人口占比的关系看，1700—1820年中国GDP的占比始终低于人口占比：1700年，中国人口占世界22.9%，GDP占世界的22.3%，GDB的占比比人口占比低0.6。1820年，中国人口占世界36.56%，GDP占世界的比例仅为32.9%，GDP占比低于人口占比3.66。反观欧洲，这一时期GDP占比则始终高于人口占比。1700年，欧洲人口占世界16.58%，GDP占世界的24.9%，GDP占比高于人口占比8.32；1820年欧洲人口占世界比例降为16.3%，GDP占世界比例却上升到26.6%，GDP占比高于人口占比10.3。从麦迪森提供的以上数据来看，进步与落后，一目了然。

不过，麦迪逊估计10世纪下半叶至21世纪早期GDP时使用的是经济合作与发展组织（OECD）的数据，其中历史数据部分具有很大的猜测性，缺乏令人信服的实证基础，一直受到学术界的诟病。晚近以来，以斯蒂芬·布劳德伯利为首的中外学者利用工农业和服务业产值与人口数量等数据进行历史国民收入核算（historical national income accounting）研究，在对10世纪晚期—19世纪中叶中国和西欧的人均GDP重新进行比较后认为，中国在中世纪中晚期已经先后落后于部分西欧国家，从而在一定程度上修正了麦迪逊此前得出的在15和18世纪之间中国的领先地位让位于欧洲的结论。布劳德伯利等人认为，从借助于历史国民收入核算得出的人均GDP数据来看，中国经济运行状况可以概括为：北宋、明、清时期的实际GDP的年均增长率分别为0.88%、0.25%和0.36%。尽管到北宋末期和明朝开始之间实际GDP（和人口）水平也急剧下降，但两个朝代的实际GDP或多或少与人口保持了同步，因此人均GDP在一个高水平上下波动。然而，在清朝时期，人均国内生产总值以−0.34%的年率急剧下降。结果，1620年的人均GDP与980年的水平大致相同，但到1840年已降至980年水平的70%左右。[1]

从中英人均GDP比较而言，在11世纪晚期的"末日审判调查"（Domesday Survey）期间，北宋要比英国富裕得多，堪称是当时世界上最富裕的国家。然而，中国的人均收入直到明朝末期一直没有变化。从14世纪中叶开始，随着英国人均收入的增加，在经历了黑死病的危机后，英国在15世纪初（1400年）赶上了中国，并在16世纪逐渐领先。清朝时期，中国的人均收入下降，而英国的收入从17世纪中期开始迅速增长，中国远远地落在了后面。到19世纪中期，中国的人均GDP仅为英国的20%。即使考虑到中国的地区差异，中国与西欧的大分流在18世纪工业革命开始前即已开始。[2]那么，西欧部分国家如何先于早期现代一两百年（该文认为意大利人均GDP早在1300年已超过中国），在中世纪晚期实现了赶超中国的艰巨任务，究其原因在于中世纪中期以来那里出现的法律、社会、经济等一系列结

---

[1] Stephen Broadberry, Hanhui Guan, and David Daokui Li, "China, Europe and the Great Divergence: A Study in Historical National Accounting, 980-1850", University of Oxford, *Discussion Papers in Economic and Social History*, Number 155, April, 2017, pp.24-25; 在此之前，由斯蒂芬·布劳德伯利等经济史学家组成的研究小组，对13—19世纪英国经济演变进行了新的权威阐述。与传统的马尔萨斯主义的停滞论相反，他们通过全面评估英国人口、土地利用、农业生产、工业和服务业的产出和人均GDP，揭示了向现代经济增长的转变建立在1270—1700年人均GDP翻了一番的持续上升的基础上。参见Stephen Broadberry, Bruce M. S. Campbell, Alexander Klein, Mark Overton and Bas van Leeuwen, *British Economic Growth 1270-1870*。

[2] Stephen Broadberry, Hanhui Guan and David Daokui Li, "China, Europe and the Great Divergence: A Study in Historical National Accounting, 980-1850", pp.29-30.

构性转型,[1]有学者称之为"大转型"。[2]诚然,大转型在欧洲各地的发展并不平衡,在以英国为代表的西北欧,大转型率先使欧洲文明从封建文明过渡到转型文明,中世纪中晚期的转型文明奠定了早期现代的历史基础。[3]从这个意义上说,大转型是大分流的先决条件。显而易见,大转型导致了中世纪晚期西欧的脱颖而出,以及与中国的大分流。

总之,中西历史比较不是中西历史攀比,说到底应该有助于提升我们的自我认识和自我完善。

最后需要说的是,此次出版的单行本与原书的结构和内容完全一致,仅对部分文字表述做了修改,订正了所发现的错误,重新整理了参考文献。

徐浩
2019年10月

---

[1] 艾伦·麦克法兰:《英国个人主义的起源——家庭、财产权和社会转型》;哈罗德·J. 伯尔曼:《法律与革命——西方法律传统的形成》;克里斯托弗·戴尔:《转型的时代——中世纪晚期英国的经济与社会》,第1页。

[2] Bruce M. S. Campbell, *The Great Transition : Climate, Disease and Society in the Late-Medieval World.*

[3] 徐浩:《西北欧在欧洲文明形成中的核心作用》,《史学月刊》,2021年,第10期。

目 录

绪言 ··· 1

第一章 农民与农村经济的比较 ·· 13

 第一节 农业人口比例与农民阶层 ···································· 14

  一 农业人口数量的估计 ·· 14

  二 自耕农 ·· 19

  三 佃农 ·· 28

  四 农村雇工 ·· 33

 第二节 农业生产条件 ·· 38

  一 耕地面积 ·· 38

  二 农田水利 ·· 44

 第三节 农业生产力 ·· 48

  一 生产技术 ·· 48

  二 农村经济的多样化 ·· 59

  三 粮食生产 ·· 75

相似还是相异？

第二章 农村生产关系的比较 ··················· 95

第一节 地主阶级 ························· 97
一 身份性地主 ························· 97
二 非身份性地主 ······················· 116

第二节 土地关系与地产经营 ··············· 125
一 地产运动与产权关系的变化 ············ 125
二 租佃制 ···························· 138
三 雇工制 ···························· 156

第三节 剥削关系 ························ 172
一 地租形态 ·························· 172
二 地租剥削量 ························ 177

第三章 农村商品经济的比较 ················· 188

第一节 制约发展的因素 ·················· 189
一 社会生态环境 ······················ 189
二 城乡关系 ·························· 202
三 经济结构 ·························· 210

第二节 农村市场 ························ 217
一 地方小市场 ························ 217
二 集散和专业市场 ···················· 233
三 庙会和交易会 ······················ 243

第三节 国内和海外市场 ·················· 253
一 全国性商品市场 ···················· 253
二 海外市场 ·························· 264

第四章　农民生产生活的比较 ······ 278

第一节　小农生产 ······ 279
一　农民学研究的三大体系 ······ 279
二　小农的再生产 ······ 299
三　农民家庭经济 ······ 311

第二节　农民的家庭生活 ······ 326
一　婚俗 ······ 326
二　继承 ······ 335

第三节　小农分化 ······ 344
一　转变的机制 ······ 344
二　富裕农民经济 ······ 353
三　小农的贫困化 ······ 363

第五章　农民反抗斗争的比较 ······ 376

第一节　农民个别的和小规模的抗争 ······ 377
一　佃农和自耕农反抗剥削 ······ 377
二　雇工的反抗斗争 ······ 391

第二节　农村危机的加重与农民反抗 ······ 398
一　农村社会危机日益深重 ······ 398
二　乾嘉年间的几次农民起义 ······ 401

第三节　中世纪英国农民反抗斗争历史的回顾 ······ 415
一　为推翻农奴制和不平等的社会而战 ······ 415
二　农民地方性的反抗活动 ······ 428
三　1381年的农民起义 ······ 435

第四节　18世纪前后英国农民的斗争 ······ 440

相似还是相异?

 一 为土地和新社会而战 ················ **440**
 二 17世纪圈地和资产阶级革命时期的农民斗争 ········· **445**
 三 18世纪农民的反抗运动 ················ **451**

参考文献 ······························ **456**

绪　言

18世纪，那种建立在普遍联系和分工基础上的全球性和近代意义的世界历史，已进入其形成的最后阶段。这么说是由于亚洲此时尚能保持其政治和经济的独立性。开创近代世界史的动力和领导力量不是源于曾经创造过骄人业绩的亚洲和东方，而是来自远离上古和中古文明中心的西北欧，历史的天平第一次向西方倾斜。结果为什么会是这样的？成功者和失败者怀着不同的心态，都在思考和试图回答这一课题。因为失败者想从中汲取教益，成功者不希望重蹈历史覆辙。

客观地说，18世纪的中国与世界都发生了前所未有的变化。这一百年中，中国有九十五年处在"康乾盛世"的阶段。18世纪的中国所取得的整体成就，不仅令她的历代封建王朝无出其右，而且也使世界为之瞩目。不过，18世纪中国社会的根本性变迁还是微弱的；事实上，"康乾盛世"仍在重复中国历代封建王朝治乱兴衰的历史轨迹。18世纪前后的亚洲，类似清帝国这样的巨大文明实体还有土耳其奥斯曼帝国、伊朗萨非王朝、印度莫卧儿帝国、日本德川幕府，乃至俄罗斯的罗曼诺夫王朝。尽管它们都曾达到过极高的文明发展水平，而且在18世纪以前也大多从未停止过军事扩张，但由于其自身缺乏新的经济与社会力量，因而也谈不上有实质性的变革。可是，同一时期，在亚洲以外的欧洲、南北美洲和非洲，仍在继续着自哥伦布航海以来就已启动的世界历史进程，这一进程的本质是资本主义用武力和经济力征服世界。只是任何事物的发展演变都需要有一个过程，处在上升时期的资本主义对垂暮之时的前资本主义的冲击也不能例外。18世纪，亚洲凭借其传统结构积聚起来的经济和军事实力，仍能对远道而来的西方殖民者拒而不纳。然而，在资本主义所开启的近代文明进程中，亚洲融入世界是迟早要发生的事情，区别不过是以何种地位或角色进入这种渐次形成的世界体系而已。此时的欧洲实际上是世界变化的动力之源。该动力最初来自葡萄牙和西班牙，稍后是荷兰与英国。靠近上述地区的法国最早感应到来自这股动力的挑战，但旧制度统治下法国的应战并非积极而有力。因此，直到18世纪末的法国大革命，海峡两岸的资本主义才真正连成一体。不过，这时的葡、西、荷由于资本主义关系在生产领域发展迟缓，都已处于衰败之中。哥伦布航行以后，西北欧资本主义的首轮发展及其衰落喻示了历史演进的某种规律性。

　　18世纪，无论对亚洲还是欧洲都是至关重要的。历史已经证明，处于商业资本主义和工场手工业阶段的欧洲，仅凭借其海上的军事优势，根本无法使亚洲成为其在美洲以外的第二个殖民大陆。只有以工业革命为标志的新的生产力，才能征服亚洲，彻底改变亚洲的传统结构。应当说，商业和贸易并非新东西。至迟在古罗马时期，东西方就曾有着贸易往来，但这种被称为传统的奢侈品贸易并未改变参加贸易的国家政治和经济发展的独立自主性。据说，11世纪时，居住在北欧的维金人也有

绪 言

到过美洲的航海活动，并在那里拓殖定居达一个世纪左右，但最终还是永久地从美洲退却了。哥伦布开始的航海与贸易至18世纪已持续了两百余年，充分显示了四百年前维金人所不具备更无法比拟的巨大内驱力。虽然这种属于资本主义早期阶段的商业殖民主义可以使美洲和非洲的古老文明纷纷败落，但却不能动摇亚洲高度发达的印度教、伊斯兰教和儒教文明。如果没有或推迟18世纪后期的工业革命，我们是否可以设想，自哥伦布远航开启的西方商业资本主义的殖民活动，虽然不会如维金人一样悄然退却，但至少东西方的历史天平不会如此迅速地向西倾斜。商业航海活动为资本主义最终征服世界仅提供了一个必要条件，但绝不是唯一的条件。工业革命为资本主义的世界扩张创造了真正革命性的动力。历史在向人们证明，前资本主义时代的商业（例如远程奢侈品的贸易）的发展，有时并不必须以经济的进步为前提，而资本主义（特别是与商业资本主义相对的产业资本主义），却离不开经济发展和贸易扩大这两个轮子的共同运转。16世纪末，葡萄牙和西班牙衰落了，18世纪初荷兰也落在后面。此时只有英国后来居上，战胜了所有的对手，取得了最后的胜利。英国的成功具有非同寻常的意义，它宣告了一个历史上从未有过的新时代即产业资本主义的来临[①]。

研究18世纪的中国与世界，就要站在世界历史的高度，重新审视这一过程。要把中国放在世界历史的坐标上，置于世界历史宏观发展的大背景中进行检讨。为此，可以将18世纪的中

[①] 关于以全球视角审视世界历史进程的著作，请参阅斯塔夫里亚诺斯：《全球分裂——第三世界的历史进程》，以及他的另一部著作《全球通史：1500年以后的世界》等。

相似还是相异？

国同印度、奥斯曼帝国、日本、俄国和西欧进行认真的、扎实的比较。我们的目的是想说明，18世纪东西方历史发展的"易位"，究竟是由哪些原因造成的，文明的兴衰更替到底受制于哪些具有普遍性的因素。当然，为了寻求上述问题的答案，我们也可以拿18世纪的中国与英国进行比较，因为谁也无法否认同期的英国代表和领导了世界的变革。

这里呈现给读者的是笔者对中英农村社会进行比较研究的初步成果，期盼着它对理解18世纪的中国与世界的变化有所助益。就笔者所知，将18世纪中国与英国的农民或农村进行比较，这在国内外似还没有先例。对英国而言，这种比较大都截止在16世纪左右。因为一般认为，通过16世纪的农业革命、圈地运动和17世纪的资产阶级革命，英国的传统农村已得到根本改造，小农被全部剥夺，资本主义生产关系在农村取得彻底的胜利。在历史研究中，18世纪英国的农村史也往往受到冷遇或忽视。除了在农业史或经济史的专门性著作中会有比较翔实的论述外，在一般的历史学著作中，18世纪的英国历史大都只涉及诸如忙于欧洲战事，以股份公司进行殖民扩张掠夺，以及政党争斗和工业革命等内容。而此时的农村要么仅作为不重要的背景，被几笔带过；要么干脆只字不提。留给人们的印象似乎是，18世纪时英国农村变革的问题已经解决[①]。

实际情况远非如此。我们把社会转型这样如此复杂的历史过程简单化了，对重大历史事件有一种天真的或近乎崇拜的心

[①] 国内常见的这类著作有：蒋孟引主编的《英国史》、莫尔顿的《人民的英国史》和塔塔里诺娃的《英国史纲：一六四〇——一八一五年》等。

理，相信它对社会、经济、文化等领域都会产生立竿见影的作用；或者把社会变迁看成一次性的过程，而不需要长期的多次的变革，甚至有时会经历反复、曲折才能实现。毫无疑问，16世纪英国农村的变革还只是初步的、有限的，中世纪农村的许多传统延续下来，直到18世纪仍然根深蒂固。变革依然是18世纪英国农村紧迫的时代主题。不仅如此，18世纪晚期，工业革命在英国还只是刚刚开始，其显著影响要19世纪末方可见到。因而18世纪英国的经济仍主要是农村经济，城市经济所占的比重很小。劳动者中农民占绝对优势，农村仍然构成这个岛国地理面貌的主色调。尽管人们可以说，此时英国的财富相当大的比例来自殖民掠夺贸易，但比英国更早经营此类贸易而获得巨额财富的葡萄牙和西班牙，却并未因此成为第一批工业化国家。事实上，17世纪时，荷兰、英国取代葡、西，主要是由于其国内卓有成效的经济发展。对英国而言，农村经济的发展无疑构成了这种经济进步的重要驱动力，直到18世纪都是如此。18世纪英国与中国的农村不仅具有可比性，而且同16世纪相比，这种比较似更具有价值和意义。

行文至此，有一个问题需要稍作说明，即本书是对中英农村的比较，这是否意味着全部内容都要寸步不离地涉及农村呢？全面地再现一个时期农业的历史，本身就是一项有益的工作。但问题是，我们要说明为什么尽管18世纪的中国古代文明已经发展到极高水平，但在向近代化转型的过程中却步履维艰？而英国在17世纪末完成资产阶级革命，18世纪晚期又启动了工业革命，在这不同的历史经历中，两国的农村究竟起到了怎样的作用？显然，它仅从农业本身并不能获得圆满的解答。

相似还是相异？

因为正如有的学者所言，小农只是半个社会，对他们的研究还须结合当时的地主经济、城市经济、国家政权和商业贸易等方面，综合加以分析，否则既不能说明18世纪中国的农村社会问题，更无法对同期中英两国农村变迁的差异做出解释。因此，本书除重点比较了18世纪中英两国农民各个阶层的状况，宏观的农村经济、微观的农民家庭经济和农民斗争实践外，还以相当多的篇幅，阐述了两国地主阶级在生存方式、阶级属性和历史作用上的差异，以及农村商品经济发展的各自特点及其影响等问题。

18世纪，中英两国农业上的一个共同特点，就是走向集约化。这一百年间，中国和英国（英格兰和威尔士）总人口的增长都在一倍上下，客观上要求增加农业生产。明朝鼎盛时中国有耕地近8亿亩，但当时人口仅1.5亿。如果农业生产技术保持不变，那么养活约3亿人口，则需要16亿亩耕地。实际上，至乾隆末年，中国耕地面积只达到约10.5亿亩，是必要土地需要量的约66%。很显然，要养活这么多新增加的人口，除了内地和边疆开发以外，更重要的是提高原有土地的产量。18世纪中国粮食单产的提高，主要是由于农艺学的进步，包括深耕、早播、选种、施肥、人工灌溉、推广复种、水稻北移和高产作物推广等技术，都取得显著进步。同期的英国，人口增长不到一倍，但土地面积在17世纪末已达2900万英亩，至18世纪非但没有增加，甚至还下降了。18世纪上半叶，英国仍能大量出口粮食，这主要由于新轮作制的实行和农艺学的进步。取消休耕地，使耕地面积可净增三分之一，但这种变化极为缓慢。仅从农艺学进步角度看，18世纪的中国似更先进，并有效地应付了人口

绪 言

增长对粮食的需要。但中国的农业并无活力和生气，表现在它不能为工业化创造有力的物质前提，对资本主义农业的发展也缺少刺激力。而这些，英国的农村做到了。这主要是因为，其一，尽管中英两国农具和纺织工具在18世纪都无根本性改进，但在动力方面，英国大约比中国更多地依靠自然力和畜力，从而提高了劳动效率。其二，虽然18世纪中英同为农业国，但两国农村的产业结构却极不相同。中国长期以来种植业占绝对优势，形成较为单一化的产业结构。至18世纪农村产业结构虽有变化，但无论经济作物还是农村纺织业的发展都有很大局限性。英国农村大致是混合型的产业结构。除粮食生产外，畜牧业的大力扩张可以使乡村工业就地得到充足、优质、廉价的原料，从而在农村造就了现代早期至大工业形成之前的民族工业。最后，18世纪中国和英国粮食的单位面积产出量都增加了，但人均产出量的变化并不相同。大致说，中国的粮食单产和年人均产量并未同步增长，后者的增长落后于前者，因而造成粮食劳动生产率的衰滞。前工业社会农村乃至社会的发展，归根到底是提高粮食劳动生产率，即一个农民每年的粮食产出能够养活越来越多的非农业人口。实际上，与明朝鼎盛时期相比，18世纪江南水稻单产增加并不十分显著，粮食劳动生产率随着集约化反而下降。相反，英国的粮作单产及其劳动生产率都提高很快。

18世纪，两国绝大多数土地都掌握在地主阶级手中，他们的生存方式和阶级属性与农村生产关系的变化方向密切相关。中国的缙绅和绅衿地主无论从政治地位和经济力量来说都是地主阶级的代表，他们通过学校和科举制度等多种途径获得各项政治和经济特权，是专制国家的阶级基础。庶民地主没有政治

相似还是相异?

和经济特权,大都是"力农发家",同时也兼营其他行业,蕴含着新的生产关系的萌芽。但从整体经济实力看,他们还不能对缙绅和绅衿地主构成挑战。英国地产主包括贵族和乡绅。经过战争和价格革命的消耗,旧的封建贵族已经消耗殆尽,都铎王朝的统治者本身就是新贵族,他们通过没收和拍卖教会、修道院及王党的土地,使许多乡绅和工商业界人士获得土地,进一步加强了新贵族的力量。到18世纪,英国的地产主早已经资产阶级化了。阶级属性的不同,导致两国土地的产权关系和经营方式朝着不同的方向演进。从表面看,变化的趋势和结果都是地产集中和产权转移,但性质却大不一样。在中国,由于获得土地者大都是缙绅和绅衿地主,因而仍未脱离陈旧的封建轨迹。这类地产运动并不触及和改变农业的生产方式,只是将封建的小土地所有权转变成大的封建地主所有权。英国近代土地集中,主要是18世纪资产阶级化的地产主实行圈地的结果。通过圈地,过去分散的、模糊的封建土地所有权,转变为资本主义的土地私有权,小生产让位于集中和规模经营的大农业体制。通过地产运动和产权关系的变化,英国建立起地产主—农业资本家—农业雇工这样一种近代资本主义的农业生产关系。中国地主向资产阶级转变缓慢,有两点原因很关键:一是缙绅和绅衿地主的产生和发展都仰赖于专制王朝。他们成为地主后,大都小块出租土地,地租除买地外也绝少再返还于生产领域,因而割断了向资产阶级转化的任何可能。二是无论经营地主直接雇工经营,还是佃富农雇工生产,都有一个经济上是否划算的问题,而这从根本上说来是受劳动生产率的制约。小农因人口压力之下投入单位土地的劳力过多,致使劳动的边际效益降低,劳动

绪 言

生产率下降；经营地主和佃富农虽有充足的土地，雇工劳动的生产率也高于小农，但技术和动力等条件又使雇工劳动生产率的提高受到限制，以致新增加的劳动生产率的效益与雇工工资相比，并不占有明显优势，从而影响了经营地主和佃富农向资产阶级的转变。

18世纪，中国农村商品经济注入了新的发展因素，包括专业性手工业和贸易市镇的繁荣，和以此为契机的全国性粮食市场的初步形成，这是此前所不曾有过的突出现象。不过也应看到，这种新变化仍具有明显局限性。因为真正进入长途贸易的粮食和纺织品数量不大，全国范围内的粮食和纺织等工业品之间的交换市场远未形成。类似松江等江南这样的手工业集中生产区也仅独此一处，其他地方农业和手工业的结合在商品经济下非但没有被削弱，反而得到加强，自给自足的小生产仍然占据绝对的优势地位。即使在江南这样的商品经济发展水平极高的地区，纺织业中纺与织两个环节也未分离，传统的小生产依旧自行运转。对资本主义发展来说，地方小市场的作用有限，在国内和海外市场出现前，它们主要服务于本地的生产和消费，市场弹性极小，不能适应商品生产的需要。18世纪，英国的国内市场处在形成的最后阶段，具有八十余万人口的伦敦对此发挥了重要作用。各地除为伦敦市场提供农副产品外，农村产业结构的多样性，使粮产区、畜牧区和呢绒工业区的产品，都需要相互调剂，地区之间的交换因之普遍化。18世纪英国内河航运体系的建立，是国内市场形成的标志。同时，海外贸易也迅速发展，为农村粮食和纺织品提供了空前广阔的销售市场。这种发展是同期的中国不曾达到的，也是无法比拟的。

相似还是相异？

近代或资本主义的商品经济不同于此前阶段的交换经济，它要建立在商品生产的基础上。18世纪，有两个因素造成中英两国商品生产在发展上存在差异。一是中国有土地和资金发展商品生产的缙绅和绅衿地主，大都游离于市场体系之外，官本位和儒学所代表的传统价值观，阻碍了他们涉足商品生产领域。庶民地主和佃富农虽然可以进行商品生产，但也困难重重。英国的贵族和乡绅则具有浓厚的商品化意识。为此，他们圈地、为农场进行固定资产的配套建设，并会同农场主在农业改良上进行了一系列创新。他们完全汇入到农业商品化的大潮之中。其次，18世纪中国虽然出现了新兴的手工业和贸易市镇，但并未使传统的城乡关系出现大变革。在所谓的郡县城市中，手工业的产品主要以官僚和军队为销售对象，后者以地租和国库收入进行支付，并不能大量流向农村，因而城市手工业品和农村的农副产品没能广泛和直接的交换。英国则不然，18世纪时，城市行会解体了。城市手工业主要生产大众所需的物品，市场主要在广大农村和国外。同时城市工业的兴起又需要大量农副产品。所以城乡间工业品与农产品的交换，为商品生产创造了广阔空间。可见，中国缺乏商品生产的主体，农村没有多样化的经济结构，新型的城乡关系还仅局限在少数新兴工商业城市或市镇之中，这一切致使她的商品经济缺乏商品生产这一近代性内容。

18世纪，中国农民也经历了划时代的变化。一是劳动者的法律地位得到改善，封建依附关系迅速松解，租佃形态和地租形态也都朝着有利于生产者的方向发展，这种变化超过明代。二是农民通过"力农""勤于稼穑"或兼营副业，迈出了阶级分

绪　言

化的步伐，经营地主和佃富农已不再是个别现象。两者的出现可上溯到明代，但较快发展还是在18世纪。此外，商人和高利贷者也源源不断地加入这一行列中。应该说，这一过程同英国16世纪以来的情形非常相似。英国的小乡绅中有不少人热心于农业改良，相当于中国的经营地主。他们也多来自农民上层和工商业界，大租地农少不了出自农民的上层。这些人与封建地产主和传统农民的最大不同就是进行商品生产。当然，小农的阶级分化是一个非常缓慢的过程，至18世纪末英国也未全部完成，19世纪时小农场仍占有一定的比例。

这里就提出一个问题：小农向资产阶级的转化为何如此艰难漫长？事物的发展总是量变与质变的统一。必须承认，18世纪时，中英两国小农向农业资本家转变的数量和程度还有很大差距。英国小农分化的总体水平已越过质变所要求的临界点，可以说完成了质变的过程；而中国农村的量变还远远不够。中英小农阶级分化不在于起点的早晚，主要是速度有快有慢，水平有高有低，宏观的政治、经济和社会环境有适宜与不适宜的区别。中国明朝比都铎王朝建立得还要早，中国经营地主和佃富农的出现时间并不比英国迟。但至18世纪末，两国却有如此大的差距。小农只是半个社会，这句话同样适用于解释小农分化速度和水平的差异。小农分化的快慢自然同商品生产、经营规模、技术条件、粮食劳动生产率、农业产业结构、劳动力和土地市场、继承制度等关系甚密，但也离不开国家政策、经济形势、地主对商品化的反应、城乡经济关系、国内和国际市场等社会宏观环境。当这些条件都非常有利时，小农的阶级分化就会加速；否则，这个过程不仅迟缓，而且还具有后退

相似还是相异？

倾向。

应该说，小农的阶级分化导致多数人减少或失去土地，这种半无产化或无产化并不等于贫困化，至少从长远看是如此。因为随着资本主义关系的发展，商品生产的扩大、资源的有效配置、技术的改善，最终都会提高劳动生产率。农民也会从中获益，从而使生活质量逐渐改善。相反，在传统体制下，由于生产条件的严重不均、技术落后和生产效益低下，小农的物质和文化生活的贫困落后倒是非常普遍的现象。因而在中国古代社会，虽然每个王朝末年都要爆发推翻专制王朝的农民起义，但这种阶级斗争的根源不是建立新的生产关系和上层建筑，而是的的确确的谋求生存的经济斗争，是沉重剥削和落后的农业生产力之间无法克服的矛盾激化的表现。由于没有更加进步的生产力和先进的阶级力量，农民不能制定推进社会真正进步的斗争纲领，没有变革专制制度的斗争目标，因而从根本上说，他们并不是近代化的推动力量。与之相比，英国自中世纪以来农民的分化，富裕农民与新贵族的联盟，使他们的斗争能够为新制度和新社会而战。从这个意义上讲，18世纪的中英两国，农民反抗的原因、目标和历史作用也都有各自的特点，斗争的性质也因之大不相同。

第一章 农民与农村经济的比较

18世纪下半叶，工业革命的浪潮首先在英国悄然兴起，然后波及西欧的其他国家。不过，纵观当时的世界，即使是经济上先进的西北欧国家，也仍然没有告别前工业社会，或者说，当时的西北欧还是农业社会，或至多是处于开始向工业社会过渡的阶段。然而，这一百年间，又确是传统农业取得重大突破或酝酿突破的关键时期。18世纪、最迟在19世纪上半叶以前，西欧各国的传统农业的量变已越过自身的临界点，出现质的跃进，从而完成了自16世纪左右掀起的作为近代工业社会第一基石的农业革命。这些国家的历史雄辩地证明：农业的先期的或至少伴随的发展，是工业革命和近代化取得成功的先决条件。而同期中国，传统农业尽管已取得很高成就，但其内部的量变始终没有达到足以引发质变的水平；直至被强行纳入资本主义的世界体系之前，农业革命也没有在有着悠久和先进农耕文明的中国大地发生。[①]农业革命的迟滞不仅使工业革命无以依托，

---

① 国内也有人持相反的观点。如薛国中认为，16—18世纪中国农业又有新跃进，生产技术提高，产量增加，经营方式发生深刻变化，大大越过同期西方农业革命的内容，可称为中国的农业革命（参见薛国中：《16—18世纪的中国农业革命》，《武汉大学学报》，1990年，第2期）。

相似还是相异？

而且在很大程度上影响乃至决定了中国近代历史发展的方向及其进程。本章主要从生产力的角度探讨18世纪中国与英国农村经济发展的基本状况和变迁性质。

第一节 农业人口比例与农民阶层

一 农业人口数量的估计

18世纪的世界各国，农村人口在各自全部人口构成中仍保持着绝对优势。只是伴随工业革命的结束，英国才在世界上率先打破了这种维持了几千年之久的人口格局。一般而言，在漫长的前工业社会中，农业是经济活动的主要内容。与此相应，农民便成为社会物质生产的主要承担者。然而，我们也必须注意到，前工业社会向工业社会的转变，传统农村的变革，往往是以农村的产业结构和劳动力结构的重新调整作为突破口的，由此带来人口的城市化和农业人口比例的下降。当然，在传统农村中，如果农户的生产要素供给不足，或土地产出不能维持家庭基本生活需要的话，农民也会暂时放弃农业生产，从事其他行业，造成实际从事农业劳动的农业人口下降。有鉴于此，对农业人口状况的研究，无疑应该成为探讨农村经济与社会发展的起点。

18世纪，中国人口经历了前所未有的惊人增长。这期间，全国人口总数从1亿多猛增至3亿有余。但必须要指出的是，在

第一章　农民与农村经济的比较

中国，农村人口至今仍在总人口中占绝对优势，18世纪时其比例自然会更大。但全国总人口毕竟会多于农业人口，这个余额至少应包括皇室、官僚、胥吏、工商从业者、士兵和除此之外的城市非农业人口在内。另一个影响农业人口数字的因素，是如何认定非农业人口的范围。通常的做法是，将县以上的地方官府所在地，如县城、府（州）城、省城及京城作为统计非农业人口的对象；而近年来的研究则更倾向于把市镇人口也纳入人口城市化的统计范围，由此必然会增加非农业人口在全国总人口中所占的比例。按第一种标准推算，罗兹曼估计在近一千年（也许长达两千年）间，中国城市人口一直在全国人口的5%—7.9%的幅度之间徘徊，以至于宋代的城市人口的比例已达到清朝的水平。①直至19世纪中叶，江苏人口达4 300万人，城市人口只占7%（301万人）。河北省城市人口占该省总人口的8.8%，而日本同期都市化最低的区域中城市人口也占12.6%。②这种估计显然与历史实际相去甚远。如果按第二种标准估计，情况就会有所不同。这是因为18世纪市镇的数量有较大增加。施坚雅对1893年（光绪十九年）中国的都市化做了一个统计。当时全国的都市化率平均为6%，长江下游的都市化率为10.6%，云、贵等落后省份都市化率为4.5%。在他所统计的39 000个都市化单位中，从首都到县治的都市仅1 500个左右，而相当于镇和市的约有近37 500个，③可见市镇在都市化过程中的重要性。

---

① 罗兹曼主编：《中国的现代化》，第207页。
② G. Rozman, *Urban Networks in Ch'ing China and Tokugawa Japan*, pp. 273, 218.
③ G. Skinner ed., *The City in Late Imperial China*, p. 340.

相似还是相异?

施坚雅所统计的是19世纪末中国市镇的数量,距18世纪已经又过了一百年的时间。特别是19世纪中叶以后,通商口岸制度的建立,开启了近代中国都市化发展的一个崭新阶段,因而那时的城市化比例和市镇数都会高于18世纪。但即使如此,在18世纪,市镇的数量也会比县治以上的政治性城市高出不知多少倍,市镇创造了相当可观的非农业人口。

以浙江省吴江县为例,乾隆前期,吴江县共有6镇6市。刘石吉据《吴江县志》统计,乾隆九年(1744年),吴江县户数共有64 007,口数247 211,平均每户为3.86人,市镇户数占全县户数的35%,市镇总人口如以每户3.86人计,则为86 473人,农业人口仅占全县总人口的65%。[①] 18世纪时,吴江县属于都市化程度发展较高的地区之一,其非农业人口的比例自然较大。不过,清朝的一些文人士大夫出于维护专制统治的目的,也在批评实际从事农业劳动的人减少的现实,如靳紫垣在《生财裕饷第一疏》中也就全国农业与非农业人口的比例做过估计:"四民之中,力农者居十之七,而士工商与庶人之在官者居十之三","故十人之中,科农民七而士工贾三"[②]。

吴江县隶属于苏州府,与它毗邻的杭州府的非农业人口就达不到这一水平。据梁方仲对乾隆《杭州府志》卷四十四《户口志》数据的统计,杭州府所辖1州8县,城市人口即非农业人口平均占总人口的10.26%,其中高者占到22.26%,低者仅为2.04%,兹将梁先生编制的统计表转引如下:

---

① 刘石吉:《明清时代江南市镇研究》,第137页。
② 陆燿辑:《切问斋文钞》,卷十五。

第一章 农民与农村经济的比较

表1-1 清乾隆四十九年杭州府部分县乡民数和市民数的比较

县别	乡、市民总数（丁口）	乡民数（丁口）	市民数（丁口）	乡民数点总数的百分比（%）	市民数占总数的百分比（%）
全府合计	261 573	234 656	26 917	89.41	10.26
钱塘县	49 621	38 397	11 224	77.38	22.62
仁和县	80 700	71 958	8 742	89.17	10.83
宁海县	93 523	88 645	4 878	94.78	5.22
富阳县	8 060	6 964	1 096	86.40	13.60
余杭县	19 398				
临安县	17 818	17 455	363	97.69	2.04
於潜县	4 710	4 460	250	94.69	5.31
新城县	4 677	4 430	247	94.72	5.28
昌化县	2 464	2 347	117	95.25	4.75

资料来源：梁方仲编著：《中国历代户口、田地、田赋统计》，第449页。

在北方地区，18世纪农业人口和非农业人口的比例在方志中也有记载。如河南光山县，"执业者农多而工商少，其大较也"[①]。山东省曹州府，"四民之业，农居六七，贾居二三"[②]。山西省宁武府五寨县，"邑中四民，农居大半，工居其一，商居其一，士居其一"[③]。和顺县"逐末者十之一二，耕凿者十之八九"[④]。从方志所反映的比例关系看，北方农业人口与杭州府

---

① 乾隆《光山县志》，卷十三，《风俗志》。
② 乾隆《曹州府志》，卷七，《食货志》。
③ 乾隆《五寨县志》，卷十，《风俗志》。
④ 乾隆《和顺县志》，卷十二，《风俗志》。

相似还是相异？

属的州县很接近。事实上，18世纪各地所修的方志对这方面内容的记载相对较少较略，而且仅涉及大约的比例关系，绝少见到农业和非农业的实际人口数据统计，因而不利于准确估计农业人口的百分比。不过，总的看来，18世纪全国各地农业人口大约占90%者居多，有的占95%左右。一些地方农业人口只占70%—60%，但毕竟属于少数，不能视为一般现象。

18世纪，欧洲人口也进入持续增长的阶段，人口的城市化过程迅速推进，城乡人口分布发生了较大的变化。但直到这个世纪结束时，农村人口仍较城市人口为多。18世纪时，英国无疑成为欧洲经济的领头羊，它的城市人口所占比例自然比其他国家要高一些。即使如此，英国这一时期城市居民在总人口中仍未达到半数。据罗斯托估计，1700年，英国农村人口与城市人口分别为570万和120万，1780年分别为680万和220万，1800年分别为760万和320万。农村人口在总人口中所占比例，1700年为79%，1780年为68%，1800年为58%。18世纪法国农村人口和城市人口分别是：1700年为1 595万和330万，1780年为1 990万和570万，1800年为2 100万和640万，三个时期农村人口占总人口的比例分别为79%、71%和69.5%。[①]

科菲尔德对18世纪英格兰和威尔士城市人口也做过估算，其所估算的城市人口所占比例低于罗斯托的数字。不过，科菲尔德以超过2 500人作为所收录城市人口的最低限，考虑到人口不足2 500人的小城市在18世纪的英国仍占相当大的比例，所以

---

① W. W. Rostow, "The Beginnings of Modern Growth in Europe: An Essay in Synthesis", in *Journal of Economic History*, Vol. 33, 1973, p. 568.

其所估计的城市人口所占的比例仍可适当调高，因而同罗斯托的估算差距不会太大（见表1-2）。

表1-2　1700年和1800年英格兰和威尔士2 500人以上城市人口百分比

城市规模	1700年	1800年
100 000人以上	11.1	10.7
20 000—100 000人	1.0	7.9
10 000—20 000人	1.1	4.8
5 000—10 000人	3.2	3.5
2 500—5 000人	2.3	3.7
所有城市	18.7	30.6

资料来源：P. J. Corfield, *The Impact of English Towns, 1700—1800*, p.8。

一位西方历史学家曾说过："从农民开始形成的新石器时代起，到19世纪止，农民始终构成欧洲社会的基础结构，几千年以来，上层建筑政治形态的演变几乎没有触动农民的皮肉。"[①]由此可见，欧洲人口的城市化，主要是工业革命的直接结果。在英国，工业革命完成于19世纪晚期，而其他国家这个时间则要明显推后。因此，说18世纪仍然是农业社会的历史，农业人口仍占优势是最有力的证据。

二　自耕农

中国封建社会，自耕农土地所有制在生产关系中处于从属地位。尽管地主土地所有制长期占据主导地位，但自耕农的土

---

① 布罗代尔：《15至18世纪的物质文明、经济和资本主义》，第2卷，第264页。

相似还是相异？

地所有制却表现出异乎寻常的再生力。农民土地所有制是前资本主义社会中一种普遍存在的经济现象，它不仅存在于古代中国，而且在欧洲，自罗马共和国时代至现代早期的约两千年间，它都程度不同地发挥过作用。尽管前资本主义社会中，因经营方式所致，小农土地所有制有其存在的必然性，但这种经济形式本身又非常脆弱，经不起大土地所有制对它的兼并和天灾人祸的打击，因而常常处于动荡、分化的状态。此外，农民家庭较多采用的析产继承制度，也使自耕农难以稳定地存在。在中国，周期性爆发的农民起义，成为自耕农土地所有制的重要修复机制。同时，专制国家政权对小农土地所有制的保护，也是它具有顽强生命力的原因。自耕农这种个体所有制经济，是专制王朝中央集权统治最有利的经济形式。所谓"有土斯有殖，有殖则有赋；有土斯有民，有民则有役"[①]。王朝可以治乱兴衰，但小农土地所有制同专制国家的这种互为依托的关系却能长久维系。

清代前期，地权分配发生巨大变化，在相当广大的地区，地权趋向分散，只是各地的程度有所不同。发生变化的主要原因是战争。明末清初历半个世纪之久的战乱，造成人口大量死亡，土地严重荒芜。清初招抚流亡，"开垦耕种，永准为业"[②]。一般认为，康熙二十年（1681年）后是垦田的高峰期，垦田面积为5 315 373顷[③]。至雍正二年（1724年）增加到6 877 914顷，[④]

[①] 嘉靖《广平府志》，卷六，《版籍》。
[②] 清代实录馆：《清世祖实录》，卷四三。
[③] 清代实录馆：《清圣祖实录》，卷九九。
[④] 刘锦藻编纂：《清朝文献通考》，卷二，《田赋考》。

四十三年间共增加1 562 541顷，年均增加36 338顷。由于清初推行垦荒政策，因而全国涌现出大量的自耕农。此外，清政府还实行更名田。康熙八年（1669年），清政府下令"将前明废藩田产给予原种之人，改为民产，号为更名地，永为世业"，并准"与民田一例输粮，免纳租银"。①更名田主要分布在河南、直隶、山东、山西、陕西、甘肃、湖北、湖南、安徽等省，面积总计为166 829顷21亩。②清初对这些田地实行更名田政策，也促进了自耕农经济的恢复和发展。

那么，自耕农在18世纪农村人口中究竟占有多大比例呢？有关这方面的史料记载与研究都相对不足。时人曾留下一些零星的议论，可供参考。康熙四十三年（1704年），康熙帝在巡视北方和东部七省之后颁布的上谕中说："田亩多归缙绅豪富之家……约计小民有恒业者十之三四耳，余皆赁地出租。"③雍正六年（1728年），陕西兰州按察史李元英奏报甘肃情形时说：有产之丁，"居十之六七"，无产之丁，"居十之二三"④。雍正年间，河东总督王士俊说，山东省"有田自耕之民，十止二三，其余皆绅衿人等招佃耕作"⑤。光绪《霍山县志》卷二在谈及安徽地权分散的情况时说，到乾隆年间，"中人以下，咸自食其力，薄

---

① 清高宗敕撰：《清朝通典》，卷一，《田制》。
② 商鸿逵：《略论清初经济恢复和巩固的过程及其成就》，《北京大学学报》，1957年，第2期。另据陈支平研究，更名田总数约为21万顷左右，其中北方五省约为13万顷，占60%左右（陈支平：《清代赋役制度演变新探》，第160—170页）。
③ 蒋良骐：《东华录》，卷七三。
④ 清世宗胤禛批：《雍正朱批谕旨》，第二〇册，雍正六年李元英奏。
⑤ 台北故宫博物院编：《宫中档雍正朝奏折》，第二一辑，雍正十一年二月初六日。

相似还是相异？

田数十亩，往往子孙世守之，佃而耕者仅二三"。嘉庆《巴陵县志》在谈及当地农村各阶层人口的比例关系时说："十分其农，而租佃居其六。"① 另道光《江阴县志》在讲到该县人口职业分布时说，"农之家十居八九，农无田而佃于人者，十居五六"②。《江阴县志》虽撰修于19世纪20年代，但其中无疑包含了那里18世纪以来的情形。上述议论都是针对18世纪不同地区而发的，论者对那时自耕农在各地比例的估计，从占绝对优势的70%—80%到20%—30%不等，表明自耕农土地所有制在各地的分布极不平衡。

近年来，我国学者对获鹿县与休宁县编审册的研究，可以印证和充实时人的看法。20世纪70年代末以来，学术界对直隶获鹿县现存康熙至乾隆年间编审册进行整理，为研究18世纪的农村社会提供了许多宝贵的资料。《简明清史》认为，拥有10亩至60亩土地的农户可视为自耕农。作者对该县18世纪前期91个甲中所涉及的2万余户及31万余亩土地进行了统计分类，其中拥有10亩至60亩土地的中等农户共7 268户，占农户总数的34.5%，共有土地169 876亩，占土地总数53.9%。③ 潘喆、唐世儒、江太新、史志宏倾向占地10亩至100亩者为自耕农。按照他们对获鹿县编审册所发表的统计数据，占地10亩至100亩的户（或户丁），分别为总户（或户丁）数的36.6%、34.53%、43.5%；其所拥有的土地，分别占全部土地的65%、62.46%、

---

① 贺长龄、魏源编：《清经世文编》，卷二九，佚名：《巴陵志田赋论》。
② 道光《江阴县志》，卷九，《风俗志》。
③ 戴逸主编：《简明清史》，第1册，第346—347页。

60.5%。①后者将拥有10亩至100亩土地者视为自耕农，由此所得出的达到这一标准的户数在总户数中的比例，应明显高于《简明清史》中自耕农的比例数，但其中前两个自耕农占总户数的比例数却几乎与之持平，其原因主要是由于两者在统计范围、时间跨度上的不同所致。

此外，对安徽省休宁县小土地所有者数量的实证性研究也颇具代表性。此项研究所依据的主要是康熙和乾隆年间休宁县的编审册。康熙年间的编审册共有两册，一是康熙五十年（1711年）休宁县三都十二图5个甲（二甲部分残缺，六甲略有残缺）的编审册，5甲实存184户。二是康熙五十五年（1716年）同都图6个甲编审红册，6甲实存233户。从康熙五十年编审册看，在184户中，占地5—25亩的自耕农占总户数的76.92%，而康熙五十五年编审册所存233户中，拥有5—25亩土地的农户占总户数的69.4%。乾隆二十六年（1761年）的编审册，包括十三都三图6个甲，首尾有缺页，实存116户。其中占地5—25亩的自耕农占总户数的33.62%，占有55.33%的土地。②

以上获鹿、休宁两个例子都只是个别县、个别甲自耕农分布的情形，当然不能代表全国。也有相反的例子。如江苏玉区十七图10个甲约110户中，无地户为88户，占总户数的80%，

---

① 潘喆、唐世儒：《获鹿县编审册初步研究》，《清史研究集》，第3辑；江太新：《清代前期直隶获鹿县土地关系的变化及其对社会经济发展的影响》，《平准学刊》，第1辑；史志宏：《从获鹿县审册看清代前期的土地集中和摊丁入地改革》，《河北大学学报》，1984年，第1期。

② 章有义：《明清徽州土地关系研究》，第11—15页；江太新：《清初垦荒政策及地权分配情况的考察》，《历史研究》，1982年，第5期。

相似还是相异？

9户占有251亩以上土地的大地主占有全部耕地的96.7%。[①]这是一个佃农比例较大、地权高度集中的例证。可以想见，那里的自耕农数量一定是很少的。

从上述实证性研究中，我们可引出如下结论：18世纪的中国农村中，有些地区自耕农的比例较高，地权比较分散；有些地区自耕农仅占较小的比例，那里的地权也较为集中。即使在同一地区，18世纪的不同时期自耕农的比例也在不断变化之中。

英国的"自耕农"只限于自由持有农（freeholder）。如有的西方学者认为，英国土地所有者由贵族、乡绅和自由持有农构成。前两个阶层是地产主，自由持有农既是土地所有者，同时又是耕作者，英文为owner-occupiers，中文通常译为自耕农[②]。如果将乡绅的土地拥有量限定在300英亩至3 000英亩的话，那么自由持有农的土地一般在300英亩以下。虽然小乡绅属于广义的贵族和地产主，但富裕的自由持有农同小乡绅的实际经济地位和生活方式极为接近，因而两者之间通过经济或婚姻等渠道进行流动也并不罕见。与自由持有农相关的另一个词汇是"yoman"。"yoman"也写作"yemen"或"yoeman""yoemen"，音译为"约曼"。国内外许多学者把约曼视为自耕农，如《韦氏英语大词典》"yoeman"条的释文是：（1）一位拥有小块地产的人；（2）一个其祖先是自由人的农场主；（3）一个其地位低于乡绅的自由农民。上述这些人无例外地都在属于他们自己的

---

① 孙毓棠：《清初土地分配不均的一个实例》，《历史教学》，1951年，第2卷第2期。

② G. E. Mingay, *English Landed Society in the Eighteenth Century*, pp. 23–26.

土地上劳作。国内学者将约曼完全作为自耕农的更是大有人在。然而，约曼并非全部都是自由持有农者，前面的理解并不完全符合历史实际。

事实上，约曼同自由持有农并不能完全画等号，这里确实存在着误解和误译。14、15世纪至18世纪，英国农村各阶层正处于动荡、分化与重组的大变革时代。在此期间，原有社会地位的界定已不再适应变化了的情况，于是出现了乡绅和约曼这些有关社会地位划分的新概念。如果说，乡绅是指介于贵族和自由持有农之间的等级的话，那么，约曼则是指位于农夫和雇工之上、乡绅之下的等级。它既包括自由持有农，同时也包括公簿持有农（其前身是维兰，即农奴）或租期在一年以上的租地持有农。此外，在地方档案中，约曼还指商人、酿酒师、面包师傅、砌砖工人；在采煤区，甚至包括采煤师傅、煤矿经纪人和煤商。[①]可见，约曼并非指一个人同土地的法权关系，如同乡绅是一个社会集团一样。这个社会集团不仅容纳了作为"自耕农"的自由持有农，也包括公簿持有农和租地持有农这样的"半自耕农"，同时也指那些地位在无产的体力劳动者之上，但又未取得绅士等级资格的城乡非农业劳动者。可见，将约曼同中国的"自耕农"一词互译，显然是不妥的。

恐怕正是由于约曼和乡绅这些概念难以回避的模糊性，17—19世纪的统计学家都避免使用它们。比如，金·马西和科尔奎豪恩在对不列颠社会各阶层进行分类时，都没有使用约曼和乡绅的概念，他们共同用自由持有农代表"自耕农"，以从男

---

① G. E. Mingay, *English Landed Society in the Eighteenth Century*, p. 88.

相似还是相异?

爵、骑士、候补骑士（esquire）和绅士代表乡绅。[1]而有些不知其中缘由的人可能还要责怪这些统计学家近于木讷，居然对约曼和乡绅这些闻名遐迩的称谓无动于衷！

曾被斯图亚特·穆勒引为"英国的光荣"的自由持有农，曾几何时确实是一个值得自豪的阶层：它曾是乡绅的摇篮，乡村共同体的头面人物，更是资产阶级革命时克伦威尔铁骑军中骁勇善战的主要力量。据当时人近似的统计，直到17世纪末，英国仍有18万自由持有农，加上他们的家属近90万人，共占总人口的1/6左右。自由持有农无疑属于农民的上层，收入在40镑至300镑不等，几乎所有人都过着一种比较宽裕的生活。[2]时隔不久，人们开始谈论这个阶层的消灭。自由持有农的衰落，来源于18世纪英国大土地所有制的扩张，以及对传统农业生产方式的改造。作为家庭农场主，自由持有农的生产经营和主要收益往往同以休耕制和共耕共牧为特征的敞田制度联系在一起。18世纪的英国，土地规模经营的资本主义租地农场似乎成为近代农业的同义词，而自由持有农的家庭农场却继续维护着自中世纪以来一直流行的敞田制的农业耕作制度，成为新式农业的绊脚石。"正是很早以前就消灭了的古代共同体制度到这时仍然维持着的残余成为自耕农经营的基础。他们的存在与共有牧场的存在和在收割后的田里放牧的权利联系在一起。随着这些制度的废除，他们的生存能力也在丧失，自耕农已不能适应新的土地制度了。"因此，18世纪时掀

---

[1] R. Porter, *English Society in the Eighteenth Century*, p. 386, Table 5.6.
[2] 库利舍尔：《欧洲近代经济史》，第66页；芒图：《18世纪产业革命》，第108页。

第一章 农民与农村经济的比较

起的更大规模的圈地运动，其动机早已超出封建的地产运动的范围，"现在进行的圈地却同废弃旧的土地制度残余，导致完全的土地私有是同义的"①。换言之，农业革命必须铲除落后的敞田制，而铲除敞田制则必须消灭赖此为生的各类小农。18世纪英国议会的"法律圈地"，正是扮演了这一历史进程的助产婆。

可是，作为家庭农场主，自由持有农的衰落过程远未像时人或某些历史学家所论述的那样迅速。直至18世纪末和19世纪初，自由持有农的数量并没有很大变化。据明格估计，1790年，英格兰和威尔士共有自由农民10万户，如果以每户5人计算，自由持有农连同其家属约有50万人。②波特根据1801年人口普查报告和1803年贫民救济报告两份文件，计算出19世纪初自由农民尚有16万户，连同其家属总计达80万人，③这一数字甚至同17世纪末时人对自由持有农及其家属数量的估测差距不大。这就向人们提出这样一些问题，"自由持有农消灭了"这种提法是否确切？家庭农场是否同以租地农场为代表的大农业体制水火难容，只有非此即彼呢？或者说，资本主义农业是否要以根除小土地所有制作为自己建立的前提呢？答案似乎是否定的。其实，至少到19世纪下半叶，英国的大农业体制并未一统天下。土地产权的变化说明：小农土地所有权虽经历起伏变化，但它并没有被消灭！因为明格证实，1436年，约曼和自由持有农拥有全国土地的20%，1690年达到25%—33%，1790年降至15%，

---

① 库利舍尔：《欧洲近代经济史》，第67页。
② G. E. Mingay, *English Landed Society in the Eighteenth Century*, p. 26.
③ R. Porter, *English Society in the Eighteenth Century*, p. 388.

相似还是相异？

1873年尚有10%。①另从农场数目看，与靠雇工耕种的大农场相比，小农场（以家庭劳动力经营的家庭农场居多）的数字始终居高不下，占有绝对的优势。

三 佃农

在中国古代社会后期，农村主要劳动者是佃农，租佃关系便自然成为农村生产关系的主导形式。

文献和有关的研究表明，18世纪时，农民的主体是佃农，至少在南方许多省份是这样。有关这方面的史料在本节自耕农部分已有所反映。除此之外，如浙江汤溪县，康熙时农民"多佃种富室之田"，"其有田而耕者十一而已"②。同一时期，江浙地区"小民有田者少，佃户居多"③。山东的情形则是，"东省与它省不同，田野小民，俱系与有身家之人耕种"④。此论可能有些夸大其实，不过从中也反映出山东佃农比例甚高的事实。乾隆十三年（1748年），湖南巡抚杨锡绂奏称："近日田之归富室者，大概十之五六；旧时有田之人，今俱为佃耕之户。"⑤杨锡绂说湖南的自耕农都已变成佃户，似乎有些过分渲染小农的不幸处境，借以引起乾隆帝的注意；但佃农已构成那里农业生产者的主体，恐怕是不会错的。方苞也说："约计州县田亩，百姓所有者不过

---

① G. E. Mingay, *English Landed Society in the Eighteenth Century*, p. 59, Table 3.1.
② 蒋良骐：康熙《汤溪县志》，卷一，《风俗志》。
③ 《东华录》，康熙朝，卷八〇。
④ 同上书，卷七二。
⑤ 驾长龄、魏源编：《清经世文编》，卷三九，《仓储》，上，杨锡绂：《陈明米贵之由疏》。

十之二三，余皆绅衿商贾之产……地亩山场皆委之佃户。"①从这些议论中我们不难发现这样的事实：18世纪时，土地兼并已经有所抬头，地权集中也较前明显发展。尽管此时自耕农在农业生产者中还占有相当大的数量，但农业生产的主要承担者是佃农（北方有些地方例外）。而且由于种种原因，佃农阶层的人数随着时间的推移还在不断地增加，半自耕农甚至自耕农会源源不断地补充到这支队伍中来。

对此，前引学者关于获鹿和休宁两县编审册的研究仍可资为证。从《简明清史》作者所引获鹿县91个甲土地占有分类情况看，无地户占总户数的25.3%，占地10亩以下的半自耕农占总户数的36%，两者合计占总户数的61.3%。②江太新对康熙四十五年（1706年）和乾隆元年（1736年）获鹿县三社四甲各类农户占地情况的统计显示，康熙四十五年，这里无地户占总户数的19.5%，占地10亩以下的半自耕农占总户数的36.2%，两者相加占总户数的55.7%。至乾隆元年，无地户占总户数的25%，占地10亩以下的半自耕农占总户数的35.3%，两者相加占总户数的60.3%。③以上材料和研究所反映的都是18世纪上半叶以前农村中佃农与半自耕农在总户数中的比例，从中我们不难发现，乾隆初同康熙末相比，农村中的无地户和半自耕农有所上升，佃农队伍似在增加。

康熙五十年（1711年）和五十五年（1716年），休宁县三

---

① 方苞：《方望溪全集》，《集外文》，卷一，《请定经制札子》。
② 戴逸主编：《简明清史》，第1册，第346—347页。
③ 江太新：《清初垦荒政策及地权分配情况的考察》，《历史研究》，1982年，第5期。

相似还是相异？

都十二图地权分配情况同样印证了这一趋势。康熙五十年，那里的无地户占总户数的5.4%，占地不足5亩的半自耕农占总户数的54.89%，两者相加占总户数的60.29%。至康熙五十五年，无地户占总户数的5.1%，占地5亩以下的半自耕农占总户数的61.42%，两者相加占总户数的66.52%。乾隆二十六年（1761年），休宁县十三都三图地权分配大致是：无地户占总户数的0.86%，占地5亩以下的半自耕农占总户数的61.2%，两者相加占总户数的62.06%。[①]

康熙四十五年至乾隆元年的短短二十八年间，获鹿县的佃农和半自耕农的情况发生了一些变化，无地户占总户数的比例增加了5.5个百分点；半自耕农占总户数的比例下降了不到1个百分点。这些数字说明：半自耕农的处境可能在变化，一些人失去了拥有的少量土地，完全沦为佃农；而自耕农中一些经营不善，或经不起兼并和天灾人祸侵袭的农户，也在减少或失去土地后沦为半自耕农或佃农。按照古代中国地产的一般运动规律，18世纪后期，自耕农和半自耕农减少和失去土地的速度会进一步加快。

然而，对休宁县的研究显示，康熙五十年（1711年）到乾隆二十六年（1761年）的半个世纪中，佃农在总户数中的百分比非但没有增加，反而下降了4.5个百分点，出乎人们意料之外，似乎有悖于常理。但半自耕农占总户数的比例却上升了6.53个百分点，两者差额说明自耕农的处境在不断恶化，不少人由于种种原因不得不卖掉自己的一部分土地。他们除继续耕

---

① 章有义：《明清徽州土地关系研究》，第12—15页。

第一章　农民与农村经济的比较

种自己的少量土地外，还必须从其他土地所有者那里租佃一定数量的土地，或受雇于人才能勉强度日。

根据以上分析，总的来说，当时地权高度集中的现象还不甚普遍，小农土地所有制还占相当高的比例，特别是在18世纪上半叶，这恐怕正是康乾盛世得以出现的重要的经济基础。不过，此后农民分化的趋势已在加速发展，无地户和半自耕农的数量与日俱增，小农佃农化、贫困化成为时人关注和议论的热门话题，并且最终演化为导致乾隆末年国势由盛转衰的深层次的社会经济原因。

18世纪，英国农村资本主义的租佃制正在推广。那里的佃农包括两种人，一是约曼中的公簿持有农（copyholder）。公簿持有农是由中世纪的维兰演变来的。他们人身是自由的，在民事关系上享有充分的独立性。他们的租地权以载有其土地保有条件的庄园法庭文契的副本（copy）为凭据。庄园法庭只证明了他们的土地占有权，而土地所有权仍掌握在地主手中，所以这种自由又在一定程度上被打了折扣。他们不能自由迁徙，并要向地产主承担地租及其他服役，否则，地主可以将其从份地上赶走。不过，在实际生活中，他们的处境要好得多。1673年，爱德华·科克在《完全的佃册农》一书中这样描写道："现在那些佃册农（即作为自由佃农的公簿持有农）有着稳固的地位了，他们毋需小心地考虑庄园主的不满，他们对每一突如其来的暴怒不再战栗不安了，他们安心地吃、喝和睡觉，他们惟一当心的重要事项，就是小心翼翼地履行对佃册地所规定的而为惯例所要求的那些责任或劳役。除此之外，就让领主皱眉蹙额吧，佃册农完全不在乎，他们知道自己是安全的，没有任何危险。"[①]实际上，他们与土地的关系，已经介于自由持有农和维兰之间，如同"半自耕农"，英国法律史家称其为"占有维兰土地的自由人"。佃农中的另一种人是约曼中的租地持有农。租地持有农通过与地产主签订租约以一定条件从后者那里租到土地，他们会同自己的家人或雇工一起从事农业生产，与以往的封建租佃关系已有不同。租地持有农同自由持有农和公簿持有农互有交叉，因为后两者中的部分人也租地经营。但一般而论，自由持有农和公簿持有农一般主要以家庭劳动力进行生产，其产品也多为满足家庭成员本身的消费，因而他们的农场主要是家庭农场；但18世纪时，由于工业对由土地出产的原材料，以及非农业人口对食品需求数量的骤增，农业经营更加有利可图。自由持有农和公簿持有农的上层并不满足于自给自足，他们要扩大耕地面积，面向市场进行农业生产，获取较多的利润。他们往往成为较大的租地持有农。大租地持有农主要依靠工资劳动者进行商品化生产，因而经营的是雇工租地农场，它是英国资本主义农业演进的方向。

17—19世纪的统计学家，一般把自由持有农作为土地所有者独立算作一个阶层，而把公簿持有农和租地持有农这些具有较稳固的土地使用权的"半自耕农"称为农场主。这种区分的依据在于，自由持有农是在自己的土地上为自己劳动，而公簿持有农和租地持有农则是在别人的土地上为自己劳动（据此，农村雇工就是在别人的土地上为别人劳动的阶层）。据金、马西

---

① 克拉潘：《简明不列颠经济史》，第282页。

和科尔奎豪恩统计，17世纪末，英国农场主有15万户，家庭总人数达75万人，家庭年均收入为44镑。18世纪中叶，农场主家庭有15.5万户，其中年收入在150镑的家庭有5 000户，100镑的有1万户，70镑的有2万户，40镑的有12万户。19世纪初，农场主有16万户，家庭总人数达96万人，家庭年均收入为120镑。[①]

四 农村雇工

雇工的历史非常悠久，自战国至明清的历代史籍中，都有对他们的记载。[②]不过，至18世纪，农村雇工的数量明显增加，已成为仅次于自耕农和佃农的另一个重要阶层和农业生产领域中一支不容忽视的力量。因此，抛开农村雇工，就无法全面认识这个时期的农民和农村社会。

农村雇工，是指那些自己既无土地，也没有能力佃耕他人土地，不得不仅靠出卖自己的劳动力为生的人。18世纪的农村中，雇工现象已经十分普遍。康熙时，《宁海州志》载，"农无田者佣作"[③]。在山东登州（今蓬莱），"农无田者为人佣作，曰长工；农暂佣者曰忙工"[④]。雍正四年（1762年），河南巡抚田文镜在陈述安置流民措施时说，"或令人募佃，或雇与佣工"[⑤]。乾隆十三年（1748年）乾隆帝的上谕中也谈到灾民转徙他乡成为

[①] R. Porter, *English Society in the Eighteenth Century*, pp.386–389, Table 5.6.
[②] 魏金玉曾对雇佣劳动发展的历史做过研究，请参阅李文治、魏金玉、经君健：《明清时代的农业资本主义萌芽问题》，第322—328页。
[③] 同治《重修宁海州志》，卷五，《风俗志》引康熙志。
[④] 康熙《登州府志》，卷八，《风俗志》。
[⑤] 田文镜：《抚豫宣化录》，卷三，下，《饬查逃荒男妇以安流民事》。

相似还是相异?

流民,"或佣工佃种以食其力"①。同一时期,直隶《获鹿县志》载,"贫者为人佣佃"②。乾隆十四年(1749年),刘方蔼奏陈河南情形时说,"农民最苦,无田可耕则力佃人田,无资充佃则力佣自活"③。周亮工在《劝施农器牌》中曾记述山东贫民"穷无事事,皆雇工与人,代为耕作,名曰雇工子,又曰做活路。当每日出之时,皆荷锄立于集场,有田者见之,即雇觅而去"④。在山西寿阳,"受雇耕田者,谓之长工,计日佣者,谓之短工"⑤。江苏通州(今南通市),"无田之农受田于人,名为佃户;无力受田者名为雇工,多自食其力"⑥。在苏州府(今苏州市),"吴农治田力穑,夫耕妇馌犹不暇给,雇倩单丁,以襄其事,以岁计曰长工,以月计曰忙工"⑦。江苏松江(今属上海市),"农无田者为人佣耕,曰长工;农月暂佣者曰忙工;田多而人少者倩人为助已而偿之,曰伴工"⑧。湖北应城县,"有田之家鲜能自耕,或募佣工,或招租佃"⑨。浙江平湖县,"田多募佣,有长工短工"⑩。

此外,档案史料也反映出18世纪雇工经营的普遍化。据刘永成统计,现存乾隆朝58 000余件刑科题本中,涉及农业雇工

---

① 清代实录馆:《清高宗实录》,卷三一一。
② 乾隆《获鹿县志》,卷二,《地理志》,"风俗"。
③ 刘方蔼:《请修补城垣勿用民力疏》,《皇清名臣奏议》,卷四五。
④ 李渔辑:《资治新书》,卷八,《民事》,九。
⑤ 祁寯藻:《马首农言》,《方言》。
⑥ 乾隆《通州志》,卷十七,《风土志》,"习俗"。
⑦ 陈梦雷编:《古今图书集成》,《职方典》,"苏州府风俗考"。
⑧ 嘉庆《松江府志》,卷五,《疆域志》,五,"风俗"。
⑨ 光绪《应城县志》,卷八,《风俗》引康熙《樊志》。
⑩ 乾隆《平湖县志》,卷二,《地理志》,下,"风俗"。

的案件就有6 000余件，占1/10强，分布达20余省。[①]另据吴量恺研究，乾隆四十年（1775年）到乾隆六十年（1795年）的二十年间，刑科题本（土地债务类）共两万多件，其中涉及雇工的约计4 600余件，占1/4弱。[②]

刑科档案中的雇工都是在受雇过程中牵涉命案的人，雇工命案在刑科档案各类人群中所占比例，自然并不等于雇工在农村人口中的比例。但如果当时农村社会中使用雇工的现象很少，雇工的数量也不大，那么刑科档案中也就不会有如此多的涉案雇工了，这也是显而易见的。因此，从某种意义上讲，刑科档案中雇工案件的数量同农村中雇工人数，以及他们在农业人口中的比例是同步变化的。此外，18世纪不同时期雇工在农村人口中所占比例也在变动之中。据李文治研究，在中国社会科学院经济史研究所保存的刑部档案抄件中，雍正、乾隆、嘉庆三朝有关各省农业雇工的案件共有708件，其中雍正时12件，乾隆时259件，嘉庆时437件，[③]分别占所藏抄件总数的1.69%、36.58%和61.72%。从中我们可以看出自乾隆朝起农村雇佣劳动显著发展，雇工经营普遍化的事实。

农村雇工在英国由来已久[④]，他们是中世纪以来农民分化和几个世纪的圈地运动的直接后果。

18世纪，英国农村雇工包括农业和家庭工业两种。总的

[①] 刘永成：《清代前期农业资本主义萌芽初探》，第65页。
[②] 吴量恺：《清代乾隆时期农业经济关系的演变和发展》，《清史论丛》，1979年，第1辑。
[③] 李文治主编：《中国近代农业史资料》，第1辑，第111页。
[④] 参见拙文：《论中世纪晚期英国农村生产要素市场》，《历史研究》，1994年，第3期。

相似还是相异?

说,尽管18世纪出现了农村人口的城市化运动,但几种因素都促成农村雇工仍稳定在一定的数量。一是公有地的圈占,使农民中的中下阶层失去补给家庭收入的条件,一部分人完全沦为工资劳动者,而在此之前像茅舍农、农夫和穷人早已事实上成为雇工。二是18世纪逐渐推广轮作制农业,它起初是以大量投入劳动为条件的。"就农业方面的技术变革来说,技术变革趋向于劳动力密集型而不是节省劳动力。圈占的农场比未圈占的耕地需要更多的冬季工人修篱笆和挖渠。萝卜和青饲料是劳动力密集型产品,混合型农场也是劳动力密集型的。"[①]最后,18世纪农村毛纺织业仍具有重要意义,它吸纳了大量的农村人口从事这一行业。其从业人员既包括占有一小块土地和纺织业生产条件的农工,也包括已经失去一切生产条件,处于雇工地位的织工。

茅舍农是雇佣劳动者的后备力量。本来,茅舍农的社会地位介于约曼和雇工之间。这是因为,与没有土地的完全意义上的工资劳动者相比,茅舍农中的多数人尚有两至三英亩左右的土地,也有的地方如诺福克郡,茅舍农的土地还不到一英亩。此外,圈地运动以前,他们的收入相当一部分来自对公地的权利,只是由于份地和公地上的收益不足以为生,还要依靠打工作为补充,此时他们便是有土地的农业工人。在圈地后,他们失去了自己的份地和在公地上的一切权利,成为没有土地的农业工人。[②]

[①] 奇波拉主编:《欧洲经济史》,第4卷,上册,第157页。

[②] G. E. Mingay ed., *The Agrarian History of England and Wales*, Vol. VI, 1750-1850, p. 861.

第一章 农民与农村经济的比较

不过，有理由相信，18世纪时，农村雇工的队伍没有随着失去土地农民的增加而过度膨胀，因为这时农村剩余劳动力开始成批地离土离乡，流向工商业城市。对此，芒图指出，在1760年以前，已经看到"人们从乡村教区不断向市镇迁移，以及从市镇向城市迁移，大批出生于乡村的人终于在大小城市，特别是在大工业所在地的城市中选定了住所"。他还评论说，"事实上，对于这些成千累万的丧失了全部或一部惯常收入的劳动者来说，工业就是惟一可能的出路。田地拒绝他们工作，他们就到工场去找工作"①。据17世纪末至19世纪初的统计学家的统计数字，1688年，英国雇工家庭为76.4万户，占所有家庭的56.2%；1760年，雇工家庭有64.8万户，占44.1%；1803年，为29万户，占15%。②这里所统计的雇工，除作为工资劳动者（labourer）的雇工外，还包括茅舍农、农夫、穷人，以及农村和伦敦的纺织业从业人员。

中世纪晚期以来，英国的作为普通衣被材料的呢绒的生产，逐渐从城市转移到条件具备的农村地区，这种主要面向市场生产的纺织业被称为乡村工业。它既不同于城市中的行会手工业和农家传统的纺织业，也有别于近代工厂制的大机器工业，因而被视为工业发展的一个特定阶段。18世纪英国的乡村纺织业

---

① 芒图：《18世纪产业革命》，第141页。

② P. Mathias, *The Transformation of England: Essays in the Economic and Social History of England in the Eighteenth Century*, p. 189, Table 9.3. 不过据马西统计，1759—1760年，英国靠出卖劳动力为生的家庭包括：农夫20万户，农业雇工20万户，茅舍农2万户，共计42万户（R. Porter, *English Society in the Eighteenth Century*, pp. 386-387, Table 5）。关于这个问题，另请参见本书第二章，第二节，目三"雇工制"中英国部分的内容。

相似还是相异？

有相当的一部分是在商业资本控制下运作的，织工实际上已沦为呢绒商、包买商的雇工。这些人一般都是无地少地的农民。由于土地太少或全无土地，他们很多已转化成为专业纺织户在自己的茅舍中进行家内制生产。毛纺织户占多大比例，似乎尚不清楚。成书于18世纪初的《大不列颠游记》的作者笛福证实，毛纺织业"在城市和邻近的村庄中所雇用的工人人数几乎是难以相信的"。17世纪末的一本小册子认为，可能有70万英国人与呢绒业相关联，靠它生活。1741年一位作家把这个数字提高到96.4万人。[①]波梁斯基认为英国有五分之一的人口的利益与呢绒业联结在一起。[②]由于18世纪乡村人口流往城市，以及茅舍工业者一般都未与土地割断联系，他们或以农为主，以织助耕；或以织为主，以农为辅；或耕织并重，因而很难确切了解他们的数量。

第二节　农业生产条件

一　耕地面积

18世纪时，中国垦荒和内地、边疆的开发都超过前代水平，耕地面积理应明显增加。但现有清代官方耕地面积的记录，却难以看到这种变化。与明代相比，18世纪的人口增长了一倍。

[①] 芒图：《18世纪产业革命》，第33页。
[②] 波梁斯基：《外国经济史》（资本主义时代），第247页。

在传统农业技术条件下，以同样数量的土地，养活多一倍的人口，这能办到吗？

有关耕地总面积的统计数据，清代官书中存在两种不同的记载。《大清会典》《户部则例》《清朝文献通考》所载大体上是有清一代的耕地面积，我们选取其中几个年代的数据，并附以明代和民国的数据作为参照，制成表1-3。

表1-3　中国近代前后耕地总面积数据

（单位：百亩）

时间	土地面积
明洪武二十六年（1393年）	8 507 624
崇祯年间（1628—1644年）	7 837 524
顺治十六年（1661年）	5 492 577
康熙二十四年（1685年）	6 078 420
雍正二年（1724年）	7 236 322
乾隆三十一年（1766年）	7 807 156
嘉庆十七年（1812年）	7 921 061
光绪十三年（1887年）	8 498 028
民国二十三年（1934年）	14 083 560

资料来源：梁方仲编著：《中国历代户口、田地、田赋统计》，第8—10页。李文治：《中国近代农业史资料》，第1辑，第60页。何炳棣：《1368—1953年中国人口研究》，第133页。

上述数据历来为学者所普遍引用，但确实存在可疑之点。明初全国耕地面积的数字是8.5亿亩，明末是7.8亿亩。18世纪的一百年间，耕地面积徘徊在7亿余亩；19世纪末，亦仅为8.5亿亩，与明初持平。同明代耕地数相比，清代18、19世纪

相似还是相异？

的数字显然过低，令人难以置信。理由是，其一，乾隆三十一年（1766年）的耕地数比洪武二十六年（1393年）的还少7 000万亩，大体接近崇祯年间的地亩数。乾隆中期经济发展正值鼎盛，版图远较崇祯时为大。以人口计，乾隆三十一年全国人口2亿有余，较崇祯时的7 000万超过近三倍。然而耕地面积与明末相比并未扩大，更明显低于明初的水平。那么，这新多出的1.3亿人口何以为生？其二，光绪十三年（1887年），全国耕地面积亦仅有8.5亿亩，而据卜凯调查，民国二十三年（1934年）的全国耕地面积为14亿亩（合清制15亿亩），在四十七年间，耕地面积净增5.5亿亩。与之相比，自明崇祯至清乾隆三十一年的一百三四十年间，全国耕地面积并无增加；而自乾隆三十一年至光绪十三年的一百二十一年中，亦只增加7 000万亩，这是常理难以解释的。

可能的解释是，民国二十三年全国耕地数是基本可靠的，但其中净增的5.5亿亩耕地，绝非都是在光绪十三年至民国二十三年这四十六年间垦出的，其中很大部分应该是18世纪垦荒的结果。换言之，清官书所载雍正、乾隆和光绪年间的全国耕地数据都较实际数字偏低，故难以同明代和民国的耕地数相互衔接。

造成18世纪官书耕地数字偏低的原因主要有两点。一是所谓的"折亩"制度，即将民间肥瘠等次不同的土地分别按一定比例，折实成征税土地单位。折亩一般大于实际耕作亩，多为几亩折一亩，故被称为"大亩"或"大地"，而实际耕作亩则称作"小亩"或"小地"。该制明代时颇为流行，顾炎武曾指出其特征是，"上行造报，则用大地以投黄册；下行征派，则用小亩以取均平"①。至清代，折亩遍及南北各地。因而官书中的记录部分是实际耕作亩数，部分是折亩数，这样势必造成官书土地记载数同实际数相去甚远。何炳棣说过，中国"传统的土地数据，只是交纳土地税的单位的数目，它们与其说是为了了解耕种的亩数，还不如说是纳税亩数"②。由于耕地统计只是出于政府财政收入即征税的目的，而税收又大体是固定不变的，因此，耕地统计，与其说是了解全国实际耕地数，不如说是稳定纳税亩数。增加垦田，主要是显示政绩，并不意味着赋税的增加，因而尽管18世纪垦田数量很大，但政府缺乏了解的兴趣，致使官书不能反映新增土地的数量。二是相当多的土地未予登记。这部分土地主要有两类。一是由合法得到长期免征许可的土地构成。如畸零土地和少数民族耕地，免予起科。雍正及乾隆初年，皇帝曾多次颁布上谕，准允永久免除若干类新垦地的地税。根据不同地区，免科的最高额是畸零水田1亩至2亩，旱地多达10亩。③18世纪前中期，地权分散仍较普遍，此类土地当占有相当大的数量。第二类未予登记的土地是地主和地方官府非法隐匿漏报的土地。雍正时有人估计各省"欺隐的"土地有"十之一二"④。卜凯在对民国三十年（1941年）的土地利用的研究中，对北方和南方的未予登记土地做了实际调查和估计，结论是，北方未予登记的土地占全部耕地的39.2%，在南方占20.9%，个

---

① 贺长龄、魏源编：《清经世文编》，卷三〇，顾炎武：《地亩》。
② 何炳棣：《1368—1953年中国人口研究》，第100页。
③ 清代实录馆：《清高宗实录》，卷一三四至一七〇。
④ 清世宗胤禛批：《雍正朱批谕旨》，第三十四册，第78页。

别边远地区所占比例更高。①民国时政府对地方的有效控制比18世纪大为减弱，因此造成大量隐匿土地的存在。18世纪这类土地所占比例比民国时肯定要小。前面估计约占"十之一二"，似较实际。这部分土地也未进入清代官书的统计之中。由此可知，这两个原因致使前述三种清代官书所载地亩面积低于实际数字。

此外，清代官书还有对耕地面积的不同记载，这就是《清实录》中的数据：顺治十八年（1661年）为5.265亿亩，康熙六十一年（1722年）为8.5亿亩，雍正十二年（1734年）为8.9亿亩。此后《清实录》就没有记载全国的耕地数。不难看出，《清实录》的数据明显高于前三部官书，原因是由折亩返还实际亩的缘故。因为其中尚不能完全排除折亩、隐漏等因素，此数字仍嫌稍低，但总比其他官书更接近于实际，因而可作为乾隆以前全国耕地的基数。史志宏依据严中平等编《中国近代经济史统计资料选辑》农业部分表80"抗战前各省的耕地面积"，以及表81"近代中国耕地面积指数"，推算1840年中国耕地面积为12亿亩。②据戴逸先生估测，乾隆一朝内地开垦和边疆屯田可新增耕地1.5亿亩；那么，至18世纪末，中国实际耕地面积可达10.5亿亩（雍正朝近9亿亩加上新开垦1.5亿亩）③；余下的1.5亿亩可视为嘉庆朝至鸦片战争前近五十年时间垦田的结果，这样似较近乎情理。许涤新、吴承明认为，嘉、道时耕地面积为11

---

① 卜凯：《中国土地的利用》，卷六，表7。
② 史志宏：《清代前期的小农经济》，第152页。
③ 戴逸：《乾隆帝及其时代》，第292页。

亿—12亿亩①，也大致可作为印证。如果以上估计可以成立，则18世纪末全国耕地面积约有10.5亿亩，当时的人口已达3亿，每人平均有耕地3.5亩。

18世纪时，英国（包括英格兰和威尔士）的土地面积也需论证。由于农村产业结构的特点，英国农用土地由种粮用的耕地和放牧用的草地两部分组成，因而从17世纪末至19世纪中叶以来，统计学家和统计资料都是分别计算，然后相加得出土地面积的总数（详见本书第三章第一节表3-1）。这项工作的拓荒者是格利哥里·金。据他在1688年的统计，除荒地外，不列颠的土地面积大约为2 900万英亩（包括草地和牧场）。②其后，对英国耕地面积的统计工作多有进行，它们分别是：1770年，A. 扬估计为1 030万英亩；1801年，B. P. 卡珀估计为1 135万英亩；1808年，W. T. 库默估计为1 157万英亩；1827年，W. 库林估计为1 145万英亩；1836年什一税案卷统计为1 509万英亩；1851年，J. 凯尔德估计为1 366万英亩；1854年的农业统计为1 526万英亩。③

近人对此研究则相对不足，论者往往语焉不详，与上述统计互为出入。波梁斯基对不列颠17—18世纪的耕地面积做过研究。他依据金的估计，认为1688年耕地面积为900万英亩（另有草地、牧场1 200万英亩）。1688—1795年，耕地增加了400万

---

① 许涤新、吴承明主编：《中国资本主义的萌芽》，第190页。

② R. Floud & D. McCloskey eds., *The Economic History of Britain Since 1700*, Vol. I, 1700–1860, 1964, p. 70.

③ G. E. Mingay ed., *The Agrarian History of England and Wales*, Vol. VI, p. 32, Table 1.

相似还是相异?

英亩,达到1 300万英亩,[①]高于18世纪统计学家的数字。又据色卡推算,至1800年,除荒地外,不列颠的土地增至约3 181万英亩(含草地和牧场),增长率为7.3%,这个估计也较18世纪的数字偏高。如清代中国一样,18世纪英国耕地面积难以精确估计,但可以肯定的是,18世纪至迟到工业革命结束前后,英国耕地面积已达到历史最高点。以后随着工业化的推进,城市由少变多,由小变大,都需要减少农用土地。需要说明的是,前引18、19世纪耕地面积的统计范围,只涉及英格兰和威尔士。按18世纪末两地人口计算,平均每人占有耕地也仅在7市亩上下,仅比同期中国多一倍。但在英国农业产业结构中,畜牧业尚占有半壁江山,草地与牧场面积在18世纪一直比耕地大,因而按平均计算,18世纪英国人均土地面积要高出同期中国的3—4倍。

二 农田水利

"水利是农业的命脉",这种比喻充分证明了水利之于农业的重要性。18世纪时,水利对农田灌溉和防涝减灾的重要意义,至少不会亚于20世纪。从广义上说,兴修农田水利,既包括对江河湖海的治理等大中型水利工程,也包括建设农田基本灌溉设施如沟渠、水井等小型水利项目。兴修农田水利需要较多的资本与劳动力的投入,特别是对江河湖海的治理与维护,更是如此。在前工业社会,农业是物质生产的主要领域,因而它对国计民生的重要性是不言而喻的。专制政府重农措施之一,就是要动员国家与社会力量兴修水利,以稳定农业生产,

---

[①] 波梁斯基:《外国经济史》(资本主义时代),第245页。

确保国家能长治久安。一般来说，中国历代经济发展较快的时期，往往同专制王朝对水利工程的重视与较大投入密切相关。下面将珀金斯所收集的中国19世纪前水利工程数据转引如下（表1-4）。

表1-4 中国古代水利工程数据

世纪 地区 工程数目	10（世纪）以前	10—12	13	14	15	16	17	18	19
西北	6	12	1	2	9	28	6	87	92
华北	43	40	30	53	65	200	84	186	32
华东	168	315	93	448	157	314	291	128	9
华中	50	62	21	52	91	361	85	116	131
东南	27	353	43	106	101	88	53	115	34
西南	19	10	6	5	31	83	61	195	96
合计	313	792	194	666	454	1 074	580	818	394

资料来源：珀金斯：《中国农业的发展（1368—1968年）》，第77页，表4-1。

表1-4所示，中国古代水利工程建设数量最多的时期是宋、明、清三代，其中尤以明清为多。在珀金斯所统计的5 285项水利工程中，明清两朝大约有4 000项，占70%以上。如果以世纪作为衡量标准，那么，18世纪水利工程的绝对数仅次于16世纪，占所统计的全部水利工程总数的15.48%。[①]

[①] 对此，学术界也有人持不同观点，如吴承明认为，明清两朝的农田水利不及唐宋之规模，与珀金斯统计结果有所出入，参见吴承明：《中国资本主义与国内市场》，第157—158页。

相似还是相异？

仅就清代而言，大型水利工程的治理主要在康雍乾时期，如黄河、运河、淮河的修整工程，直隶卫河、淀河、子牙河、永定河的浚治工程，都取得了很大成绩。而江浙海塘和珠江三角洲堤围的修建，更是18世纪水利建设的重要成果，不仅规模之大史无前例，而且对农业生产发挥了深远影响。

江浙海塘工程从雍正初至乾隆末，历时半个多世纪。它北起江苏宝山（今属上海市），南至浙江仁和的乌龙庙，沿海绵延数百里，石塘相互贯通。此项工程在抗御海潮灾害，保护农业生产方面，堪称功德无量。据《清史稿》载，江浙海塘，"唐宋以来屡有修建，其制未备。清代易土塘为石塘，更民修为官修，钜工累作，力求巩固，滨海生灵，始获乐利矣"。其中海宁老盐仓鱼鳞石塘工程，从康熙末动工，到乾隆四十八年（1783年）竣工，工期长达近七十年，将"旧有柴塘一律添建石塘四千二百余丈"[1]。全部工程建成后，不仅可以"捍御咸潮"、"便庄稼"[2]，确保塘区农业生产正常进行，而且塘内外土地可以垦辟成沃野良田，扩大了耕地面积。

雍乾时期，珠江三角洲平原及沿海地区围堤工程的修建，对广东社会经济的发展亦影响极大。这项工程首先修建堤围，防范洪水；在堤围之中，兴建窦闸，引水灌溉，不误耕时，又围耕了沙田，扩大了耕地面积，达到防洪抗旱保收的目的。其次，修堤时要从围内大量取土，因而在围内形成了许多深陷的池塘，农民便在塘内养鱼。后来为巩固堤基，又在基围上遍植

---

[1] 赵尔巽等：《清史稿》，卷一二八，《河渠》，三，《海塘》。
[2] 同上。

果树、桑树，对稳固堤基起了积极作用。鱼、桑、果等经济作物的发展，改变了农户单一经营水稻的生产结构，促进了丝织业的发展，使珠江三角洲成为富庶的鱼米之乡。

北方各省区干旱少雨，水利对农业生产的制约尤为明显。清前期，各地官府新建大规模水利工程较少，而小型水利则多有建设，包括塘、堰、陂、渠，一般只能灌溉几十亩到几百亩，大者不过千亩。凿井灌溉，更是较为普遍的形式。18世纪时，北方各省究竟有多少口水井，难以统计。但当时有几十万口恐不成问题。这对于抗旱保产增产至关重要，因而不容忽视。

北方的山西、直隶、山东、河南、陕西等省旱区，官府大力提倡凿井灌溉，劝谕民间筹集资金，或由官府借贷钱粮，或采取"以工代赈"的办法开凿。如直隶，雍正九年（1731年），顺天府尹蒋炳对"凿大井者，给口粮工本，中井半之"，以赈贫民。① 正定府（今石家庄市）所属各县，井灌发展很快。乾隆十三年（1748年）前后，无极县灌井由1 700余口增至3 000余口。② 乾隆二十七年（1762年）前后，藁城县有井6 300余口，晋州（今晋县）有井4 600余口，栾城县有井3 620余口。此外，赞皇、元氏、行唐、新乐、正定、获鹿各县，有井"都以千计"③。如果将这些数字全部加在一起，正定府有灌井约在两万眼以上。至乾隆九年（1744年），"保定府属已开成土井二万二千

---

① 光绪《畿辅通志》，卷一八九，《宦绩》，七，"蒋炳"。
② 乾隆《无极县志》，卷末。
③ 乾隆《正定府志》，卷四，《地理志》，下，"河渠水利"。

相似还是相异？

余口"①。其他省区，井灌也得到普遍推广与利用。其中山西最多。如"平阳一带，洪洞、安邑等数十邑，土脉无处无砂，而无处无井，多于豫、秦者"，"甲于诸省"②。当时，山西许多府县的农家灌田，"小井用辘轳，大井用水车"③。陕西居次。乾隆年间在西安、凤翔、汉中、乾州（今乾县）、商州（今商县）共掘井33 000余眼④。山东井灌也相当普遍。时人盛二百说，山东"园蔬烟地不虞旱者，以有井也"⑤。河南河内县（今泌阳县），"并渠依井者为水田，水田十之三"⑥。那么，井灌效益如何？据王心敬估计，深井可灌田200余亩，浅井30亩至40亩。如能灌溉及时，耘籽工勤，每井之力，一岁所获"竟可百石，少亦七八十石"⑦。

第三节　农业生产力

一　生产技术

18世纪，中国农业生产技术较前代是进步了，还是停滞甚至落后了？这是学者们长期以来争辩的一个问题。观点殊异既

---

① 陈振汉等编：《清实录经济史资料》，第2分册，第314页。
② 王心敬：《丰川续集》，卷八，《水利说》。
③ 雍正《陕西通志》，卷六一，《井利附》。
④ 陈宏谋：《通查井泉檄》，《培远堂偶存稿》，《文檄》，卷二六。
⑤ 盛百二：《增订教稼书》，《开井》，第96页。
⑥ 道光《河内县志》，卷二，《田赋志》。
⑦ 王心敬：《丰川续集》，卷八，《水利说》。

源于学者对中国历史上农业发展趋势的认定不同，也有因概念不统一所导致的争执。这里所论的18世纪的农业生产技术，是一个内容十分宽泛的概念，它至少应包括以下内容：一是农业生产工具，二是改良和推广农作物品种的技术，三是改良和利用土地资源的技术，四是田间管理的技术，它们共同构成大生产技术的体系。大致说，与唐宋相比，明清两代第一项绝少革新，但第二、三、四项则推进较快。英国人类学家E.博塞拉普在《农业成长的条件：人口压力下农业变化的经济学》一书中认为，在传统农业社会中，人口压力是决定土地利用与农业发展的最基本原因。[①]其模式是，以劳动投入作为增加产出的主要手段，资金和节省劳动的技术发明严重缺乏，可供开垦的荒地的消失是这种技术生命力难以超越的极限。18世纪中国农业生产技术的进步，就是在巨大的人口压力下被迫完成的。它把精耕细作的集约化农业提高到前所未有的水平，尽管人们有时对这种集约化农业的评价持保留态度，因为它并不是无条件地保证发展目标的实现。下面对上述四类技术分别予以考察。

农具。18世纪时的农业生产工具，基本上沿用着明代以来的技术，没有突破性的革新。珀金斯认为，至少在14世纪以后，中国任何地方使用的工具都没有什么明显变化。他的论据是，明末徐光启的《农政全书》(1628年)和清前期鄂尔泰等编的《授时通考》(1742年)中，所列70余种农具，除无关紧要

---

① E. Boserup, *The Conditions of Agricultural Growth: The Economics of Agrarian Change under Population Pressure*, pp. 11-12, 116-121.

相似还是相异？

的一种外，全是照录于元代王祯的《农书》(1313年)。换言之，前两部书并没收集到《农书》列举之外的农具。①珀氏的观点是否符合事实，尚待进一步的实证研究予以确认。但长期以来中国农具革新迟缓，恐是不争的事实。吴承明也认为，明清两代，农具和排灌工具都绝少革新，水利能源的利用反不如前代。②尽管如此，在18世纪，农具改良和推广仍较明代有所进步。如这时的犁与明代相比，部件减少，操作便捷；由于缩小了铧的面积，可减少耕作阻力；犁壁扩大，使耕作幅度增加，提高了耕作效率。同时，水利灌溉也增加了单车、双车、水车、风车等不同品种，以因地制宜。在农业先进的江南地区，水车普遍以畜力和风力作动力，不但节省了人力，还可提高灌溉速度。此外，18世纪时农业向山区、东北和西北、西南少数民族地区发展，先进地区的耕作农具和排灌器械也随之向这些地区传播，同样有助于农业生产力的提高。

改良和推广农作物品种的技术。首先是注重选育良种。据盛永俊太郎统计，清代的稻米有739种，糯米384种。③以稻米而论，高品质良种有御稻、香粳、银条等；早熟良种有百日黏、六十日、四十子稻、八月白等。谷子有两百余种，著名的有吉林乌拉街地区产的白谷④。其次是水稻区北移，早熟稻和双季稻的推广。华北地区无霜期在225天以上，只要解决灌溉问题即可种稻。自康熙年间起，官府开始在京畿一带及北方其他地区

---

① 珀金斯：《中国农业的发展（1368—1968年）》，第68—69页。
② 吴承明：《中国资本主义与国内市场》，第157—158页。
③ 许涤新、吴承明主编：《中国资本主义的萌芽》，第194页。
④ 鄂尔泰：《授时通考》，卷二五。

试造水田，取得成效。雍正、乾隆时期，通过畿辅的水利改造，水稻北移收到良好的效果。如康熙四十三年（1704年），天津总兵官蓝理建议在天津、丰润、宝坻等低洼处"开为水田栽稻"，雍正五年（1727年），这一带"水田稻谷丰收"①，以致"津人称为小江南"②。雍正四年（1726年），直隶巡抚李维钧在保定试种区田，一亩收获可达十余石。后因朝廷劝导，水稻种植在北方各地逐渐得到推广。据统计，雍正年间，河北京津地区的37个州县种植水稻的面积达490 423亩。③至于早熟稻，如四十子稻，要求小满插秧，小暑收获，在田四十天便可收获。乾隆初年，安徽巡抚陈大受在省内试种一种早稻，称"畲粟"，此稻后来逐渐推广到北方各省。④陕西、河南也都有种植早稻的记录。同期，在江南一带开始大面积推行双季稻。从康熙五十五年（1716年）至康熙末年，苏州织造李煦开始试验"李英贵种稻之法"。据李煦奏报，"江南地方，从前止一次秋收，今将变成两次成熟"⑤。在浙东、闽南、广东、广西及江西、安徽"岁种再熟田，居其大半"，"两湖、四川亦渐艺此"⑥。其中闽、粤两省气候温暖，冬无霜雪，故推行一年三熟制。所谓"志称南方地气暑热，一岁田三熟，冬耕春熟，春种夏收，秋种冬熟"⑦。第三，推广高产作物。18世纪推广的高产作物有高粱、玉米和番薯。高粱的引进

---

① 允禄等编：《清雍正上谕内阁》，雍正五年十一月初八日。
② 徐珂：《清稗类钞》，农商工艺，第17册，第7页。
③ 吴邦庆：《水利营田图说》，《畿辅河道水利丛书》，第5—7册。
④ 台北"国史馆"编：《清史列传》，卷十八，《陈大受传》。
⑤ 李煦：《李煦奏折》，第182页。
⑥ 李彦章：《江南催耕课稻编》。
⑦ 屈大均：《广东新语》，卷十四，《食语》。

相似还是相异？

约在宋元之际。明代，高粱的种植在南方已较普遍，到清代遍植于北方。高粱具有耐寒、抗涝、产量高、不争地等特点。由于合理密植、选种等技术在清代取得进展，它逐渐代替粟成为北方主要粮食作物。吴承明统计，清代高粱的播种面积大约占耕地面积的10%。①玉米、番薯的引进在明后期。据陈树平研究，明代玉米的种植已有11省记载，但多在产稻区，种植面积不大。大量推广主要在18世纪中到19世纪初，北方诸省种植尤为普遍。②番薯的推广也主要是在清代完成的。乾隆以前，种植番薯还主要限于长江以南各省。其原因主要是番薯属温热带作物，宜于高温潮湿。北方各省气候干燥，冬季寒冷，薯种越冬困难。至乾隆十年（1745年），薯种越冬技术获得突破，在北方推广种植成为可能。玉米和番薯均属高产、耐旱作物，具有"不争肥""不劳人工"等优点。玉米适合在不宜稻麦的山区种植，因而对解决民食颇为重要。

改良和利用土地的技术。首先是保持地力，追加工本。中国人多地少，不能像18—19世纪以前的西欧各国那样实行休耕制以恢复地力。因此，避免地力耗竭，是农业保持稳产与增产的关键所在，而施肥无疑是保持地力最有效的方法。清前中期，人口激增导致耕地资源日益紧张，如何保持地力便被提到前所未有的高度。当时的人们十分重视施肥，认为"垦田莫如粪田，积粪胜如积金"③，并对肥料的种类、肥效有了更深刻的认识。杨

---

① 许涤新、吴承明主编：《中国资本主义的萌芽》，第198页。
② 陈树平：《玉米和番薯在中国传播情况研究》，《中国社会科学》，1980年，第3期。
③ 杨屾：《知本提纲》，卷五，《修业章》。

岫在《知本提纲》中把肥料分成10余类，计有人粪、牲畜粪、草粪、火粪（草木灰）、熏土、坑土、墙土、泥粪、骨蛤灰粪、苗粪（绿肥）、渣粪、黑豆粪、毛皮粪等，并介绍了酿粪的10种方法；又根据农业生产需要，发明了"三宜"（时宜、土宜、物宜）的施肥技术。其次，在利用土地方面，主要是扩大复种面积。在东北地区，大豆、高粱、谷子轮作，大麦与大豆轮种，既保持了地力，又增加了亩产量。乾隆以后，山东、直隶、河南、陕西的关中地区，三年四熟或二年三熟已较普遍；苏北、皖北亦实行二年三熟制。江南地区一年二熟制（水旱轮作）较前有所扩大，少数地区发展了一年三熟制。包世臣就提到江南地区所实行的二稻一麦轮作复种的一年三熟制（大麦、中稻、晚稻）：

> 南土多收两熟，上熟厚，下熟薄。上熟移秧栽芸如他处早稻。六月中旬获，先十日撒种禾下，获去上熟，下熟秋长四五寸，以锄芸之，如治旱种法，八月稍获；仍种大麦名三月黄者。[1]

田间管理的技术。首先，包世臣在《齐民四术》中提出深耕适度，"耕宜常率，勿太深，若起老土，谓年年耕所不及之板土，即硬软不相入，能害禾，又漏田不保泽"。其次，注重适时插种。乾隆时杨岫对此做过总结：

---

[1] 包世臣：《安吴四种》，卷二五，《齐民四术》。

相似还是相异？

> 布种必先识时，得时则禾益，失时则禾损。种有定时，不可不识。及时而布，过时而止，是谓得时，若未至而先之，既往而追之，当其时而缓之，皆谓失时。而禾之损益，即于是别焉。即如麦得其时，长稠强茎，薄翼黄灰色；麦失其时，臃肿多病，苗弱穗小。粟得其时，纤茎不滋，厚糠多死之类。①

复次，中耕也是田间管理的重要环节。在南方，精耕细作已普遍为人们所重视。清前期推行水田"三耕法"和陆地"四耘法"。杨屾在《知本提纲》卷五《修业章》中，对于每次耘田的时间、方法及所要达到的目的，都做了较详细的说明，所谓"一月之内凡三荡"。"越数日曰头荡，越十日曰二荡，又越十余日曰三荡"②，"锄则以四次为常，棉花又不厌多锄"③，都是这种水陆耘田技术的写照。在北方，农民结合当地自然条件，总结并发展了东汉时期氾胜之的"区田法"，实行"深耕、早种、稀种、多收"的经营原则。区田法实验于康熙四十六年（1707年），大成于雍正时期。雍正帝曾"谕令广行劝导"，欲使之在全国推广。

对中国18世纪的农业生产技术要做客观的、实事求是的分析。尽管农具没有大的突破和革新，但改良与推广还是取得了一些成绩。在其他农业技术方面，这个时期较前代还是提高很快，特别像农艺学的进步和耕地面积的扩大，集约化的耕作，

---

① 杨屾：《知本提纲》，卷五，《修业章》。
② 王晫等辑：《檀几丛书二集》，卷四二。
③ 嘉庆《松江府志》，卷五，《风俗志》。

以及高产作物的推广，都是以前无法比拟的。正是农业生产技术的进步，才使粮食供给能够承受住18世纪人口膨胀的巨大压力，避免了如英国14世纪中叶因人口激增所导致的黑死病那样的巨大灾难。但也应看到，在传统农业技术和土地资源的限定下，农业生产的增长是有限的。如果说它还能勉强应付口腹之需，那么对积累与发展就显然力不从心了，而后一方面正是社会进步的前提。

18世纪，英国作为工业革命第一基石的古典农业革命再次掀起了高潮。此次农业革命使英国踏上农业持续增长的近代经济快车。此前，英国几乎不存在农业生产率长期进展的情况，或者说至多只能极其缓慢地进展，而且伴随着时进时退的交替状态，以至于W.桑巴特曾戏言说，从查理大帝到拿破仑，欧洲农业没有发生变化。[①]从18世纪起，英国当之无愧地成为"欧洲的粮仓"和农业专家们的麦加，从欧洲的二流小国跃居首屈一指的经济强国。不过，需要指出的是，与同期的中国相比，英国农业生产技术并无本质的差别。由于中世纪英国农业技术的相对落后，使人们往往夸大其18世纪农业技术进步所达到的水平。但客观上，从技术本身衡量，中英两国确实难分伯仲。由此可知，造成农业革命的因素，不仅仅是生产技术本身的进步程度，至少在这个时期是这样。其他因素也同样参与了运作，并很可能发挥了决定性作用，而它们却往往被人忽视。

---

① 布罗代尔：《15至18世纪的物质文明、经济和资本主义》，第2卷，第263页。

相似还是相异？

18世纪英国农业生产技术的进步主要体现在：耕作技术的变革，新作物品种的推广，生产工具的改进，育种牲畜，耕地的改良，以及扩大使用马匹耕种等方面。以下也分别予以讨论。

耕作技术的变革。为避免地力耗竭，欧洲传统农业的典型耕作模式是二圃制或三圃制，它们的共同点是每年都将一定比例的土地用于休耕，以恢复地力。由于中世纪的农业技术落后，长期以来流行广种薄收。但土地资源不能再生，人口增长到一定数量，这种农业就会走入困境。中世纪的土地耕作制度既造成耕地大量浪费，又制约总收获量的提高。新制度的进步，表现在推广一种一般为时三至四年的作物连续轮作制度（有时是六至十二年）。这个制度完全消灭了休耕。从三圃制农作法向轮作制的过渡，是从在休耕地播种饲料作物开始的。一般认为，轮作制并非英国人的发明，它始于16世纪的荷兰。该制于17世纪末被引进诺福克并得以完善。"诺福克制分为两种不同类型：一种是四茬轮作，种谷物、芜菁、大麦与三叶草；另一种是六茬轮作，种小麦、大麦（或燕麦）、芜菁、燕麦（或大麦以及三叶草），三叶草种到6月21日，然后种冬小麦，冬小麦为最末一季作物……到18世纪下半叶，这种轮作制进入了它的全盛时期"[①]。由于扩大饲料作物种植，从而有可能增加牲口饲养量，转过来增加肥料来源，并最终使耕作和畜牧有效地结合起来，提高了农业生产率，至少是土地产出率。

---

① 奇波拉主编：《欧洲经济史》，第2卷，第281页。

新作物的推广。布罗代尔将此称为"18世纪的食物革命"①。新作物来自新大陆,如玉米、土豆、菜豆、西红柿、木薯、胡萝卜、荞麦、卷心菜和烟草等。其中以玉米和土豆最为重要。早在18世纪以前,这两种作物已开始在欧洲种植,但只有到18世纪,玉米才风行欧洲。土豆的推广则要等到18世纪末至19世纪初。尽管欧洲人对玉米和土豆心存偏见,但这两种作物的一个不容置疑的优点在于它们的高产。至18世纪,玉米已成为农民的主食。因为小麦价格高出玉米两倍,因此,农民一般食用玉米,出售小麦,小麦成为供出口的大宗商品粮。在英国,1700年,玉米产量约为1 300万夸特,1800年为1 900万夸特,至1820年达到2 500万夸特。② 至18世纪末,土豆亩产达200—300蒲式耳,但主要用于出口,国内的消费量很小。③

农具。犁的改进当属最为重要。16世纪以前,英国农民普遍使用的犁是笨重的双轮机械,每架都需要6—12头的一支牛队牵引,以适应黏土耕作和大量垦荒的需要。16世纪时,荷兰发明了一种轻犁,两匹马就能拉动。这种犁在16、17世纪从荷兰引入英国,尤其是诺福克郡和萨福克郡。从此,在许多地方,用12头牛拉的双轮重犁被无轮犁所代替。整个18世纪,犁的改良步伐迅速加快。改进犁的一个显著特点是用铁的部分逐渐增大。在17世纪末,只有犁铧用铁,至18世纪用铁的部分越来越

---

① 布罗代尔:《15至18世纪的物质文明、经济和资本主义》,第1卷,第188页。
② R. Brown, *Society and Economy in Modern Britain 1700-1850*, pp. 53-54.
③ 波梁斯基:《外国经济史》(资本主义时代),第245页;布罗代尔:《15至18世纪的物质文明、经济和资本主义》,第1卷,第196页。

相似还是相异？

多，至19世纪中叶便全部用铁制成。如罗瑟拉姆犁，就比传统的犁使用了更多的铁。这种犁约在1730年传到英国，很快被广泛使用。总之，轻型化和加大用铁的比例，成为耕犁改良的方向。此外，这个时期长柄镰刀逐渐取代短把镰刀，畜力条播机代替人工撒播，还改进了收割机，发明了脱谷机和切薯机，供切割饲料。[1]这些革新有助于节省劳力，增加农业生产率。但至18世纪，机器时代还未到来。

畜牧业对耕地和人们的衣食都具有举足轻重的意义，因此牲畜育种技术的进步至关重要。18世纪，英国的畜牧专家认为，良种牲畜所应具备的条件是：骨头细，四肢短，头小，角不发达。[2]1750年，罗伯特·贝克维尔精心选育种牛和种羊。他培养的莱斯特品种的羊，很快就能育肥，成熟较早（从过去三至四年减为两年），寿命较长。这种羊使屠宰时的牲畜重量几乎增加一倍，产奶量和产毛量均有提高。1710—1795年，在史密斯菲尔德市场上的牛出售重量从370磅增至800磅，牛犊的重量从50磅增为148磅，羊的重量从38磅增至80磅。[3]

耕地改良。中世纪，英国农民很少施肥，保持地力的方法就是强制休耕。那时的肥料主要是牲畜粪便和泥灰。近代早期，人们开始注意施肥，使耕田得到息养和改良。18世纪至19世纪中叶前，肥料的主要来源仍是牲畜粪便。此外，各地还利用黏土、泥灰、石灰、海泥、海藻和工业废料等作为肥料。农民还将邻近城市的粪便拉来肥田。泥灰和石灰在东盎格利亚、奇尔

---

[1] 沃尔夫：《十八世纪科学、技术和哲学史》，下册，第591—593页。
[2] 芒图：《18世纪产业革命》，第127页。
[3] 波梁斯基：《外国经济史》（资本主义时代），第246页。

特南斯和威尔德等地广为使用。在18世纪，地产主和佃户签订的租地条件之一是每年务必施用定量的泥灰。由于施用量大，泥灰供不应求。到1800年，许多村庄都建有石灰窑，以确保泥灰的供应。①

扩大使用马匹耕种也促进了劳动生产率的提高。马匹牵引速度平均超过牛5%。在17世纪使用牛每天可耕地0.4公顷（约1英亩），采用马耕数量上升到0.5—0.6公顷。至18世纪末，由于犁的改进，马耕上升到0.8公顷，效率提高一倍。②总的说，欧洲农业生产中牲畜的使用率可能要高于中国。沃勒斯坦就估计，15世纪时，这一比率欧洲已是中国的五倍。③18世纪，双方间这一差距可能会更大。

二 农村经济的多样化

18世纪，农村经济不同程度地走向多样化，是中英两国历史中共有的特点。从理论上讲，随着生产力水平的不断发展以及人们消费需求的增高，农村经营要走向多样化，即从自给性农业逐渐分化并发展起商业性农业，这是前工业时代农耕世界的普遍发展趋势。需要指出，尽管引发18世纪中英两国农村经济多样化的原因有某些相似之处，但政府对此的认识和政策导向却并不相同，其与传统经济结构的关系也大相径庭，地主对

---

① 库利舍尔：《欧洲近代经济史》，第46页；R. Brown, *Society and Economy in Modern Britain 1700−1850*, p. 55.
② 奇波拉主编：《欧洲经济史》，第3卷，第373页。
③ I. Wallerstein, *The Modern World System*, Vol. I, *Capitalist Agriculture and the Origins of the European World-system in the Sixteenth Century*, pp. 56−57.

相似还是相异？

此的反应与做法更是相差悬殊，并由此决定了两国农村产业结构变化的深度、广度各有自己的特点，发展前景及对各自农村经济格局变迁的影响也就大不一样了。

18世纪中国农村经济的多样化，主要表现为经济作物种植面积的扩大和棉纺织业的发展。

经济作物种植面积的扩大。在明代，棉花种植还主要限于江苏、河南、山东、江西几个省区。至乾隆时，植棉几乎遍及全国，并形成山东、直隶、河南、湖北、江苏和浙江六个主要产棉省份。这些地区，植棉在当时农村经济中都占有相当大的比例。如乾隆年间，江苏的松江府（今属上海市）、太仓州（今太仓市）、海门厅（今海门市）、通州（今南通市）所属各县，"种花者多，而种稻者少"，"每村庄知务本种稻者，不过十之二三，图利种花者，则有十之七八"[1]。乾隆初年，直隶"冀、赵、真、定诸州属，农之艺棉者十之八九"[2]，"宁津种棉者几半县"[3]。清前期，河南种棉更广，尤以中部孟县、巩县、洛阳一带居多。"中州沃野，半植木棉"[4]。乾隆时河南巡抚尹会一说，"棉花产自豫省，而商贾贩于江南"[5]。除此之外，四川、安徽、湖南等省产棉也很可观。在18世纪时，中国北至幽燕，南抵楚粤，东达江淮，西极秦陇，"无不衣棉之人，无不植棉之土"[6]。那么，这个时期中国植棉面积究竟有多大呢？据吴承明估计，清前中

---

[1] 贺长龄、魏源编：《清经世文编》，卷三七，高晋：《请海疆禾棉兼种疏》。
[2] 方观承：《御题棉花图》，《方观承跋》。
[3] 光绪《畿辅通志》，卷七四，《物产志》引乾隆《河间府志》。
[4] 俞森撰：《荒政丛书》，卷五，《救荒图说》。
[5] 尹会一：《尹少宰奏议》，卷三，《河南疏二·敬陈农桑四事疏》。
[6] 李文治主编：《中国近代农业史资料》，第1辑，第82页。

期，棉花种植面积不会达到耕地总面积的5%，即不超过5000万亩。①如果考虑到没有其他替代品用作衣被或寒衣之原料的话，那么用于自给性消费特别是商品生产，这个比例数仍是很低的。

与种棉相比，桑蚕生产的地区性较为明显。江南是老桑蚕区，经宋明两代，已成为全国最重要的桑蚕生产基地。至清代发展仍势不可当，尤以江苏的苏州，浙江的嘉、杭、湖几府为盛。以嘉兴府（今嘉兴市）石门县为例，明万历九年（1581年），旱地（桑田）62 308亩，仅占全县耕地面积的12.46%；到康熙五十三年（1714年），已发展到207 086万亩，占41.4%，而且"湖州平原全部，嘉兴平原大部都是这样"②。关于江南桑蚕产区的范围，唐甄做过描述："夫蚕桑之地，北不逾淞，南不逾浙，西不逾湖，东不至海，不过方千里；外此则所居为邻，相隔一畔，而无桑矣。"③广东珠江三角洲则是清前期新涌现的一个重要桑蚕区，顺德、南海均有大片集中的桑树。顺德桑田"周回百余里，居民数十万户，田地一千数百余顷，种植桑树，以饲春蚕"④。乾隆时，南海县农民"以桑鱼为业"⑤。到嘉庆时，南海县所属九江乡已是种桑遍野，"境内无稻田，仰食于外"⑥。

此外，18世纪时，麻、甘蔗、烟叶、茶叶、大豆等其他经

---

① 许涤新、吴承明主编：《中国资本主义的萌芽》，第204页。
② 陈恒力：《补农书研究》，第246页。
③ 贺长龄、魏源编：《清经世文编》，卷三七，唐甄：《教蚕》。
④ 张鉴辑：《雷塘庵主弟子记》，卷五。
⑤ 乾隆《广州府志》，卷十，《风俗志》。
⑥ 嘉庆《九江乡志》，卷四，《物产志》。

相似还是相异？

济作物的种植也都有显著发展。

一般来说，经济作物的增加是农业生产力提高和社会分工扩大的结果。生产推动需求，需求又反过来刺激生产。在这种双向互动的关系中，经济增长与社会发展走向和谐与统一。但18世纪中国经济作物种植的增加却不尽然。事实上，在此一百年间，耕地面积滞后于人口增长，而高度集约化的传统农业并不能无限吸纳庞大的过剩人口。无论集约化本身，还是粮食生产的收益，都已接近极限。因而单一的粮食生产，已很难继续承受人口的重压。特别在人地矛盾尖锐的条件下，有限的耕地所生产的粮食，其收益远逊于经济作物。当地窄人稠所带来的粮食生产的边际报酬递减时，农户种植经济作物，其劳动投入和收益都高于种粮。可见农户并不一定是在经济条件较好的时候开始经济作物生产的。当然，这里也并不排除少数佃富农和经营地主以营利为目的的生产，只是他们人数很少，不足以使事物改变性质。尽管如此，经济作物的发展仍有利于调整生产结构，提高农业的经济效益。

人口压力与经济作物种植的关系，可以从这一时期清政权的经济对策中略见一斑。从康熙帝至乾隆帝，清朝统治者已逐渐认识到人口压力对国计民生的巨大威胁，因而在传统体制中形成政府相应的经济对策，因地制宜地开展多种经营是其中的核心。乾隆七年（1742年）的上谕对全面发展农业生产的思想作了阐发：

> 《周礼·太宰》以九职任万民，一曰三农生九谷，二曰园圃毓草木，三曰虞衡作山泽之材，四曰薮牧养蕃鸟兽。

其为天下万世筹赡足之计者，不独以农事为先，而兼修园圃、虞衡、薮牧之政。故因地之利任圃以树事，任牧以畜事，任衡以山事，任虞以泽事。使山林川泽丘陵之民得享山林川泽丘陵之利……国家承平日久，生齿日繁，凡资生养赡之源，不可不为亟讲……俾地无遗利，民无余力，以成经久优裕之良法。①

从强调粮食生产到倡导多种经营，这是认识上的进步。但如果考虑到其出发点，那么，评价就应大打折扣了。上述转变，来自"生齿日繁"带来的危机感，朝廷解决危机的着眼点是使生产与消费在变化了的条件下达到新的平衡，而不是为追求财富本身。因此，在政府看来，经济作物同粮食生产一样，都是使用价值的生产，以满足社会成员基本消费为目的，而没有将其视为可以创造财富的产业，因而也就不可能运用任何政府行为使之成长为民族工业。换言之，18世纪中国还没有出现英国在15、16世纪开始的由农本向重商的转变。以农为本即以消费为本，而非出于赢利目的。在满足消费后，农民并无不断增加生产的驱动力，生产的规模受制于消费的规模。这样，消费不能引导生产。18世纪政府的劝农政策，与其说是一种将经济引向合理、高效发展的积极战略，不如说是对人口压力所做出的消极、被动的应战。诚然，这种应战措施在一定时期和一定程度上可以缓解人口与资源间的矛盾，推迟经济全面危机的来临，但到头来只能使经济在原地徘徊。因此，尽管18世纪政府在不

---

① 清代实录馆：《清高宗实录》，卷一六九。

相似还是相异？

断加大劝农力度，经济作物种植也确有很大发展，但总体上讲，其所占的比例并不大。据吴承明估计，在清前期，经济作物大约只占耕地面积的10%，而90%的耕地仍旧用于粮食生产。[①]而且，经济作物基本上还是供农户自身消费，在市场出售的部分也往往为了换回现金以交纳租赋，真正的商品性生产只占较小比重。应该说，以自我消费为主的经济作物的生产目的，制约了经济作物发展的速度。它所造成的消极后果，就是对中国农村宏观经济变革的强烈制约。

乡村棉纺织业的发展。18世纪棉纺织生产得到较大发展。清代，北方已普遍织布了。北方几个棉布集中产区中，除直隶西南部的栾城、元氏、南宫、景州发展稍迟外，其他几个地区，如直隶东部的滦州、乐亭，山东历城、齐东、蒲台沿黄河一带，河南孟县、正阳，山西的榆次，乾隆时都有商品布行销东北、西北各地。至18世纪，棉纺织业已是产值最高的乡村手工业，主要生产者是农民家庭。地域不分南北，社会经济状况不论发达与不发达，只要有原料的供给和棉纺织技术的传播，都有农户纺纱织布。不过，清代并非所有的农户都自己织布。顾炎武说，"延安一府，布帛之价，贵于西安数倍"[②]，原因就是延安"不知织"。棉布生产受原料供给和技术的限制难以普及，因此"男耕女织"也只在部分农户中才能做到。据《江南土布史》估计，我国织布户最多时（1860年左右）约占全国农户的45%，且分布极不平衡。松江及江南地区达到65%—90%[③]，但就全国

---

① 许涤新、吴承明主编：《中国资本主义的萌芽》，第214页。
② 贺长龄、魏源编：《清经世文编》，卷三七，顾炎武：《纺织之利》。
③ 徐新吾主编：《江南土布史》，第212页。

64

平均而论，至少一半的农户需要买布用。

广阔的市场需求，无疑是18世纪乡村棉纺织业迅速发展的重要原因。但在许多地区，人口过度膨胀，已对有限的耕地造成压力，种粮收入当时已不能维持农民生活的基本需要，不得不在土地之外寻求新的经济来源。同时，地租和赋税还十分沉重，几乎占去生产者的全部剩余劳动，甚至常常侵吞他们的相当一部分必要劳动，威胁着农民的生存。这时织布就不仅只是供自家衣被之用，而且成为维持农民家庭再生产的基本条件。如，河南孟县"地窄人稠，按口计地每人不足一亩"，"耕作之外，半资纺织"①。松江府一带，"民间于秋成之后，家家纺织，赖此营生，上完国课，下养老幼"②。嘉定县"躬耕之家，织布以易银，易银以输赋"③。为维持这"衣食尚有不给"的生计，在农事之外，农家必须依赖纺织补给。无锡、金匮两县"乡民食于田者，惟冬三月，及还租已毕，则以所余米舂白而置于囷，归典库以易质衣。春月则阖户纺织，以布易米而食，家无余粒也。及五月田事迫，则又取冬衣易所质米归，俗谓种田饭米。及秋稍有雨泽，则机杼声又遍村落，抱布易米以食矣，故吾邑虽遇凶年，苟他处棉花成熟，则乡民不致大困"④。

北方地区情况也大致如此。如直隶饶阳县，"农民力田而外，专事纺织"⑤。山东济南府（今济南市）一带的农村，道光

---

① 乾隆《孟县志》，卷四，《田赋志》。
② 李煦：《李煦奏折》，第6页，康熙三十四年九月《请预发采办青蓝布匹价银折》。
③ 康熙《嘉定县志》，卷四，《风俗志》。
④ 黄印辑：《锡金识小录》，卷一，《备参》，上，《力作之利》。
⑤ 乾隆《饶阳县志》，卷上，《土宜志》。

相似还是相异？

时，"妇女……专务纺绩，一切公赋及终岁经费，多取办于布棉"①。18世纪这里的情况想必也大致如此。另在河南巩县，农家"资生之策，强半以棉花为生，多则贸易他乡，少则自行纺织，上纳公租，下完婚嫁，胥赖于是"②。由此可知，乡村棉织业虽不限家用，具有商品性生产的特点，但其性质仍是小商品生产。因为广大农家生产的目的，主要是为了养家糊口，维持最低的生活需要。而且这种小商品生产几乎耗去家庭成员全部剩余劳动时间，只为求得衣食的补给和完纳租课，并不奢求什么盈余，至于利润更是绝大多数农家从未考虑的。许多地方棉纺织业的发展，主要不是农业生产力提高、需求增加进而要求扩大社会分工的结果，而是狭小的耕地和超额的租赋将大批求生人群逼到纺车和织布机旁。在这种情况下，工副业虽然能帮助老百姓勉强对付官府的榨取，却很少能帮助他们改善自身的生产生活状况，以谋求个人力量的进步。

清前期乡村棉织业在总量上虽有扩大，但从总体上说，其生产目的、技术及生产方式并无质的飞跃，因而亦不能对18世纪农村自然经济起到瓦解的作用。

事实上，直至19世纪，中国乡村纺织业一直囿于最传统的生产模式。就中国大多数地区乡村纺织业来说，家庭纺织业始终不能脱离土地或基本脱离土地而独立出来。在江南地区，特别是号称"俗务纺织"，"衣被天下，虽苏、杭不及"的松江府一带那样特殊的情况下，有一部分农家纺织业从副业变为主业，

---

① 道光《济南府志》，卷十三，《风俗》。
② 乾隆《巩县志》，卷七，《风俗》。

第一章 农民与农村经济的比较

那是很自然的。但我们没有理由把这一转变的比重估计过高。而且这一转变本身也主要不是受利润杠杆驱动的,而更多的是分化后的农民出于衣食糊口和完粮纳税的需要。应该说,对于中国绝大多数农户来说,只有耕织结合,把衣食两项生产活动结合在一起,从而尽可能地缩小或避免购买,节约开支,使家庭简单再生产过程得以苟延,才是从事家庭工副业的目的所在。为了这一目的,在棉布市场的作用下,农户尽量扩大商品布的生产量,以从中获得再生产条件的补给。1844年,英国植物学家复庆在上海近郊看到这样的情形:

> 各小农户,各乡居人家,都保留他自家田地所产棉花的一部分以备家用。妇女家居,清(轧?)之纺之,织之成布。我国古代所习见而今日已被机器所代替的纺车和小手织机,遍布此地各乡村,随处可见。此等织机,都由妻女操作,有时不能做田野工作的老夫幼童也帮助工作。如果家庭人口众多,且善于生产,除自家服用外,还能余布很多,便将剩余布匹送至上海或近郊市镇出卖。本城(上海)各门,每天都有集市,便是此辈聚首出售小捆布匹的所在。[①]

1869年的海关报告册记载浙江棉纺织情况说:

---

① R. Fortune, *Three Years Wandering in China*, Shanghai, 1935, pp. 251-252. 转引自严中平:《中国棉纺织史稿》,第20页。

相似还是相异?

> 浙江土著农夫自种棉花,或以自己田里的物产直接换得棉花;自制其简单的机械,自行梳棉、纺纱与织布,除去他的家庭成员而外,不须任何外人来参加。每个农家,每个村落,就这样不仅能供给其自身的需要,或许还有剩余来卖给邻镇的手艺人和店伙。而其售价之高出原料成本者亦微乎其微。①

这两条材料都是19世纪的,其所反映的乡村织布业的生产方式仍然是纯粹小生产的,18世纪想必更是如此。社会分工未见在家庭棉纺织业中出现,从纺纱到织布,生产各环节都由农家独立完成。个别纺纱户的存在,也只是由于"不善织"所致,非社会分工的结果。棉布的销售虽受制于牙行或布商,但生产过程尚游离于商业资本以外,商人并没有控制织户的原料、工具等生产资料,生产过程也不受商人的统一指挥。换言之,乡村棉纺织业仍然处于前手工工场阶段。需要说明的是,判定小农生产方式是否发生了变革,关键并不一定是看其家庭生产方式是否延续,是否形成集中的手工工场。家内制生产同样会使传统的生产方式改变性质,其途径是包买商介入从原料供给到成品销售的全部产销过程,并使不同工序间分散的生产纳入包买商的统一指挥之下。这种过程不一定要通过集中的手工工场实现,"外放制"或"家内制"等分散的手工工场形式,可能更具有可行性和普遍性。也就是说,农村织布业生产方式的转变,

---

① *Returns of Trade and Trade Reports*, Part II, 1869, p. 54. 转引自严中平:《中国棉纺织史稿》,第20—21页。

可以同家庭生产方式并行不悖地统一起来，成为工厂制前一种过渡性的生产方式。遗憾的是，至19世纪中叶，这一进程在中国棉织业最先进的松江和江南地区尚未开始，其他地区就更无可能了。

18世纪，农村棉纺织业的技术也没有多大改进。手摇单锭小纺车从宋至明清几无改变（清代纺车仅将木锭改为铁锭）。脚踏多锭纺车虽至迟于清代出现，但即使在南方，也只限于局部地区使用，如松江也只有部分人家曾使用三锭脚车，没有全面推广。中国乡村棉纺织业中长期形成的、以妇孺为主进行生产的劳动力结构，阻碍了三锭脚踏车的推广。织布的主要工具是木制窄幅投梭织布机，历明、清并无革新。直到20世纪初，才有手拉机、铁轮机引进。在生产方式和纺织技术变革迟滞的情况下，一些地区的小农家庭纺织生产由副业变为主业，并不标志传统的耕织结合的自然经济出现了质变；它只不过反映了传统农村经济的危机。与以前不同的是，商品化在一定程度上可以成为危机的修复机制，它可以延缓小农再生产过程的全面破坏，推迟新的生产方式或周期性社会总危机的来临。即使个别农户靠纺织致富，也并不能改变纺织业生产方式的性质。因为这些人迟早会放弃自己的经营，购置田产以食租税，成为城居或在乡的地主。[①]因此，我们不能对18世纪中国乡村棉纺织业中商品性部分的意义估计过高。商品性生产并不一定导致资本主义，这早已为国内外大量实证研究所证明。资本主义生产无疑

---

① 史建云：《从棉纺织业看清前期江南小农经济的变化》，《中国经济史研究》，1987年，第3期。

相似还是相异？

是商品生产，但商品生产也不同程度地存在于前资本主义的某些社会经济形态中。这里关键要看它植根和服务于哪种生产方式。据《江南土布史》统计，1840年时，中国农村土布自用量占总产量的47%，商品量为53%；农户平均年产土布17.47匹，而人均年消费土布1.53匹。以每户五口之家计，合家消费7.65匹，占生产量的44%左右，[1]商品率占一半以上。但这种较高的商品率又为农户和农村的进步与发展带来了什么呢？很显然，它既没有瓦解农村的自然经济，也没有带来乡村工业化。因之，农村宏观经济没有实质性的改观。

与中国不同，中世纪晚期以来，英国农村产业结构的最重要特点，是农牧混合或农牧并举。法国国王亨利四世的大臣苏利曾说过："耕地和放牧是法国的两个乳房。"[2]这句话虽然是针对法国说的，但同样反映了英国的特点。在18世纪结束前，英国到处可见大量的荒地、林地、草地和牧场，它们都可供放牧之用。失去这个前提，英国的畜牧业就不可能有如此的发展。布罗代尔说，"农业养活的人数要比畜牧业多10至20倍"[3]。18世纪70年代一位在北京工作过的西方传教士曾如是说，"欧洲近代哲学家们没有想到人口过多带来的种种不便和后果"，人口过多迫使中国人"不养牛羊，因为供牛羊生活的土地必须用来养活人"。于是"田里缺少肥料，饭桌上缺少肉，打仗缺少马"，"为

---

[1] 徐新吾主编：《江南土布史》，第219、228、231页。
[2] 奇波拉主编：《欧洲经济史》，第3卷，第374页。
[3] 布罗代尔：《15至18世纪的物质文明、经济和资本主义》，第1卷，第118页。

收获同等数量的粮食需要付出更多的劳动,使用更多的人"①。中国传统农业构成中粮食作物的优势,实非选择的不当,而是客观条件使然。

英国农村经营的多样化,主要表现为畜牧业及其以之为原料的毛纺织业的长足发展。据当时人的估计,17世纪末,英格兰和威尔士有羊1 100万只。1741年增至1 660万只,19世纪初为2 600万只。再看羊毛产量,1695年羊毛产量为4 000万磅,1741年为5 700万磅,1805年上升到9 400万磅。②波梁斯基的估计似乎更为乐观。他认为,至17世纪末,英国共有约1 200万只羊,羊毛产值200万镑;1741年有1 700万只羊,羊毛产值为300万镑。1774年,羊毛产值约450万镑。③如按上述比例计算,此时英国大约有2 250万只羊。畜牧业扩展中另一个重要数字是养牛数量。据格利哥里·金估计,17世纪末,英国共有450万头牛。1779年,A.扬估计不足350万头。近人研究认为,18世纪养牛数量的减少,是由于这时牛的品质得到改良,重量增加的缘故。17世纪末,在史密斯菲尔德市场宰杀的牛重量只有370磅;至18世纪末,平均重量达到800磅。有些学者认为,前引17世纪末牛的重量偏低,而18世纪末则过高。④但这一百年间,牛的重量确实有较大的增加,因而可以减少养殖头数恐怕不是

---

① 布罗代尔:《15至18世纪的物质文明、经济和资本主义》,第1卷,第231页。

② P. Deane & W. A. Cole, *British Economic Growth, 1688–1959: Trends and Structure*, p. 68.

③ 波梁斯基:《外国经济史》(资本主义时代),第249页。

④ P. Deane & W. A. Cole, *British Economic Growth, 1688–1959: Trends and Structure*, p. 69.

相似还是相异？

虚论。此外，18世纪马耕的增加也使牛作为耕畜的重要性削弱了，这也是减少养牛的一个原因。

茅舍工业也是18世纪英国农村经济走向多样化的重要内容。所谓"茅舍工业"同于前面提到的"乡村工业"的概念，指以农村种养业的产品为原料，以农民家庭为生产单位，在商业资本的控制下为区域和国际市场进行商品生产的乡村纺织业，包括毛纺织品、亚麻织品和丝织品，其中前两者的规模最大。大体说来，茅舍工业兴起于早期现代，一直延续到现代棉纺织业迅速发展的19世纪初。它既不同于此前建立在家庭生产方式基础上的行会制，也不同于现代的工厂制，是一种具有从封建向资本主义过渡性质的生产形式。它所存在的时期，正值西欧商业资本主义及其向工业资本主义的过渡阶段。茅舍工业的起源，从内部来说是人口压力的结果。土地产出不能满足农民家庭所需，农家必须在土地之外开辟新的收入来源。从外部来说，广泛的大众需求所造就的区域市场和国际市场，是其存在和发展的必要前提。值得注意的是，前工业化时代，制造业是以农村为基地发展起来的；在那里，前工业化扩散并达到发展的高峰，密集的乡村工业覆盖了18世纪的欧洲。在过去仅依靠土地生产和生活的地区，现在变成农业和乡村制造业并存的混合区。在那些乡村工业集中的地区，许多农业村庄转变成工业村庄。

在英国，1700—1790年，茅舍工业的增长率为1.17%。在茅舍工业中，最有代表性、影响最大的要算毛纺织业了。对此，芒图在其名著《18世纪产业革命》中做过扎实的研究。毛纺织业几乎普及到英国各个地区，这同英国遍地皆牧场，同时经营羊毛生意有关。中世纪晚期以前，英国的优质羊毛大部分出口国外。从诺曼人征服英国时起,佛兰德尔的工匠们就开始教英国人自己利用这种富源。英国王室大力鼓励与扶持,使之成为民族工业。从14世纪起,这种工业不断发展与繁荣起来,它普及到各村镇,成为全国人民的主要财源。按照早期重商主义的观点,财富是从流通中取得的,对外贸易是财富增长的源泉,国家为了致富就应输出商品去换回现金。毛纺织工业因生产目的所致,成为英国几个世纪中出口的主要货物。它的原料和劳动力完全是英国的,一点儿也不借助外国,农村为其发展提供了诸多异常有利的条件。1695—1772年,英国毛纺织业的产出量增加了一倍。直到18世纪的最后二十五年,其年增长率才开始下降。就全国而论,17世纪末至18世纪,呢绒工业已成为国家财政的重要来源。毛纺织业的产值,17世纪末就已达到700万镑[①]。约克郡是毛纺织业生产的重要地区。1700年,其出口量不足产量的20%;到18世纪70年代初,增加到50%左右。麻纺织业也属茅舍工业,它的发展远不及毛纺织业。英格兰的麻纺织业在18世纪80年代中断发展。新兴的苏格兰亚麻纺织业在18世纪以前还鲜为人知,从1728—1732年到1798—1802年,却增长七倍。爱尔兰的麻纺织业,至18世纪末已走在不列颠麻纺织业的前列,在1710—1800年,出口增加20倍。[②]

农业、畜牧业和茅舍工业三位一体,共同发展,不仅标志着英国农村经济的多样化;更重要的是,它是英国农村经济的

[①] 波梁斯基:《外国经济史》(资本主义时代),第249页。

[②] P. Kriedte, *Peasents, Landlords and Merchant Capitalists, Europe and the World Economy, 1500–1800*, pp.131–132.

相似还是相异？

活力所在，并成为引发农村社会变迁的强大酵母。

需要指出，英国经济的变化，是市场导向的结果，而市场的扩大，同商人资本很早以来介入城市与乡村手工业生产和销售过程是密不可分的。商业资本渗入毛纺织业，不仅改变了毛纺织业作为家庭副业的小生产性质，而且使这一行业能够确立有效的分工制度。据西方学者研究证实，在从前工业社会向工业社会的过渡时期，工业生产组织的普遍存在形式是家庭工业。乡村毛纺织业生产的各环节，基本纳入包买商制度的管理下。在英国，包买制度主要表现为外包制，即分散的手工工场。包买商就是那些支配原料又能控制销货的人，他们使实际生产者依附于自己。这一过程在18世纪的英国可以看得特别清楚。有纺织工居住的各郡，不论是西部各郡还是诺福克郡或约克郡，都早已无力提供所需要的羊毛，粗毛只能通过收购者从全国买来。纺纱也不在当地进行，而是散布到边远各郡的农村居民中去。在剪下的羊毛和纺线之间，有一道梳理工序，要求特别细心，因此，大的纺织品包买商都亲自对这一工序进行特别监督。"梳"（毛）是由行会手工业者进行的，独立核算；"理"（条）大多是由包买商的雇佣工人去做。包买商把纺好的线提供给织工，织工带着全家或帮工按计件工资从事劳动，并将成品交还给包买商。然后，在包买商的车间在工头的指挥下加工整饰，便于出售。可见，毛纺织生产的大部分工序转移到了农村，大量的粗活都是在那里进行的；城市主要对产品进行精细加工、贮存和推销。[①]而农村毛纺织业，生产各环节分工明确，包买商

---

① 豪斯赫尔：《近代经济史》，第158、159、162页。

从中协调、监控，与作为小生产的家庭手工业完全不同。对此，桑巴特说，家庭工业是"一种现代资本主义生产方式的表现"，是一种本质特征属于"工人依赖于资本主义企业家的资本主义企业形式"。在家庭工业中，资本主义企业家并不是通过对一切物质资料的控制，而是通过市场来控制。[①]

三 粮食生产

农业是国民经济的基础，粮食生产又是农业的中心环节。在农业社会或其为向工业社会过渡准备条件的整个阶段，大抵都是如此。没有粮食生产的率先突破，农村经济就不会步入真正变革的轨道。如此，农业社会向工业社会的过渡，就只能成为海市蜃楼，无法企及。

那么，18世纪中英两国的粮食生产分别处于怎样的水平，又是如何为各自农村变迁准备条件的呢？

衡量一个时期粮食生产的状况，有两个基本指标：单位面积产量和劳动生产率。在反映粮食生产的变化上，它们既有联系，又有区别。只有综合考察，才能准确、科学地判明考察对象变化的性质。

水稻是中国南方主要的粮食品种，这方面的记载颇为详富，表1-5是其中一些有代表性的记载。

[①] B. Kriedte, H. Medick & J. Schlumbohm, *Industrialization before Industrialization: Rural Industry in the Genesis of Capitalism*, p. 4.

相似还是相异?

表1-5 清前期南方水稻亩产举例

地区	时期	亩产（石）	说明	资料来源
苏州	康熙	6.6 3—4	谷，双季稻谷。	李煦:《李煦奏折》第226、233页。
淮扬	康熙	5（3+ +2-）	谷，双季稻。	李煦:《李煦奏折》第249—250页。
苏湖	雍正	3	稻麦折米。	刘斌:《量行沟洫之利》，《清经世文编》卷三八。
金陵	雍正	3+	谷。	
苏州	乾隆	3+—4+	租折谷。	方苞:《方望溪全集》卷十七，《家训》。
江苏	乾隆	3+—5+	租折谷。	沈氏《慎余堂租目簿》。
苏州	嘉庆	3 1.2 2 0.7	米，上岁。 麦。 米，中岁。 麦。	乾隆刑科题本。 包世臣:《安吴四种》卷三五，下，《齐民四术》卷二。
南昌	乾隆	4 3+ 2	上田，租折谷。 中田，租折谷。 下田，租折谷。	陈绍洙:《江西新城田租说》上，载陆燿辑:《切问斋文钞》卷十五。
广东	乾隆	4	谷。	屈大均:《广东新语》卷十四，《食语》。
新宁(粤)	乾隆	5	谷。	档案:乾隆九年十月廿四日。
闽南	康熙	6 4	米折谷，上田。 米折谷，次田。	康熙《桂阳州志》卷十二。

续表

地区	时期	亩产（石）	说明	资料来源
四川	乾隆	6—7	谷。	吴焘：《游蜀日记》。
彭县（川）	乾隆	2.4 2 1.6—1.8	米折谷，上田。 米折谷，中田。 米折谷，下田。 乡斗，合官斗2倍。	光绪《重修彭县志》卷三。
湘乡（湘）	乾隆	5	租折谷。	中国第一历史档案馆、中国社会科学院历史研究所合编：《清代地租剥削形态》第370页。
城步（湘）	乾隆	4.56	谷。	无名氏《湖南省例成案》卷十七，《刑律》。
浏阳（湘）	乾隆	1.7—1.8		同治《浏阳县志》卷六。
江陵（鄂）	乾隆	5—6	谷。附郭膏腴之田。	乾隆《江陵县志》卷二一。
汉阳（鄂）	乾隆	3-	谷。	乾隆《汉阳县志》卷八。
南宁	嘉庆	2	谷，早稻一季高产数字。	嘉庆《广西通志》卷八〇七，《舆地志》。

表1-5大体覆盖了清前期南方各省的亩产数据，其中凡能确定为单季稻的，亩产大都不低于3石；双季稻则一般也都在4石左右。当然，这些记载多来自丰度较高的地块，普通田亩恐难达到。平均而论，一般每亩产米在1—1.5石之间。按1.5石

相似还是相异？

计，合谷3石。每清石折合1.036市石，3清石计为3.12市石。1市石等于130市斤[①]，因此，18世纪南方水稻单产原粮405.6市斤。以南方流行的75%的出净米率计，折合亩产碾米304斤。珀金斯根据中国18世纪南方七省地方志所辑录近900个不同地区的亩产数据，分别计算出各省稻米未碾原粮的数据。[②]经我们计算，每市亩平均产量为418市斤。许涤新、吴承明估计清前期南方每亩水稻产原粮400斤[③]。这些估计数与我们计算的405.6市斤产量大致相符。此外，清前期南方复种面积增加，春花（春天开花作物）作用也要大些。据吴慧研究，清代南方水稻田中，单季稻占72.6%，双季稻占3%，稻麦复种占24.4%[④]。史志宏认为吴慧对复种比例的估计过低，应调整为47%，与双季稻合计为50%[⑤]。春花的收成，以江南为例，据张履祥记载，"吾乡春花之利居半"，"田极熟，米每亩三石，春花一石有半"[⑥]，即约为二分之一。吴承明认为，所提1.5石大约指原粮，合米不会增加一半，按农家习惯说法约合秋粮十分之二三[⑦]。按南方水稻田平均

[①] 实际上，清代衡器换算为重量仍因地而异。据梁方仲研究，"自清初以来，在很多省区，民间已通俗称衡百斤为一担（石）……但也有例外，如江苏等地，以一百四十斤或一百五十斤为一担"（梁方仲编著：《中国历代户口、田地、田赋统计》，第526页）。北方一石大于百斤的情况也所多有。如按一石合140—150斤计算，则对清代粮食单产和劳动生产率的估算还应再提高些。明代的情况亦复如此。

[②] 珀金斯：《中国农业的发展（1368—1968年）》，第23页。

[③] 许涤新、吴承明主编：《中国资本主义的萌芽》，第192页。

[④] 吴慧：《中国历代粮食亩产量研究》，转引自史志宏：《清代前期的小农经济》，第192页，注3。

[⑤] 史志宏：《清代前期的耕地面积及粮食产量估计》，《中国经济史研究》，1989年，第2期。

[⑥] 张履祥：《补农书》，下，《农书》，《杨园先生全集》，卷五〇。

[⑦] 许涤新、吴承明主编：《中国资本主义的萌芽》，第42页。

亩产净粮304斤计,春花如占三成,即折粮121市斤。这样,全年产净粮为425市斤。

那么,与明代相比,18世纪水稻田的单产有何变化呢?据珀金斯前引材料,经计算可知,明代中后期(1500—1599年),南方六省平均而论,亩产原粮为386市斤,吴慧则估计为368市斤[1]。不过,后一个数据代表了整个明代的南方水稻单产,如果只截取16世纪的数字,估计单产可能还会有所上扬,更接近明代水稻生产的先进水平。我们仍按前面方法计算,以386市斤代表明代南方水稻的平均原粮单产,折成净米并加上春花部分,计为405市斤。这样,18世纪比明代水稻田的平均亩产增长了4%。吴承明认为,粮食总产,清盛世比明盛世增长两倍以上,明盛世比宋盛世约增长50%。从增长原因看,明代粮食增长约有80%是由于耕地面积扩大而取得的,单产提高的贡献率较小;而清代的增长只有20%是由于土地面积的增加,更多是由于单位面积产量提高的结果。[2]

北方是麦、粟、高粱、豆等旱粮作物的主要产区。一般说,清前期北方的粮食产量仍落后于南方。如河南省,乾隆二年(1737年)巡抚尹会一奏报:"臣自彰德、卫辉至开封府省城沿途亲自查看……各邑地亩,种麦十之七八,现俱成穗,将次结实……洼地每亩可收四五斗,高地可收二斗。"[3]河内(今沁阳市)素称富饶之地,何柏斋说:"河内之田……上田岁收亩不下两石,多或至三四石,下田岁收亩不及一石,少或至三四斗。

---

[1] 许涤新、吴承明主编:《中国资本主义的萌芽》,第42页。
[2] 吴承明:《中国资本主义与国内市场》,第158页。
[3] 尹会一:《尹少宰奏议》,卷二,《河南疏一·确查抚事宜疏》。

相似还是相异？

大抵上田一亩之收，抵下田五亩。"①18世纪这里各类田亩的收成可能大致仍然如此。又如直隶，据乾隆《河间县志》载："地鲜膏腴，竭终岁之力，收入颇寡，履亩但五六斗，七八斗即庆有年矣。"②同期的《无极县志》卷末《艺文志》也说，"直属地亩惟有井为园地。园地土性宜种二麦、棉花，以中岁计之，每亩可收麦三斗，收后尚可接种秋禾……其余（非井灌园地）不过种植高粱、黍、豆等项，中岁每亩不过五六斗"。乾嘉时，乐亭亩产三四斗至五六斗，宝坻亩产五六斗至七八斗，滦州亩产四五斗，③但所收粮食品种为何，没有言明。山东的情况也大体相当。据黄冕堂对曲阜孔府在鲁西南平原的十八官庄的单产研究，那里从头年秋到第二年秋，上中下三等土地和粗细粮平均计算，年收两茬，每标准亩产量最好的尚不到2石，即220斤左右；中等收获为1.5石，即170多斤；下等产量1石左右，即120斤④。陕北黄土高原的一些地方产量更低。卢坤在《秦疆治略》中提到延安府（今延安市）、绥德州（今绥德市）和榆林府（今榆林市）所属诸县，亩产仅一斗有余。当然，北方也有部分高产地区。乾隆时有人说，江淮之间地区，"农夫一亩之所获，通丰耗而权之，富民之人，恒不下一石"⑤。地租一石，亩产应在二石。又如淮河以北地区，康熙四十三年（1704年），在谈到巡幸

---

① 顾炎武：《天下郡国利病书》，卷五四，《均粮私论》。
② 乾隆《河间县志》，卷三，《风俗志》。
③ 乾隆《乐亭县志》，卷五；乾隆《宝坻县志》，卷七；嘉庆《滦州志》，卷一。
④ 黄冕堂：《清代农田的单位亩产量考辨》，《文史哲》，1990年，第3期。
⑤ 陆耀辑：《切问斋文钞》，卷十五，盛黼辰：《江淮均丁说》。

过的北方各省收成时，康熙帝说："小民力作艰难，每岁耕三十亩者……除完租外，约余二十石。"①按对半租算，约每亩收1.3石。康熙四十六年（1707年），康熙帝说："内地之田，虽在丰年，每亩所收止一二石。若边外之田，所获更倍之。"②后者大约可收二三石。

总的看来，北方旱粮单产，如计入复种因素，并将高低产拉平，估计平均原粮单产在一石上下。各种旱粮每石折成市斤的数量不同：小麦每市石145市斤，高粱142市斤，粟135市斤。又，一清石等于1.036市石，一清亩合0.922市亩。据上述比例，平均而论，原粮1石折算市亩市斤为134斤。这个产量，与江南旱粮单产比，仍属偏低。据史志宏推算，江南旱粮亩产，大致可估计为2石左右③。如果这一估计不错的话，那么，依同样标准折算，合市亩市斤为267斤，相差一倍。但比之明代，"亩之岁入，不及江南之什一"④的情形，北方旱田的单产也有了提高。单位面积产量即土地的产出率，所反映的是土地利用的效率。由于清代在农艺学方面的成就，18世纪与明代相比，土地的利用率还是提高了，尽管幅度并不算大。

劳动生产率指劳动的生产效率，可用单位时间内生产某种产品的数量来表示。一般地说，劳动生产率同单位时间内所生产的产品量成正比，而同单位产品所包含的劳动量成反比。换

---

① 清代实录馆：《清圣祖实录》，卷二一五。
② 同上。
③ 史志宏：《清代前期的耕地面积及粮食产量估计》，《中国经济史研究》，1989年，第2期。
④ 任启运：《清芬楼遗稿》，卷一，《请开北方水利疏》。

言之，单位时间内所生产的产品越多，单位产品所包含的劳动量越少，则劳动生产率越高；反之，劳动生产率就越低。鉴于农业生产周期较长，因而单位时间需以年计算。又，劳动生产率可分为个人劳动生产率和单位劳动生产率。考虑到在前工业社会中，家庭仍是最基本的生产单位，因此这里所谓的劳动生产率，是指单位（家庭）的劳动生产率，而非农夫个人的劳动生产率。还有一点需要说明的是，农业劳动生产率，不同于工厂制中在流水线上劳动的工人的劳动生产率。后者生产什么，在什么条件下生产，都有明确的标准。相反，前工业社会中农民家庭的生产，却具有诸多的不确定性，如不同地区农户的农业生产条件不同，种植作物的品种也难划一，粮食和工副业生产在家庭经济中所占的比例更是相差悬殊。这些不确定因素，都妨碍对农业劳动生产率做出准确的估计，任何对上述因素随机的排列组合，都会使计算结果失去普遍意义。本章所要估算的农业劳动生产率，仅指粮食的劳动生产率，确切地说，是指一个典型农户在一年内生产出多少农产品。下面我们仅以南方的农户作为估算粮食劳动生产率的对象。

计算18世纪南方一个典型农户一年内能生产多少粮食，先要确定这一时期一个典型农户的土地年均耕种量。以江南为例，一般农户常年耕作的水田面积通常不过10亩。张履祥说，在浙江桐乡，"上农夫一人止能治十亩"。在江苏的苏州、松江一带，"一夫所耕，不过十亩"[①]。当时的情况是，"工本大者，不

[①] 张履祥：《补农书》，卷下，《佃户》；陆燿辑：《切问斋文钞》，卷十六，尹会一：《敬陈末议疏》。

能过二十亩为上户；能十二三亩者为中户；但能四五亩者为下户"①。清前期"一夫所耕不过十亩"②，似乎是江南地区通常的情况。比之明代，18世纪江南一般农户所耕土地的数量有所下降，原因除人口压力之外，还同另外两个因素有关。清前期江南农业经营更加集约化。与粗放经营相比，一是集约经营需要比以往更多的劳动投入，所谓"力田之勤，则前此所未逮；遇旱涝，前多畏难中辍，今则竭力营救"③。由于这种集约化完全建立在手工劳动的基础上，因此一夫所能负担的土地面积必然下降。二是由此带来生产成本居高不下，这也阻碍农户扩大经营。章谦在《备荒通论》中说："一亩之田，耒耜有费，籽种有费，罱斛有费，雇募有费，祈赛有费，牛力有费，约而计之，率需千钱"④。每亩耕地的生产成本合1 000文左右，折米0.3—0.5石；若亩产2石，则占15%—25%。如果生产成本达到25%，再加上每个劳动力都要吃饭，以及每亩地租的支出，多种就未必合算了。此外，其他经济和社会因素，也未必有利于有能力进行规模经营的农户。因此，当耕作条件特别不利，生产垫支能力已无法满足劳动力所能承担的租地面积，而地租又极度苛重时，纵使还有富余土地，农民也无力或不愿承租或耕种。

倘若以占地10亩作为江南一个典型农户的耕作量，那么，10清亩约合9.22市亩。前已计算出18世纪南方水稻田年产水稻

---

① 贺长龄、魏源编：《清经世文编》，卷三九，章谦：《备荒通论》。
② 同上书，卷三六，尹会一：《敬陈农桑四务疏》。
③ 黄印辑：《锡金识小录》，卷一，《备参》，上，《风俗变迁》。
④ 贺长龄、魏源编：《清经世文编》，卷三九，章谦：《备荒通论》。

相似还是相异？

净粮折成市亩市斤为304斤，春花折净粮121市斤，共计全年每亩平均产净粮425市斤。这样便可得出18世纪中国南方一个典型农户的劳动生产率：

425市斤×9.22市亩（10清亩）=3 918.5市斤（1 959.25公斤）

18世纪，中国南方一个典型农户每年稻谷的劳动生产率为3 918.5市斤，这个数字比之明代有何变化呢？据许涤新、吴承明估算，明代一般是一夫耕10—20亩。[①] 如以15明亩计，并按1明亩等于0.921 6市亩换算，则合13.8市亩。前已算出，明代稻谷平均亩产为386市斤，春花部分合净粮为116市斤，这样每亩全年生产净粮405市斤。据此，明代一个典型农户的劳动生产率为：

405市斤×13.8市亩（15明亩）=5 589市斤（2 794.5公斤）

如果上述估算可以成立的话，它反映了这样一个事实：清盛世所在的18世纪，江南一个典型农户的粮食劳动生产率与明代相比，不仅没有明显上升，而且恰好相反，其劳动生产率3 918.5市斤/户，比之明代的5 589市斤/户，还下降了约29.9个百分点。如前所述，劳动生产率同单位时间内所生产的产品量成正比，同单位产品所包含的劳动量成反比。当土地产出量不能和投入的劳动量呈同比例增加时，劳动生产率则必然下降。水田一亩需八九个工，按亩产1.5石计，则加一个工只增产1/30而已。种两季稻不过比种单季稻多收20%—30%，而劳动力和费用支出增加近一倍。集约化虽然能使单产增加（但一定技术条件下仍有限度），但按每个劳动力人均产量计算，到

---

① 许涤新、吴承明主编：《中国资本主义的萌芽》，第200页。

一定时候就会出现负增长，从而导致劳动生产率的下降。吴承明认为，"据一些资料测算，我们有理由相信，在清代，尽管亩产量有了提高，但劳动生产率即'一夫产量'却下降了。这又是我国资本主义萌芽发展迟缓、也是农业资本主义生产关系始终微不足道的根本原因"[①]。可见，劳动投入型为主的集约化，并不是传统农业进步的方向，在土地资源不能继续追加的条件下，集约化应尽早从劳动投入型转入技术和资本投入型上来。当然，农业劳动力结构的实质性调整，也可以缓解劳动生产率的下降。近来有人指出，"增长"和"发展"是两个不同的概念。增长指经济规模总量的扩大，但它并不一定使生活质量得到改善。发展则注重经济变化的内涵，其标志是劳动生产率的提高。只有后者的提高，才是社会进步的真正保障，否则就会出现如18世纪中国农村中粮食单产增加和农民贫困化同时并存的矛盾现象。这种矛盾现象多发生在前工业社会，或由前工业社会向工业社会的过渡阶段。矛盾的焦点是，在人口压力的条件下，如何选择经济发展的模式。西方的人口论者从马尔萨斯到波斯坦、拉杜里，基本上都是在农业经济封闭的框架中构筑他们的人口学理论的，因而都只能得出悲观的结论。解决问题的出路是，突破农业经济的封闭格局，在工业化中使人类彻底摆脱经济增长与发展中蕴涵的不协调性。

18世纪，英国农业进入了它前工业社会的黄金时代。通过圈地运动，18世纪成为英国经济史上耕地面积扩张的第三个重

[①] 吴承明：《中国资本主义与国内市场》，第158页。

相似还是相异？

要时期。从18世纪30和40年代起，农产品市场也朝着有利于农业经营的方向发展。首先是粮食价格攀升，如果把1730—1741年的物价指数作为100，至18世纪90年代，农产品的价格指数跃升到190。与此同时，地租也迅速上扬。1790年与1750年相比，未圈围的土地的地租上涨了40%—50%，而圈围土地的地租平均上涨了两倍。[①] 此外，其他因素，诸如工商业的成长，人口的城市化，人均消费水平的提高等，都会刺激农业生产的发展。

　　中世纪以来至18世纪，英国主要农作物的品种并未有多大改观。小麦、大麦、黑麦和燕麦仍然是民食的主要品种；但相对而言，其他作物的重要性不如小麦。在中世纪晚期前，小麦是贵族领主们的口粮，穷人则很少食用小麦面包，主要以其他几种谷物为生。18世纪，小麦的消费量继续增加。时人查尔斯·史密斯对18世纪前六十五年，英格兰和威尔士谷物生产与消费的数字进行了估算。他依据不同材料，将全国分为五个地区：（1）伦敦和东南部，90%的人口消费小麦面包；（2）西南部，3/4的人主食小麦，余者吃大麦；（3）西部，近70%的人以小麦为口粮，余者多数吃大麦或黑麦；（4）北部地区，仅30%的人食用小麦，30%多一点儿的人吃燕麦，余者吃大麦和黑麦；（5）威尔士，所有面包都是大麦或黑麦制作的，人们素以这两种谷物作为主食。他还依据灶税申报资料，估计1700—1765年不列颠的人口在600万左右，其中3 750 000人食用小麦，739 000人吃大麦，888 000人吃黑麦，623 000人吃燕麦，食小麦者超过

---

① P. Kriedte, *Peasants, Landlords and Merchant Capitalists*, pp. 105, 107.

食其他谷物者。他认为，一个以小麦为主食的人，每年小麦的平均消费量为一夸特，其他谷类的人均年消费量都在一夸特以上。[①]对史密斯估计的小麦消费人口与消费标准的准确性，近人有过指责和批评。但尽管如此，限于资料，探索者恐怕一时也难以做出更加精确的计算。从史密斯提供的数据中，我们至少可以了解，至18世纪小麦已成为英格兰多数人的口粮，农民的生活质量有了改善。下面我们就以小麦为例，估算英国土地单位面积产量和粮食劳动生产率。

估计英国小麦的土地单位面积产量，主要有两种途径，一是通过土地产出率进行间接估算，另一个就是直接利用每英亩的单产数据。土地产出率是种子与收成的比例，也就是说，一粒种子能产出多少粒粮食。产出越多，产出率就越高。当然，受资料性质所限，对土地产出率的估计近乎猜测，误差在所难免。特别是考虑到不同地区中，土质、气候等自然条件，以及经营本身的差异，因而这些估计都只能具有相对意义，不过是为我们认识不同时期的粮食生产水平，描绘出大致不差的运动趋势而已。仅这一点，已是很难做到了。下面先来看土地产出率的变化。

总的说，16世纪以来的英国，土地产出率一直位居欧洲各国的前列。彼得·克里特对1500—1820年，欧洲各国的小麦、黑麦和大麦三种粮食作物的混合平均产出率做过估算，现转录如次（见表1-6）：

[①] P. Deane & W. A. Cole, *British Economic Growth, 1688-1959: Trends and Structure*, p. 63.

相似还是相异?

表 1-6　1500—1820 年欧洲不同地区小麦、黑麦和大麦的平均产出率（%）

时间＼国家或地区	英格兰和尼德兰	法国、西班牙和意大利	德国、瑞士和斯堪的纳维亚	俄国、波兰、捷克斯洛伐克和匈牙利
1500—1549	7.4	6.7	4.0	3.9
1550—1599	7.3	—	4.4	4.3
1600—1649	6.7	—	4.5	4.0
1650—1699	9.3	6.2	4.1	3.8
1700—1749	—	6.3	4.1	3.5
1750—1799	10.1	7.0	5.1	4.7
1800—1820	11.1	6.2	5.4	—

资料来源：P. Kriedte, *Peasants, Landlords and Merchant Capitalists*, p. 22, Table 3。

克里特对欧洲各国粮食产出的动态趋势的描绘是正确的。早期现代以来，英国和尼德兰代表了欧洲农业的先进水平，对此，西方学者的看法基本上是一致的。18世纪的农业革命和半个世纪后的工业革命，何以率先发生在英国而非欧洲其他国家，从土地产出率的这种不断地进步中，人们不难获得部分的答案。

仅从英国本身而言，中世纪至19世纪初，土地产出率也在稳步上升。中世纪小麦的产出率经常在3—5之间，平均值是4。到17世纪，产出率上升到5—9，平均值是6—7。18世纪中叶，见于记载的产出率在9—19之间，平均值一般为8，但经常有些农场主达不到这一标准。如在萨塞克斯郡的格利德，在1771—1787年约翰·埃尔曼，每英亩播种4蒲式耳，而土地产出率仅为7。18世纪90年代和19世纪初，小麦的产出率又有所上升。

第一章 农民与农村经济的比较

一项对1794—1815年的完整调查表明，小麦产出率一般在7—12之间，平均值为9。到1815年，土地产出率已达到9—16，平均值为11—13。其他谷物的产出率也有不同程度的提高。如大麦，中世纪产出率大体与小麦持平，17世纪前一直变化不大，当时产出率的平均值为5。至18世纪中叶，产出率上升为7—8。阿瑟·扬将1767—1771年大麦产出率估计为9。当然，这一时期5和6这样的低产出率仍然存在。至1800年左右，这种高低间的差别甚至更令人吃惊。马歇尔发现，18世纪90年代，中部各郡的产出率有的已达到20—25，但德文郡却只有7.5—10。从来自各郡的资料可知，这一时期大麦产出率的平均值为9。燕麦产出率的可信度更低。中世纪通常在2.5左右，17世纪后期上升为3—4，1750—1775年增至6.5—8.5，1800年达到7—9。[1]

土地产出率不能使人对土地的单位面积产量有直观、明晰的了解，也不能直接与中国的粮食单产进行比较。为此，我们还需要进一步估算英国小麦的单产。对中世纪以来至18世纪英国小麦的单产，西方学者进行了许多探索。M. K. 贝内特对中世纪至早期现代英国小麦亩产量的研究，历来受到中外学术界的重视。据他统计，1200年小麦亩产为8蒲式耳，1450年为8.5蒲式耳，1500年为9蒲式耳，1550年为10蒲式耳，1600年为11蒲式耳，17世纪中叶为12蒲式耳，[2]17世纪末达到18蒲式耳。[3]进

---

[1] G. E. Mingay ed., *The Agrarian History of England and Wales*, Vol. VI, pp. 143-144.

[2] M. K. Bennett, "British Wheat Yield Per Acre for Seven Centuries", in *Economic History*, Vol. 3 (February) 1935, pp. 12-29.

[3] M. Turner, "Agricultural Productivity in England in the Eighteenth Century", in *Economic History Review*, 2nd. ser, Vol. 35, No. 4, 1982, p. 490.

相似还是相异?

入18世纪,小麦单产继续上升。在各地各时期的小麦单产数据中,虽不乏极高和极低的例证,但一般亩产仍可达到20蒲式耳左右。阿瑟·扬在他完成于18世纪70年代的《英格兰威尔士游记》中,记述的小麦产量是23蒲式耳,这一数据一直被学者认为是偏高的估计。实际上,由于自然条件和经营状况的不同,小麦的单产会有很大的差异。比如土地贫瘠和不善经营时,小麦亩产可能只有12—18蒲式耳左右;相反则单产可能会达到18—30蒲式耳。尽管如此,从见于记载的数据看,各地单产仍有一个大致变化的幅度。除个别灾荒年和上上年外,一般在14—28蒲式耳。B. A. 霍尔德内斯认为,18世纪中叶,小麦平均产量不会低于18蒲式耳;至该世纪末,产量几无变化。[1]P. 迪恩和W. A. 科尔指出,18世纪初的小麦亩产在20蒲式耳左右,这几乎是学者们的共识。就整个18世纪而言,小麦单产为20—22蒲式耳,增长率在10%左右。[2]W. 特纳认为,18世纪末,小麦平均亩产已达到24蒲式耳。[3]

  学者们对18世纪英国小麦亩产认识上的分歧,主要来自两个原因。一是由于种种原因,各地或一个地方的不同时期单产确实相差很大。二是学者估计的时期互有不同,或18世纪初期,或中期和晚期,或以一百年平均计算,从而导致估算的结果不同。应该说,以任何一个数据作为某一时期全国的平均单产,

---

[1] G. E. Mingay ed., *The Agrarian History of England and Wales*, Vol. VI, p. 139.

[2] P. Deane & W. A. Cole, *British Economic Growth, 1688–1959: Trends and Structure*, p. 67, 62.

[3] 转引自戚国淦、陈曦文主编:《撷英集》,第24页。

这种做法本身就有问题，结果也不可能达到精确无误。但历史研究除定性分析外，还需要进行定量考察。没有一定的量的发展，事物就不会产生质的变化。这在客观上要求我们从事历史研究时，将定性分析尽可能地建立在定量考察的基础上。言之有据的定量分析，总会得出大致不差的数量关系，对以世纪为单位的长时段、国别间的历史比较研究来说，这种做法不但可行，而且有助于人们更便捷地把握历史现象变化的趋势。有鉴于此，我们将18世纪初的20蒲式耳，同18世纪末的24蒲式耳拉平计算，得到22蒲式耳，以此作为该世纪英国小麦单产的平均数，恐怕不会距事实甚远。那么，这个单产数又合多少公斤呢？18世纪左右，谷物的衡量与重量换算已经有了一定标准，即把一蒲式耳小麦折合成若干磅。但这两种计算单位间尚无形成确切固定的数据。这是因为，有些因素可以导致每蒲式耳小麦的重量并不完全一样，如坏年成的小麦比好年成每蒲式耳轻3—5磅；不同地区每蒲式耳小麦的重量也不相同。霍顿在1692年5月承认，在纽伯里，每蒲式耳优质小麦重66—68磅；而在多切斯特则只有60—63磅重。1717年和1718年，伦敦和多沃市场的小麦报价单规定，每蒲式耳小麦重58—60磅；肯特郡则规定该地或其他地方同样优质的小麦每蒲式耳重60磅。[1]我们以每蒲式耳等于60磅作折算标准，又每磅等于0.4536公斤，据此得出18世纪英国小麦的平均单产为一英亩产598.8公斤，折合成中国市制，相当于一市亩产98.6公斤。仅从单位面积产

---

[1] J. Thirsk ed., *The Agrarian History of England and Wales*, Vol. VII, 1640-1750, pp. 824, 825.

相似还是相异？

量说，18世纪英国的小麦单产低于中国江南水稻，高于北方旱粮。

接下来要做的是估算英国的粮食劳动生产率。18世纪是英国历史上土地产权关系变化最剧烈、最广泛的时期。与16、17世纪的圈地和对修道院、王党土地的拍卖有所不同，这次变革使以自由持有农为代表的小土地所有制及其赖以为生的公有地受到前所未有的冲击。不仅如此，这一历史性进程在18世纪尚未完结。18世纪英国土地关系的变动，使我们难以像13世纪和16世纪那样，确定一个典型农户所持有土地的具体数量。因为对公地和荒地的圈围，以及同时进行的农场合并，使小土地所有制几乎每时每刻都处于破产的边缘。有鉴于此，在估算18世纪英国农业劳动生产率时，我们将采用在估算中国江南粮食劳动生产率时所使用过的做法，即确定一个典型农户在不依靠工资劳动者的情况下，一年能够耕种多少土地。也就是说，一个标准农户完全依靠家庭劳动力，在它每年能够耕种的土地上的全部产出，就是我们所谓的粮食生产率的概念。至于那些土地数量因过多或过少而不能与其家庭劳动力的供求建立起平衡关系的农户，则不在我们估算的范围内。就英国而言，家庭农场符合我们的选择标准，因而下面就以家庭农场为例，估算18世纪英国的粮食劳动生产率。

一般而论，一般农民家庭能够自己耕种的农场面积约为50英亩。1770年，阿瑟·扬在《农场主雇工和饲养牲畜指南》中，计算了各类农场对劳动力的需求数量。他认为，8—25英亩的农场完全不能耗尽一个家庭的劳动力，36英亩的农场只需一个男子的劳动力，在50英亩的农场上，一个男子劳动力占总劳动力需求的53%。①阿瑟·扬所谓的"总劳动力需求",应指农场中家庭劳动力的供给,包括妇女和未成年的子女等辅助劳动力在内。据格利哥里·金估计,17世纪末,英国的自由持有农共18万户,其中小自由持有农为14万户,其家庭的平均人口是5人。另外,克拉潘也承认,50英亩以下的"持有地通常是不需要外面的劳动力的"②。如果考虑到家庭农场中畜牧业占有一定比重,与粮食生产相比可节省劳动力,同时妇女和孩子也是家庭劳动力的重要组成部分,因此,50英亩大概可视为家庭农场最适合的耕作规模。当时的家庭农场一般仍采用传统的三圃制耕作方法,50英亩中每年投入耕作的土地仅占三分之二。如果以35英亩作为每个家庭农场每年用于粮食生产的播种面积,则可得出18世纪英国一般农户的粮食劳动生产率。

598.8公斤×35英亩=20 958公斤

通过以上估算,我们不难发现,尽管18世纪中国江南水稻亩产量是同期英国小麦平均单产的2.66倍,但从每个农户所能耕种土地的劳动生产率说,英国却比中国高出4.3倍。这其中的原因是什么?看来,导致18世纪中英两国粮食劳动生产率相差悬殊的原因,主要不是农具和农艺学的差别;应该说,18世纪两国在这些方面互有长短,难分伯仲。笔者认为,在将现代农业技术和动力应用于传统农业以前,决定粮食劳动生产率的主要因素是每个农户(或个人)可以耕种的土地面积的大小。从某种意义上讲,它比土地单位面积产量对劳动生产率的影响更

---

① A. Young, *The Farmer's Guide in Hiring and Stocking Farms*, p. 118.
② 克拉潘:《现代英国经济史》,上卷,第555页。

相似还是相异?

具决定意义。对此,保罗·贝罗奇的论述颇有启发性。他说:

> 17和18世纪时,从某种意义说,整个英国学习佛兰芒学派,在人口稀少的农村,应用它的农业技术,使这个极重要的经济部门取得生产率惊人的提高。虽然在低地国家的农业已达到相对先进的技术水平,其产量比其余欧洲国家高二至三倍。但生产率的差距并不直接关系到生产量高低,因为按每个农业劳动者平均土地的不足,致使其农业生产率水平很接近其他西欧和中欧国家的水平。重要的是不要犯混淆"收获水平"和"生产率水平"的经常出现的错误。在农业中,大面积粗放的耕种有可能获得高水平的生产率,尽管收获很低。[1]

正如贝罗奇在后文中所列举的,这种例证在早期现代的欧美各国俯拾即是。从英国自身说,尽管18世纪的人口比17世纪有较大的增加,但粮食劳动生产率非但没有因此而降低,反而有很大的提高。1700年,英国每个农业劳动力可以养活1.7人,至1800年,则上升到2.5人,增加47%。[2]

---

[1] 奇波拉主编:《欧洲经济史》,第3卷,第369—370页。
[2] R. Floud & D. McCloskey eds., *The Economic History of Britain Since 1700*, Vol. I, 1700–1800, p. 71.

第二章　农村生产关系的比较

18世纪，各国农村生产关系的结构与功能不尽相同，其发展演变的前景也不一样。西欧历史昭示，农村封建生产关系向资本主义的转变，是一个漫长而复杂的历史过程。在英国，它甚至可以追溯到12、13世纪。17世纪末英国虽然取得资产阶级革命的胜利，却不意味着这个转变的彻底结束。即使在英国，这一过程也历时六七百年，直到19世纪中后期才告完成。我国学者对中国有无资本主义萌芽的回答多是肯定的，而且多数人认为它存在于明清时代。但对明清资本主义萌芽所分布的行业、表现形式、发展程度与前景的估计，却存在较大分歧。

笔者认为，资本主义萌芽或现代化因素的探索应更多地着眼于农村，重点放在农村阶级关系的变化与否上来。然而，许多研究中国史的学者甚至一些研究世界史的学者认为：前资本主义社会，中国与西欧各国在阶级结构方面的主要差异是有无一个独立的市民阶级。按照这种观点，西欧中世纪城市在其兴建之初，就从封建领主手中取得自治权，市民与王权联盟构成西欧新君主制的重要阶级基础，因而城市阶级关系的变迁，成为西欧从封建向资本主义过渡的主要推动力量。与之相比，古

相似还是相异？

代中国的各级城市大多是官府的治所，政治统治的中心。由于专制国家对城市的严密控制，中国的市民阶级没有可能成长为一支独立自主的阶级力量，由此延缓了中国现代化的进程。这种观点或多或少地把资产阶级与市民阶级等同起来，从而有意无意地夸大了市民阶级的历史作用。至少对西欧而言，这种认识是片面的。就英国而论，这种认识在很大程度上不符合历史实际。事实上，英国资本主义的故乡主要在农村。直到工业革命结束前，农村资产阶级即地产主①在对封建的阶级结构、经济结构和政治结构的改造中所发挥的作用都大于市民阶级。不仅如此，他们的作用甚至没有局限在英国从封建向资本主义过渡和资产阶级革命两个时期。在从农业向工业社会转变过程中，他们同样也发挥了巨大的历史影响力。相比之下，英国的市民阶级倒显得弱小与落后，只能退居于地主阶级强壮的身影背后。中国古代社会直到清代，市民尚未成长为一支独立的阶级力量；那么，地主阶级的变化与否便显得更加关键。因此，18世纪中

---

① 在英国，地产主（landlord）与领主（lord）产生的社会历史条件和阶级属性不同：领主是庄园化和政治多元化即封建主义的产物，他们的最大特点是对其佃农即农奴行使封建的司法审判权，以及用封建的强迫劳役制或租佃制经营农业，因而理所当然地构成封建制度的阶级和社会基础；地产主在时间上晚于领主出现，他们起源自农业生产中新的经营方式或理念。这种变化的最早契机来自英王亨利一世（1110—1135年）实行的"盾牌钱"制度。该制度允许骑士以交纳"盾牌钱"代替服兵役，它在以后几个世纪里在乡村中造就了一批放弃习武征战，专心经营农牧业的"乡绅"阶层。他们以及一部分思想开放的贵族，以资本主义方式经营商业化的农牧业，其利益与商品生产和市场日益紧密地结合在一起，成为资产阶级化的"新贵族"。相比之下，在西北欧各国中，英国资产阶级化的地产主兴起得最早，其经济和政治力量也最为强大。同时，从亨利一世启动的中央司法集权化过程，以及几个世纪后庄园制的瓦解，使地产主完全取代了领主。

英地主阶级的不同变化恐怕更值得认真比较，因为这种差别对各自社会的现代化进程影响甚大。本章所要探讨的问题是，18世纪，中国和英国地主阶级的生存方式和阶级属性及历史作用怎样？中国与英国农村的生产关系各自经历了哪些变化？这些变化分别对两国农村经济与社会变迁产生了怎样的影响？

第一节　地主阶级

一　身份性地主

清代地主阶级的主导力量是缙绅和绅衿地主，在他们之上是皇帝、宗室贵族和孔府贵族这样的大地主，在他们的下面则是庶民地主。所谓缙绅，指的是现任官员、留职离任官员、封赠官、捐纳官等所有具备封建品级的各类官员。绅衿则是指有功名（学衔）、有权势、有财产而未仕的人物，包括文武举人、监生、生员和地方豪绅等。但无论缙绅还是绅衿，他们都会按地位与实力取得相应数量的土地，成为地主阶级的成员。此外，由于他们或是官员，或是准官员，构成地主阶级中的特权阶层，因而又被称为身份性地主，以区别于无特权可言的庶民地主或非身份性地主。

身份性地主享有法典所认可的礼仪、司法与经济特权。在明代，这些特权曾经发展到惊人的程度。仅就经济特权而言，贵族地主享有赋役优免权。他们占有的庄田悉免赋税，其家族

相似还是相异?

成员和部分佃户也免除了对国家的差徭。缙绅地主,无论在职或退休,都要按品级优免。嘉靖二十四年(1545年)规定:京官一品免粮三十石,人丁三十丁;二品免粮二十四石,人丁二十四丁;依次递减,至九品免粮六石,人丁六丁;外官各减一半。连学校生员及未仕的举人、监生等准官员,也各免粮二石,人丁二丁。①生员无力完粮者,可以奏销豁免,并准许包揽富户钱粮以为生计。②如果按每亩田赋3升计,30石等于免掉1 000亩的田赋。显然,优免额已相当可观。然而至万历三十八年(1610年),一品官田赋优免面积又增至10 000亩。③按同比例计算,相当于免粮300石。应该说,有明一代,国家对缙绅和绅衿地主的优免可谓丰厚,但他们并不满足自己所获得的法内特权,总是想方设法地扩大优免范围,力图完全逃避国家的课役。崇祯年间,学子一旦考中进士,便可"产无赋,身无徭,田无粮,廛无税"④。即使如此,他们还嫌不够,利用包揽、占夺、诡寄、投献等各种非法手段,强夺民田,以为私产,致使地权高度集中,赋役严重不均,妨碍社会机体的正常运转,终于危及明朝的统治。

明末农民军高擎"均田免粮"的旗帜,将斗争矛头直指昔日纵权欺民的缙绅和绅衿地主。经过农民战争的扫荡,山西、陕西、山东、四川、湖北等农民军到过的省份,缙绅和绅衿地

---

① 申时行等修:《万历会典》,卷二〇,《赋役》。
② 顾公燮:《消夏闲记摘抄》,卷中。
③ 姚宗仪:《赋役优免新例》,《常熟私志》,卷三。
④ 眉史氏:《复社纪略》,卷二。

主已是"百无一焉"①。河南"凡有身家,莫不破碎","缙绅大姓皆遁,莫知所之"②。山西长治县"自明季闯贼煽乱,衣冠之祸深,而豪民之气横,乡保挥让于绅衿,伍伯侵凌于阀阅,奴仆玩弄于主翁,纲常法纪,扫地无余"③。湖南衡阳也是世家衰落,以致"敝冠苴履,名分荡然"④。

清代承长期战乱之后,民生凋敝,财政窘困。清朝最高统治者一方面吸取了明代身份性地主特权畸胀带来的地权集中,赋役不均,致使社会矛盾激化的历史教训;同时也看到,不少明末缙绅和绅衿地主,政治上不与清廷合作,经济上凭借承袭的旧日特权,"仍明季花分诡寄之弊"⑤,因而下决心采取坚决措施,裁抑缙绅与绅衿势力,限制他们的法内特权,取缔其法外特权。

首先,限制优免的范围。顺治十四年(1657年),清政府规定,自一品官至生员吏丞,止免本身丁徭,其余丁银仍征充饷,⑥缙绅和绅衿地主的优免范围受到限制。针对"田归不役之家,役累无田之户"⑦的弊端,从康熙初年起,清政府先在个别地区实行"均役",雍正元年(1723年)又下诏在全国推行"摊丁入亩",直到乾隆四十二年(1777年)贵州省最后宣布贯彻实施止,赋役改革历时一个世纪终告完成。将丁银摊入地亩,实

---

① 光绪《峄县志》,卷六,《风俗志》。
② 郑廉:《豫变纪略》。
③ 乾隆《长治县志》,卷八,《风土记》。
④ 康熙《衡阳志》,卷八,《风俗志》。
⑤ 康熙《吴江县志》,卷十,《宦绩》,雷廷。
⑥ 刘锦藻编纂:《清朝文献通考》,卷二五,《职役考》。
⑦ 乾隆《娄县志》,卷七,《民赋志》。

相似还是相异？

际上废除了人头税，按土地的单一标准收税。至此，缙绅和绅衿仅存的丁银优免权也被废除。不过，他们还能享受免除地丁以外杂差的特权。乾隆元年（1736年）二月乾隆帝谕曰："任土作贡，国有常经，无论士民，均应输纳，至于一切杂色差身，则绅衿例应优免。"①又如四川广安州，"州之户役，大要乡宦举贡曰宦户，曰绅户。生监旧户曰衿户、曰儒户，皆免丁役。雍正初，丁摊入粮一例完纳，所免仅门户差杂而已"②。

其次，严禁投献、占夺土地。顺治二年（1645年）清军攻占南京，诏示"各地方势豪人等，受人投献产业人口，及诈骗财物者，许自首免罪，各还原主，如被人告发，不在赦例，追还原主"③。清康熙二十三年（1684年），针对山东农民纷纷逃亡，"皆由地方势豪侵占良民田产"，康熙帝召见山东巡抚张鹏，令其赴任后"务剪除势豪"④。康熙二十七年（1688年）户部议准："农民开垦荒地，豪强霸占，该督抚题参治罪。"雍正十四年（1736年）又复准："劣衿土豪，借开垦名，将有业户之田，滥根开垦者，照侵占律治罪。"⑤这些规定在一定程度上限制了身份性地主对小农土地的非法兼并行为。

第三，禁止诡寄、包揽，打击拖欠。康熙二十九年（1690年），针对山东"绅衿贡监户下，均免杂差"，"遂有奸猾百姓，将田亩诡寄绅衿贡监户下"，"以致偏累小民"的弊端，重申绅

---

① 清代实录馆：《清高宗实录》，卷十二。
② 光绪《广安州新志》，卷十，《户口志》，"户役"。
③ 清代实录馆：《清世祖实录》，卷十七。
④ 清代实录馆：《清圣祖实录》，卷一一六。
⑤ 均见光绪《大清会典事例》，卷一一六。

衿只能优免本身丁银；又规定"通限二月之内，将以前诡寄田亩，许其自首，尽行退出。嗣后凡绅衿等田地，与民人一例当差"①。康熙后期，由于政府态度坚决，措施严厉，禁止诡寄冒隐，在一些地区也确实得到认真执行。戴兆佳在任天台知县时，曾发布文告说："新例内开：凡进士、举人、生员、贡生、监生，隐一亩不及十亩者，革去进士、举人、生员、监生，杖一百，其所隐田地入官，所隐钱粮按年行追。"②雍正五年（1727年）议准：贡、监、生员，如包揽钱粮，"即行黜革"③。针对缙绅、绅衿地主拖欠国家钱粮，顺、康、雍朝，更是打击有加。顺治十五年（1658年）规定："文武乡绅、进士、举人、贡、监、生员及衙役，有拖欠钱粮者，各按分数多寡，分别治罪。"④康熙年间，拖欠之风仍很普遍，对此规定："欠在民者准免，欠在绅衿者不准。绅不完粮，不论在任、在家，但革职追比；衿不完者，黜退，解京凌迟。"⑤雍正二年（1724年），针对缙绅、绅衿地主"每当地丁漕米征收之时，迟延拖欠，有误国课"，遂通令督抚"革除儒户、宦户名目"，并指示若生监不法，"即行重处，毋得姑贷"⑥。

对缙绅、绅衿拖欠钱粮的打击，最具典型意义的事件要数顺治十八年（1661年）的辛丑奏销案。是年，朱国治为江宁（今江苏南京市）巡抚，在一次奏销案中，参革江南缙绅、绅

---

① 清代实录馆：《清圣祖实录》，卷一四六。
② 戴兆佳：《天台治略》，卷五。
③ 光绪《大清会典事例》，卷一五二。
④ 同上书，卷一七二。
⑤ 清代实录馆：《清世宗实录》，卷十六。
⑥ 叶梦珠：《阅世编》，卷六，《赋税》。

相似还是相异？

衿13 000余人。其中缙绅2 171名,生员11 346名。"不问大僚,不分多寡,在籍缙绅按名黜除,现在缙绅概行降调",后又"乘此大创之后,十年并征,人当风鹤之余,输将恐后,变产莫售,黜术□□,或一日而应数限,或一人而对数官,应在此,失在彼,押吏势同狼虎,士子不异俘囚,时惟有举债一途……而一月之后,营兵追索,引类呼群,百亩之产,举家中日用器皿房屋人口而籍没之,尚不足以理清,鞭笞絷缚,窘急万状,明知其害,急不择焉。故当日多弃田而逃者,以得脱为乐。赋税之惨,未有甚于此时者也"①。辛丑奏销案后,身份性地主之处境,由此可窥一斑。由于这次对汉族地主阶级士大夫的打击,一时间"仕籍、学校为之一空","苏松词林甚少"②,经过近二三十年的恢复,到康熙中期情况才有所好转。

顺、康、雍朝所实行的严厉的土地赋役政策,在一段时间内确实有效抑制了明中叶以来,地权高度集中于缙绅、绅衿地主的趋势。由于兼并土地现象的减少,顺治、康熙两朝,田价有较大幅度的回落。如松江,顺治初,上田亩价十五六两,中田也三四两;到康熙初,则"中产不值一文,最美之业,每亩所值不过三钱、五钱"③。又如无锡田价,明中叶每亩曾涨至五十余两、一百两,清顺治、康熙中期,不过二三两至四五两。④陈铿对清代福建南平建瓯地区田价的研究也证明,该地区顺、康时田价有明显下浮。顺治年间,建瓯地区平均每亩田

---

① 叶梦珠:《阅世编》,卷六,《赋税》。
② 王士祯:《香祖笔记》,卷七。
③ 叶梦珠:《阅世编》,卷一,《田产》一。
④ 钱泳辑:《履园丛话》,卷一,《田价》。

价5.04两，至康熙年间降至3.34两。[1]诚然，清初皇帝对绅权的裁抑，主旨在稳固专制统治。在这个前提下，地主特别是身份性地主阶层，是清廷统治赖以存在的阶级基础，在这一点上他们之间并无根本利害的冲突。只是有远见的皇帝能站在更高的层次，将国家的长治久安和维护地主阶级的利益统一起来。为此，清廷并没有剥夺缙绅和绅衿地主的所有特权，仍允许他们享有法内的政治、经济权利。由于缙绅和绅衿地主在承担国家差徭上仍享受优待，因而比庶民地主和自耕农的负担为轻。从长远看，这个阶层仍较易扩大土地面积，造成新的地权集中局面。

实际情况也确实如此。18世纪中叶地价重新反弹。乾隆十三年（1748年），湖南巡抚杨锡绂描绘了当时的人口压力和地价的关系。他说："国初地余于人，则地价贱；承平以后，地足养人，则地价平；承平既久，人余于地，则地价贵。向日每亩一二两者，今至七八两；向日七八两者，今至二十余两。"[2]乾隆初地价的上升，是否仅仅出自人口的压力，而与缙绅和绅衿地主重开兼并之风无涉？后一种因素恐怕难脱干系。钱泳也对明末至清前期百多年的地价进行过比较。崇祯末年，每亩价银1—2两，顺治初年良田不过2—3两，康熙年间涨至4—5两，乾隆初年7—8两，上田至10余两，乾隆五十年（1785年）涨至50余两。[3]即使考虑到人口和通货膨胀的因素，18世

---

[1] 陈铿：《清代南平建瓯地区田价研究》，《中国经济史研究》，1990年，第3期。
[2] 贺长龄、魏源编：《清经世文编》，卷三九，杨锡绂：《陈明米贵之由疏》。
[3] 钱泳辑：《履园丛话》，卷一，《旧闻》，"田价"。

相似还是相异?

纪末与明末相比,地价的上涨幅度也令人瞠目。如果土地兼并不达到某种程度,地价的腾涨似乎就难以解释。现有田价的史料多出自南方几个农业较发达的省份,北方同样也经历了人口较大的增长,田价是否也如南方几省上升的那么快呢?如果不是的话,那么,北方地权的相对分散对地价上升确有抑制作用。

康熙中后期至乾隆朝土地稀缺,地价上升,还可从乾隆朝刑科题本所反映的土地买卖行为完成后找价、回赎现象日增得到证实。按清朝习俗,土地买卖分活卖和绝卖两种。活卖业主可以向买主索找价银和回赎原业。康熙中期以后,尤其是乾隆年间,许多卖主、买主为了索讨找价,回赎原业,争吵不休,大打出手,人命案件层出不穷。如湖南邵阳县邓成明,康熙二十九年(1690年)将田二亩五分活卖与肖如先家,价银五两七钱。至三十二年(1693年),邓成明向肖家"索过补价银三两",三十六年(1696年)又"索过脱业银一两"。乾隆二年(1737年),邓成明之子邓志茂向肖家赎田,肖家不允。邓志茂说:"父亲三次只得他九两七钱银子,原是轻价,如今时价就值得二十多两","他若不肯叫赎,叫他再补些价银"。肖家不肯,双方争吵以致酿成命案。①江西雩都县(今于都县)温仪上,康熙三十七年(1698年)将田租十六石六斗卖与钟卓仁家,后"找过价银八两五钱"。乾隆四年(1739年),温妻李氏因"家里穷苦",找过价银一两二钱。五年(1740年),李氏以"年纪老了,没有养活",再找价银十两。六年(1741年),李氏"因病

---

① 刑科题本,乾隆三年七月十六日护理湖南巡抚印务张璨题。

起，没得吃"，又找价二两。七年（1742年）李氏再往索讨，钟卓仁不依，闹出命案。①

从找价现象可知康熙中期后地价反弹。找价的原业主要是丧失土地的农民，而另一方不但有能力购地，还可屡次支付找价款项，具备这样经济实力的人主要是地主。可以说，康熙中期后，特别是雍、乾时期，各类地主买地置产重新抬头。诚然，这些买主中也不乏庶民地主和富裕自耕农，甚至不少人是商人或高利贷者；但可以肯定，身为缙绅和绅衿地主的买者会占相当大的比例，他们购得的土地面积也当很可观。这是因为，他们所享受的政治、经济上的法内权利，使他们的地位不但比自耕农、半自耕农优越，也明显好于庶民地主和商人、高利贷者，而实际情况也确是如此。乾、嘉时期，随着封建统治的稳固，地权再度集中，绅权再起。如湖南溆浦县，农民附缙绅户完粮，后者谓之大户，农民被"大户苛派诈害，不啻几上之肉"②。江苏太仓州（今太仓市），漕粮折价，缙绅户每石完4 000文，生监完7 000文，庶民完10 000文。③这种现象在农业生产力先进，粮价居高的江南等地区，具有相当的代表性，其他地区也会有程度不同的表现。

不过，复兴后的缙绅和绅衿地主，无论政治地位还是经济地位，都已同过去大不相同，其封建特权受到极大限制。昔日合法或得到优容的暴力占夺土地、接受投献、诡寄、优免赋役、拖欠钱粮等特权，已经消失。从这种意义上说，他们作为特权

---

① 刑科题本，乾隆八年十二月十二日刑部尚书来保题。
② 乾隆《溆浦县志》，卷九，《赋役志》。
③ 民国《太仓州志》，卷七，《赋役志》。

相似还是相异？

地主阶级的地位，确实动摇和削弱了，同庶民地主的差距也在缩小和接近中。但在身份性和非身份性地主之间，确实存在一道难以平复的鸿沟，或者说，由贵致富同以力、以末致富仍是两条永远平行不可相交的路线，它的核心是士庶之别。以力致富的庶民地主和以末致富的商人，在发财后都得跻身于"士"这个阶层，否则就永远不会得到社会真正的尊重，也难以守住家产。李调元，乾隆二十八年（1763年）进士，官至广东学政，直隶通州（今北京通县）兵备道，于嘉庆初年作《卖田说》，记述了他在乡居时与佃户的谈话。佃户王泽润的一席话，道出了士庶的区别："君尝为达官，有直声，官犹待以礼也。租有家丁代完，粮差不敢追也。又例免差徭，里正不敢及门也。所冀者，须世世子孙读书做官耳！若一日无官，诚恐亦与我辈等也。"①一般而论，拥有巨额田产的地主，仍以缙绅居多。康熙年间，刑部尚书徐乾学"买慕天颜无锡县田一万顷"，苏州、太仓、崑山、吴县、常州、常熟、吴江等州县，均有徐府房屋田产。②少詹事高士奇"于本乡平湖县置田产千顷……杭州西溪广置园宅"③。雍正年间，直隶总督李卫在原籍砀山有田四万多亩。④嘉庆四年（1799年），抄没大学士和珅家产，内有田产80万亩，他的两个家人也有田6000余亩。⑤地方上的举贡生员田亩虽不及缙绅，但也数目可观，非一般庶民地主可比。湖南桂阳州（今

---

① 王云五主编：《丛书集成初编》，第11 516册《童山文集》补遗（一）。
② 蒋良骐：《东华录》，康熙朝，卷四四。
③ 同上。
④ 清代实录馆：《清高宗实录》，卷七三八。
⑤ 薛福成：《庸庵笔记》，卷三，《查抄和珅住宅花园清单》。

桂阳市），"邓仁心者，崇祯时诸生，弟仁思为国朝（清朝）诸生，亦居州北，兄弟田数百顷，以富雄一方，至用担石程田契，乘马不牧，游会田野数十里，不犯人禾"[①]。

18世纪，英国仍然是一个地产主至上的社会。[②]这意味着，土地依旧是衡量政治、经济和社会地位的尺度。按西方学者的观点，18世纪的土地所有者主要包括三种人，分别是大土地所有者、乡绅（gentry）和自由持有农。大土地所有者和乡绅一般是拥有某种政治权力的地产主，属于统治阶级，构成了18世纪英国政治权力和经济实力的主要载体。他们根据自己不同的土地拥有数量，取得相应的社会地位和经济地位。

对早期现代英国社会结构的研究早就开始了。16世纪末至18世纪的学者和统计学家，曾对英国当时的社会成员做过分类。威廉·哈里森在其所著《英国志》（1577年）中，将英国全体国民分为四类，其中第一类为绅士，包括有称号的贵族、骑士、乡绅以及那些刚好够上称为绅士的人。五六十年后，罗伯特·赖斯在他的《萨福克的发现》一书中，列举了七种等级，其中贵族、骑士和绅士分别居第一、二、三等级。至1688年，在格利哥里·金对英格兰和威尔士人口所做的调查中，世俗贵族、教会贵族、从男爵、骑士、候补骑士和绅士仍居前六位。[③]从1759—1760年约瑟夫·马西对当时社会结构和收入的统计，

[①] 同治《桂阳直隶州志》，卷二〇，《货殖传》。
[②] 地产主（landlord）在英国出现中世纪领主（lord）之后，对土地上的农民没有司法权，但也不同于古代中国只交地租的地主。
[③] P. Mathias, *The First Industrial Nation: An Economic History of Britain, 1700–1914*, p. 24, Table II.

相似还是相异？

以及P.科尔奎豪恩基于1801年人口普查和1803年济贫报告对社会结构的估计中人们不难发现，16世纪末以来英国的社会结构几无变化。

"贵族"这个概念有广义与狭义之分。从广义上说，自由持有农以上的全部土地所有者都可称为贵族（noble，aristocracy）或绅士（gentleman），这种用法在英国极为普遍。比如，在14世纪早期，凡是年收入在200镑及其以上者都可称为nobility。当时英国大约有3 000个地产主达到或超过这一标准，其中包括伯爵和从男爵、骑士和候补骑士。伊丽莎白统治时期，"绅士"一词既用于称呼国王、王子、公爵、侯爵、伯爵、子爵、男爵，又可指称骑士、候补骑士和绅士。至18世纪，aristocracy一词普遍流行，意指统治阶级的成员，他们的地位来自出身或财富，囊括了主要的地产主。[①]

在狭义上，贵族专指peerage，其意为社会地位相等的一个集团，即位于国王和乡绅之间的等级。他们与乡绅的区别在于纹章和出身。peerage为世袭贵族，他们一般被称为"有称号的贵族"（titled peerage）或"大贵族"（nobilitas major）；与之相对，在他们之下、自由持有农之上的阶层则被称为"无称号的乡绅"（untitled gentry）或"小贵族"（nobilitas minor）。本书中，所有贵族的概念都是在狭义上使用的，而"绅士"一词也仅限于指乡绅中最低的等级，而不用于地产主中的其他阶层。

英国贵族也享有政治和司法特权。不过，这些特权只限于贵族本人使用，确切说限于该称号的男性持有者使用，不能用

[①] J. V. Beckett, *The Aristocracy in England, 1660−1914*, pp. 18, 22.

于他的家庭成员。贵族的政治特权包括单独应召出席上院会议，以及担任政府要职。王国政府中行政、司法、军事等所有重要职务，多由贵族担任。18世纪时，在22个财务大臣中，16个是贵族，四个是贵族之子，另外两人一个是贵族的孙子，另一个在辞职时被晋升为伯爵。当时，财务大臣一般被认为是首相的后备人选。内阁成员也主要由贵族担任。如1744年夏组成的亨利·佩勒姆内阁有六名公爵，至11月又增加一名公爵。1754年纽卡斯尔公爵内阁在20名阁员中仅有三名是非贵族，1760年他的核心阁员由两名公爵、四名伯爵、两名男爵和一名非贵族组成，[1]国家政权中贵族寡头垄断的性质由此可见一斑。此外，贵族还通过控制下院议员的选举，担任地方政府官职（如任郡最高军事长官（lordslieutenant）等途径，对下院和地方施加影响。[2]贵族的法律特权是享有"同侪审判权"，即涉案贵族要由与其地位相等的上院贵族进行审理，不诉诸中央或地方的任何法庭。除此之外，贵族既不享有税收优免特权，也没有世袭的军事统帅权。在贵族家庭成员中，只有长子可以承袭爵位和上述特权，公爵和侯爵的幼子本人可被尊称为"勋爵"（lord），但此称号不能世袭。其他爵位的贵族之幼子则只能称为"绅士"，该称号在这些贵族幼子家庭中能否沿袭，则无任何保障。在18世纪以前，因种种原因长子死亡不能继承贵族称号，导致许多贵族家族的湮没。18世纪，通过特别继承权，贵族的幼子或兄

---

[1] J. V. Beckett, *The Aristocracy in England, 1660–1914*, pp. 406–408.

[2] G. E. Mingay, *English Landed Society in the Eighteenth Century*, pp.111–112.

相似还是相异？

弟也可承袭爵位，从而使这些家族得以延续。[1]

那么，18世纪，英国贵族的人数究竟有多少呢？贝克特研究认为，17世纪末，英国贵族大约有160人。18世纪晚期，贵族人数有较大增加。1702年有162人，1714年有170人，1720—1780年，贵族人数约为190人。从18世纪80年代起，国家对贵族人数严控的政策有所改变，致使此后数量迅速发展。1780年不列颠的贵族共有189人，至1790年增加到220人，1800年为267人。在1800年的贵族中，113人的称号是1780年以后晋升的，[2]占总数的42%。明格认为，在小皮特任首相前，英国贵族数量相当稳定，约为160—170人。至18世纪末，小皮特放宽对称号授予的限制后，不列颠的贵族人数增至近300人，这与贝克特的估计大体相同。[3]

土地是贵族的社会地位和财富的根基。从总体上说，15世纪至18世纪末，贵族在全国土地中所占份额是在稳步上升的。据克里特估计，1436年，英格兰贵族占有全国15%—20%的土地；1690年，英格兰和威尔士贵族占有不列颠土地的15%—20%；1790年为20%—25%。[4]就是说，15世纪上半叶至17世纪末，贵族最多占全国五分之一左右的土地；至18世纪末，这一比例上升到四分之一。请看表2-1。

---

[1] J. V. Beckett, *The Aristocracy in England 1660-1914*, Chapter One.
[2] Ibid., pp. 28, 30.
[3] G. E. Mingay, *English Landed Society in the Eighteenth Century*, p. 6.
[4] P. Kriedte, *Peasants, Landlords and Merchant Capitalists 1500-1800*, p. 60.

表2-1　1436—1873年英格兰和威尔士社会各阶层土地分配比例（%）

	1436*	1690	1790	1873*
大土地所有者	15—20	15—20	20—25	24
乡绅	25	45—50	50	55
约曼/自由持有农	20	25—33	15	10
教会和王室	25—33	5—10	10	10

资料来源：P. Kriedte, *Peasants, Landlords and Merchant Capitalists*, p. 60, Table XV。

*不包括威尔士。

贵族拥有仅次于国王的社会地位，因而需要有与之相适应的生活方式。18世纪，维持贵族生活方式的重要基础仍是土地的收益。贵族可以涉足工商业，并取得丰厚的收入；但贵族之为贵族，必须拥有庞大的地产，否则便不成为贵族。关于贵族家庭每年的收入，17世纪末和18世纪的统计学家进行过估计。金认为，1688年，贵族家庭的年均收入为2 800镑[1]。1759—1760年，马西也对贵族的家庭收入做了归纳：年平均收入在20 000镑的家庭有10家，10 000镑的有20家，8 000镑的有40家，6 000镑的有80家。科尔奎豪恩则估计18世纪末和19世纪初，贵族的平均年家庭收入在8 000镑。[2] 近人研究认为，上述估计都趋保守，数字偏低。劳伦斯·斯通对1641年121个贵族家庭的平均毛收入做过估计，认为已达到6 030镑。[3] 明格也认为，1690年，

---

[1] P. Mathias, *The First Industrial Nation: An Economic History of Britain, 1700-1914*, p. 24, Table II.
[2] R. Porter, *English Society in the Eighteenth Century*, pp. 386-388.
[3] J. V. Beckett, *The Aristocracy in England 1660-1914*, p. 288.

相似还是相异?

英国贵族家庭平均年收入大约为5 000—6 000镑。1790年,英国400家大土地所有者家庭年收入为5 000—50 000镑,平均为10 000镑。假如这10 000镑全部来自地租,那么,贵族家庭的地产平均在10 000—20 000英亩。一般认为,贵族的地产不能低于5 000英亩,而大贵族的地产往往超过50 000英亩。[①]

英国地产主的阶级结构呈金字塔形。据金统计,17世纪末,英国从贵族到绅士共有地主16 586人,其中贵族仅有186人,占地产主总人数的1.1%。至1801年,地产主人数共计27 203人,其中贵族313人,占1.2%。[②]

显然,国王和贵族只是金字塔高耸但狭小的塔尖,而中小地产主阶层则构成其巨大的塔身。在英国,中小地产主阶层被称为"乡绅"(gentry),系指介于自由持有农和有称号的贵族之间的社会集团。明格认为乡绅包括四个土地所有者等级,他们是:从男爵(baronet)、骑士(knight)、候补骑士(esquire)和绅士(gentleman)。从男爵是一个贵族外延的下属等级。1611年,由于镇压厄尔斯叛乱急需经费,而国家财政又无力支付,因而设此爵位出售以解燃眉之急。当时规定,凡年收入在1 000镑以上者便有资格购买从男爵爵位,价格为1 095镑,获得此爵位者可在自己名前加上"爵士"(Sir)尊称。至1617年,从男爵的受封人数达到199人[③]。查理二世复位后,把从男爵作为对忠臣的封赏。到1665年,他封赠的英格兰从男爵有304人,51名苏格

[①] G. E. Mingay, *English Landed Society in the Eighteenth Century*, pp. 19-21.
[②] R. Porter, *English Society in the Eighteenth Century*, pp. 386-388.
[③] L. Stone, *The Crisis of the Aristocracy 1558-1641*, pp. 43-44.

兰和爱尔兰的从男爵。①至17世纪末，据金估计，英格兰和威尔士从男爵已达800人。此后，晋封从男爵的速度放慢，至1801年，从男爵人数回落到540人。②骑士和候补骑士身份最初都与军事有关。到16世纪随着常备军的建立，这两个等级才脱离军务。绅士是乡绅中向所有阶层开放的一个等级。贵族、从男爵、骑士、候补骑士家族中没有继承权的幼子，城市中的专业人士、工商业者以及上层教士、农村中的富裕自由持有农、约曼等都可能随时成为它的成员。由于该阶层的存在，贵族和乡绅中前三个等级的诸幼子，并未因长子继承制而沦为庶民百姓，他们仍然是广义的贵族中的一员；同时它又吸纳了城乡中所有与该等级收入和社会地位相当的阶层，使之进入地产主的行列。

17世纪末以来，统计学家也对乡绅的人数做过估计。1688年，格利哥里·金估计，当时从男爵有800家，骑士600家，候补骑士3 000家，绅士12 000家。③1759—1760年马西在对乡绅家庭数量和收入进行估计时，没有以等级为标准，而是按收入标准划分为若干类家庭。如果将年收入6 000镑以上作为贵族家庭的话，那么，余下的属于乡绅阶层的八类家庭分别是：年收入或支出在4 000镑的有160家，2 000镑的有320家，1 000镑的有640家，800镑的有800家，600镑的有1 600家，400镑的有3 200家，300镑的有4 800家，200镑的有6 400家。至1801年，科尔

---

① J. V. Beckett, *The Aristocracy in England 1660-1914*, p. 31.

② R. Porter, *English Society in the Eighteenth Century*, pp. 386, 388, Table 5.6.; J. V. Beckett, *The Aristocracy in England 1660-1914*, pp. 31-32.

③ P. Mathias, *The First Industrial Nation: An Economic History of Britain, 1700-1914*, p. 24, Table II.

相似还是相异？

奎豪恩估计，从男爵共计540家，骑士350家，候补骑士6 000家，绅士20 000家。①

如表2-1所示，自15世纪以来，乡绅作为一个社会集团所占土地的比例一直是上升的。1436年英格兰的乡绅占有全国土地的25%，1690年英格兰和威尔士的乡绅占45%—50%的土地，至1790年仍保持这个比例，1873年又上升到55%。18世纪末，贵族和乡绅即整个英国地产主阶级，拥有全国四分之三以上的土地。

由于乡绅是介于贵族和自由持有农之间四个等级的通称，因而其各等级之间经济实力差别极大。前面的统计数据虽已涉及乡绅的收入，但失于将收入水平和等级挂钩，没有直接反映出乡绅中各个等级的经济实力。一般来说，从男爵和骑士的地位较接近，被称为富裕乡绅或大乡绅；候补骑士和绅士被称为小乡绅。据17世纪末的统计学家格利哥里·金估计，绅士家庭的年均收入为240镑。"候补骑士"一词，其英文意指地位紧接在骑士之下的等级，年均收入为400镑。富裕乡绅中，骑士家族年均收入为650镑，从男爵家族年均收入为880镑。近人研究认为，金对乡绅各等级收入状况的估计也偏于保守。1669年，另一位统计学家估计，候补骑士和绅士的年均收入在400镑上下。在富裕乡绅中，骑士年均收入为800镑，从男爵为1 200镑。这个估计可能更接近于事实。约瑟夫·马西对1759—1760年乡绅中各等级家庭的数量和年收入的估计结果是，在大乡绅中从男爵480家，年收入为2 000—4 000镑；骑士家族640个，年均收入为1 000镑。候补骑士2 400家，年收入在600—800镑，绅士

---

① R. Porter, *English Society in the Eighteenth Century*, pp. 381-389, Table 5.

第二章 农村生产关系的比较

约有14 400个家族，年均收入为200—400镑。①明格的估计则较高。他认为，乡绅是那些在18世纪末年收入不足5 000镑的人。其中富裕的大乡绅有700—800个家族，年收入为3 000—5 000镑；候补骑士家族有3 000—4 000个，收入在1 000—3 000镑；绅士家族年收入在300—1 000镑左右。可能的是，年收入少于1 000镑的绅士几乎无法维持该等级所要求的基本生活方式。尽管马西认为有10 000—20 000个家族年收入为300—1 000镑，但可以推测，他们包括了乡绅中大部分负债者在内，②而且破产的乡绅也主要来自这个阶层。

乡绅与贵族共同作为统治阶级，只是两者政治活动的空间有所区别。贵族主要服务于上院和王国政府，而乡绅各等级则广泛介入地方事务，他们从事政治活动主要的空间在下院和郡。18世纪，地主对下院仍具有绝对的统治权，直到1761年，五分之三以上的下院议员由爱尔兰贵族、英格兰和苏格兰贵族的儿子，以及富裕乡绅和独立的农村绅士组成。甚至许多在商界、法律和政界供职的下院议员，也要想方设法地通过购买土地，跻身于贵族或乡绅的行列。这一时期，商人出身的下院议员有50—60人，军界的下院议员数量与商界不相上下，律师和法官出任下院议员的人数则相对少些。但直到1832年，下院议员完全是地主或拥有土地者仍占四分之三左右。在下院，乡绅占有大部分的议席，其中绝大多数人是从男爵和骑士这些有声望和富有的大乡绅。缙绅和绅士大约有60—80人。③从下院议员的

---

① G. E. Mingay, *English Landed Society in the Eighteenth Century*, pp. 22-23.
② Ibid., p. 26.
③ Ibid., pp. 113, 115.

职业看，土地所有者占三分之二，难怪有人说"土地统治着议会"，整个18世纪情况都是如此。

除供职于下院外，乡绅还广泛参与郡和地方共同体的管理工作。一般来说，郡最高军事长官由贵族担任。除此之外，郡的重要职务还包括郡守（sheriff）和治安法官（justice of the peace）。至18世纪，郡守一职已演化成徒耗时间和金钱的虚职，为乡绅所不齿。但治安法官由于主持作为郡议会的季审法庭，因而可以处理大部分郡务，成为地方政府最重要的官职。为此，担任治安法官要受财产资格的限制，乡绅成为这一职务最有力的竞争者。[1]英国的贵族和乡绅是一个有产的阶级，政治只是他们的嗜好之一。韦伯（一译维贝尔）认为英国的贵族与其他欧洲国家的区别之一是，英国"贵族就是这样一种人，他的经济地位使他能自由地从事政治活动，使他能为政治职能而生活，却不赖以为生；所以他是一个有固定收入的人（不劳而获者）。那些从事某种职业，需靠劳动来维持自己和全家生活的阶级，也就是商人和劳工阶级均不具备这种条件。具体说来，在一个农业国里，纯粹的贵族都是靠地租为生。在欧洲惟一有这种贵族阶级的国家就是英国"。[2]

二 非身份性地主

所谓非身份性地主一般是与身份性地主对举的，指那些没有政治身份，等级为凡人的庶民地主。他们之为地主，主要不

---

[1] J. V. Beckett, *The Aristocracy in England 1660-1914*, pp. 375-380.
[2] 维贝尔：《世界经济通史》，第94页。

是凭借政治、经济特权，而是通过经济力量达到的。为行文简便，本书将非身份性地主称为庶民地主。

早在宋代，庶民地主就已出现。但由于种种因素的袭扰，宋明两朝，庶民地主难以顺利成长。直至清代，庶民地主才获得真正发展，并对农村社会经济产生显著影响。庶民地主的崛起，使清代地主阶级的内部结构、土地占有关系、剥削关系和经营方式都有所改观。

18世纪，庶民地主不论数量和经济实力都很可观。从数量讲，在有些地区，庶民地主已经超过缙绅和绅衿地主。据潘喆、唐世孺对康熙四十五年（1706年）至乾隆三十六年（1771年）获鹿县编审册的研究，在直隶获鹿县139甲中，共有478名地主户拥有百亩以上的土地，其中拥有100—200亩以下土地的小地主计310户，占地主总户数的64.85%。在这些小地主中，庶民地主为225户，占这部分地主户数的72.58%。拥有200—499亩土地的中等地主131户，占地主总户数的27.4%，其中庶民地主34户，占这部分地主户数的25.95%。拥有500—999亩土地的较大地主共33户，占地主总户数的6.9%，其中庶民地主仅1户，占这部分地主户数的3.1%。拥有1000亩以上土地的大地主4户，占地主总户数的0.84%，全部都是缙绅地主。综上所述，庶民地主总计为260户，占478户地主总户数的54.39%。[①]

[①] 潘喆、唐世孺：《获鹿县编审册初步研究》，《清史研究集》，第3辑，第11、12页。另据江太新对同期获鹿县228甲占地百亩以上的928个地主户的研究，其中庶民地主为549户，占地主总户数的59.16%；缙绅和绅衿地主379户，占地主总户数的40.84%（江太新：《从清代获鹿县档案看庶民地主的发展》，《中国社会经济史研究》，1991年，第1期）。

相似还是相异？

当然，获鹿县庶民地主的比例，还只是个别地区的情况，尚不能反映18世纪全国大部分地区庶民地主数量的发展。相形之下，乾隆朝刑科题本（土地债务类）中所涉命案分布全国近20个省区，时间跨度有六十年，具有较大的代表性。据刘永成研究，其中涉及地租形态的人命案件有888件。在这些命案中牵涉到的地主，90%左右都是庶民地主。[①]刑科题本（土地债务券）所涉命案来自全国，在某种意义上反映了18世纪庶民地主数量的发展，但其中涉案的庶民地主在这部分地主中所占比例，仍不能完全等同于庶民地主在全国地主总户数中所占比例。因为各地地主阶级的内部结构不同，因而庶民地主的人数也会有所差异。即使如此，通过获鹿县编审册和刑科题本（土地债务类）所得出的比例数，至少能说明这样一个事实：18世纪地主阶级的内部结构确实发生了较大变化，庶民地主开始成为一支不容忽视的力量。他们的崛起给地主阶级补充了新的成分，从而使18世纪的农村生产关系出现了少许变化。从某种意义讲，庶民地主经济是中国农业资本主义生产关系的生长点和温床。当然，资本主义能否在其中得以顺利发展，尚有赖于当时社会是否拥有一个有利于其成长的社会生态环境。

清前期，社会生态环境正在局部地朝着有利于庶民地主壮大的方向改善与变化。清初以来，在明末农民起义打击和清初统治者裁抑、限制下，缙绅地主和绅衿地主的力量严重削弱，他们靠非经济手段占夺和积聚土地的现象有所缓解。同时，清廷对缙绅地主和绅衿地主特权的限制，也使其不能再像过去一

---

① 转引自吴量恺：《清代经济史研究》，第27页。

第二章 农村生产关系的比较

样恣意转嫁赋役,从而在一定程度上减轻了庶民地主的经济负担。因此,从明末至康熙初年的约半个世纪中,庶民地主经济站稳了脚跟,并在康、乾时期继续壮大。总的说,清初生产关系的调整,为庶民地主阶层的成长提供了较为适宜的条件。另一方面,这一时期农业生产力的提高,也为庶民地主的发展准备了经济条件。如本书第一章所论,18世纪,农业生产力有一定的发展,农作物的亩产量较前有所提高,地租收益也随之上升,特别是那些种植经济作物的土地,地租的收益比种植粮食作物的土地还要高些。清前期,在农业生产力提高和封建赋税大体稳定的条件下,地租量增加,无疑使取得地主经济身份所需土地的最低必要量,也相应随之降低。唐代陆龟蒙居吴中甫里,"有田奇十万步",约合田400亩,仍"苦饥困,仓无升斗蓄积"[①];至18世纪,仍然是在甫里,"土著安业者,田不满百亩,余皆佃民也"[②]。也就是说,18世纪时,在南方拥有百亩土地就能过上吃穿无忧、安居乐业的生活。地主土地最低需要量的下降,减弱了自耕农甚至佃农成为小地主的难度。成为地主,也不再是令他们望而却步或可望而不可即的事情。由此,他们中的少数幸运者便有机会跻身于庶民地主的行列。

清前期,由于庶民地主阶层人数的增加,致使土地占有关系出现变化。一般说来,庶民地主个人土地拥有量不及缙绅和绅衿地主,但他们由于数量上占有优势,因而从总体上讲,庶民地主阶层的土地拥有量在地主土地所有制的结构中,仍可占

---

① 陆龟蒙:《甫里先生集》,卷十六。
② 乾隆《甫里志》,卷五,《风俗志》。

相似还是相异?

据一个相当的比例。庶民地主土地数量的扩大一般有两个途径,一是通过垦荒或兼并;另一个是通过土地市场的购买。

先来说垦荒和兼并。清代顺、康、雍三朝,推行奖励垦荒政策。鉴于农民战争烽火过后,土地抛荒,国家财政窘困的局面,顺治时,"无主荒田",允许各处流亡民人"开垦耕种,永准为业"①,就是说,肯定农民对开垦荒地的所有权。为了提高农民垦荒的积极性,顺、康、雍、乾四朝,还不断修订垦荒免赋升科的年限。顺治六年(1649年)曾明确规定:"俟耕至六年之后,有司官亲察成熟亩数,抚按勘实,奏请奉旨,方议征收钱粮。其六年以前,不许开征,不允分毫金派差徭。"②及至康熙十二年(1673年),再次放宽升科时限。"见行垦荒定例,俱限六年起科。朕思小民拮据开荒,物力艰难,恐催科期迫,反致失业。"规定:"嗣后各省开垦荒地,俱再加宽限,通计十年,方行起科。"③雍正元年(1723年),政府又一次颁订垦荒升科例则,"水田仍以六年起科,旱田以十年起科,著为定例"④。乾隆六年(1741年),准予陕西"凡零星地土,在五亩以下,不成坵段者,永免升科"⑤。乾隆十八年(1753年),又鉴于海南省琼州(今海口市)"贫民生计艰难",允许土著贫民开垦者,"免其升科,给予印照,永为世业"⑥。应该说,清前期政府实行的垦荒和免赋升科的一系列政策,刺激了自耕农经济的发展,而自耕

---

① 清代实录馆:《清世祖实录》,卷四四。
② 同上。
③ 同上。
④ 道光《广东通志》,卷一,《训典》,一。
⑤ 清代实录馆:《清高宗实录》,卷一四六。
⑥ 道光《广东通志》,卷二,《训典》,二。

农上层通过经营又成为庶民地主的后备力量；那些财力较优裕的富户，通过多垦荒地则可直接成为地主。此外，无主荒地的大量存在，也为庶民地主的兼并提供了机会。如，浙江"当兵后，户口流亡，豪强率占田自殖"[1]。乾隆三十二年（1767年）奇台商民芮友等30人呈称，甘肃穆垒"地广土肥，情愿开渠引水，认垦荒地，并自购籽种、牛只、农具"。陕甘总督吴达善奏称，"查该商民等携资贸易，系有工本之人，请饬巴里坤镇臣，给予执照，令其认垦耕种"[2]。开垦荒地需要劳动力和工本，贫困的农民是缺乏这种力量的。而这些豪民、商民具备这种条件，大量荒地的存在，使其能直接进入庶民地主的行列。

庶民地主成长的另外一条途径是通过土地市场。能够有余资购买土地并成为庶民地主的，不外乎两种人：一是通过垦荒成长起来的自耕农中的少数"力农致富"者；另一种便是商人和高利贷者。

自耕农甚至佃富农中的一部分人，通过"力农"、"勤于稼穑"，或兼营副业、商业和高利贷，积累资金，然后持资分期购买土地，上升为庶民地主。18世纪时，这种事例是很多的。如直隶获鹿县拥田百亩以上的地主，都是首先通过经营成为富裕农民，然后积累资金分期不断购置地产，成为百亩以上的地主。[3]四川云阳县谢大成，乾隆年间"父子力农，辛苦成家"，

---

[1] 赵尔巽等：《清史稿》，列传，卷六六，《陈鹏年传》。
[2] 清代实录馆：《清高宗实录》，卷八〇〇。
[3] 参阅江太新：《从清代获鹿县档案看庶民地主的发展》，《中国社会经济史研究》，1991年，第1期。

相似还是相异？

"买田至溢千石"①。乾隆年间该县的旷希贤"兼事农商，渐买田宅为富人"②，而涂开盛也在乾隆年间"披荆斩棘，辟良田数十顷"③，"商农并用，岁入益饶"④。顺、康时，江南（松江古称）华亭，"有心计之家，乘机广收，遂有一户而田连数万亩；次则三四五万至一二万者，亦田产之一变也"⑤。这种"有心计之家"，想来不会完全靠"力农致富"，甚至积累土地的方式也非完全通过购买。但也不能否认，土地市场仍是他们扩大土地的途径之一。其他诸县也多如此。乾隆初年，直隶定兴县的万某，其父"勤俭半世，置得薄产十余亩"；到他时"力农治家，田业日丰，渐置宅一所，田三顷"⑥。康熙年间，安肃县（今徐水县）佃户郝某"以善治田业发家"，后购置土地近二百亩。⑦雍正时，博野县蒋某起初雇募承佃他人的土地，后"力耕致富，以身发财"，成为"连田千亩"的出租地主。⑧客观讲，不论白耕农或佃富农，通过力农致富或兼事工商，除个别外，拥有的土地多不过数百亩，或仅百余亩，有的也仅达到取得地主经济身份的最低土地必要量，这是典型的中小地主阶层。依个人的经济实力比较，这些中小地主难于同缙绅和绅衿地主抗衡，其经济基础也并不稳固。

商人和高利贷者多持资购地，成为庶民地主的重要来源。

---

① 民国《云阳县志》，卷二七，《士女》。
② 同上。
③ 同上。
④ 同上。
⑤ 叶梦珠：《阅世编》，卷一，《田产》，一。
⑥ 光绪《定兴县志》，卷一。
⑦ 乾隆《安肃县志》，卷十一，《人物》。
⑧ 乾隆《博野县志》，卷六。

商业利润大量流向土地所有，主要有两个原因。一是地租剥削风险小，稳固可靠。清人钱泳说："凡置产业，自当以田地为上，市廛次之，典与铺又次之。"①从短期回报率上看，投资土地可能没有商业利润高，但可以日积月累，不致有大的闪失，因而保险系数大于经商。经商者不论利润丰薄，只要有可能无不将其返还于土地，因为与其他财产相比，"独田产不忧水火，不忧盗贼，不劳守护。即有兵戈旱干水溢，离井去乡，事定归来，室庐畜聚，一无可问，独此一块土，张姓者仍属张，李属者仍属李，芟夷垦辟，仍为殷实之家"②。二是农业生产发展给土地所有者带来更多的经济收益。换言之，地租剥削率较为可观，从而成为商人买地的经济前提。清前期定额租制逐渐取代分成租制，押租制也较为流行，保证了地主可以获得比较稳定的地租收益和额外的押租收益。如张履祥所说："佃户终身勤动，祁寒暑雨，吾安坐而收其半，赋役之外，丰年所余，犹及三之二，不为薄矣。"③有鉴于此，商人、高利贷者纷纷把他们的利润、利息，投向"不忧水火，不忧盗贼"而又有较高回报的土地，将商业利润地租化，从而扩大了庶民地主阶层队伍。

乾隆初年这种现象已经普遍。乾隆五年（1740年）胡定奏："近日富商巨贾挟其重资，多买田地，或数十顷，或数百顷，农夫为之赁耕，每岁所入盈千万石，陈陈相因，粟有红朽

---

① 钱泳辑：《履园丛话》，卷七，《产业》。
② 贺长龄、魏源编：《清经世文编》，卷三六，张英：《恒产琐言》。
③ 同上书，张履祥：《农书》。

相似还是相异？

者矣。"① 这时商人买地已成了普遍现象。由于资金充裕，他们置买田产的数量一般远胜于专力耕作的庶民地主。商人购置地产，其目的主要为了榨取地租，重蹈"以末致富，用本守之"的老路，把封建剥削置于更牢固的基础上，没有走出传统经营的樊篱。如流寓江北清河的苏、徽商人，"招贩鱼盐，获利甚厚，多置田宅，以长子孙"②。乾隆时期，晋商也纷纷把资金投向土地。乾隆三十八年（1773年），山西巡抚觉罗巴延奏曰："浑源、榆次二州县，向系富商大贾，不事田产，是以丁粮分征。今户籍日稀，且多置买田地，请将丁银摊入地粮征收，以归简便。"③ 不仅如此，晋商还趁灾年，到外省购买土地。乾隆五十一年（1786年），河南巡抚毕沅奏道："豫省连岁不登，凡有恒产之家，往往变卖餬口。近更有于青黄不接之时，将转瞬成熟麦地，贱价准卖。山西等处富户，闻风赴豫，举放利债，藉此准折地亩。"④ 其他各省，也都出现富商巨贾在灾荒饥馑时，压价买地，兼并小农地产的情况，给农村社会带来严重威胁。乾隆五十年（1785年），山东、江苏、安徽、湖北等省发生旱灾。翌年五月，乾隆帝谕曰："江苏之扬州，湖北之汉口，安省之徽州等处地方，商贩聚集，盐贾富户颇多，恐有越境买产，图利占踞者，不可不实力查禁。"⑤ 富商巨贾在外省广置田产，引起皇帝警惕，可见此类现象的普遍性和严重性。当然，商业利润的另

---

① 清代户部钞档，乾隆五年胡定奏。
② 康熙《清河县志》，卷一。
③ 清代实录馆：《清高宗实录》，卷九四八。
④ 同上书，卷一二五五。
⑤ 同上。

外一个去向是买官，跻身缙绅和绅衿地主的行列，由此，这些商人也便告别了凡人等级和庶民地主阶层，但他们向资本家转化的道路也更加曲折和艰难。

第二节 土地关系与地产经营

一 地产运动与产权关系的变化

中国历史上的地产运动，同社会的周期性动荡与王朝兴替有内在的联系。每逢农民起义烽火过后，新的专制王朝建立起来，自耕农土地所有制都会获得长足发展，大土地所有制受到致命打击。农民生产条件的改善，加之新王朝大多实行轻徭薄赋的政策，必然在一定程度上激发农民生产积极性的提高，使经济得以恢复或发展，从而迎来每个王朝的盛期。每当此时，由于农业生产力的提高，土地收益率的上升，地主阶级便开始贪婪地攫取和兼并自耕农的土地，致使自耕农的数量下降，农民失去土地的人数成倍增加。同时，地租剥削随之加重，农民生产条件和处境日渐恶化，农民或以苛刻的条件承租地主的土地，或迁徙流亡，专制王朝也因此从盛期进入衰落阶段。在王朝的最后阶段，土地兼并达到惊人程度，大多数农民不但失去土地，而且没有其他生活来源，丧失再生产的能力，成为饥寒交迫的流民，直至铤而走险，使地权重新进入分散状态，开启另一次经济荣枯、专制王朝兴衰和地产运动的周期。

相似还是相异？

　　总的来说，中国18世纪的地产运动仍旧在重蹈上述旧有模式，并未超出传统地产运动的范围。清朝初年，在明末农民起义和清廷的打击与限制下，缙绅大土地所有制有所削弱。通过垦荒和更名田政策，自耕农小土地所有制有一定发展，直接生产者的生产条件也不同程度地得到改善。因清初缙绅大地主土地所有制的短期削弱，庶民地主为代表的中小地主土地所有制，在宋、明两朝初步成长的基础上，到此时进入了发展的黄金时代。从某种意义上讲，庶民地主土地所有制的发展，对于清前期佃农地位特别是法律地位的改善，发挥了一定的积极作用。尽管清初农村中社会生态环境的改善，还是局部或个别方面，但仍有利于农民生产积极性的提高，从而为康乾盛世奠定了雄厚的物质基础。进入18世纪，大约在康熙中叶以后，社会安定，经济逐步恢复和发展。由于农业的集约化，土地收益增加；国家赋税保持稳定，地租却在生产力提高和人口压力的双重刺激下稳步上升，于是土地成为令人垂涎的财产，兼并之风骤起。从皇帝的上谕和时人的议论中，我们不难觉察18世纪地产运动的变化。康熙四十三年（1704年），皇帝在巡视北方和东部七省之后颁布的上谕中指出："田亩多归缙绅豪富之家……约计小民有恒业者十之三四耳，余皆赁地出租。"[1] 乾隆末时，方苞对全国的土地关系做了这样一个估计，"约计州县田亩，百姓所有者不过十之二三，余皆绅衿商贾之产……地亩山场皆委之佃户"[2]。土地兼并带来土地关系的严重失调，致使"一家而有数千百家之

---

[1] 蒋良琪：《东华录》，康熙朝，卷七三。
[2] 方苞：《方望溪全集》，《集外文》，卷一。

产，则以一家而致失业者数千百家也"①。清前期，大地主占有土地的数量超过明代。17世纪下半叶，这种趋势已在有些地方出现。叶梦珠曾指出，在江苏松江（今属上海市），崇祯时"缙绅富室，最多不过数千亩，无贱价之田，亦无盈万之产也"；至康熙初年，"遂有一户而田连数万亩；次则三四五万至一二万亩，亦田产之一变也"②。18世纪，大地产的扩张程度甚于清初，出现了拥有几十万甚至上百万亩土地的特大型地主，数万亩土地的地主更是不乏其人。现将所见大地主占地情况罗列于表2-2。

尽管中国18世纪的地产运动仍未脱离陈旧轨迹，但无可否认，与前相比，还是显示了某些时代特点，不能与过去等量齐观，主要表现是：

表2-2 清前期大地主占田举例

时代	地区	地主姓名、职业	占田数量	材料出处
清初	湖南桂阳县	邓仁心、邓仁恩兄弟（诸生）	数百顷	同治《桂阳直隶州志》卷二〇
康熙	崑山县、无锡	徐乾学，大官僚	千余顷、一万顷	蒋良琪：《东华录》康熙朝卷四四
康熙	平湖县	高士奇，大官僚	千顷	郭琇：《郭华野先生疏稿》卷一，《特参近臣》
康熙	秀水县	李陈常，官僚	四五千亩	李煦：《李煦奏折》第196页

---

① 贺长龄、魏源编：《清经世文编》，卷十一，钱维城：《养民论》。
② 叶梦珠：《阅世编》，卷一，《田产》，一。

相似还是相异?

续表

时代	地区	地主姓名、职业	占田数量	材料出处
康熙	桐城	张英,大官僚	千余亩	张英:《恒产琐言》,《清经世文编》卷三六
明清	沂州府	庄氏,大官僚	五万余亩	庄阎王:《大店"庄阎王"罪恶史》,《文史哲》1965年第4期
清前期	山东、江苏、直隶、河南、安徽等地	孔府,贵族	一千五百余大顷①	何龄修等:《封建贵族大地主的典型——孔府研究》第150—151页
康熙	临汾	亢时鼎,大盐商	百万亩	马国翰:《竹如意》卷下,《亢百万》
雍正	砀山	李卫,大官僚	四万余亩	清代实录馆:《清高宗实录》卷七三八
乾隆	怀柔	郝氏,大地主	膏腴万顷	昭梿:《啸亭杂录》卷二,《本朝富民之多》
乾隆	仪封县	周伯章,大地主	亩以万计	刘晴:《片刻余闲录》卷一
嘉庆	安肃、蓟州、古北口	和珅,大官僚	八十万亩②	薛福成:《庸庵笔记》卷三

其一,地产运动中经济行为日益成为主导方式,特权和暴力退居次要地位。18世纪时,土地流转加速,土地市场空前活跃。乾隆时,钱泳在《履园丛话》中这样写道:"俗语云:百年

---

① 据记载,孔府至"顺治元年(1644年)……共见存地一千五百五十六顷七十八亩有奇"(孔继汾:《阙里文献考》,卷二六,《户田》),18世纪孔府拥地面积在此基础上又有增加。

② 一说1266顷35亩,参阅冯佐哲:《贪污之王:和珅秘史》,第213页。

田地转三家,言百年之内,兴废无常,必有转售其田至于三家也。今则不然……十年之间已易数主。"①在明朝,宗室、功臣、外戚、缙绅和宦官等凭恃特权,暴力强占、侵夺土地的现象非常普遍,酿成严重的社会问题。入清以来,顺、康、雍、乾等皇帝屡颁上谕,严禁缙绅地主和绅衿地主暴力夺田和接受投献。相对明代而言,清代的缙绅和绅衿地主通过投献、投靠,以及使用暴力兼并土地的现象大为减少。清初沈寓对此评论说:"天下之兼之并之者,恃吾之富。而贫者有所急,故贱其价以并之,并其区而兼之。崇(明)则不独恃富,尤视人力之强弱。而又不独兼并,暗则侵窃,明则占夺也。"②这里所谓的"人力",是指政治特权,它与"富",即经济实力是相对而言的。清代,地权转移的方式有所变化,"人力"的作用和比重下降了,经济行为逐渐增多。因此,清代史学家赵翼在列举明代贵族缙绅倚势夺田的事例后,这样评论说,"由斯观之,民之生于我朝者何其幸也"③。赵翼认为,清代的农民摆脱了贵族、缙绅依靠暴力夺田的灾难,可谓幸莫大焉!这种议论当然是站在地主阶级的立场上而发的,但其中却多少反映出地产运动方式的些许变化。

其二,土地交易中人为限制减少,土地买卖更加自由化。土地买卖是中外传统社会共有的现象,只不过时间上有早有迟,自由度有大有小。土地自由买卖在地主制经济下的中国,有着悠久的历史。18世纪时,土地买卖的自由度又有了超越前代的进步。主要表现是,在土地买卖中,宗法观念进一步淡薄,限

---

① 钱泳辑:《履园丛话》,卷四,《协济》。
② 贺长龄、魏源编:《清经世文编》,卷二三,沈寓:《治崇》。
③ 赵翼:《廿二史札记》,卷三四,《明乡官虐民之言》。

相似还是相异？

制土地自由买卖的传统习俗和禁忌，如所谓"产不出户""先尽亲族""先尽原业"等，在一些地方逐渐被冲破。这是由于明末农民战争严重冲击了宗法势力，而18世纪的大规模移民，对打破宗法关系的束缚，也产生很大作用。此外，土地的售卖方经济利益的驱动，对于破除至少是冲击上述陈规陋习也是不可忽视的力量。这一时期，人口日繁，粮价上涨，地租量增加，土地转手日益频繁，导致地价不断上升，卖主追求在土地买卖中获得好价位的行为极为普遍。土地能否卖得好价钱，重要条件之一是能否使之进入土地市场，随行就市。而业主亲邻的优先购买权使土地买卖仅局限在狭小范围内，不但难以取得公平的土地价格；相反，那些具有优先权的亲族、原业和地邻人员，往往借机压低价格，甚至引起纠纷或酿成命案。

由于这种传统习俗对卖地者不利，清朝地方官明令反对和禁止这种优先权。雍正三年（1725年），河南巡抚田文镜宣告本省废除业主亲邻优先权。在"禁先尽业主"条款中指出："田园房产，为小民性命之依，苟非万不得已，岂肯轻弃？既有急需，应听其觅主典卖，以济燃眉。乃豫省有先尽业主亲邻之说，他姓概不敢收，任其乘机肯勒，以致穷民不得不减价相就。嗣后，不论何人许买，有出价者即系售主。如业主之亲邻告争，按律治罪。"[①]雍正八年（1730年），清廷以法律形式把"禁先尽业主"条款加以肯定和推广，并明确规定："及执产动归原先尽亲邻之说，借端希图短价者，俱照不应重律治罪。"[②]清廷和地方官府的

---

① 田文镜：《抚豫宣化录》，卷四。
② 光绪《大清会典事例》，卷七五五。

政策，对进一步削弱业主亲邻的优先购买权，加快土地自由买卖步伐，无疑起了推动作用。据有的学者研究，清代土地买卖中，同姓比例较小，异姓比例平均超过半数，个别地方甚至达到80%以上，详见表2-3。

表2-3 清代土地买卖中同姓和亲族所占比例统计

时期	地区	土地交易数	同姓	异姓	资料来源
康熙至嘉庆	直隶等19省区	728件	237件（32.6%）	491件（67.4%）	中国社会科学院经济研究所藏：《刑档抄件》
乾隆年间	直隶等18省区	113件	27件（23.9%）	81件（71.7%）	中国第一档案馆、"中国社会科学院历史所"编：《清代土地占有关系与佃农抗租斗争》
清代	徽州	238件	102件（42.86%）	136件（57.14%）	安徽省博物馆编：《明清徽州社会经济资料丛编》第一集
崇祯至道光	安徽休宁朱氏	114件	56件（49.1%）	58件（50.9%）	中国社会科学院经济研究所藏：《屯溪资料》
1658—1823	苏州府沈氏	595件	87件（14.6%）	508件（85.4%）	洪焕椿编：《明清苏州农村经济资料》
清代	闽北	77件	16件（20.8%）	61件（79.2%）	《闽北土地文书选编》（一）（二）

资料来源：此表依据江太新《略论清代前期土地买卖中宗法关系的松弛及其社会意义》（《中国经济史研究》，1990年，第3期）一文中各表汇总制成。

相似还是相异?

18世纪，英国经历了有史以来土地所有权最深刻的变革。这种变革是中世纪以来地权变革的继续，它从封建庄园时期的有条件的领主所有和农奴占有，到通过剥夺小土地所有制（包括世袭使用权）和村社土地，最终完成了建立资本主义的无条件的土地私有制的过程。

从大的方面说，直至18世纪，英国的农业用地可分为两部分，即耕地（在畜牧区为草地和牧场）和公地。

耕地主要是用于种植粮作的土地，它以敞田制（open field system）的形式组织生产。敞田分成条田，为一长条形土地，平均长200米、宽20米，面积等于一英亩。敞田制实际上是领主土地所有权下，农奴土地世袭使用权和共耕共牧制的结合。也就是说，从土地所有权上讲，它是封建所有制；但在土地利用上，它仍然保留了公社土地使用的原则与特点。敞田所有权，有的属于贵族领主，有的属于自由持有农。敞田的使用权，则主要属于佃农。在英国，敞田制从远古一直沿袭到近代。18世纪初，英格兰大约一半的可耕地实行敞田制。1797年，在总数8 500个教区中，仍有4 500个保存敞田。到1820年，英格兰只有六个郡还存在占全国耕地百分之三的敞田。[1]在这种制度下，领主的封建土地所有权实际上是不完整的，因为他们几乎没有权力夺佃或换佃。同时，农奴虽然在实际生活中有几乎等同于所有权的世袭使用权，但他们的土地被分割成彼此分开的小块条田，毫无自主经营权。这种土地制度由于排斥自主和规模经营，致使土地资源难以得到合理的置配与利用，极大地妨碍了

---

[1] P. Deane, *The First Industrial Revolution*, p. 41.

技术进步。

公地（common）也可以说是处于终年休耕的敞田。它包括荒地、林地和沼泽等。公地的所有权原则上是属于贵族领主所有。"公地在严格意义上讲并不是无主的土地，原则上，它属领主所有……人们有时把它称为领主的荒地。"公地使用权既属于领主，同时也属于自由持有农、佃农和茅舍农等，后几种人按占有敞地的数量、地租的多寡和惯例，对公地拥有相应的权利。在实际生活中，"习惯比起法律总是更通融、往往更合乎人情的。一项旧有的宽容几乎允许全体英国农民都能利用公地"①。公地的使用权包括放牧权、砍伐树木权、捕鱼权和采泥煤权等。在中古初期，农业生产力落后，领主并未认识到公地潜在的经济价值，因此他们在很大程度上放弃了对公地法理上的所有权。14世纪中叶以后，呢绒工业迅速发展，对羊毛的需求激增，羊毛价格大大上涨，养羊业也随之兴盛。贵族领主最早适应了这一转变，就像当年他们通过建立城市获得丰厚利益一样，他们要扩大养羊的土地，于是圈地多起来，甚至圈占耕地和公地作为牧场。同时，领主为了满足商品交换日益频繁下的日常消费，也想占有更多的土地；而农奴的份地使用权是受惯例保护的，因而首当其冲的自然是公地。事实上，英国有些地区，侵占公地的现象从13世纪左右即已开始。如1235年英国政府颁布的《默顿法》，就允许地产主圈占荒地。英国公地的数量很大。1688年，格利哥里·金估计，英国尚有1 000万英亩的土地没有耕种，占全国土地总面积的近三分之一。1795年农业委员会宣

---

① 芒图：《18世纪产业革命》，第118、119页。

相似还是相异？

布，英国还有800万英亩荒地。①

需要指出的是，英国早期现代土地关系的变革并非始于18世纪。事实上，14世纪以后农奴制逐渐解体，标志着这种变革已拉开了序幕。此后，通过宗教改革和资产阶级革命，修道院和王党的大量封建地产被没收和拍卖，土地私有制在农村迅速成长。然而，在没有进行圈地的地区，土地的使用和耕作制度并没有随之变化，敞田和公地仍成为英国早期现代农村的普遍现象，而它们极大地阻碍了土地私有产权制度的发展。18世纪，人口激增及其城市化迅速发展，致使粮食价格上涨，土地所有者比以往任何时候都更看好农业经营，期待拥有更多的土地，改变传统的农业耕作与经营方式，通过技术进步获得丰厚的产出收益。这一切都要以改变土地所有制的性质和经营方式来实现，这就是促成18世纪更大规模圈地的原因。

"圈地"（enclosure）一词是针对"敞地"而来的。那么，究竟何为"圈地"？1548年都铎政府设置的圈地调查委员会得到的训令中明确写道："首先要向你们宣布，'圈地'这个词儿是什么意思。它不适用于这样的地方：一个人将他自己所有的土地圈围起来，那里并没有别人的公用地。因为这种圈地对国家很有利，它是木材大增的根源。而'圈地'这个词儿的意思乃是：有人把别人的公用地夺去并圈围起来，或把农舍拆毁，还将土地从耕地改为牧场。这就是这个词的含义，请你们记住。"②也就是说，凡是铲平他人条田的地界，把分散的条田合并

---

① P. Mathias, *The First Industrial Nation: An Economic History of Britain, 1700—1914*, p. 67.

② 《都铎朝经济史料》，第1卷，第41页，转引自《蒋孟引文集·英国历史：从远古到20世纪》，第165页。

起来，使其连成一片；或将公地据为己有，用固定的树篱将这两类土地圈围起来，就叫作圈地。18世纪圈地的目的，主要是使耕地连成一片，把分散的个体经营变成集中的规模经营；把包含多重权利主体的封建土地所有权或占有权转变为排他性的独占的资本主义土地私有制，以适应商品化农业发展的需要。圈地运动始于15世纪最后三十年，结束于19世纪上半叶。其中又分为早期圈地运动（15世纪最后三十年至1607年，即都铎王朝统治时期）和晚期圈地运动（1608年—19世纪上半叶）。

早期圈地主要发生在敞地制盛行的中部地区，通过多种手段将耕地变为牧场，但规模不大。据盖伊估计，在中部地区，1485—1607年，被圈围的土地仅为3.16%，而陶内等学者则认为这个估计失于保守。晚近的学者对传统的估计进行了重新计算，修订后的比例上升为21.1%[1]，但争论仍在继续。克里特对1450—1850年莱斯特郡的圈地进行过统计：1450—1607年，该郡被圈围土地为10%，1608—1729年为52%，1730—1850年为38%。[2]戴维斯也持有同盖伊类似的看法。他认为，到1607年，英格兰（24郡统计）被圈占的土地不到总面积的3%，而这些被圈围的土地又主要集中在中部九个郡。在斯图亚特王朝（1603—1714年）统治时期，被圈占的土地在中部小麦产区占8%—9%。

应该说，在英国资产阶级革命前，圈地运动的重要意义应予重视，但是实际圈占的面积是不大的，圈地较多的地区也是

---

[1] J. E. Martin, *Feudalism to Capitalism: Peasant and Landlord in English Agrarian Development*, p. 135, Table 8.2.

[2] P. Kriedte, *Peasants, Landlords and Merchant Capitalists: Europe and World Economy 1500-1800*, p. 23.

相似还是相异？

有限的，因此对这一时期英国封建土地所有权变革的深度和广度都不应估计过高。早期圈地圈围面积较少，主要原因在于英国王室对它的极力抑制，这十分类似于清代中国皇朝打击地主土地兼并、支持自耕农的政策。在伊丽莎白和斯图亚特王朝统治下，圈地得到控制，从维兰佃农转化而来的公簿持有农为主体的"半自耕农"才得以稳定。但是，英国内战中，掘地派让半自耕农"耕者有其田"的要求，却遭到地产主垄断的议会的拒绝，圈地重新掀起高潮。由于封建王权被推翻，"半自耕农"也就失去了最后的保护。

16、17世纪的圈地与18世纪的圈地之间有本质的区别。前者是政府反对的，后者反而得到议会的援助和鼓励。晚期圈地的特点是议会圈地。封建王权被推翻之后，议会获得畅行无阻的立法权。它相当于一个巨大的地产主委员会，成为农业资本家的工具，资产阶级化的地产主依靠国会的立法完成了圈地运动的进程。大体说，工业革命开始前，国会通过的圈地法案和圈围土地的数量还较少，工业革命的启动加速了上述进程。这种法案的数量常常年年有加，详如下表（表2-4）：

表2-4　18世纪英国每10年议会圈地法案的数量

时间（年）	法案数量（项）	时间（年）	法案数量（项）
1720—1729	25	1770—1779	660
1730—1739	39	1780—1789	246
1740—1749	36	1790—1799	469
1750—1759	137	1800—1809	847
1760—1769	385	1810—1819	853

资料来源：G. R. Poter, *The Progress of the Nation in its Various Social and Economical Relations*, Vol. 1, pp. 155-156。

就圈地数量看，1700—1760年，总共圈围大约33.8万英亩土地，1760—1797年为298万英亩，1798—1820年为330余万英亩，1820—1886年为174.5万英亩。[①]另据马赛厄斯估计，从1760—1820年，共圈占土地700多万英亩，占英国三个半世纪全部圈地面积的85%以上。[②]

表面看来，英国的圈地运动同中国18世纪的地产运动不无类似之处，都是土地集中于大土地所有者手中，同时造成一个数量很大的失去土地的生产者队伍。但仔细区分，二者的动机和结果却有本质差别。圈地运动从根本上改变了封建土地所有制，把封建贵族所有、农民使用的公地和耕地变成了资本主义的私人土地所有制。英国早期的圈地运动是资本主义原始积累的重要组成部分，构成了资本主义发展的"前史"。而后期的圈地运动是英国资本主义土地私有制发展的必然结果，即把法律上的资本主义土地私有权诉诸经济实现，将共同耕作的分散小生产转变为独立自主的集中规模经营。圈地运动早已突破封建地产运动的轨迹，代表了资本与劳动者的分离；它使土地所有者、经营者和劳动者既彻底分离，又三位一体。如果说16世纪时，土地所有者—租地农场主—雇佣工人还是农村中的新生事物，那么，18世纪和19世纪上半叶，随着旧农业体制的崩溃，这种制度已成为农业中生产关系的常态。没有晚期圈地运动，就不会有彻底的土地私有权的建立。圈地所要消灭的首先是那些在"自己的"土地上劳动的小农，如15、16世纪以后取代维

[①] P. Mathias, *The First Industrial Nation: An Economic History of Britain, 1700-1914*, p. 67.

[②] Ibid.

兰而出现的公簿持有农、租地持有农，剥夺他们世袭占有和使用的土地。公簿持有农、租地持有农虽然不完全是或不是土地所有者，但他们在实际上已成为"半自耕农"，同土地的关系几乎同所有者无异。另一类要消灭的对象是小土地所有者，即自由持有农和乡绅中的小绅士，这些人是其土地的所有者。他们以前曾参加过早期圈地，同贵族、乡绅一起剥夺过农民赖以为生的敞地和公地。现在，他们又成为资本主义大农业发展的障碍，成为农场合并和农业改造的对象。总之，圈地运动就是要消灭农民（peasant），即要消灭那些很久以来一直在自己的土地上（不论是所有权还是世袭使用权）耕作的前现代农民，将其转变成现代的农业工人，建立由资产阶级化的地产主垄断的真正的土地私有权。

二 租佃制

从表面看来，至18世纪，中英两国农村租佃制具有相似点：租佃双方是地主与佃农，两者之间主要是一种经济关系，而非直接的政治统治与隶属关系（如中世纪英国的领主与农奴）；两国佃农对土地的占有权与使用权，都朝着稳定和强化的方向发展；两国的佃农至少在法律上都属于凡人等级，与土地所有者具有平等的地位等。但深入分析，却可发现两国租佃制本质的差别甚于表面的类似。18世纪英国的土地所有者包括贵族和乡绅，他们基本上都已转变为具有市场导向，其利益同农产品商品化紧密相关的资本主义化的地产主。承租者可分为两种类型，一种是由公簿持有农、租地持有农和自由持有农汇集成的约曼家庭农场主，另一种则是资本主义的租地农场主。前者同所有者的关系已不再是中古庄园制下领主和农奴的封建租佃关系,而是传统社会向现代社会演化中一种过渡型的农业家庭生产体制;后者则是一种真正的资本主义租佃制。18世纪,圈地运动正在使家庭农场体制转化为雇工租地农场的大农业体制。在中国,严格说来,上述两种转变还不甚明了。

18世纪时,中国地产经营的主要方式仍是传统租佃制。所谓租佃经营,就是地产所有者不直接经营土地,而是将土地出租给佃户,凭借土地所有权坐收地租,并与租佃者形成一定的隶属关系。18世纪,虽然地主租佃制在全国耕地总面积中所占比例并不稳定,租佃形式也发生了一些变化,但就其经营本质而言,一直终有清一代依然相当稳固,占据着统治地位。这种租佃制的本质是:田主和佃户之间既是一种剥削与被剥削的经济关系,又或多或少地是一种包括法律、宗法、习惯、观念在内的政治关系。所以,佃户既是剩余劳动的提供者,也是一定程度的人身依附者;后一特点北方与南方相比尤为明显。

但无可否认,从历史发展看,佃户的人身依附关系呈现逐渐松解的趋势。明以前,佃农的法律地位虽然有所变化,但在实际生活中其身份属于佃仆。不论唐代的"部曲",还是宋元时的"佃客",与田主都不具有法律上的平等关系,基本上属于主仆关系或良贱关系,佃农与"贱民"无异。《唐律》中就明文规定:"诸部曲奴婢过失杀主者绞,伤及詈者流;其主人殴部曲致死者徒一年,故杀者加一等,其有愆犯决罚致死及过失杀者,

相似还是相异？

各勿论。"①宋代法律也规定：佃客犯主人，加等论罪；田主殴死佃客，减刑二等。②元代的法律也没有多少变化，如规定："诸地主殴死佃客者，杖一百七，征烧埋银五十两。"③明代，在中国历史上第一次废除了佃农的贱民地位，将田主与佃户之间的主仆关系，改为在仪礼上的长幼关系，佃户见田主仅"行以少事长之礼"。清代立法，继续遵守这条原则。总的说，清前期田主对佃农的超经济强制在进一步削弱。但也应看到，租佃关系在不同地区仍然表现出不同的形式，人身依附关系松解的程度也存在很大差别。

清代虽然承认佃农的"良人"地位，但并没有取消贱民等级。《大清会典》规定，对居民要分良贱，民、军、商、灶"四民为良，奴仆及倡（娼）优隶卒为贱"④。在贱民等级中，许多人是农业生产者，如佃仆、乐户中的惰民，奴婢中的壮丁和投充人等。18世纪，在人民的反抗下，清政府重新修订法令，准予贱民中的农业劳动者取得"良人"地位。如康熙、乾隆时允许旗地"召佃耕种"，将壮丁"出旗为民"，"载入民籍"⑤。雍正五年（1727年），雍正帝在上谕中说，"近闻江南徽州府则有伴俏，宁国府则有世仆，本地呼为细民，几与乐户惰民相同。又其甚者，如二姓丁户村庄相等，而此姓乃系彼姓伴俏世仆，凡彼姓有婚丧之事，此姓即往服役，稍有不合，加以箠楚，及讯其仆

---

① 长孙无忌等撰：《唐律》，卷二二。
② 李心传撰：《建炎以来系年要录》，卷七五，《庆元杀法事类》，八。
③ 宋濂等撰：《元史》，卷一○五。
④ 光绪《大清会典》，卷十七，《户部》。
⑤ 清代实录馆：《清高宗实录》，卷一二七；内务府档案，乾隆十年《内务府会计司三旗银庄处呈稿》。

役起自何时，则皆茫然无考，非实有上下之分，不过相沿恶习耳。此朕得诸传闻者，若果有之，应予开豁为良，俾得奋兴向上，免至污贱终身，累及后裔"①。针对社会上存在的贱民等级，雍正元年（1723年）朝廷下令"除山西、陕西教坊、乐户籍"；同年九月，"除绍兴府惰民丐籍"；雍正七年（1729年），广东部分疍户"准其在近水村庄居住，与齐民一同编列甲户"；雍正八年（1730年），将常熟、昭文的丐户，"照乐籍惰民之例，除其丐籍，列为编氓"②。这些具有严格人身隶属关系的佃户，在18世纪逐渐脱离"贱民"地位，成为"良人"。由此，上述佃农也从身份性租佃制，转入人身依附关系相对为弱的一般租佃制。

在一般租佃制下，田主对佃户的超经济强制大大减弱，表现为，一是放宽了对佃户迁徙的限制。宋代对佃农迁徙仍有一定限制。南宋时有的地主仍禁民离乡，追捕逃佃。明代中期前的法律，对佃户迁徙虽已无明文限制，但因户籍制度较严，佃户的迁徙仍很困难。至明后期，由于黄册瓦解，佃农择佃、迁徙已比较自由，退佃和客佃都大量增加，这些都是前所未有的现象。清初对佃户迁徙采取了较为宽容的政策。顺治十七年（1660年），顺治帝上谕说："佃户不过穷民，与奴仆不同，岂可欺压不容他适。"③清政府从来没有制定关于佃户离开地主土地的禁令，也没有给地主以缉拿逋逃佃户的权力，以及对地方官府做出将流民押交地主的规定。尽管如此，清初的编审制度，也是力图把佃农固着于土地。《大清律例·户律》"户役"条对

---

① 清代实录馆：《清世宗实录》，卷五六。
② 均参见清代实录馆：《清世宗实录》相应年份记载。
③ 康熙《西江志》，卷六五，《余相国特参势豪勒诈疏》。

相似还是相异？

脱离户口的责罚是："凡一户，全不附籍，有赋役者，家长杖一百。无赋役者，杖八十，附籍当差。"在"人户以籍为定"条中规定："凡军、民、驿、灶、医、卜、工、乐诸色人户，并以籍为定。若诈冒脱避，避重就轻者，杖八十。"[①]不过，清初户籍编审制度主要是出于对户役丁银征派的需要。而康熙五十一年（1712年）实行"滋生人丁永不加赋"和雍正初实行摊丁入地以后，人头税被摊到地亩中，政府无须再控制农民迁徙。因而乾隆年间，废编审制度，国家对佃农的自由迁徙的最后限制从此也不复存在。与此同时，人口剧增，人地关系趋于紧张，特别是在华北和江南部分省区，人地矛盾尤为严重。因此，田主也乐于佃户"择地而往"。18世纪许多内地和边疆的开发，正是在佃农获得迁徙自由的前提下进行的。

超经济强制减弱的另一个标志，是田主对佃户政治强制权的削弱。清代立法，虽不以佃户为贱，可在实际生活中，地主对佃户的歧视仍然相当严重。有些缙绅、绅衿地主视佃户为"庄奴"，"随田转卖"，"不容他适"。康熙年间压佃为奴的现象也时有发生。有些地方的缙绅和绅衿地主如同官府，对佃户滥施责罚。如康熙年间浙江天台绅衿逼租时动辄押人、抄家；雍正年间山东绅衿多私置板棍，将佃户锁拿刑责；如此等等。这种主佃关系完全是超经济强制的突出形式。雍正五年（1727年），河南总督田文镜上疏称，"豫省绅衿置有地亩即招贫民耕种。一为伊等佃户，本系平民，视同奴隶，不但诸凡供其役使，稍有拂意，并不呈禀地方官究治，私治板棍，扑责自由。

---

① 刘统勋等纂修：《大清律例》，卷八，《户律》。

甚至淫其妇女，霸为婢妾。佃民势不与敌，饮恨吞声，不敢告究。地方官不能查察，徇纵肆虐者，亦于严遣"。缙绅、绅衿地主对待佃户的种种行为，是实际生活的事实，但不是他们应有的等级特权，也非佃户应有的法律地位。根据清代法律，上述行为应是非法的。田文镜要求承认佃户的"平民"即凡人身份，对缙绅、绅衿地主的不法行为应"严加定例""永远禁革"，这样才能使"势恶土豪知有国法，而贫民穷佃亦得共游于熙皞之天"①。

此前，清政府已对缙绅地主苛待佃户明令加以禁止。如康熙二十年（1681年），户部申谕，"今绅衿大户，如有将佃户穷民欺压为奴等情，各该督抚即行参劾"②。雍正三年（1725年），谕绅衿"私置板棍，擅责佃户"，应"革去衣领职衔"，"杖八十"③。雍正五年（1727年），针对田文镜的上疏，就"田主苛虐佃户及佃户欺慢田主之例"，明文规定："凡不法绅衿私置板棍擅责佃户者，乡绅照违制律议处，衿监吏员革去衣顶职衔，杖八十。地方官失察，交部议处。如将奴女占为婢妾者，绞监候。地方官失察徇纵及该管上司不行揭参者，俱交部分别议处。至有奸顽佃户拖欠租课，欺慢田主者，杖八十，所欠之租照数追给田主"④，并强调"命下之日通行直隶各省一体遵行"⑤。该例

---

① 转引自中国第一历史档案馆：《吏垣史书》，雍正五年九月十九日署吏部左侍郎查郎阿题本。
② 张光月：《例案全集》，卷六，《户役》。
③ 光绪《大清会典事例》，卷八〇九，刑部，刑律斗殴。
④ 吴坛：《大清律例通考》，卷二七。
⑤ 雍正五年十一月二十七日刑部尚书明等题本，见《刑科史书》，雍正五年十二月（一）。

相似还是相异？

虽曾在乾隆五年（1740年）和乾隆四十二年（1777年）两次进行过修订，对绅衿处分和地方官责任均有所减轻，但基本精神始终未变。可以说，这是清朝处理租佃关系的法定原则，即充分保护田主对佃户的收租权，给予绅衿以身份上的尊严；同时严厉禁止绅衿非法侵犯佃户及其妻子人身的权利。

18世纪时，一般租佃制下的另一个变化，是佃户土地使用权的强化，这一变化主要发生在南方部分省区。其表现形式为押租制、永佃制的通行。

押租制出现于明代，推广在乾隆、嘉庆时期。据江太新研究，到乾、嘉时，全国有18个省的97个州县有押租记载。押租在清代已正式形成一种制度。不过，18世纪时，押租制所占比例并不大。康、雍、乾、嘉四朝有押租记载的州县为97个，时期的分布是，康熙朝占2%，雍正朝占3%，乾隆朝占30.9%，康、雍、乾三朝合计占35.9%，而嘉庆一朝却超过63.1%。①押租制的起源，同佃农人身依附关系的松弛，其独立生产能力和经济条件的改善密切相关。同时，乾隆以来人口剧增，地少人多，客佃增多，也导致租户承佃困难的增加，致使地主趁机勒索押金，要佃农"买田承种"。还应看到，押租制在南方各省迅速发展，同那里佃农的抗租、霸耕运动有关。地主在缔结租佃契约时，使用经济手段向佃农预收一笔租佃保证金，以确保地租的实现。押租的数额往往数倍于正租。如四川押租一般为正租的两倍以上，有的高到正租的500%，②这对农民是个沉重负

---

① 江太新：《清代前期押租制的发展》，《历史研究》，1980年，第3期。
② 同上。

担。然而，由于"买田承种"，押租制使佃农有了较长久和稳固的佃种权，有的后来还因此取得了永佃权。①

永佃制开始于宋代，明代在福建、江西的一些地方有所发展，清前期则普遍盛行于南方各省。北方的直隶、河南和山东的某些地方，也有不同程度的表现。农民永佃权产生的原因，各地有所不同：或因耕户开垦荒地时投入较多的劳力和工本，或因佃户向田主交纳过粪土银，或是佃户出钱买来钿权，所谓"出钱买耕""出银顶买"，或由佃户支付较多的押租，或是佃户因不欠租而获得永佃权，而更多的是自耕农将原本属于自己的土地，贱价出卖和以田抵债时，保留了佃权。②但不管何种起源，永佃权的成立，对田主的产权都会构成冲击，同时强化了佃户的土地使用权。

农民对永佃制的权益，清代有较多的记载。

其一，在永佃制下，地主的土地被分割为土地所有权和使用权，由此地主对土地的垄断权被打破。土地所有权与使用权的分离，反映了封建土地所有制开始走向分解、衰落的道路。土地所有权也称为"田骨""田底""粮田"（或"粮业"）"大租"等；土地使用权又叫做"田皮""质田"（或"佃业"）"田面""田根""小租"等。如浙江永康，"田主买田为田骨，佃户出银佃种为田皮"③。广东惠州，"惠属田地，向有

---

① 乾隆时湖南的押租契约，"有议定年份者，亦有约载永远耕种者。然近则十余年，远则二三十年，仍出银再佃，谓之转耕"（乾隆《湖南通志》，卷四九，《风俗志》），可见押租制不同于永佃制，然而部分押租制确有可能向永佃制转化。
② 参见中国第一历史档案馆等：《清代地租剥削形态》，三，《永佃制》。
③ 刑科题本，乾隆三十一年二月二十一日，浙江巡抚熊学鹏题。

145

相似还是相异？

粮、质两项，粮主收租纳赋，质主种稻交租"①。地主的封建土地所有权被分割成两种不相统属的权利，分别由田主和佃户独立持有，互不干涉。对此，光绪年间江苏元和县陶煦称："俗有田底田面之称，田面者佃农之所有，田主只有田底而已，盖与佃农各有其半，故田主虽易而佃农不易，佃农或易而田主亦不与。"②

其二，土地所有权与使用权分离后，佃户获得稳定甚至永久的佃权。康熙年间，在江西宁都有从福建迁来的佃农，长期租佃地主的田地。"久者一主之田，至子孙十余世，近者五六世、三四世。"③福建古田县，有"田根"的佃农"自持一契据，管业耕种，苟不逋租，田面（田主）不得过而问焉"④。浙江"田主把田卖与别人，仍旧是旧佃户耕种还租，叫做卖田不卖佃"⑤。广西武宣县壮族佃户租佃地主土地，"历来只换田主，不换佃户，就算世业一般"⑥。湖南佃种漕运屯田的"军家之佃"，"任尔业更数主，而佃户始终一家，谓之换主不换佃，乃军田之通例"⑦。

其三，佃户获得永佃权后，便可对佃权自由买卖转让，地主同样不能干涉。也就是说，在永佃制下，地主只掌握土地所

---

① 刑科题本，乾隆十三年十月二十四日，刑部尚书阿克敦题。
② 陶煦：《租覈》，"重租论"。
③ 魏礼：《魏季子文集》，卷八，《与李邑侯书》。
④ 陈盛韶：《问俗录》，卷二，古田县，"根面田"。
⑤ 刑科题本，乾隆二年五月二十六日浙江巡抚稽曾筠题。
⑥ 刑科题本，乾隆四年四月二十一日刑部尚书尹继善题。
⑦ 无名氏：《湖南省例成案·工律·河防》，卷一，《失时不修堤防》，乾隆二年十一月岳州府同知陈九昌。

有权并坐收地租，至于土地由谁来承佃纳租，他已无权过问。这样，永佃权经过农民辗转出典转让，新佃与地主不再发生关系，佃农对地主的人身依附关系进一步削弱。如江西建昌府，"田皆主佃两业，佃人转买承种，田主无能过问"①。江西"赣南各县田亩，有粮田、租田之别，凡皮骨合一者谓之粮田，皮骨分营者谓之租田。佃户取谷于田而纳租于业主，谓之营皮；业主征租于佃户而纳粮于国家，谓之营骨……乃积习相沿，营皮者竟误认永佃权为所有权，自由顶退，率使田主无由过问"②，或谓"业主止管收租，凭耕转顶权自佃户，业主不得过问"③。乾隆时福建省《龙溪县志》也载，农民对具有永佃权的土地"私相授受，田主不得问焉"④。

永佃制下土地所有权与耕作权分离，意味着土地所有权和租佃关系揭开了大变革的序幕。对地主来说，原来的封建土地所有制受到破坏。佃户通过不同途径获得永佃权后，如果有足够财力的话，就可以进行土地改良和较大规模的农业经营。令人遗憾的是，在永佃制流行的江苏、浙江、江西、安徽、福建和广东各省，地少人多，不易形成较大规模的农场。从乾隆朝刑科题本（土地债务类）所涉及的永佃权的面积看，绝大多数都在10亩以下，达到一顷以上的仅属个别现象。⑤此外，农民与市场的联系，是建立在商品生产基础上，还是主要为完租饷

---

① 贺长龄、魏源编：《清经世文编》，卷三一，陈道：《江西新城田租说》。
② 南京国民政府司法行政部：《民商事习惯调查报告录》（1930年），第一册，第427页，附《宁都州风俗摘要》。
③ 陆燿辑：《切问斋文钞》，卷十五，陈绍洙：《江西新城田税说》。
④ 乾隆《龙溪县志》，卷五，《赋役志》，"官民田赋始末奇"。
⑤ 参见中国第一历史档案馆等：《清代地租剥削形态》，三，《永佃制》。

相似还是相异？

口？如果是后者，那么农民自身也没有规模经营的内在冲动。事实上，农民限于财力既无力花钱承佃更多的土地，也无力改良土壤，不少人甚至把耕作权转租或转让了。因此，尽管有永佃制也难于转变成类似英国的租地农场，因为中国18世纪的地主未见发挥英国地产主在圈地和农场改良中那样的作用，故而其生产关系仍囿于传统樊篱之中。同时，如法国一样，18世纪中国农民土地使用权的强化，也有可能对资本主义在农村的发展产生负面影响。

大约从16、17世纪开始，欧洲的农业经营方式出现明显变化，易北河以东地区普遍盛行的是庄园主经济，而易北河以西地区则以地产主经济为主，英国当属后一种情况。令人费解的易北河两岸农业生产关系变革的动因，都来自农产品的商品化。可能的解释是，与商品化关系最密切的那个阶级的阶级属性，决定着生产关系发展的方向。如前所述，18世纪时，英国的地产主包括贵族和乡绅，他们形成了一个金字塔式的土地所有制的等级结构。一般认为，18世纪时，大土地所有者拥有土地的数量为3 000英亩以上。约翰·贝特曼据此对英格兰和威尔士地产主的土地拥有量作了分类。他发现，拥有3 000英亩以上的大土地所有者共计1 688人，他们总共拥有1 400万英亩土地。换言之，不足0.2%的土地所有者控制了全部土地的43%。乡绅一般是拥有300—3 000英亩土地的地产主，他们的家庭总数超过12 000个，占土地所有者总数的1.2%，控制着900万英亩土地，占全部土地的26%。贝特曼的估计与我们征引的其他数据有些出入，可存此以为参照。特大土地所有者拥有庞大的地产。根据他们的收入估计，大不列颠有300名地产主拥有9 000—10 000

第二章 农村生产关系的比较

英亩及以上的地产。①

近人研究表明，18世纪英国资本主义农业的改造，并没牺牲贵族大地产主的利益。相反，贵族制度东山再起，大地产所有制风靡一时，超过了以往任何时代。导致18世纪大地产发展的途径，除圈地外还有农场合并。许多因素导致小地产主和自由持有农失去土地。如17世纪末土地税以及后来的战争税大幅度增加；从1680年到1720年，农产品价格下降，使小地产主和自由持有农或将农田交托给承租代理人而自己移居城市，或将资金投入其他有利可图的地方。一些大地主和想拥有地产的人，如商人、金融家和工厂主等，则通过购买与合并的方式，扩大和建立自己的地产，而出卖土地的人主要是小地产主和小土地所有者。据阿瑟·扬的估计和《土地征税册》的统计，1720年以后，100英亩以下的小地产主，在牛津郡24个教区减少2/3，在格洛斯特郡的10个教区减少4/5。②1740—1788年，英国小农场数目减少四万至五万个，平均每个教区减少4—5个。③这些被出卖和被合并的土地落到贵族、富裕乡绅、商人和企业主手里。地权的转移，改变了土地所有者的成分。到18世纪末，圈地与农场合并远未完成，但由此土地集中在大土地所有者手中，他们垄断了全国3/4的耕地，而其他性质的土地和小土地所有者的

---

① G. E. Mingay ed., *The Agrarian History of England and Wales*, Vol. VI, p. 547.

② W. J. Ashley, *The Economic Organization of England, 1750−1850*, p. 124.

③ H. 利维：《大租佃地和小租佃地》，第10页，转引自芒图：《18世纪产业革命》，第135页。

相似还是相异?

土地加在一起不过六分之一,[①]请看表2-5。

表2-5 英国土地所有者占有土地的比例

		1690年	1790年
大土地所有者	3 000英亩以上	15%—20%	20%—25%
乡绅	300—3 000英亩	45%—50%	50%
小土地所有者	少于300英亩	25%—30%	15%

资料来源: F. M. L. Thompon, "The Social Distribution of Landed Property in England Since the Sixteenth Century", *Econormic Histoy Review*, XIX, 1966, pp. 510-514。

英国土地占有关系的结构,决定了其农业经营必然以租佃制为主。如果说,贵族和乡绅是出租地产主的话,那么承租者或佃户则是约曼。如前所述,约曼是一个标志社会地位的概念,指介于乡绅和农夫以及茅舍农、雇工这些主要靠出卖劳动力为生的贫农之间的等级,包括自由持有农、公簿持有农和租地持有农。这个阶层是从13世纪以来发展演变而成的,科斯敏斯基在《13世纪的英国农业史研究》、希尔顿在《中世纪晚期的英国农民》、陶内在《16世纪的英国农业问题》中,都对这个农村中的富农阶层做过扎实的研究。一般而论,自由持有农主要经营自己的家庭农场,因而是小土地所有者。但据明格研究,自由持有农的上层由于资本较宽裕,因而也会向其他土地所有者承租土地,扩大经营规模。[②]据金估计,1688年,在18万户自由持有农中,有40 000户是比较富有的,家庭年均收入在84镑。

[①] G. E. Mingay, *English Landed Society in the Eighteenth Century*, p. 24.

[②] G. E. Mingay, *English Landed Society in the Eighteenth Century*, p. 87; G. E. Mingay ed., *The Agrarian History of England and Wales*, Vol. VI, p. 116.

第二章 农村生产关系的比较

马西估计,至1759—1760年,家庭年均收入在100镑的富裕户有30 000个,至19世纪初,年均收入在200镑的自由持有农有40 000户。[①]应该说,富裕的自由持有农是约曼的上层,他们除耕种自己的土地外,尚有能力承租土地;如果他们想在商品化农业中发财致富,也必须扩大经营,承租更多的土地。在此意义上,这些承租人也是佃农。

毋庸讳言,早期现代,英国远未形成整齐划一的资本主义租佃制,它仍是农村土地关系和经营方式演进的方向。直到17世纪末,以惯例保有条件持有土地的人仍占佃农总数的1/3。当然,各地的情况相差很大。如在肯特郡,惯例佃农人数很少,绝大多数农民或为自由持有农,或以非惯例条件持有土地。在萨里郡和萨塞克斯郡则相反,惯例持有地数量很多。在中部地区,以惯例条件持有土地仅是特殊现象,而在西南部却很平常和普遍。在北部某些地区,此种土地保有形式已经消失。不过,总的说,惯例租佃仍是18世纪租佃关系的主要形式之一,至少在该世纪的前期是如此。

惯例保有地最普遍的形式是公簿持有权。持有这种土地的佃户,必须在庄园法庭将其土地持有资格和条件记录在案,法庭向他们提供证明其土地持有权和相应义务的文件副本(copy,即所谓公簿)。大体说来,公簿持有农主要有两种,一是世袭公簿持有农,主要见于东部和中部地区;二是终身公簿持有农,主要分布在西部地区,从柴郡、德比郡到沃里克郡、牛津

[①] P. Mathias, *The First Industrial Nation: An Economic History of Britain, 1700-1914*, p. 24, Table II; R. Porter, *English Society in the Eighteenth Century*, pp.386-388, Table 5.6.

相似还是相异？

郡、汉普郡的边境地区。这两种公簿持有权在财产拥有权利上有一定的差异。当时的人们对此也作过种种区分。但在实际上，它们的差异极为有限。终身公簿持有权仅限两代人使用，包括持有人、妻子和儿子，儿子没有继承权，若要继续租种需得到法庭重新认可，并交纳进入税。世袭公簿持有权给予农民更大的财产权利，拥有对土地的买卖权和继承权，但出售或转让土地必须交纳一大笔税款。实际上，终身公簿持有农对其土地仍有事实上的继承权。惯例允许承佃人死后，其妻只要守节未嫁，就可以继续使用这块租地；如要继承过户，则只需支付一笔费用便可做到。这样的惯例确保了佃户享受实际上的世袭使用权。应该说，这两类公簿持有农已成为"半自耕农"。

也应看到，18世纪英国农村租佃关系处在转轨之中，即从公簿持有农的惯例持有权向普通租佃制转变。公簿持有农虽然不同于维兰，他们在人身上是自由的，但持有的仍是维兰的土地。作为维兰地产，公簿持有农就要履行惯例所规定的维兰土地的各种义务。由此决定，公簿土地使用权与普通租佃制存在着显而易见的区别。主要是，其一，公簿持有权来自惯例，其依据是庄园法庭的文件，而普通租佃权则依据主佃双方口头或书面的协议，不受惯例的约束。其二，公簿持有农的义务源于土地所有权的垄断和维兰土地的不自由性质。因而除交纳货币地租外，还有少量的实物地租甚至退化的劳役地租，以及作为人身隶属关系标志的死手捐、进入税。而普通租佃制则主要按土地的经济价值，交纳资本主义地租。其三，以敞田制中份地形式保有的公簿持有地，仍采用传统的耕作方式，地产主没有对土地进行圈占和资本投入，因而直接影响土地的利用率和产出率。这种土地的地租受惯例制约而固定下来,地产主不能随意增加,从而损害了地产主的经济利益。有鉴于此,惯例保有条件下的租佃制对地产主来说,并不是最佳选择。17世纪下半叶到18世纪,惯例土地租佃开始向非惯例租佃过渡。

非惯例租佃可分为长佃期和短佃期两种。在盛行终身公簿持有权的西部和西南部地区,非惯例租佃的一般形式是九十九年或三代的长租期。在这些地方,惯例租佃权不再重新续订。这种租佃制也并未使佃户减轻封建性义务,他们仍一如既往地要向地产主缴纳死手捐和进入税,承担法庭讼诉。同时,寡妇对亡夫土地的使用权也被剥夺。短期租佃主要流行于东盎格利亚和东南部等地区,其中租期还分为任意、每年续订和固定年期三种形式。第一、三种形式的租期一般为七年、九年、十二年或二十一年,其中尤以后者为常见。在中部和东北部地区,每年续订的形式更为普遍。任意租佃和后两种租佃形式的区别,在于它没有同地产主签署租佃协议,而后两种情况下,佃农则以口头和书面的形式与地产主立有契约。同时,在法理上,任意租佃期限一般仅限于从下种到收获,除此之外,土地所有者只要提前通知佃户,他随时可能被夺佃。[①]

应该说,传统的自由持有农、公簿持有农和租地持有农,还不能同资本主义的租地农场主画等号,但可以肯定地说,约曼是资本主义租地农场主天然的后备力量。后者的诞生,喻示着英国农村小农的分化已经开始摆脱封建轨迹,从农业生产者

[①] J. Thirsk ed., *The Agrarian History of England and Wales*, Vol. V, 1640-1750, Part II, pp. 198-214; E. Kerridge, *Agrarian Problems in the Sixteenth Century and After*, p. 87.

相似还是相异？

中分离出资本主义的企业家，并承担起既不同于土地所有者，又有别于工资劳动者的经济职能。租地农场主最早可以追溯到中世纪晚期。正如马克思所言，"在英国，最初形式的租地农场主本身也是农奴的管事……在14世纪下半叶，管事被由地主借给种子、牲畜和农具的租地农民所代替。这种租地农民的地位同农民没有多大的区别，不过他剥削更多雇佣劳动。他不久就成为分成农、半租地农场主……这种形式在英国很快就消失了，代之而起的是真正的租地农场主，他靠使用雇佣工人来增殖自己的资本，并把剩余产品的一部分以货币或实物的形式作为地租交给地主"[1]。可见，租地农场同家庭农场的最大区别，是在多大程度上依靠雇工劳动。对雇工剩余劳动占有的程度不同，决定了这两类农场在生产目的、规模、性质和发展前景上的巨大差异。

18世纪左右，传统农业体制的变迁所导致的雇工劳动者的增加，城市化和乡村工业化对农产品需求的增加，都促使商品化、规模化的租地农场的发展。事实上，并不是所有的约曼都能幸运地成为资本主义的租地农场主，这要看他们的经济实力和运气。圈地是打破旧的敞田制，采用排他性的规模租地农场进行经营的绝好时机。在被圈围的土地上"实行耕作的往往不是贵族地主本人，而是农业经营者，即历来的根据官册享有土地者（即公簿持有农）或定期租赁者，他们变成了现代的租赁者，有时还转租土地。他们利用雇佣劳动耕作土地，饲养牲畜，他们非常注意怎样从租赁中发达起来。在旧制度中，地主之下还存在依附的

---

[1] 《马克思恩格斯全集》，第23卷，第811页。

农民,此外还存在拥有自己地产的自耕农(即自由持有农),这种制度现在让位给一种新的制度。在新的制度下,那些不亲自经营农业的土地所有者就从租赁者那里收取地租,租赁者成了名副其实的企业主,他们给无产的农业工人发放工资"[1]。

农业革命强化了农村中的资本主义关系,农业不再仅作为一种谋生方式和手段,它开始成为一门产业。大地产集中起来后,经营方式发生深刻变革。18世纪出现了一种与过去截然不同的土地制度,到18世纪中叶,这种土地制度盛行于不列颠的许多地区。它是以大地产主出租土地和依靠经营有方的佃农为基础的土地占有制度。地产主们习惯于出租大片土地以获得收益,佃农们则运用自己的或从地产主那里借贷的资金从事农业。它使贵族和以乡绅为代表的富裕的上层中产阶级成为农村的真正支配者。18世纪中叶,这种土地经营方式已经根深蒂固,人们将其视为正常的社会秩序。

此时,大地产主出租大片土地的做法成为趋势,土地所有者和农场主的职能也变得一清二楚。土地所有者提供土地,以及保障取得高额地租收入的固定资本的投资,如完成圈地、修建排水系统和农场建筑、改善交通等项工作,并负责向国家缴纳土地税,并取得地租,他的利益由农场管家(steward)或经纪人保护。农场主则提供生产资本,如牲畜、农具、种子、工资等,并支付教区税,农场主以租佃方式独立自主地持有并经营土地,[2] 土地所有者同租地农场主的关系,演化成一种纯粹的

---

[1] 豪斯赫尔:《近代经济史》,第283—284页。
[2] G. E. Mingay, *English Landed Society in the Eighteenth Century*, p. 277.

相似还是相异？

商品货币关系。

18世纪大土地所有制的发展，为以大农场为代表的资本主义规模经营的商品化农业创造了前提。在这一过程中，封建社会的贵族地产主演变成资产阶级化的地产主，一种新的经济制度在农村中开始取得优势，旧有的农业结构趋于解体。除此之外，农村中富裕农民阶层的兴起与壮大，并适时转化成租地农场主，为农业资本主义生产关系在农村的建立，提供了可能性和现实基础。如果没有这两种转变及其合二为一的过程，资本主义生产关系在农村中就难以成为现实的制度。

三 雇工制

雇工作为劳动者中的一个阶层，几乎与文明社会的历史同样悠久。不过，雇工经营的普遍化，并进而形成一种资本主义的剥削形式和制度，必须以地权集中和商品化生产条件下，小农分化并摆脱人身隶属关系为前提。雇工经营本身并非某种社会经济形态独有的经济现象，但前资本主义社会的雇工经营，同资本主义社会的雇佣劳动制确实存在本质的区别。由前资本主义社会的雇工经营，发展成为资本主义的雇佣劳动制，取决于特定的社会条件和环境，而非雇工绝对量的多寡。

18世纪时，租佃制仍是中国农业生产的主要剥削形式，雇工经营在数量上处于劣势。小农分化是雇工产生的原因。在传统农业社会，农民或耕种自己的土地，或承租地主的土地，他们都在自己所有或占有的土地上为自己生产。雇工则不同，他们的生活境遇尚不及佃农。因为佃农虽无土地，却有少量资金承佃地主土地。但雇工自己既无土地，也无财力佃地耕种。乾隆十四年（1749年）刘方霭奏陈河南情形说："无田可耕，则力佃人田；无资充佃，则力佣自活"。①湖北蕲水县（今浠水县），"最贫者为人佣工"②。江苏通州府（今南通市），"无田之农受田于人名为佃户，无力受田者名为佣工"③。可见，雇工代表了农村中的赤贫阶层，他们的经济状况决定了他们只有选择出卖劳动力这种谋生方式。

18世纪，农业商品化的发展，使得农村经济开始突破自给自足的生产模式，有些地区，逐渐向小商品生产的方向转化，特别在经济作物的生产上更是如此。如广西南平县以种烟驰名，"今种烟之家，十居其半。大家种植一二万株，小家亦不减二三千株"④。经济作物的集约化程度往往高于粮食生产，所需劳动力相应地多于种粮。包世臣曾对不同作物的用工作过估计，他说："每烟一亩，统计之，须人五十工而后成……是烟叶一亩之人工，又可抵水田六亩，旱田（指棉花）四亩也。"⑤当时种烟一亩需50个工，一亩棉田需12—13个工，而稻田一亩只用8—9个工。此外，粮食生产的集约化，也使单位面积土地需要投入的劳动有所增加。江南水稻田上农一家只能勉强耕种20亩，因而有些自耕农和佃农也常使用雇工。可见，18世纪经济作物种植比重扩大和粮食生产的集约化，双双导致对雇工需求的增加。当时人曾议论说："国朝（清朝）后风气渐异，汉人所用皆系雇

---

① 刘方霭：《请修补城垣勿用民力疏》，《皇清名臣奏议》，卷四五。
② 顺治《蕲水县志》，卷十八，《风俗志》。
③ 康熙《通州志》，卷七，《风俗志》。
④ 原北平故宫博物院文献馆编：《清代文字狱档》，第五辑，《吴英拦舆献策案》。
⑤ 包世臣：《安吴四种》，卷二六，《齐民四术》。

相似还是相异？

工。"①

18世纪时，农村雇工的来源、法律身份和社会地位不尽相同，雇工经营的性质也差别很大。大体上说，既包括在传统生产方式下劳作的，其地位介于奴婢和凡人的身份性"雇工人"，也有被吸纳于经营地主和佃富农这一具有过渡性生产方式下，其法律身份为"凡人"的自由雇工。应该说，某些佃富农和经营地主雇工经营，已经同传统的身份性雇佣关系有所差别，成为农村经营中一种新的因素，或者说已喻示了农业中资本主义生产关系的萌芽。

清代农村雇工中，绝大多数仍是短工。短工跟雇主形成短雇关系，是经营地主和佃富农雇工经营的一种重要形式。短雇关系就是在较短的时间内，雇工受雇于一定的雇主，形成一种没有主仆名分，较为自由的雇佣关系。农业生产的季节性，决定了对短工的需求远较长工为多。据李文治对雍正至嘉庆年间刑档抄件中雇工案件统计，在总计628件雇工案件中，涉及短工的案件共374件，占60%。②不过，这只是刑部案件的统计，实际上，短工的比例还要大于此数。这是因为，短工的发案几率要低于长工，特别是只做几天的忙工，更无可能发生重大刑案。

短工人身是自由的。明清两代的法典刑律对此都有明确的界定。最迟至万历十六年（1588年）的《新题例》规定："今后官民之家，凡倩工作之人，立有文券、议有年限者，以'雇工

---

① 《秋审条款附案》，转引自刘永成《论清代雇工劳动》，《历史研究》，1962年，第4期。

② 李文治等：《明清时代的农业资本主义萌芽问题》，第64页。

人'论；止是短雇月日，受值不多者，依凡人论。"①应该说，短工是传统社会农村中最早摆脱人身依附关系的群体。他们既不像佃农依附于土地，也不像雇工人和长工同雇主有长久的雇佣役使关系。从某种意义讲，他们是游离于隶属关系以外的人。《新题例》标志着传统法律第一次对短工自由身份的确认，但他们实际取得自由地位的时间大概还要更早些。乾隆二十四年（1759年）、三十二年（1767年）和五十一年（1786年），清政府又三次修订雇工人条例，但《新题例》中有关短工地位的规定，始终得到了法律上的承认。清代与明代不同的是，尽量缩小"雇工人"的适用范围，扩大"雇工人"享受"凡人"地位的比例。借此，普通庶民雇佣的农业长工脱离了"雇工人"等级，成为自由的雇佣劳动者。

农业雇佣关系的发展，特别是拥有人身自由的农业短工的大量增加，使清前期农村广泛出现了地方性雇佣劳动力市场。东到奉天，西到四川，南到广东，北到直隶，都可见到对劳动力交换市场的记载。当时各地劳动力市场名称不一，如称为"工夫市""佣市""人市""墟市"等。河南林县有集11处，"游手持荷农具，晨赴集头，受雇短工，名曰人市……主者得工，雇者得值，习焉称便，由来已久"②。康熙年间，山东贫民，"每当日出，贫者荷锄立于集场，有田者见之，即雇觅而去"③。安徽凤台县芸田时节，佣者"荷锄入市，地多者出钱往僦，计日算

---

① 张惟贤等纂修：《明神宗实录》，卷一九四。
② 乾隆《林县志》，卷五，《风土》，"集场记"。
③ 李渔辑：《资治新书》，卷八，周栎园：《劝施农器牌》。

相似还是相异？

工，谓之打短"①。其他省区，直隶有"上街卖工夫"②的记载，辽宁开原县也有"到工夫市上卖工夫"③的记载，广东新会有"出墟雇人"的记载，这些在市场上的应雇者绝大部分是短工。农业短工一般要自备农具等生产资料，否则就不易找到雇主，"其无锄者或原有锄而质当与人者，止袖手旁观，见无人觅雇，皆废然而返"④。

在劳动力市场和农业商品化的基础上，清前期农村出现了佃富农和经营地主雇工经营的现象。

佃富农经济是中国古代社会农业资本主义萌芽的一种重要形式。18世纪农村已经存在佃富农经济发展的某些有利条件。除自由雇工劳动力市场外，永佃权使佃权相对趋于稳定，不用担心地主夺佃增租，佃农可在自己承佃的土地上投入劳力和资金，以改善耕作条件和技术。同时，定额租制使地租成为一个不变量，生产扩大和发展的结果不易被地主全部吞没，有利于佃富农发展个体经济，从事商品生产。18世纪，特别是乾隆时期，无论南方还是北方，也不管是在经济作物还是粮食作物的生产上，更不分在货币租制下还是实物租制下，都先后出现了佃富农经济。在这些地区，农民特别是富裕农民租佃地主土地，通过雇工经营，不断提高产量，从而创造出地租以外的"余额"。这种"余额"是农业雇工创造的剩余价值，而不是传统农民的剩余劳动。它使佃富农经济区别于缙绅和绅衿地主的传统

---

① 李兆洛：《养一斋文集》，卷二。
② 刑科题本，乾隆二年九月二十六日刑部尚书徐本题。
③ 刑科题本，乾隆三十八年八月二十五日，管理刑部事务刘统勋题。
④ 李渔辑：《资治新书》，卷八，周栎园：《劝施农器牌》。

雇佣制，同时也是佃富农经济发展的源泉。

下面是佃富农雇工经营的一个例子。

浙江海盐县杨培升共种水田43亩，其中佃种黄伦章田9.8亩，每年租额9.8石。由于杨培升不惜工本，"开圳筑堰"，"重本肥壅、兼值雨水调匀，稻禾畅茂"，亩产可收米2.4—2.5石。按亩产2.5石计算，9.8亩田的秋收总量为24.5石，折银24.5两。按张履祥在《补农书》中的计算方式，春花约抵秋粮的1/2[①]，约折银12.25两，全年总收入计银36.75两。杨培升的全年支出，雇长工一人，全年伙食、工钱等需米11石，折银11两。肥料、农具折旧、种子等生产费用需银3两。地租米8、9石，折银8、9两。短工2人，工钱、伙食共需7钱。从总收入中扣除总支出费用，纯利润为银13.05两。[②] 如其所示，杨培升自有33.2亩水田，因为实行集约化经营，另租的9.8亩土地只得雇工经营。该例由于较多涉及生产经营收支的细节，因此可作为佃富农雇工经营收益评估的重要参考。由这9.8亩地年终收入看，收益率是很低的，如果杨培升没有自家的30余亩水田，恐怕租佃土地所得收入仅能满足工价和全家一年的口粮消费。据魏金玉研究，长工收入中，工钱部分占1/3—1/2，工食部分占2/3—1/2。如以工食占1/2计，那么一个长工每年口粮为5.5石。[③] 考虑到佃富农家庭的生活标准应高于长工，同时将男女老幼的口粮消费拉平，

---

① 据张履祥《补农书》记载："我乡春花之利居半""田极熟米每亩三石，春花一石有半"。

② 刑科题本，乾隆元年八月初一日稽曾筠题。

③ 魏金玉：《明清时代农业中等级性雇佣劳动向非等级性雇佣劳动的过渡》，载李文治等：《明清时代的农业资本主义萌芽问题》，第365—366页。

相似还是相异？

也以每年人均消耗口粮5.5石计，假定杨培升家的人口为4—5人，那么口粮年消费在22—27.5石。换句话说，一个佃富农租种10亩水田，在支付工钱外，仅可满足一个4—5口之家的基本口粮消费，地租和其他生活性开支还没有着落，扩大再生产的资金更无可能。经济作物的收益大都可超过种粮一倍以上（棉花除外），因而总的毛收入会成倍增长。然而，地租和工价也会相应上升。而且由于经济作物的集约化程度更高，雇工人数和工钱支出也会大幅度增加。因此种植经济作物的收益虽然高于粮食生产，但考虑到上述支出的加大，因而雇主的净收益肯定不会像毛收入那样成倍增长。

从承租面积到雇工人数衡量，杨培升都算不上佃富农中的佼佼者。乾隆时有的佃富农租地从一二百亩到五六百亩不等，雇佣长工从八九人到二十多人。在其他条件相同的情况下，承租更多的土地，大量使用雇工进行生产，就会获得更多的利润。

经营地主经济是和佃富农经济在同一历史条件下出现的另一种农业经营的新方式，指某些庶民地主或商人地主直接雇工从事商品生产，它同贵族缙绅地主使用"雇工人""奴仆"等进行生产不可混为一谈。

根据清代刑科档案，经营地主大致有两种情况。一种是无任何功名的庶民地主；另一种是有低级功名的监生和生员，他们中的不少人也是从庶民地主转化来的，其地位接近庶民地主。经营地主中很少见到举人、贡生等级以上的缙绅，这里不排除档案材料的某种局限性。不过，实际情况可能是，具有高级功名的缙绅地主较少从事雇工经营，因而同生产者产生纠纷并酿成命案的机会相应也较少。经营地主经济出现于雍乾

第二章 农村生产关系的比较

时期。在南北方，经济作物和粮食作物生产中都有相应的例证。不过，现在还缺乏经营地主雇工进行粮食商品生产的确切史例。如乾隆十二年（1747年），直隶新城县公主庄田的庄头钱瑾，"那时他家共有五六十人在地里割麦，都是每人散给一个牌子，到晚上收牌给工钱的"①。从"晚上收牌给工钱"看，这五六十人大约是短工。钱瑾能够雇这么多短工割麦，而且直接因工钱同雇工发生冲突并酿成命案，想来应该是经营地主。可惜有关钱瑾生产经营的细节，题本中语焉不详，我们便无从获知。

18世纪出现了工商业者兼农业经营的庶民地主。商业资本投向土地已不再局限于进行地租剥削，而开始进行具有资本主义萌芽性质的生产。庶民地主与商人地主进行经济作物生产的史例较多，但详情也不明细。从生产条件讲，经营地主由于是土地所有者，省去地租一项开支，但他要支付田赋和差徭，因而其生产成本也不会比佃富农有明显下降。总的看，农业雇工经营，并非总是有利可图的。正像钱泳所说："大凡种田者，必需亲自力作，方能有济，若雇工种田，不如不种，即主人明察，指使得宜，亦不可也。盖农之一事，算尽锱铢，每田一亩，丰收年岁，不过收米一二石不等；试思佣人工食用度，而加之以钱漕、差徭诸费，计每亩所值已去其大半，余者无几。或遇凶岁偏灾，则全功尽弃。然漕银岂可欠耶？差徭岂可免耶？总而计之，亏本折利，不数年间，家资荡尽，是种田者求富而反贫矣！"②钱泳

---

① 刑科题本，乾隆三十九年四月五日刑部尚书舒赫德题。
② 钱泳辑：《履园丛话》，卷七，《臆论》，"种田"。

相似还是相异？

的议论代表了经营地主忐忑不安的心声。事实上，佃富农和经营地主雇工经营，在正常年景下并非全然无利，只是利润低微，从而制约财富的积累和生产的扩大。另一制约因素是，由于此时农业生产更加集约化，一夫所耕面积呈下降之势，因而单产虽然不低，但粮食劳动生产率是下降的；而雇工的工价却有一个最低量，雇工愈多，在土地等生产资料不能增加的情况下，劳动生产率下降因素的影响则愈大。加之赋役剥削的沉重，丰年勉强度日，灾年就会倾家荡产。由此可见，经营地主经济的发展也是困难重重。

清朝初年，张履祥所录《沈氏农书》中对雇工经营的收益做过这样的分析：

> 长工每一名工银五两，吃米五石五斗，平价五两五钱，盘费一两，农具三钱，柴酒一两二钱，通计十三两。计管地四亩，包价值四两。种田八亩，除租额外，上好盈米八石，平价算银八两。此外，又有田壅、短工之费，以春花、稻草抵之。俗所谓条对条，全无赢息，落得许多起早宴眠，费心劳力，特以非此劳碌不成人家耳。[①]

沈氏是明末浙江归安的一个经营地主。我们可将这时同乾隆元年杨培升雇工收益作一比较。明末一个长工每年可管桑田四亩，种田八亩；而杨培升所雇长工管桑田五亩，种田五亩，这里集约化程度提高了，每夫所耕土地却下降约17%。长工工

---

① 张履祥：《补农书》，《杨园先生全集》，卷四九。

价，明末时通计为13两，而杨培升所雇长工只得11两，下降约15%。此外，这两个时期米价持平。清前期粮食单产比明代略有增加，但一夫的劳动生产率却下降了，因而雇工经营虽不致像明末那样"全无赢息"，但也只有微薄的盈余。由此可见，这种经营地主和佃富农经营的地产更像家庭农场，生产的目的主要还是满足经营者个人和家庭的消费，而非为社会和市场生产。这类农场由于主要生产使用价值，因而其农场规模、雇工人数、为市场生产的商品数量和剩余价值都极为有限，靠自身力量难以过渡到真正的资本主义的租地农场。而雇工生产经济作物的经营地主和佃富农，主要以商品生产为目的，档案和文献中有不少经营较大农场和大量雇工的记载，也有关于农场地租和雇工工价的零星材料，但其他更详细的生产经营细节，则凤毛麟角，语焉不详。但可以肯定，这些生产经济作物的农场，许多已脱离家庭农场的篱笆，过渡到以雇佣劳动和商品生产为基础的经营性农场。然而，在自给自足仍占统治地位的小农经济的汪洋大海中，这种经营性农场的产品，其国内市场究竟有多大？价格能否成为经营性农场进行简单再生产和扩大再生产的刺激杠杆？18世纪传统的政治、经济、阶级和社会结构，对这类经营性农场产生了怎样的影响？都是值得研究的问题。

雇工经营在英国很早就存在。在中世纪，领主和农民家庭的生产都不同程度地依赖雇工。对此，乔治·杜比评论说："临时雇工在农村经济中起了相当大的作用，特别是在13和14世纪前期。有人计算过，当时英格兰农民中至少有1/3为工资而劳动。在这种情况下，大量的货币正常地从最富有的地主流向

相似还是相异？

最贫苦的农民"。①这个阶层来自各类小土地持有者，如茅舍农（cattar）、边地农（bordar）、四分之一农（fardel）和自由持有农的下层。其共同的经济特征是持有土地很少，仅凭土地收益根本无法为生，必须靠向他人出卖自己的劳动力来养家糊口。不过，由于持有的土地少，相应承担的封建义务也就较轻，因而他们是农村中最早摆脱人身隶属关系的阶层。从11世纪，尤其是13世纪开始，工资劳动者作为一个阶层已经独立出现，并进而在农村中形成工资劳动市场；中世纪晚期，工资劳动者在人口中比例并未明显下降。

早在农业革命以前，资本主义生产关系已在英国农村迅速发展，其典型形式就是16世纪的雇工租地农场。这一时期，市场化的养羊业是雇工租地农场兴起的重要推动力量。然而，以共耕共牧为特点的敞田制，与个体性和规模化经营的租地农场是格格不入的。中世纪晚期领主自营地肢解与出租，修道院院地产的拍卖，以及都铎王朝的早期圈地运动，使租地农场主获得大片租地。陶内曾对16世纪英国的农场做过研究。②这一时期，租地农场在乡村中已占有一定的比例。在他对16个庄园的地产经营方式的统计中，8个庄园的约有2/3以上的土地辟为农场，余下有7个庄园的1/3以上的土地被辟为农场，16个庄园中农场平均占地58%。此外，农场规模也是陶内注意的问题。他对16世纪52个庄园中67个农场的经营规模做过统计。其中37个农场面积超过200英亩（相当于1 240市亩），占53%，另有15%以上

---

① 奇波拉主编：《欧洲经济史》，第1卷，第148页。晚近以来的研究认为，中世纪中晚期工资劳动者占总人口约一半。

② P. H. Tawney, *The Agrarian Problem in the Sixteenth Century*, pp. 259, 212.

的农场达到500—900英亩（相当于3 100—5 600市亩）。

有的学者据此认为，16世纪以后，英国农村迅速进入雇工租地农场阶段，农村中的小农家庭生产方式从此寿终正寝，被资本主义大农业体制取而代之了。其实，这是一种不小的误解。毫无疑问，从发展趋势讲，靠雇工经营的资本主义大租地农场这种大农业体制，取代小农经营的个体家庭农场制度，是英国农业变革的方向。但直至18世纪中叶，这种变革才真正大规模开始，其完成时间大约在19世纪下半叶。即使到那时，小农场的数目仍占绝对优势，但后者在耕地总面积中所占比重却大大下降了。克拉潘曾对19世纪中叶英国农场规模做过统计，可帮助我们认识这场转变。1851年，英格兰、威尔士共有农场主和牧场主24.93万人，所经营的土地为2 470万英亩（占全国土地的2/3）。撇开五英亩以下农场不计，其分布结果如表2-6。

表2-6 19世纪中叶英国各类农场比例

规模	农场数	占农场总数的百分比*	各类亩数	占调查总亩数的百分比
5—49英亩	90 100	42	2 122 800	8.6
50—99英亩	44 600	21	3 206 500	13.0
100—299英亩	64 200	30	11 015 800	44.6
300—499英亩	11 600	5.4	4 360 900	17.6
500—999英亩	4 300	2	2 841 000	11.5
1 000英亩以上	711	0.3	1 112 300	4.5

资料来源：克拉潘：《现代英国经济史》，中卷，第339页。*为作者推算数字。

前已指出，50英亩以下的农场只靠家庭劳动力就可经营，

相似还是相异？

属于家庭农场。从统计数字可以看出，直到1851年，这类农场在五英亩以上的农场中仍占42%，这是一个很大的比例，相信18世纪这类农场的比例会更高。如果说，19世纪中叶，雇工经营的农场已占58%；那么18世纪此类农场恐怕不会达到一半。对此，克拉潘总结说："朝向大农场发展的这个运动，和仅足餬口的农场背道而驰的这个运动的完成过程，一定也是同样缓慢的。"① 租地农场的规模以中小型为主。普通农场主承租土地的能力一般在500英亩以下。通常，农场面积一般在100—300英亩。据1810年白金汉郡农场的调查统计，100—300英亩的农场有872个，300英亩以上的有229个。地方档案揭示，白金汉郡农场平均面积为179英亩。② 芒图也认为，1 000英亩的土地，"能变为6个或8个好农场"，这样农场面积为166—125英亩。他认为，"除农场主本人及家属外"，还"要雇佣30个左右雇工"③。如此，每个农场可雇5—3.75人，如果加上农场主及其家庭劳动力（折合两个整劳力），每人需耕种23.7—21.8英亩土地，约合143.9—132.4市亩。

尽管如此，从农业劳动力构成来说，18世纪英国雇工的重要性，显然大于同期的中国。第一章已对英国农村各阶层作过论述，但总体上还缺乏比较。据金估计，17世纪末，英格兰和威尔士共有自由持有农和农场主33万户（其中18万户为自由持有农，15万户为农场主）。工资劳动者和室外雇工36.4万户，他们中包括工匠和手工业者在内。茅舍农和贫民40万户，后两个

---

① 克拉潘：《现代英国经济史》，上卷，第557页。
② 同上书，第556页。
③ 芒图：《18世纪产业革命》，第139页。

阶层实际上都属于无产者。当然，上述无产者家庭也包括伦敦等城市的雇工在内。倘若将他们按1/4的比例扣除，那么农村雇工家庭与农业家庭的比例为2∶1；或者说，平均而言，两户雇工为一户农业家庭提供劳务。1831年人口普查显示，不列颠共有农户96.1万户，其中13.05万户属于不使用雇工的自由持有农或家庭农场主，14.46万户雇工进行生产，68.6万户属雇工无产者，平均4.7户受雇于一个农民家庭。此时，雇工家庭与农业家庭的比例约为2.5∶1。在英格兰和威尔士，前面计算的比例关系肯定还要高些，克拉潘认为2.75∶1和5.5∶1更接近真实。他认为，1831年人口普查若以个人而不是以家庭为统计单位，那么英格兰和威尔士农业工人和农业经营者的比例为2.9∶1，依靠雇工劳动的家庭为5∶1。二十年后，情况几乎没有变化，绝大多数人口仍依靠出卖劳动力为生。1851年官方人口普查所得出的英格兰和威尔士农业劳动力构成数字，可为我们了解18世纪英国雇工数量提供某种参考（表2-7）。

表2-7　1851年英格兰和威尔士农业劳动力构成情况

男性	数量	占男性百分比	占劳动力总数百分比
农场主、牧场主	226 515	15.6	12.0
与农场主、牧场主共同生活的儿子、孙子、兄弟、侄子	111 704	7.7	5.9
农业雇工（室外）、羊倌	921 195	63.6	48.9
农场仆役（室内）	189 116	13.1	10.0
小计	1 448 530	100.0	76.8

相似还是相异?

续表

女性	数量	占女性百分比	占劳动力总数百分比
农场主,牧场主	22 916	5.3	1.2
农场主、牧场主的妻子	164 618	37.7	8.7
农场主、牧场主的女儿、孙女、姐妹、侄女	105 147	24.1	5.6
农场雇工(室外)	44 319	10.2	2.4
农场仆役(室内)	99 156	22.7	5.3
小计	436 156	100.0	23.2
总计	1 884 686		

资料来源:G. E. Mingay ed., *The Agrarian History of England and Wales*, Vol. VI, p. 670, Table 7.2.

雇工人数与雇佣劳动力的农业家庭的比例,在一定意义上标志着雇佣制度的发展程度,小农的分化状况,以及雇工的供求关系等。此外,雇工的工资也对雇佣双方极为重要。雇工的工资应该与粮食劳动生产率具有一定的比例关系,它作为生产性成本不能在农业劳动生产率中所占比例过大。否则,就会如中国18世纪的农村那样,出现雇工经营是否划算的争论。在一定农业劳动生产率基础上,作为生产成本的雇工工资,不仅决定了雇工本人及其家庭的生计,同时制约了雇主在多大程度和规模上依靠雇工劳动,也左右着雇工劳动在农业中的普及程度。雇工工资因地区、季节、工作内容、性别的不同,差异颇大。阿瑟·扬曾对1768—1771年英国30余个郡的不同地区的雇工工资做过统计,从每周约1先令到15先令不等。① 比如在林肯郡的斯波尔丁,1768—1785年,雇工劳动市场显示,男性工资每年为6镑5先令,女性为2镑15先令,并提供膳食。同在该郡,1768—1771年,割草季节雇工周工资为7先令,免费食宿。在约克郡东赖丁的霍尔德内斯,雇工除获得食宿外,每周还可得10先令。1794年,德文郡雇工夏季的周工资为6先令,外加6夸特的苹果酒。在诺福克郡,雇工夏季的工资为每周9先令,约克郡北赖丁的一个雇工则为8—12先令。② 17—19世纪统计学家对雇工阶层收入状况的估计,也可为我们认识这个阶层经济和社会地位提供大致不差的参照。17世纪末,金估计雇工年均家庭收入为15镑,支出为16镑2先令。18世纪中叶,马西估计为12.5镑。19世纪初科尔奎豪恩认为达到55镑③。马西的估计似乎偏低,因为与17世纪末相比,18世纪中叶的物价、工资和生活标准都有上扬,雇工工资反不如前,有悖于常理。当然,后一时期在劳务市场上雇工的供给明显增加,但使用雇工劳动的家庭的数量同样也在扩大,因而似乎不存在因雇工供大于求而导致的工资下降问题。

---

① G. E. Mingay ed., *The Agrarian History of England and Wales,* Vol. VI 1750−1850, pp. 10, 75−79, Table 4.

② Ibid., p. 865.

③ P. Mathias, *The First Industrial Nation: An Economic History of Britain, 1700−1914*, p. 24, Table II; R. Porter, *English Society in the Eighteenth Century*, pp.386−387, Table 5.

相似还是相异?

第三节　剥削关系

一　地租形态

地租是土地所有者依靠对土地所有权的垄断而获得的收入。它在不同的社会经济形态下体现不同的生产关系；即使在相同的社会形态下，其形态的变化，也能反映出生产关系量变的过程。清代是中国古代社会的后期。这一时期，作为剥削主要形式的地租形态发生了重要变化，而18世纪正是这种变化过程中的一个阶段。这时农业商品化有较快发展，地租形态的变化并没有像西方中古后期易北河以东的国家那样，随着农业商品化的推进强化劳役租和农奴制；相反，它的形态日益进步，发展趋势如同英国中世晚期以来那样，加速了主佃间依附关系的松解，经济关系逐渐代替超经济强制，从而构成18世纪中国农村生产关系一系列量变的组成部分。

18世纪地租形态的变化，主要包括劳役地租或变相劳役地租向实物租制过渡几近完成，分成租制向定额租制的转化，实物地租正在向货币地租的过渡，详见表2-8。

表2-8是根据乾隆年间各省区现存的刑科题本（土地债务类）的部分命案资料统计而成的。从中我们不难看出以下特点：

表2-8 乾隆朝刑科题本（土地债务类）地租形态分布情况统计表

省区	总计件数	劳役租	实物地租 分租	实物地租 额租	实物地租 小计	货币地租 分租	货币地租 额租	货币地租 小计
江苏	44	1	5	24	29	1	13	14
浙江	77	2	4	55	59	2	14	16
安徽	37	1	12	14	26	1	9	10
福建	131		11	96	107	2	22	24
广东	144		6	116	122	3	19	22
广西	26		3	18	21		5	5
江西	77		2	59	61	1	15	16
湖南	48		4	32	36	1	11	12
湖北	49		3	24	27		22	22
四川	62		3	32	35		27	27
云南	9		3	6	9			
贵州	14	1	2	6	8		5	5
陕西	17		5	6	11		6	6
山西	48	1	7	16	23		24	24
甘肃	6		2	2	4		2	2
河南	20	1	10	2	12		7	7
直隶	47		7	13	20		27	27
山东	19		7	6	13		6	6
盛京、吉林	13		1	4	5		8	8
总计	888	7	97	531	628	11	242	253

资料来源：刘永成：《清代前期的农业租佃关系》，《清史论丛》，第2辑，第87页。

第一，劳役地租向实物地租和货币地租的过渡大体已接近完成。上表所统计的888件命案中，涉及劳役地租的只有7件，仅占0.79%，不足1%。因而从全国范围讲，应该说从劳役租制向实物地租和货币地租的过渡，在18世纪中后期已经完成。当然，这么说也并不排除在某些地区某种情况下，个别劳役地租和变相劳役租的存在；但这些不过是其残存而已，且它们本身也不是固定不变的，而是随着传统租佃关系的松解，处于向实物租制和货币租制的转化的过程中。

第二，实物地租仍占绝对优势地位。在所统计的888件命案中，涉及实物成租的97件，实物额租的531件，总计实物地租628件，占总数的70.7%，即2/3以上。仅从对实物地租比例的分析统计看，超过一半的省区依次为云南（100%）、广东（84.7%）、福建（81.7%）、江西（79.2%）、浙江（76.6%）、湖南（75%）、安徽（70.2%）、山东（68.4%）、甘肃（66.7%）、江苏（65.9%）、陕西（64.7%）、河南（60%）、贵州（57.1%）、四川（56.5%）、湖北（55.1%）；不到一半的有山西（47.9%）、直隶（42.6%）、盛京、吉林（38.5%）。从统计数据可看出，生产力水平较高，商品经济较发达的江南和珠江三角洲地区，实物地租制所占比例普遍比较高；而广大北方省区的实物租比例，反倒无一超过70%，几个实物租比例不足50%的省区也都在北方。实物地租制与生产力发展水平在一定范围内的这种悖论现象，或者说生产关系与生产力之间的非平衡发展，在欧洲封建社会也不乏其例，因而那种将货币租现象简单化地视作资本主义萌芽的认识，是极容易造成偏差的。

第三，货币地租在当时虽已广泛存在，并在地租形态中已占一定地位，但从所统计的888件命案材料看，折租（即将实物按市场价折合成货币交纳的地租）和货币租合计为253件，占28.5%。[1]李文治对顺治十四年（1657年）至嘉庆二十五年（1820年）的527件租佃案刑档资料中的货币租和实物租的比例做过统计，结果是：货币租160件，占30.36%；实物租367件，占69.6%。表面看来，货币租的比例略有升高，但考虑到该项统计中未涉及劳役地租，因此，尽管后者的统计时间跨度在一个半世纪以上，资料来源也不相同，但得出的比例数却与乾隆时期基本持平。应该说，这基本上反映了清前期实物租和货币租的大致比例关系。

与明代相比，清前期地租形态的进步是显而易见的。明中叶后，伴随经济作物的发展，货币地租在一般民田中已经发现。据近人研究，明代货币地租还只在江南某些商品性生产中初见。[2]至清前期，货币地租已在全国广泛存在，南自广东，北到吉林，东到山东，西到甘肃，在这样辽阔的地区，到处都有货币地租的记录。由于资料所限，我们还无法对明代货币租在地租形态中所占的比例进行大致估计，但仅从货币地租在当时还只限于个别地区来看，比例应是较低的。虽然清前期货币租的比例还不算高，但与明代相比，肯定有长足的进步。此外，清代额租在实物地租中比例的增加，也同样反映了地租形态的进步。明代额租在实物租制中的比例，限于文献资料，也无法做出确切估计。据李文治研究，"就全国而言，分成租制约占50%—60%，定额租制约占40%—50%"[3]。应该说，由于统

---

[1] 李文治：《明清时代封建土地关系的松解》，第216—217页。
[2] 许涤新、吴承明主编：《中国资本主义的萌芽》，第66页。
[3] 李文治：《明清时代封建土地关系的松解》，第188页。

相似还是相异?

计资料的匮乏,这种估计难免带有很大的推测性。清代就不同了。按照刘永成对乾隆朝刑科题本(土地债务类)888件命案的统计,实物地租628件,额租为531件,占84.6%。另据李文治对嘉庆朝刑档的统计,在所辑的321件租佃案中,实物地租共226件,其中额租为174件,占77%。[①]可见,清前期,就全国而言,定额租制占到实物租的70%—80%以上,已居统治地位。

20世纪的历史学应对此前,特别是对18世纪中国的历史发展趋向,做出更接近客观真实的解释。停滞或不变并不是古代晚期中国历史所固有的特点,如早期现代以来,西方各种不同身份但都对中国感兴趣的人所评论的那样。英国封建农奴制的解体,大体开始于14世纪中叶,主要标志是黑死病所造成的人口锐减,使劳动力供求关系出现了不利于庄园农奴制的变化。此后领主自营地的解体与出租,封建依附关系的松解,农奴的解放势如破竹,不可阻挡。中国18世纪农村的情形却不尽然。此间中国传统租佃关系的松解,地租形态的变化,佃户土地使用权的强固,都是在巨大的人口压力下进行的。应该说,过剩的劳动力供给在客观上不利于上述生产关系的调整。在某种意义上讲,中英两国农村封建生产关系的变迁,起源于截然相反的社会历史环境。与英国相比,中国的土地资源、粮食的劳动生产率,都成为18世纪社会变迁的物质极限,但它并未因此停滞不前,这难道不足以说明这个社会仍然蕴含着激发内变迁的丰富能量吗?

---

① 李文治:《明清时代封建土地关系的松解》,第223—224页。

二 地租剥削量

地租形态的多样性，决定了地租剥削量的复杂性。而且，前述多种地租形态还只是所谓"正租"，此外还有各种各样的"附加租"。而且无论"正租"还是"附加租"，每种都无整齐划一的标准，这就给我们考察地租剥削量带来困难。

至今为止，学者们对清前期地租剥削量的变化趋势似乎并无一致观点，宏观与微观的研究也难以得出完全一致的结论。李文治认为，清前期因农业生产力发展，地权集中，农民竞佃，造成地主增租，因此，明清时代中国封建地租的变化，一方面是地租形态的变化；另一方面是地租剥削量的增加。[①] 不同甚至相反的观点也有所见。例如认为虽然18世纪存在某些致使地主加租的因素，除农业生产力发展和地权集中外，尚有人口压力造成的地狭人稠，人均占有耕地下降，土地稀缺，导致地租上扬；但这时也有一些因素对地主加租起到限制或缓解作用，如雇工的增加，减轻了对土地的压力，缓解了因农民竞佃造成地主增租的矛盾；清前朝复种面积的增加，使佃农收入提高50%，这部分收入不在收租范围中，地租额相对下降。另外经济作物的种植也会使实际地租有所下降。定额租比例的扩大，使农民有可能将新增产的部分归己所有；佃农抗租斗争的蓬勃展开，也会对地主的恣意盘剥起到抑制作用。因此，对18世纪地租剥削的数量还应区别不同地区和不同情况具体分析，恐怕不能武断地得出地租剥削普遍增加的结论。笔者也认为，在18世纪，就全国范围而言，恐怕不能笼统地说地租剥削量普遍增加了。

---

① 李文治：《明清时代的地租》，《历史研究》，1986年，第1期。

相似还是相异？

18世纪，实物成租只占20%—30%，这是全国平均而言。从分布上说，北方实物成租的比例高于南方。在分租制中，主佃"对半分"是主要形式，地租率为50%。黄冕堂对中国第一历史档案馆所藏乾隆元年（1736年）至道光二十年（1840年）的刑科题本中的195件分租材料，进行了系统整理后得出的结论是，明确规定为主佃对半分的案件有155件，占79.5%；分租以外的案件仅40件，占20.5%。①除对分外，还有主六佃四、主七佃三、主八佃二、主六成六佃三成三；或主四佃六、主三佃七、主二佃八、主三成三佃六成六等不一而足。决定主佃分租比例的因素，除土地外，当属生产资料具备与否，以及具备的程度。从佃农的角度说，如果佃农的经济条件好，自己拥有耕犁、牛具、籽种等生产资料，那么在分配收获量时，交给地主的地租就少一点，自己留的份额就多一点；否则就会出现主多佃少的倒二八、倒三七、倒四六的情况。如河南商丘佃农苏文礼，几乎一无所有，佃种宋胜的田地，"就在他庄房里住……牛具、籽种都是宋胜的"。在分租时，佃农只得三分，地主分得七分。②相反，湖北德安府（今安陆市）属的随州（今随县），朱又堂佃种刘正坤的田地，因为"牛工种子俱是"朱又堂承担，所以讲定收了麦子佃六主四。③同时，在分成租制下，春花一般归佃户，但个别地区地主也参与分成。

就全国范围看，定额租在18世纪已取得绝对优势。最低的是河南，占50%；最高的是广西，占97.4%。由于额租制广为

---

① 黄冕堂：《清史治要》，第160页。
② 刑科题本，乾隆二十三年五月二十一日，刑部尚书鄂弥达题。
③ 刑科题本，乾隆八年五月二十七日，刑部尚书来保题。

流行，各地在实行过程中，依据各自的传统、习惯，都或多或少地加以变化，因而形式多种多样。顾名思义，额租制要有固定的租额。其最典型的形式，就是所谓的"铁板租"或"万年租"，即业主与佃户议定租额之后，不管年成好坏，一概照约征租，"丰年不加，灾年不减"。不过，完全的"实租"或"铁板租"是很少的。租额并非一成不变，而是因时因地有所不同。清人陶煦对此曾有说明："吴农佃人之田者……三春虽种菽麦，要其所得，不过如佣耕之自食其力而无余，一岁仅恃秋禾一熟耳。秋禾亩不过三石，少者只一石有余，而私租竟有一石五斗之额。然此犹虚额也，例以八折算之，小欠则再减。"①可见，租额不过是包含一定的虚额在内的最高地租限额，丰年以八折交缴，灾年依受灾情况递减。乾隆《儒林六都志·土田》说："租额既定，丰年所还必足其额，其次则视年之高下，人之劳逸而酌减之，谓之'饶头'。"乾隆末年，浙江萧山士大夫汪辉祖在家训中写道："即佃人之田，依额偿租，亦可于人无求，偶逢欠岁，自有乡例可循。"②除此之外，额租制还有许多变体形式，如照原额折成交租，按收成的分数交租，实年由额租改均分制成租以及歉收可以减租等。尽管这些变体形式同典型额租有所区别，但都是在一个固定租额的前提下，予以削减变动，因而并没有改变额租制的本质。

由于额租广为流行，因而额租数量的高低，在很大程度上影响对地租剥削量轻重的估计。一般来说，广大北方地区额租

---

① 陶煦：《周庄镇志》附《重租论》。
② 汪辉祖：《双节堂庸训》，卷五，《蕃后》，"力田勿欠人租息"。

相似还是相异?

每亩一般以升、斗计,达到每亩一石额租的实属凤毛麟角。江南和珠江三角洲地区,额租一般在一石以上;南方其他地区一般情况在一石左右。租额的制定,是受生产力水平、土地丰度、土地价格、产量、人口密度以及阶级力量对比等多种因素制约的,但传统与习惯,也同样制约着租额的数量。"其租额之多寡,系各视其田之肥瘠及彼处斛、秤之大小斟酌而定,亦属历来相沿之旧额。虽更换业主,佃户总照旧额,立约输纳,其额亦人所共知。故田价虽昔贱今贵,而租额不能增加;昔贵今贱,而租额不能减少,此征租原有定额,从无租随价增之事。盖价可因时贵贱,而田中所出之米谷,止有此数,安能随价而增?且江南民例,凡十分收成之年,则照额完租,九分收成者,只完九分八分之租,其余以次递减。"[①]可见习惯即旧额对租额起着重要的制约作用,"旧额"一旦形成,就会成为人们头脑中根深蒂固的观念,甚至成为某种"乡例"。它不因"更换业主"而变化,佃户总照"旧额""立约输纳"。业主单方面提高租额,佃户也会"断不肯依"[②],用传统、习惯所认可的"旧额",去据理力争,甚至引起佃农抗租斗争。但田主能否总是认可"旧额",永不加租,恐怕有时就不只是习惯和传统能够完全左右的,还要看那时当地阶级力量的对比。如果佃户能够团结一致,同业主斗争,"旧额"就会继续起作用,剥削量就会相对成为一个"常数"(不变量),甚至会随着生产(可变量)的发展而"变小";相反,即使存在一个有利于佃方的"旧额",如果在业主

---

① 中国第一历史档案馆藏:朱批奏折,乾隆四年八月六日,两江总督那苏图。
② 刑科题本,乾隆四十六年九月二十八日,安徽巡抚农起题。

加租时，佃户不起而抗争，那么，这个"旧额"就会被"新额"取而代之，待这个新额不能令田主满意后，他会又制订另一个"新额"，如此下去，就形成了不利于佃农一方的产品分配结构。地租在原则上只能包括租户的部分剩余劳动，在租户另一部分剩余劳动和必要劳动之间，还有一个可以浮动的范围，地租能否占有这部分劳动或者在多大程度上占有它，却是由传统和阶级力量对比决定的。当传统和阶级力量对比有利于业主一方时，地主不但包括这部分劳动，而且会最大限度地攫取它；相反，当传统和阶级力量对比对佃户有利时，他们就会使"旧额"成为"不变量"，并通过辛勤劳动，使收获即可变量不断增加。为什么18世纪的中国农村出现了一些佃富农，自耕农中也不乏"力农致富"者，道理即在于此。

关于货币地租每亩的租额，李文治收集了乾、嘉时全国15省区刑档租佃案件中的相关数据，据此列表如下：

表2-9 乾、嘉时货币地租额分布情况统计

省区	件数	不足500文	500—1 000文	1 000—3 000文	3 000文以上	备注
直隶	24	9件，37.5%	11件，45.8%	4件，16.7%		
山西河南山东	9	5件，55.5%	3件，33%	1件11.1%		一块租地面积不详，省去未计
陕西甘肃	5	4件，80%	1件，20%			一例以石计，未用。
东北	5	4件，80%	1件，20%			按每垧15亩计

相似还是相异？

续表

省区	件数	不足500文	500—1 000文	1 000—3 000文	3 000文以上	备注
江苏	14	4件，28.6%	8件，57.1%	2件，14.3%		
浙江	14	1件，7.1%	5件，35.7%	3件，21.4%	5件，35.7%	
江西安徽湖北	5	3件，60%	1件，20%		1件，20%	一件未予统计
福建广东广西	4		1件，25%	3件，75%		一件以银元计算租额，未用。

资料来源：李文治：《明清时代封建土地关系的松解》，第314—318页，表33-43。

据此，在所统计的乾嘉两朝80件租额资料中，东北和黄河流域各省43件，其中每亩租钱在1 000文以下者38件，占该区件数的88.4%，而且其中在500文以下的有23件，占该区件数的53.3%；在1 000文以上的只有5件。长江流域以南37件，其中每亩不满1 000文者8件，占该区件数的21.6%。每亩在1 000文以上者29件，占78.4%，而其中在2 000文以上的有7件，占18.9%。

诚然，除上述"正租"外，有些地方还实行押租和预租等"附加租"，这些一般也以货币交纳。此外还有各种勒索，如轿钱、折饭、出村礼、断气钱等不一而足。这些附加租和勒索带有很强的地方性，非全国各省都有。另索要钱物的数量也千差万别，难以测算，笔者认为，据此判定清前期地租剥削量普遍加重了，恐仍嫌武断。

17世纪末至18世纪，英国的地租至少可以分为两种类型，即传统地租和资本主义地租。

传统地租主要是由公簿持有农向土地所有者支付的土地年金，它的别称之一是"保留地租"。这种地租在以前大概体现了土地的全部价值，但此时却代表土地价值的很少部分。由于地租受习惯法的制约，领主无权擅自增租，因此，这类地租已同土地的价值相脱节。当然，保留地租并非土地所有者得自土地的全部收入。土地所有权的超经济强制，此时虽然在法权意义上不复存在，但无形之中仍发生着作用。像中世纪维兰作为人身依附标志需要缴纳的进入税（即对继承土地征收的一笔款项）、死手捐（即对去世的土地持有者家庭征收的动产税），还都程度不同地在这类土地保有权中存在着。此外，公簿持有农还保留着各种形式的实物地租，例如在圣诞节时给地主送一二只阉鸡，甚至还有零星的劳役需要这些佃户承担。不过，上述征纳既为习惯法所认可，也有大致固定的数量限制，不会给农民带来太大的负担，在一定程度上可以使地主弥补地租的不足。需要指出的是，英国由劳役地租、实物地租向货币地租的"折算"过程，始于13世纪以前。但因各地经济发展和生产关系转变的不平衡性，直至17世纪末和18世纪，货币地租仍非唯一的地租形态，即使由租地农场主交纳的资本主义地租也难例外，由此可见地租形态转换的长期性和艰巨性。

租地农场地租已不同于保留地租。土地所有者获得的地租，既来源于他对土地所有权的垄断，来源于土壤丰度及地理位置所决定的产品销售状况，这些同传统地租无大区别。所不同的是，决定地租额高低的因素既有自然的，也包含后来人为的因

相似还是相异?

素，如对圈围土地的改良与固定资产的投资等。18世纪时，土地所有者即地产主有别于普通地主的特点之一，就是他不是一个与生产过程无涉的食租者，他参与了旨在增加土地产出的许多工作。关于这一点，西方学者做过扎实的研究。仅从土地所有者每年投入农场的资本量来说，在诺福克郡的霍尔哈姆，地产主用于土地改良的资本支出占毛租的11%—21%。其他地区相对较低。如1732年，贝德福德公爵用作农场的固定资产维修和土地改良的费用，占他地租毛收入的8%；与此同时，金斯顿公爵在他诺丁汉郡地产的支出仅为1%—5%。地产主对农场的资本投入，是增加地租和吸收佃户的有效方法。①事实上，地产主的投入可以得到丰厚的回报。据农业作家纳撒内尔·肯特在1775年估算，农业改良的收益通常是3%投资的4倍。G. E. 明格和J. D. 钱伯斯也认为，1760—1813年，在圈地中地主用于地产改良的资本的毛收益率高达15%—20%。②有的学者甚至指出，即使在农产品价格下降的年份，地产主对土地改良的投资也会使地租增加50%—60%，比如说从每英亩5先令上升到8先令，与其他非生产性投资如政府债券相比，地产主从土地投入中可以获得更大效益。③

为了更清楚地说明问题，我们假定有个100英亩土地的农场，它的土地用于种植小麦。倘若17世纪中叶小麦每夸特40先

---

① G. E. Mingay, *English Landed Society in the Eighteenth Century*, p. 178.

② J. D. Chambers &G. E. Mingay, *The Agricultural Revolution, 1750–1880*, p. 84.

③ J. Thirsk ed., *The Agrarian History of England and Wales*, Vol. V., 1640-1750, Part II, pp.81–82.

令，亩产2夸特小麦（即16蒲式耳），那么农场的产值为400镑。其中农场的生产成本（不包括地租）和农场主的利润约合350镑，剩下50镑（或每英亩10先令）属于地产主的租金。如果18世纪30年代和40年代，小麦价格为每夸特32先令，由于地产主和农场主对土地的资本和技术投入力度加大，小麦亩产可达3夸特，全部土地的毛收入增至480镑。此时，生产成本和农场主利润合计375镑，剩下的105镑支付地租。由此不难看出，从土地的增益中，与农场主相比，地产主可以取得更丰厚的回报。如前述的农场增益只有20%，可地产主收入却翻了一番多。

需要指出的是，第一，早期现代以来至18世纪中叶，地租"折算"并未像以往想象的那么彻底。从已经见到的较大土地所有者的租簿看，实物地租比例仍很大，甚至有些规定强迫佃户必须交纳三分之一的产品地租。第二，从18世纪至19世纪，租地农场的地租确有较大上涨，当然这一起点并非始于18世纪。地租上涨源于多种因素，如圈地、战争和技术与资金投入等。在非圈围地区，地租上涨幅度较小，如在诺丁汉郡，金斯顿公爵的佃户地租上涨48%，蒙森爵士的地租上升44.5%，还有的地方1760—1793年地租仅上涨28%。相反，受圈地和战争影响较严重的地方，地租多有大幅增加。如位于英格兰北部的比肖普伯顿附近，圈地前敞田地租每英亩仅为18—20先令，圈地后升至30先令左右。[①]另据农业委员会估计，在1790—1813年，肯特郡地租增长84%，而当代研究则认为该估计过低，应调整到90%—100%。在1750—1780年和1780—1820年，柴郡的地租增

[①] 芒图：《18世纪产业革命》，第431页。

相似还是相异？

长两倍。在斯塔福德郡，1796—1804年，平均地租从每英亩20先令长到25先令。在沃里克郡，1794—1813年，地租从18先令升至29先令。总的来看，增加幅度在50%—175%，个别奇低奇高的农场分别为20%—30%和300%。第三，尽管地租上涨具有普遍性，但因地租额的起点不同，上涨幅度互有差距，因而各地租额数量出入颇大。如阿瑟·扬所在的17世纪中叶，南威尔特郡地租每英亩仅有5先令，而兰开夏郡部分地区则为22先令6便士。农业委员会的报告表明，萨福克郡每英亩的地租是10先令6便士，亨廷顿郡12先令，坎伯兰郡、埃塞克斯郡、肯特郡、诺福克郡均为15先令左右；地租额较高的柴郡、莱斯特郡、沃里克郡和白金汉郡都接近30先令。在萨默塞特东南部，优良牧场每英亩地租为30—40先令，果园40—70先令，耕地20—25先令。①

  前现代农村向现代农村的转变，就阶级结构而言，需要地主的资产阶级化和小农分化相辅相成。在英国，贵族和乡绅的资产阶级化在先，小农分化居后；大土地所有者不遗余力地为商品化、企业化的规模租地农场创造适宜的环境，其在农村乃至整个社会变迁中的作用值得重视。究竟是什么力量推动了英国农村的现代化？纵而观之，英国农村的现代化进程具有明显的市场化导向。传统结构的变化无不发轫于市场化，而同市场关系最密切的是贵族、乡绅和上层约曼。因而，英国农村的现代化明显受到市场化和贵族力量的推动，其农村生产关系的变

---

① G. E. Mingay ed., *The Agrarian History of England and Wales*, Vol. VI, 1750-1850, pp. 620-624.

迁不过是这一历史进程的组成部分。农业生产方式变迁的典型结果，是有土地但不经营的资本主义大土地所有制和没有土地要靠承租地产主土地并用资本主义方法进行经营的租地农场这两种制度的奇妙组合。而同期的中国，身份性地主与市场的联系弱于英国，他们的利益仍游离于商品生产之外，因而其阶级属性就必然有别于英国地产主，他们推动传统生产关系变化的内在冲动也相应较英国地产主为弱。

第三章　农村商品经济的比较

近人的研究表明，传统经济不是完全意义上的自给自足经济，不论英国中世纪的庄园，还是古代中国地主制经济结构，都不能杜绝交换行为；相反，这种商品交换成为自然经济的必要补充。18世纪左右，中英两国商品交换的范围和数量都扩大了，但所致结果并不相同。不少学者指出，商品经济与社会进步并非总能同步。在中世纪，商品货币经济的发展不一定都导致农奴制的解体，有时市场的力量甚至可能与农奴制的强化相一致。波斯坦、道布和布伦纳以大量的实证性研究证明了这一点。如果说，上述研究表明市场力量同生产关系没有必然的线性联系，那么，黄宗智的研究则证实，商品化也未必都是建立在劳动生产率提高的基础上。过密化同样可以诱发商品化，只不过这种商品化是一种"没有发展的商品化"，或叫"过密型商品化"。那么，商品化为什么会产生不同甚至完全相反的历史结果呢？表面看，商品经济的发展应从流通领域求得解释，或者说只研究商品交换的内容与形式。但是，这样做往往不能说明：何以大致相同的商品交换的内容与形式，对社会历史进程产生不同的结果。事实上，商品经济并非自行、独立发展的，它除了受生产本身的目的、发展水平的影响外,还要受到社会环境、经济结构等因素的制约。换言之,有什么样的社会环境和经济结构,就会有相应的商品经济的发展状况。本章主要从18世纪中英农村商品经济发展所面临的宏观环境因素和市场结构等角度进行比较,以期说明中英商品经济对现代化的不同作用。

第一节　制约发展的因素

一　社会生态环境

1966年,巴林顿·摩尔出版《民主和专制的社会起源》,从此声誉鹊起,这本书风靡了欧美学术界。摩尔从社会结构角度探究民主与专制的成因,确实匠心独运,视角新颖。其实,与政治制度一样,商品经济这样的经济制度体系,也同社会生态环境等因素有着内在的联系。具体说,一个国家在一定时期具有适宜、有利的社会生态环境,那么其商品经济就会获得较快、正常的发展;反之,发展速度就会放慢,甚至走上对社会进步并非有益的道路。这里确实存在着多种因素的交互作用。以前,我们确实将复杂的历史变迁简单化了,对影响、制约商品经济发展的相关因素注意不够。摩尔认为,英国是资产阶级民主革命的代表,其资产阶级革命经历了从暴力革命到渐进主义的过程。何以如此,原因在于英国向工业化转变的过程中,商品化在农村得到发展,而地产主贵族迎合了这种趋势,成为推动英

相似还是相异？

国资产阶级革命和工业化的主导力量。[①]

像人类的任何活动一样，商品经济同样是人的活动造成的，而在15—18世纪，英国农村的商品化主要来自农牧业，以及以之为原料的乡村工业。由于贵族地产主垄断绝大部分土地的所有权，因而他们比普通农民更有条件发展商品生产，更多地成为市场的卖方，也就相应地更具有发展商品经济的意识和商业化倾向。实际情况也确实如此。主要由地产主发动的圈地运动以及地产主对圈围土地的改造已经表明，土地所有者的利益同企业化的商品生产联系在一起。不仅如此，长子继承制也使其没有得到土地的子孙成为工商业后备队伍，因而"富裕的贵族，乡绅与上层商人之间的界限已经变得模糊不清，他们之间的等级秩序也动摇了。在很多情况下，我们很难判断一个人究竟属于这个集团，还是属于另一个集团。这一点构成了英国社会结构的一个最重要的事实"[②]。那么，何以会出现这样混合的社会结构，摩尔认为关键是土地所有者的商业化倾向。但他并没有进一步论证，英国中世纪晚期以来土地所有者的这种商业化倾向是怎样形成的，这当然不能归之于英国地产主所特有的天赋素质。

这就提出一个问题，商品化倾向是包括古代中国在内的土地所有者的共同素质，还是英国地产主的专利？这是否是中英两国农村商品经济发展的重要制约因素？答案是，这种商品化的倾向不是所有国家土地所有者的共同属性，它是特定历史环

[①] 参考摩尔：《民主和专制的社会起源》，第1—20页。
[②] 摩尔：《民主和专制的社会起源》，第26页。

境下的人的活动结果。由于中英两国地产主阶级在起源、致富途径、思想观念以及社会价值取向等方面的不同,因而他们对商业化的反应就会有很大差异。

如前所述,18世纪的中国,缙绅和绅衿地主构成地主阶级的主体,他们不仅人数多,而且经济实力强,成为大中地主的主要来源。那么,缙绅和绅衿地主阶级是通过什么途径成为大中地主的呢?不是"力农致富",也主要不是继承祖辈产业的结果。他们首先是饱读诗书的学子,通过学校制度和科举制度成为享有政治、法律和经济特权的人;又是这些权利使他们合法与非法地积聚大量的财富,从而通过购买和其他手段获得土地,成为田连阡陌的大中地主。一般说来,特权不但是他们得到土地、获得地主资格的手段,而且也是其日后扩大财富、保持经济地位的途径。因而,"是官僚机构,而不是土地本身,提供了最大的物质奖励","土地的财富来自于官僚机构,并受官僚机构的保护而存在"①。从整个过程看,他们的物质利益同商品生产和市场不存在直接的联系,至少市场不是他们获取财富最主要的途径。由于他们成为缙绅、绅衿主要是通过学校制度和科举制度,因而受儒家"重义轻利"的思想影响较深。"君子不言利"成为士大夫阶层的共同道德标准。从社会价值取向讲,读书与做官是人人向往的人生最佳选择。"学而优则仕。"社会精英都得通过应试证明自己是最优秀的,实现自己修、齐、治、平的人生价值。"书中自有颜如玉,书中自有黄金屋",读书做官发财是正途,可以

---

① 摩尔:《民主和专制的社会起源》,第134页。

相似还是相异？

光宗耀祖，为世人所敬慕，成为士、农、工、商"四民"之中的第一等级。于是，科举制度把社会上最优秀的人才吸引到经史书画的钻研上，从而使商业、企业人才的质与量受到限制。

不仅如此，受此影响，那些以资本主义方式经营农场的经营地主和佃富农，也多具有高度的后退倾向。一旦经营致富，便放弃直接经营，转入到出租地主行列；他们常会通过买功名、捐官爵，摇身一变为缙绅地主。此外，"资本耗散"[①]也使中国的地主与商人的利益很难与商品生产维持长久的关系，致使中国传统社会难以产生真正资产阶级化的地主与商人阶级。中国传统社会只给读书做官的人以优越的社会地位，经商致富的人始终得不到社会真正的尊重，这是一种极为典型的"官本位社会"。由此一来，中国古代晚期商品经济，不是来自农业劳动生产率提高基础上的社会分工，无经济后劲；在社会结构、阶级结构和政治结构上，也无强有力的代言人和强大的支持力量。从这里我们可以对中国18世纪的农村，为何一方面是蓬勃的商品化（但主要是建立在使用价值生产即谋生的基础上），另一方面则是资本主义生产关系缓慢而艰难的发展这样的矛盾现象获得某些认识。

---

① "资本耗散"说，由何炳棣在一篇研究18世纪扬州盐商的论文中提出。他认为，中国古代晚期个人的社会地位取决于功名禄位，而非财富多少。因而商人的巨额财富因炫耀性消费、社会地位的追求和继承制度终归耗散。结果，大量可供发展生产的资金，消耗于非生产的用途上。Ping-ti Ho, "The Salt Merchants of Yang-Chou: A Study of Commercial Capitalism in 18th Century China", *Harvard Journal of Asiatic Studies*, Vol. 17, No. 1-2（June 1954）, pp. 130-168。

第三章 农村商品经济的比较

英国的情形恰好与之相反。18世纪,英国的地产主包括有爵位的贵族,以及没有爵位的乡绅等级。由于英国中世纪以来地主中主要实行长子继承制,因而地产得以长久地保持稳定,不因析产而被分割。需要指出,作为一个整体,英国的地主并非一开始就能迎合社会变化的趋势。但所幸的是,蔷薇战争严重削弱了旧贵族的势力;而在战争中应运而生的都铎王朝又充当了历史发展的不自觉工具。亨利八世在1536年和1539年对修道院土地的没收,是以牺牲旧贵族和背离传统为代价的,从而促进了具有商业精神的新的土地所有者的产生。这个阶层在教产还俗、圈地运动、国有和王党土地拍卖中得到的实惠最多。[①] 这个新阶层并非全部来自地产主。哈蒙德夫妇对此指出,"亨利八世没有把没收了的教会土地留作王室之用,却把大部分土地用来酬赏伦敦中心商业区或商业界里曾经帮助过他的新人物。英国的地主们,既是一个旧阶级,但同时也是一个新阶级"[②]。在商业化的浪潮中,贵族也发生了变化,"农业的商品化意味着这样一个变化,即从原来无法无天、专制暴虐、异常强横的封建领主向地主转化,后者更接近于机灵狡诈的商人,他们掠夺资源,看重功利和效益。具有这种脾性在16世纪并不使人感到十分新鲜,但也不像内战以后,以及18世纪、19世纪早期变得那样普遍。同时,这一类人已不局限于上层的土地所有者,在农民阶级的上层中也出现了这样的人"[③]。他们首先是地产主,但

[①] 参见拙文:《英国农村封建生产关系向资本主义的转变》,《历史研究》,1991年,第5期。
[②] 哈蒙德夫妇:《近代工业的兴起》,第57页。
[③] 摩尔:《民主和专制的社会起源》,第5—6页。

相似还是相异？

绝不仅仅是地产主。这是因为他们不但经营企业化的农业，而且普遍涉足工商业。作为土地所有者，他们并非仅仅是坐收地租的寄生者。他们直接参与了资本主义农业的改造，成为地产的重要投资人。有关这方面的情况，我们已在本书第二章做了论述。

由于他们是地产主，他们便可以取得相应的社会地位和政治地位。就社会地位而言，无论有爵位的贵族，还是无爵位的乡绅，每个阶层都有大致的财产资格的规定。相应的财产数额维持相应的生活方式，从而得到相应的社会地位。18世纪时的英国，土地仍然是获得社会地位和政治地位的前提。一个没有土地的人，是很难有较高的社会和政治地位的。在此基础上，地位高的社会等级担任较高的国家公职，如贵族主要担任宫廷和政府职务；中等阶层担任地方公职，如大乡绅的政治空间主要在各郡；而小乡绅则主要是农村基层的公职人员，如候补骑士担任教区职务等。可见，财富和地产主资格是他们取得社会地位和就任公职的前提条件，而非结果。换言之，在英国，首先是地产主，尔后才是政要；而中国则先为官僚，地产主不过是其附属物。在英国，不任官职的地产主并不妨碍人们对他的尊重，因为他可以依财产标准取得相应的社会地位，政途不是唯一的出路。社会地位既可通过经济的手段（经商，但主要是作为一个地产所有者）取得，也可因担任政府高官显职获得爵位，殊途而同归，似乎不存在孰优孰劣之分。这与中国古代社会的"官本位"形成鲜明对照。在英国，从某种意义上讲，成功之路是多元的，有能力的优秀人才可以在各个领域一展身手，而不必担心哪是"正途"，哪是"旁门左道"；更无须考虑由此社会所带给自己的歧视。

涉足商品化农业,这是地产主不断产生,并维持与扩大产业的重要条件,也是旧贵族与适应了商品化农业发展趋势的大土地所有者和乡绅的重要分野。不错,18世纪英国的贵族还保留家庭农场,以供家庭消费之生产,其主要土地大片租给农场主。从表面看他们只是一个寄生的食利者,但从领导圈地到农业改良,证明他们并非如此。令人难以置信的是,18世纪出现了那么多热心农业改良的大贵族,以至于J. V. 贝克特认为,农业革命与贵族的参与不无关系。[1]贵族们很早就认为,他们的地产是生产的单位,而非仅仅是社会地位的标志。而传统的土地产权关系和经营方式、技术条件等,都使农业产出效益受到制约,从而影响到他们作为土地所有者的收益。他们并未食古不化,而是领导了这一变革。正因为土地贵族没有全部成为商品化的障碍,加之乡绅力量的壮大,以及两者同工商业之间所存在的密切关系,才使英国从暴力革命走上渐进改革的道路。至17世纪末,英国已不存在贵族地产主同工商业人士的对立;相反,"公正地说,上层土地所有者中最有影响的那部分人起着资本主义商品化和工业化的政治先驱的作用"[2]。同样是由于英国地产主同工商业人士的这种亲和力,所以,在17世纪资产阶级革命后,政权并没有出现从贵族地产主向工商业巨头的全面转移。直至18世纪时,"据有土地财产的乡绅以及社会地位在他们之上的贵族阶层牢牢把握、操纵着政权,他们的成员充斥内阁,垄

---

[1] J. V. Beckett, *The Aristocracy in England 1660-1914*, p. 157.
[2] 摩尔:《民主和专制的社会起源》,第21页。

相似还是相异？

断着农业地区的代表议席。同时也作为城市代表加入国会。在地方上，他们仍有很大的影响"。甚至"在19世纪中叶，旧的统治阶层仍然拥有牢固的控制权力。政治体系在很大程度上仍然是贵族和乡绅，尤其是世袭的大财产拥有者的掌中之物。这个体系的核心人物恐怕不超过1200人"[1]。

地产主贵族寡头政治，非但没有成为社会现代化的障碍，而且18、19世纪英国成为农业革命和工厂制度的故乡，其中奥秘，只能用英国地产主完成了从封建领主向资本主义化的地产主的转变来解释。其中特别重要的事实是圈地运动。"圈地运动意味着，土地贵族同一部分独立小农一起成了资本主义企业经营者；但是，如果土地贵族不能顺利地完成这一转变，那他们就要被新兴力量排挤出工商企业界。在这种情况下，在新老土地贵族、富有的自由农和城市的企业家之间出现了利益一致性，这在下院是通过绅士表现出来的。"[2] 地产主阶级属性的转变，使其完全可以在政治上成为工商业资产阶级的代言人乃至领导者。18世纪的英国，绝大多数居民还以农业为生，农业利益同货币和工场手工业利益之间也存在矛盾。但是，这种矛盾没有导致阶级隔阂。相反，"地主阶级和商人阶级间有相当融洽的关系。英国社会肯定很少阶级对峙，相互间的关系不很严峻，人员和资源比较容易在双方间流动。结果是，即使国家的机构由地主阶级人士把持，国家的措施依旧对商人有好处，也不足为奇了"[3]。由此不难发现，早期现代，英国历史发展的一个重要特

---

[1] 摩尔：《民主和专制的社会起源》，第24页。
[2] 豪斯赫尔：《近代经济史》，第242页。
[3] 奇波拉主编：《欧洲经济史》，第3卷，第255页。

点，是城乡各阶级和不同利益集团的整合。结果，阶级关系简化了，社会划分为有产者和无产者；并在此基础上开始形成彼此的阶级利益，出身、城乡、职业等因素的分野已不再那么重要，财产逐渐成为首选标准。

阶级和社会结构制约国家结构，决定国家在历史发展中所扮演的角色。只有变革传统的阶级结构和社会结构，国家才能有效地承担起领导现代化建设的历史重任。否则，只靠少数铁腕强人，或政府激进的现代化政策，只会事倍功半，甚至事与愿违。这方面，18、19世纪法国和中国的历史就是例证。巴里·萨普利在谈到18世纪英国市场对工业革命的促进作用时，用了很长一段篇幅阐述国家对市场环境的建设所起的作用：

> 但是，我们在作出"在第一个工业革命中，市场是惟一的推动力，与政府丝毫无干"这个结论前，应该记住：使英国地位与别国不同的这个市场环境的特点，大部分还是国家行动所造成。英国自17世纪内战以后政府演变的整个过程，造成无比的政治稳定和社会协调，而国家早期的政治和行政统一，有助于创造一个相当严密而统一的市场。此外，与其邻国相比，英国具有统一的货币、税收和关税制度以及健全的商法之利。最后，在某些方面（还是最重要的）处在农业社会的统治阶级普遍同情商业和金融业，确实成为商业和金融业的代表，这种情况有助于17世纪下半叶以后英国经济制度和经济机会的改革。这种情况最惊人的表现，也许在于建立帝国防务时，在扩大以英国为中心的国际贸易网时，在调节国际商业关系和对外扩张以利

相似还是相异?

于国内经济和英国商人时,国家所发挥的强大作用。事实上这是另一类"重商主义"。如旨在为英国和殖民商业利益而垄断帝国贸易的航海法,硬性规定殖民地输出商品必须先到英国,殖民地进口商品必须经过英国,还规定进出口货物必须由英国或殖民地船只装载。英国的"重商主义"还意味着战争,战争使英国最终成功地扩大与保卫殖民地和商业。如果说到18世纪60年代时,英国成为当之无愧的世界最大自由贸易区的中心,如果说它的商业和海运执世界之牛耳,如果说它的商人和工业家有权利进入亚洲和美洲的广大市场,如果说它成为欧洲的主要贸易中心,如果说(看来颇有可能)以上这些成就可以算是它为工业化所做"准备工作"的紧要组成部分的话,那么国家在工业革命的最初阶段,的确发挥了虽然间接却很重要的作用。

但是事实是,作用是间接的;不列颠国家利用它对法律、社会和政治制度的影响,利用它对使人们能自由发挥能力和利用资源的影响,在几代人的时间里致力于建立一种和人行动能掀起工业革命的社会结构。正如我们业已提到,欧洲大陆国家就是因为缺少这种社会结构,即使有国家直接扶助,也难以实现工业化。[①]

毫无疑问,英国在18世纪是受一个强有力的贵族集团统治的,他们具有浓厚的商业兴趣,政府清楚地知道商业的重要性,并把商业当作政治的最高目标。那么,建立在地主制社会结构

---

① 奇波拉主编:《欧洲经济史》,第3卷,第254—255页。

基础上的清政府，在对待商品经济和国家现代化问题上，又持何种政策主张呢？18世纪的中国，农业是最重要的物质生产部门，也是赋税和地租的基本来源。历代王朝都实行重本抑末的政策，即重视农业，抑制工商业，以保证农业劳动力和财政供给。18世纪，这项基本国策只有理解和实行上的细微差别，并无实质性改变。限于篇幅，这里不拟对18世纪皇帝、大臣和地方官吏的相关言论做过多引述，只以雍正帝的一段上谕作为官方政策的代表：

> 朕观四民之业，士之外，农为最贵，凡士工商贾，皆赖食于农，以故农为天下之本务，而工贾皆其末也。今若于器用玩服，争尚华巧，必将多用工匠，市肆中多一工作之人，则田亩中少一耕稼之人。且愚民见工匠之利多于力田，必群趋而为工，群趋为工，则物之制造者必多，物多，则售卖不易，必致壅滞而价贱，是逐末之人多，不但有害于农，而并有害于工也。小民舍轻利而趋重利，故逐末易，而务本难……惟在平日留心劝导，使民知本业之为贵，崇尚朴实，不为华巧，如此日积月累，遂成本俗，虽不必使为工者尽归于农，然可免为农者率相而趋于工矣……朕深揆人情物理之源，知奢俭一端，关系民生风俗者至大，故欲中外臣民，黜奢贱末，专力于本……[①]

在西欧诸国竞相跃入现代化跑道，为"起飞"而努力之时，

---

① 清代实录馆：《清世宗实录》，卷五七。

相似还是相异？

雍正帝的上谕不啻一篇反现代化的宣言。他向往的不是现代化，而是建立在自给自足、农工结合基础上的小农社会，即一个只满足于直接消费的农本社会，而非创造更多社会财富，从而获得更大利润的重商社会。国家政策是阶级利益的最终体现。清廷所代表的是官僚地主阶级的利益，其政策的出发点和归宿点，是维持专制统治的长治久安，而这恰恰需要建立在小生产的基础上。明乎此，清政府对工商业甚至农村经济作物的压制政策，也就不难理解了。应该说，小农社会是清政府这个农业官僚帝国的立国基础，它所推行的"农本位"和"官本位"两项政策使这一基础特别巩固，难以被外力削弱。马克思在研究前资本主义社会中商人资本对旧生产方式究竟在多大程度上起着解体作用时，提出过一个重要观点："这首先取决于这些生产方式的坚固性和内部结构。并且这个解体过程会导向何处，换句话说，什么样的新生产方式会代替旧生产方式，这不取决于商业，而是取决于旧生产方式本身的性质。"[①]商业资本和商业资本向产业（如农业和乡村工业）资本的转化，这在18世纪的中国不同程度地都存在过，但因社会生态环境的"险恶"，都难以收到应有的效果。18世纪的英国政府已放弃农本政策，社会上也无如中国那样强烈的"官本位"意识；不但如此，英国政府还推行重商政策，以工商为本，这无疑推动了商品生产和社会的现代化。

如果说，儒家伦理对中国社会的文化心理结构和价值观念造成无法估量的影响，从而制约着18世纪中国地主、商人的行为模式，那么，同期的英国，阶级结构、社会结构和价值观

---

① 《马克思恩格斯选集》，第1卷，第29页。

念的变迁，有无思想伦理方面的背景或催化剂呢？对此，马克斯·韦伯已经做出了肯定的回答。他认为，资本主义是西方文明的产儿，"资本主义精神"或"合理的资本主义"为西方社会所独有，在其他文明中并不曾出现过。而加尔文教派的各信仰集团的伦理学同"资本主义精神"之间存在着联系，或者说，新教伦理是西方现代资本主义产生的重要背景之一。他特别强调新教伦理中"命定论""天职观"和"禁欲主义"对形成资本主义精神所起的作用。[①] 豪斯赫尔曾就加尔文教伦理对英国人特别是清教徒的影响，说过如下一段话，可作为我们理解英国社会变迁的重要视角：

> 按照加尔文教宿命论的教义，在不可揣测的天意下，人不是受到上帝的恩赐就是受到它的惩罚。这一教义在英国清教徒中形成这样一种形式：信徒可以把自己在经济上的成就视为上帝赐予的恩宠和永恒的幸福的标志。因此，虔诚与富有就以一种非常奇特的方式相互接近起来。清教主义的"内心世界的禁欲主义"进一步促进了这一点；因为这种禁欲主义不允许信徒做任何可能导致挥霍金钱的事。这就是说，这种教义不鼓励这些清教徒去占有财产（即守财而无所作为。——引者），更不允许显示财富，而是推动他们去积累资本，这样就使资本主义在这里确实找到了切实有效的支持……由于加尔文教少数派势力强大，上述这些特点对英国人素质的形成具有影响，并促进整个英国经

[①] 参见马克斯·韦伯：《新教伦理与资本主义精神》，第二、三、四、五章。

相似还是相异?

济取得了这样的成就,最终能长期对所有其他国家保持优势。[①]

可见,这种新教的经济伦理使个人信仰不再寄托于虚无缥缈的彼岸世界,而转变为世俗的、此岸世界的奋斗。为社会勤奋工作,使信仰外化为创造财富的行动,因为这样可以增加上帝的荣光。合法取得财富是上帝恩典的体现,也是选民的标志。一个懒惰、贫困的人必不受上帝的保佑,是在劫难逃的弃民,天堂之门对他是关闭的,他要永远遭受地狱刑罚之苦。如果说,基督教教义中有关原罪说、末日审判说及救赎理论将"蛮族"教化成文明人,那么,新教中的经济伦理又将基督徒的信仰,从对来世的冥思苦想,转变成现世的务实创造,将精神的人变成经济的人,甚至赚钱机器。当然,这种新教的经济伦理不是自发、独立产生的,它本身也是西北欧资本主义生产力、生产关系和阶级关系发展的结果。但它一经出现,便以其强大的反作用力,成为推动那里资本主义生长的酵母,这也是无争的事实。

二 城乡关系

城市与乡村的关系,是我国学者近年来在研究中国古代晚期的商品经济和资本主义萌芽问题时关注的一个问题,吴承明对古代中国城乡的商品经济做过扎实的研究。他认为,前资本主义的流通主要不是由生产驱动的,而多半是商业使产品变成

---

① 豪斯赫尔:《近代经济史》,第245页。

商品。但不是所有的流通都能促进生产力和生产关系的变化，因而应重视对流通领域问题的研究。研究城市商品经济，应区别前资本主义商人资本和资本主义的商业资本。前者如古代中国社会，由于较早地实现了国家统一，商业一向比较发达，但资本主义的萌芽产生较迟；欧洲在进入封建社会后，商业大大衰落了，庄园经济彼此孤立封闭地存在。16世纪以后，民族市场和世界市场形成，商业才成为向资本主义过渡的因素。吴承明认为，判断商业能否成为生产关系变化的条件，主要看三方面：（1）能否为扩大再生产准备大市场；（2）能否为生产积累货币资本；（3）能否有助于改变自然经济结构。只有生产者之间的商品交换尤其是工农业产品的交换，才能产生资本主义。

吴承明将宋代以后的市场分为四种类型：（1）地方小市场，即墟集贸易，是小生产者使用价值的直接交换，属自然经济范围，其发展非但不会破坏自然经济，还起到巩固地方自然经济的作用；（2）城市市场，虽可高度繁荣，但因我国城市多属消费性质，城市市场上主要不是生产者之间的商品交换，而是用转化了的地租购买农产品和手工业品。因而城市市场的繁荣，主要是反映地租量的扩大，而不一定是商品生产发展所致。由于城市手工业与其消费人口很不相称，城市手工业品难以大量供给农村，因而城乡之间缺少商品交换，乡村对城市只单向流通（作为地租的农产品不是真正的商品），城市没有回头货与之交换。但明清以来沿商路要道兴起的商业城市，以及县以下的手工业品产销市镇，却对商品经济的发展具有重要意义；（3）区域市场或省级市场，不反映生产的地区分工或社会分工，

相似还是相异？

可视为自然经济的延伸。这里所讲的自然经济，不是耕织结合的小农自给自足，而是就不同空间范围和区域而言的。在各区域中，全部或大部再生产条件都能在本单位得到满足。这里不排除城乡工农业品间的交换，只是数量不多；（4）全国性市场，主要指普通生活必需品的长距离贩运贸易，这才是产生资本主义萌芽的历史前提。①

遗憾的是，能够用于远途贸易的属于生活必需品的商品，在中国只占全部商品量的很小比例，整个社会生产还强烈体现着自然经济的性质。应该说，吴承明对中国古代晚期城乡各类市场性质的判断，以及对城乡间商品交换的规模和本质的揭示，具有重要的学术价值和理论意义。

此外，我国学者还从中国与西欧城市与乡村对比的角度，论证中国城乡关系不利于商品经济和资本主义萌芽的发展，而西欧各国则恰好相反。在他们看来，似乎西欧城市的起源、居民构成、工商业的特点等，都有利于商品经济的发展，而同期中国的城市在相关方面则成为商品经济发展的障碍。

胡如雷较早阐述这种观点。他认为，古代中国城市的特质具有延续性。决定城市形成的决定性因素，不是社会分工的发展和商品经济的繁荣，而是政治、军事的需要。如战国、秦、汉时期，城市的成批出现就与郡县制的确立有密切关系，其发展不受城市生产力水平的限制，以后历代的城市的大小也都是按首都、省会、府、州、县的行政等级而定的。由此决定，古

---

① 许涤新、吴承明主编：《中国资本主义的萌芽》，第11—18页；吴承明：《中国资本主义与国内市场》，第161页。

代中国城市不是工商业的中心,而主要是作为政治、军事据点的"郡县城市"。工商业活动基本上是在城外进行。在这些城市中,绝大部分居民是官僚、军队、城居地主和游手等消费人口,工商业者是绝对的少数。城市手工业以官营为主,主要满足城市人口的消费。因此,政治、军事意义大于经济意义,消费意义大于生产意义,商业的繁荣远远超过了商品生产的水平。郡县城市的特点削弱了城乡间商品经济的联系。城市手工业品或为直接供上层消费,或为城市的市场所吸收,不能大量流往农村。城乡间的商品交换不够密切,农村经济很少受到城市的影响。即使明清时代,大量涌现的市镇改变了郡县城市的特点,但就全国绝大多数城市而言,郡县城市的性质并未因此得到根本改变,甚至市镇也浸染了某些郡县城市的色彩。与此相对,西欧各国作为手工业和商业中心的城市,是在11世纪后兴起的。这时的社会分工和工商业的发展为城市的产生提供了前提。西方封建城市以手工业者为主要居民,除工商业者外,其他职业和成分的城市居民微乎其微,其发展扩大也主要受社会分工水平的限制。在西方,尽管封建城市是在领主的领地上形成的,领主却很少居住于工商业城市中。由于西方的领主都居住于农村,封建城市的手工业品有很大一部分是卖给领主及其侍从的,市民购买的城市手工业品为数极其有限,因而城乡间的经济联系比较密切。在西方,封建城市是从经济上剥削农村的,但这种剥削是通过商品经济而实现的;在中国,城市也对农村进行经济上的剥削,但这种剥削不仅体现在商业利润上,更重要的还体现在赋役和地租上。政治上的城乡对立关系,在西方表现为农村的封建领主对工商业城市进行统治,在中国则表现为郡

相似还是相异？

县城市对农村进行统治。①

对城乡关系，我国学者似乎过分夸大了其差异性，也没有以历史的眼光对待西欧的城市。不错，在传统社会，中西城市在产生的途径、居民类型、手工业性质等方面都存在区别。但这些区别都是相对而言的。比如在产生途径上，西欧城市在起源上有主教的驻节地，有类似中国郡县城市那样的郡城或省城，以及领主建立的城市，这些城市的最初建立并非工商业发展到一定规模的结果，与中国的郡县城市有一定的类似。再如手工业的性质，中国郡县城市手工业主要是官营的，生产的产品供上层统治者消费；而西欧城市行会手工业所生产的产品，也主要是供少数有钱人消费的，如衣被材料，选料精良，制造工艺考究，非一般乡下农民所能消费得起。在工业革命以前，英国的城乡也不存在工商业与农业的严格分工。相反，在城市兴起至18世纪的几百年中，城市的居民既从事手工业和商业，同时在居住地周围也有口粮田和菜地，甚至还有供放牧用的公共牧场，居民的肉食和乳制品也自给自足。从规模和面貌说，城市同农村并无明显不同，与一个大村庄无异。直至16世纪圈地运动兴起后，市民仍反对圈地，捍卫他们的公地权利。②

在18世纪圈地运动和工业革命所导致的大量农村人口涌入城市之前，对大多数中小城市来说，居民在多大程度上依赖农村的农产品供给，也值得研究。对农村而言，更是如此。布罗代尔说："如果说城市没有把种植业和饲养业完全交给农村去独

---

① 参见胡如雷：《中国封建社会形态研究》，第 245—283 页。

② E. Lipson, *The Economic History of England*, Vol. I, The Middle Ages, pp. 185-187.

第三章　农村商品经济的比较

占，反过来，农村也没有把'工业性'活动全部让给邻近的城市……17世纪起——18世纪更进一步——乡村重新用自己的屡弱的肩膀承担一大部分手工业活动。"[①]农村也非只生产单一的农产品，除了畜牧业及毛纺织工业外，乡村中还有许多其他传统工业，如麻纺织业、制带、稻草编织、手套、纽扣、制革、采矿、建筑等，都有不同规模。农村中还有许多专业工匠，如马车匠、铁匠、木匠、制革匠等。就农村日常基本消费而言，其对城市手工业品的消费，以及由此引起的城乡商品交换的规模、程度，也是值得论证的。城市的产品也主要是供少数人消费，领主购买这些产品同中国一样也是用转化了的地租，农民很少购买城市制造的商品，城乡间的商品流动也主要是单向度的。城市工业的停滞不前，导致了城市的第二次衰落。对于城乡工农分工的这种渗透性和模糊性，布罗代尔评论说，"事实上，城市和乡村从来不会像水和油一样截然分开"，"欧洲和别处一样，城市在创立和成长过程中都遇到同一个根本问题：城乡分工。这一分工从未得到明确规定，始终下不了一个定义。原则上讲，商业、手工业以及政治、宗教与经济指挥职能，都属于城市一方。但这只是原则上的划分，因为分界不断在向一方或另一方移动"[②]。

尽管西欧城市有其独特的历史遗产，如城市自治传统，市民阶级的相对独立性，及其在政治、经济和文化中的作用，这些都与古代中国城市有很大的不同；但同样可以肯定的是，西

---

①　布罗代尔：《15至18世纪的物质文明、经济和资本主义》，第1卷，第580页。

②　同上书，第577、575页。

相似还是相异？

欧自10、11世纪以来兴起的工商业城市，就其性质而言仍然是封建城市，在经济结构、政治结构和社会结构方面，同乡村亦无根本性的差别。中世纪谚语常讲"城市的空气使人自由"，因而农奴都愿意逃亡到城市去。其实城市也不存在完全不受约束的自由。比如行会制度，就使行东和生产者没有任何自由可言。就英国而言，中世纪的城市并没有对乡村产生多少实质性影响。

当然，我们也应看到，西欧城市并没有长期保留封建城市的老样子，相反，伴随西欧经济的发展，国际贸易从奢侈品向日用生活必需品的转变，西欧中世纪的封建城市才开始向资本主义城市过渡。城市资本主义生产关系的发展，确实使城乡关系发生新的转变。封建城市并不是商品生产的理想场所，因为行会制度限制商品生产的发展。行会束缚，导致旧城市的衰落。在英国，13世纪和14世纪上半叶，行会城市的毛织业出现严重衰落，在牛津、诺桑普顿甚至伦敦，织工和织机的数量锐减，[①]同样的情形也发生在毛织业中心城市纽卡斯尔、北安普敦、温切斯特等地。由此，旧的行会城市呈现缓势，而在没有行会制度的新兴工商业城镇，却较多地采用资本主义方式生产。城市行会日趋萧条，大量的资本家于农村设置手工工场，可见，中古西欧封建性城市的改造，是通过行会手工业的瓦解和第二次城市兴起完成的。随着新航路的开辟和殖民贸易的扩大，首先是"商业上的大革命"，其次是黄金大量涌入欧洲导致"价格革命"，使城市在整体经济结构上发生了深刻的变化，大量新兴工

[①] E. Lipson, *The Economic History of England*, Vol. 1, The Middle Ages, pp. 449-451.

业的兴起，也标志着资产阶级力量的壮大与工人队伍的加强。只有到这个时期，西欧城市的革命性作用才得以真正的发挥。正如马克思所说的："资产阶级使乡村屈服于城市的统治。它创立了巨大的城市，使城市人口比农村人口大大增加起来，因而使很大一部分居民脱离了乡村生活的愚昧状态。正像它使乡村从属于城市一样，它使未开化和半开化的国家从属于文明的国家，使农民的民族从属于资产阶级的民族，使东方从属于西方。"①

以往，我们在论及西欧资本主义发展时，往往对城市和市民的作用论述颇详，给人的感觉似乎是西欧的资本主义先是"城市包围农村"，然后是武装夺取政权（指资产阶级革命），而没有注意到农村资本主义化对城市发挥的作用。15世纪，在行会城市衰落的同时，毛纺织业生产在城郊和农村逐渐发展起来。"城市工业从15、16世纪起开始大规模流向周围农村，寻求那里不受城市行会保护和管制的廉价劳动力。"②这些地区不受工业法令和行会法规的束缚，原料供给丰裕，生活费用低廉。特别重要的是，由于圈地运动的展开，农村中存在失业待雇的劳动力，这些都是工业生产发展的有利条件。应该说，在小商品生产的中世纪城市向真正商品生产的现代城市蜕变中，农村发挥了举足轻重的作用。乡村工业化，实质上也是一个城市向农村寻求养料的过程。在此过程中，农村中资本主义的生产关系，使毛织业脱离农村家庭小生产或城市行会小商品生产的性质，成为

---

① 《马克思恩格斯选集》，第1卷，第255页。
② 布罗代尔：《15至18世纪的物质文明、经济和资本主义》，第1卷，第580页。

相似还是相异？

面向国内外市场的真正意义的商品生产。

至18世纪，城乡经济已经紧密地联系在一起，在此基础上，城乡社会结构也相互交融、频繁流动。"贵族已习惯于让自己的无权再取得头衔与土地的较年轻的儿子转向与货币利益有关的职业，而不感到有失尊严，正像富有的市民也能不费周折地通过购置地产而使自己与贵族平起平坐一样。"[①]笛福在18世纪初就写道："在英国，商业虽然同绅士地位绝不相容，但却创造了绅士。"[②]商人的后代不但成为有头衔的贵族或乡绅，还成为议员、政治家、枢密院顾问、法官、主教及各等级的上流人士。"这一切使英国商人具有正当的骄傲，并使之自比于罗马公民，并不是没有一些道理的。"[③]

三 经济结构

经济结构制约历史发展进程，这已不是新鲜观点，但重新提出这一问题，对于我们理解18世纪中英农村商品经济发展的状况，或许不无助益。

这里所讲的经济结构，是指一个国家在特定时间内生产使用价值和交换价值的产业的比例关系。换言之，劳动者为自家消费生产与商品生产行业的比例关系。

为什么要研究经济结构，它对商品经济发展作用如何，这是首先要回答的问题。一般来说，在前工业社会，不同的生产领域，其商品生产的属性也不相同。在农村，比较而言，粮食

[①] 豪斯赫尔：《近代经济史》，第243页。
[②] 芒图：《18世纪产业革命》，第105页。
[③] 同上书，第106页。

的商品生产属性最低。这是因为，除供家庭消费外，它还用于家庭生产生活的其他消费，如种子、酿酒、饲料或贮存以备荒年之用。一般来说，以粮食生产为主的农民，与市场的联系较少。除粮食自身所具有的这种非商品属性外，生产规模与市场也限制了粮食向商品生产转化。在某种意义上说，以粮为主的种植业经济结构，是一种超稳定的经济结构，可变性差。与此不同的是，畜牧业、经济作物和以此为原料发展的乡村工业，则具有强于粮食的商品生产属性，易于走上商品生产的轨道。这是因为，建立在上述行业与粮食生产相结合基础之上的经济结构，是一种准稳定结构，其稳定性在于农业，可变性在于畜牧业、经济作物和以此为原料建立的乡村工业。后者的产品与粮食不同，它除供家庭消费外，还可作为工业原料，而乡村工业的产品则主要是为市场生产的。关键问题，一是经济结构中非粮食生产的部分，一定是面向尽可能多的消费者的普通商品，从而保证具有广大的市场。二是经济结构中粮食生产和非粮食生产的部分，要各具一定的比例，这当然要以粮食生产率，或一个农民能养活尽可能多的粮食消费者为前提。三是经济结构中市场容量大的行业，要脱离家庭自给性生产的格局，与资本结合，走上独立发展的商品生产的道路。只有大体满足上述条件，农民的小生产才能演变为真正的商品生产；而商品生产的范围、规模扩大了，它自己就会扩大市场甚至创造市场，黄宗智所谓的能够导致传统农业社会变迁的"质变型商品化"，才会成为中国城乡商品经济发展的主导形式。

那么，上述推论有无历史依据呢？或者说，它是逻辑的推论，还是被历史发展证明的带有普遍性的规律？征之中英18世

相似还是相异？

纪的史事便不难得出答案。

长期以来，古代中国是以种植业为主的国家，畜牧业在农村经济中所占比重很小，这主要是由于食品结构中肉食消费微乎其微，麻、丝、棉而非羊毛是纺织原料，以及土地资源相对不足。这就决定，中国不可能形成如英国那样的农牧混合的经济结构，不会走畜工贸一体化的乡村工业发展道路。但是，这并不意味着古代中国没有可能建立适宜商品经济发展的经济结构。实际上，18世纪的中国农村，生产的多样化已超过以往任何时期，特别是经济作物的种植，以及以此为原料的乡村工业，都获得了前所未有的跃进。应该说，这同英国畜牧业和乡村毛纺织业有异曲同工之处。因为从种植业来讲，英国以养羊为主，以羊毛作为呢绒工业的原料；而同期的中国以植棉为经济作物的大宗，棉纺织成为从业人员最多、产量最大的乡村工业。同时，如英国的呢绒工业一样，棉布已经成为18世纪大众化的衣被材料，是普通消费品，具有广阔的国内外市场潜力。那么，同为建立在农村原料基础上的传统工业，为什么呢绒工业成为英国的民族工业，而中国的棉纺织业却始终没有脱离小生产的范畴，成为真正意义上的乡村工业呢？[①]究其原因，恐怕首先在于18世纪中国粮食生产和经济作物的比例关系不利于后者发展。没有一定量的积累，就不会有质的变化。

18世纪的中国，粮食生产仍然占有绝对的优势，经济作物在生产结构中只占有很小的比例。如前所征引的吴承明的研究，

[①] 乡村工业应有相对严格的界定，指脱离农户小生产范畴，其产销过程纳入商业资本的监控之下，生产不是为满足家庭消费，产品主要行销于区域或国际市场的农村制造业。

第三章　农村商品经济的比较

清前期，包括棉、桑、甘蔗、烟、茶、大豆、花生等在内的经济作物，大约占耕地面积的10%左右，而90%左右的土地用于粮食生产。那么，作为明清普通大众主要衣被原料的棉花种植面积，不会达到耕地面积的5%，即不超过5 000万亩。按平均亩产20斤计，总产量不超过原棉1 000万担。[①]这种经济结构来源于人多地少，粮食的劳动生产率低，但它反过来又严重制约商品生产和商品经济的发展。同时，由于这时的经济作物还基本上是供国内消费，出口有限，因而不能获得更高的价格。自乾隆以来，因人口膨胀，粮食价格上升较快，经济作物的收益反而相对降低了。因而从获利角度看，棉纺织业并不能对资本主义生产形成刺激。[②]由此也就不难理解，为什么在存在着巨大市场潜力的农村棉纺织业中，其生产的主要过程即纺与织两个环节，没有出现资本主义萌芽。吴承明的研究也证实，直到鸦片战争前，中国农村棉纺织业基本上停留在农民家庭手工业生产方式上。在我国棉布主要产区的江南地区，因当地皆少种棉，纺织原料多由商人自外省运进，因而流行布棉交易（以布易棉或放棉收布），但并未出现商人垄断原料供应，割断生产者与市场联系，并最终支配生产的现象。从纺织业内部分工讲，由于受生产效率、劳动力结构、劳动收益等因素影响，农村棉纺织业中纺和织尚无分离，纺织工具进步迟滞，纺纱效率低，

---

① 许涤新、吴承明主编：《中国资本主义的萌芽》，第204、214页。
② 与此联系的是由于粮食的劳动生产率低，无论农民还是地主、佃富农的收益都受到制约，农民温饱难以维持，地主和佃富农也不可能从农业经营中获得丰厚回报。这大约就是舒尔茨所论的传统农业中资本的收益率低下的问题，它使传统农业贫穷落后，不能为经济增长做出贡献，因为它限制了储蓄和投资，无法打破经济长期停滞的均衡状态（参见舒尔茨：《改造传统农业》，第5章）。

相似还是相异？

收益少，农户的收益主要来自织布，若单从事纺纱，只能补偿工食。①

不过，在前工业社会，农村工业的扩张同技术进步似无必然联系，这一点可以英国为证。德国经济史家豪斯赫尔对此评论说，"亚当·斯密在1776年还认为，毛纺织业只进行了三项具有普遍意义的改进：用纺车代替了卷线杆、织布机上线完善和以漂洗机代替脚踏卷布工序。事实上这些早在中世纪已实现，因此数世纪以来没有取得突破性的技术进步"②。由此是否可以推断，与技术进步相比，生产方式和分工对英国早期现代茅舍工业更具推动意义呢？生活于手工工场时代的亚当·斯密就认为，穷国与富国在农业上的差别比制造业要小。这主要是因为，无论穷国和富国，农业都极少可能存在分工，一个农户甚至把农业和畜牧业结合于一起。相反，在手工工场阶段，富国手工业分工已达到很细密程度，而穷国的制造业因多未达到这一阶段，因而限制了分工，从而制约了生产的扩大。在斯密看来，"劳动生产率上最大的增进，以及运用劳动时所表现的更大的熟练、技巧和判断力，似乎都是分工的结果"③，而这正是18世纪中国乡村棉纺织业所缺乏的。

18世纪英国农牧混合的经济结构，对农村商品经济的发展具有决定意义。

18世纪前中期，我们没有全国性的统计材料，无法计算出耕地与草地和牧场的各自数据是多少。但据保尔·芒图说，"在

---

① 吴承明：《中国资本主义与国内市场》，第182—194页。
② 豪斯赫尔：《近代经济史》，第164页。
③ 亚当·斯密：《国民财富的性质和原因的研究》，上卷，第5—8页。

18世纪头60余年中,在小农耕地减少之后,像在都铎王朝时代那样,跟着也是牧场的扩大"。耕地变为牧场主要是经济原因。阿瑟·扬在其1767年所著的《农场主的信》中指出,一个畜牧场比一个农场花费劳动力少而获利多。不少郡牧场面积占到一半或四分之三。但1765年左右,谷物价格上升,有利于农业经营,于是耕地变为牧场的运动才缓慢下来。① 可以推想,这个时期,英国牧场面积可能达到历史的最高点。下面是1770年至1854年不同作者和资料来源对英国同期耕地、草地和牧场面积的统计,见表3-1。

表3-1 1770—1854年英格兰和威尔士耕地、草地和牧场面积

单位:英亩

时间	资料来源	耕地面积	草地、牧场面积	总面积	耕地占草地面积比例(%)
1770	阿瑟·扬	10 300 000	16 700 000	27 000 000	62
1801	C.雷特	7 860 000	—	—	—
1801	B. P. 卡珀	11 350 501	16 796 458	28 146 959	68
1808	W. T. 库默	11 575 000	17 495 000	29 070 000	66
1827	W. 库林	11 145 370	17 605 630	28 751 000	63
1836	什一税案卷	15 092 555	16 363 409	31 455 964	92
1851	J. 凯尔德	13 667 000	13 332 000	26 999 000	103
1854	农业统计	15 261 842	12 392 137	27 653 979	123

资料来源:G. E. Mingay ed., *The Agrarian History of England and Wales*, Vol. VI, 1750–1850, p. 31, Table 1.1。

注:表中个别数字有误,引者已做了调整。

除耕地与草地面积外,牲畜饲养的头(只)数,也可反映

---

① 芒图:《18世纪产业革命》,第136页。

相似还是相异？

出畜牧业在经济结构中的地位。阿瑟·扬估计，在18世纪中叶，英国养羊25 589 754只。那么，这个数字的可靠性因没有其他资料证实，难以评判。当时，史密斯菲尔德是最大的牧畜交易市场，其交易量占全国四分之一。以该市场为例，1732年羊成交514 700只，1750年为656 340只，1794年为717 990只。[①] 如以上述比例计，1732年全国成交羊2 050 800只，1750年为2 625 360只，1794年为2 871 960只。如果再加上农户未出售的羊在内，阿瑟·扬的估计似也较高。呢绒工业的发展是与养羊只数的增加相一致的，养羊业为呢绒工业提供了充足的原料，将农村经济纳入商品生产的轨道。对此，波梁斯基评论说："英国农业生产的成就扩大了工业——特别是呢绒业——的原料基地。英国农业提供了越来越多的羊毛，而工厂呢绒业也就获得了物质基础。随着农业中资本主义的发展，工业品的国内市场扩大了。英国农村中自然经济的基础完全消失了。"他还说，"可以肯定，17—18世纪的呢绒工业在英国经济发展上占据关键性的地位。英国在许多世纪以来的最大的优越性，在于城乡之间、工农之间的无比密切的相互作用，这一点是许多国家（意大利、波兰、德国和俄国部分地方）所不具备的。但这一相互作用是通过呢绒工业实现的：呢绒工业从农业取得珍贵原料，刺激养羊业的发展，推动了土地关系的改变，促进了农业中资本主义的胜利。所以，呢绒工业的发展反映了英国经济中的最进步的变化，并且促进了这一变化"[②]。

[①] T. S. Ashton, *An Economic History of England, The Eighteenth Century*, pp. 51, 55.

[②] 波梁斯基：《外国经济史》（资本主义时代），第244、249页。

第三章　农村商品经济的比较

第二节　农村市场

一　地方小市场

自然经济不排除交换，相反，后者是前者的必要补充，通过交换，农户再生产活动得以正常进行，这一点已为不少学者所论及。随着生产力的发展，需求的增加，自给自足的单位也在扩大；不但一个农户不能生产供家庭消费的全部生活和生产资料，甚至一个自然村也不能做到自给自足。生产的差异性，需求的多样性，决定了交换的必然性。只是在自然经济状态下，地方小市场的商品是由小生产者（至多是小商品生产者）作为使用价值生产的，交换不过以调剂余缺或换回供纳租用的货币为目的。关于自然经济，马克思曾做过很好的提示："自然经济，也就是说，经济条件的全部或大部分，还是在本经济单位中生产的，并直接从本经济单位的总产品中得到补偿和再生产。此外，它还要以家庭工业和农业相结合为前提。"①马克思这段论述有两点值得注意：一是在自然经济状态下，经济条件也并不能全部都由生产者自己生产出来，余下的部分势必要通过交换才能解决，否则就会影响再生产过程的正常进行。二是马克思所说的"本经济单位"所指为何？以前我们多把自然经济的

---

① 马克思：《资本论》，第 3 卷，第 896 页。

相似还是相异？

单位理解为农户，因而难于理解古代中国，一方面是自然经济占主导地位，一方面又有发达的商品交换。列宁的有关论述可以补充马克思的论点。他说，"在自然经济下，社会是由许多单一的经济单位（家长制的农民家庭、原始村庄、封建领地）组成的，每个这样的单位从事各种经济工作，从采掘各种原料开始，直到最后把这些原料制成消费品"①。列宁所列举的经济单位显然是以俄国历史为例，中国当然不能与之相同。而且从顺序上看，家长制的农民家庭和原始村落处在原始社会，而中国18世纪又不存在类似封建领地那样的经济单位。但列宁这段论述在于进一步说明，农村中自给自足的单位，绝非农户。在古代中国，能够构成"经济单位"的，大概是乡里或县邑。换言之，作为小生产者或小商品生产者的农民，主要是以乡里作为他们满足生产生活资料的购销或交换范围的，一般不会超过县邑。②乡里大概相当于W. 施坚雅所说的"基层市镇"的概念。施坚雅这一发现的合理性在于，它揭示出在自然经济占统治地位的中国农村，小农的经济活动和社会交往的实际范围，并非狭隘的自然村，而是一个基层集市所及的一组村庄。下面讲的地方小市场就是指这类基层市场共同体。生产决定流通，小农业和家庭手工业结合的小生产，决定流通过程是地方小市场空前发达与普遍存在。可以说，地方小市场是18世纪中国的基本市场结构。

---

① 列宁：《俄国资本主义的发展》，《列宁选集》，第1卷，第161页。
② 如安徽宁国县"为农产之区，土产甚富，足以供给，无商货经过。清咸丰前，民康物阜，盐以外，无外埠货物入邑境"（民国《宁国县志》，卷八二）。

第三章 农村商品经济的比较

地方小市场与农村经济有密切联系，不论经济发展状况如何，各地都广泛存在地方小市场，诸如市、店、步、埠、墟、集、场、行之类，都是对这一层次的市场因地而异的称呼。一般来说，两广福建叫"墟市"，江南地区叫"市镇"，北方各省叫"集"，四川及西南各省叫"场"，湖广叫"市"。如清人说，"市，南方曰市，北方曰集，蜀中曰疾，粤中曰墟，滇中曰街子，黔中曰场"①。从其名称的地域性差异，也表明地方小市场的普遍存在。地方小市场数量大，但兴废无常。方志中的记载，内容主要涉及市集的名称与分布，沿革变化等，从中我们可以获得有关其数量的统计数据，近年来的研究也涉及这类问题。如广东地区，雍正年间，有墟市1 140处②。叶显恩等人对珠江三角洲21个县方志的墟市曾做过统计，康熙年间有298个，雍正年间有489个，乾隆县志只有6部，墟市数为228个，③总计1 015个。乾嘉时期四川有场市3 000左右④。乾隆年间，福建有墟市700余个⑤。江南地区，据陈忠平统计，乾嘉时期的市镇数为410个⑥。需要说明的是，上述统计数字只限于全国部分省区，而且

---

① 陆以湉：《冷庐杂识》，卷八，《市》。此外，施鸿保所辑《闽杂记》、曹树翘的《滇南杂志》也有类似记载。
② 雍正《广东通志》，卷十八，《坊都》。
③ 叶显恩、谭棣华：《明清珠江三角洲农业商业化与墟市的发展》，《广东社会科学》，1984年，第2期。
④ 高王凌：《乾嘉时期四川的场市、场市网及其功能》，《清史研究集》，第3辑，第78页。
⑤ 陈铿：《明清福建农村市场试探》，《中国社会经济史研究》，1986年，第4期。
⑥ 陈忠平：《明清时期江南地区市场考察》，《中国经济史研究》，1990年，第2期。

相似还是相异？

不独是生产者自产自销、为买而卖的地方小市场。但因18世纪中国市场结构所致，在这些数字中，除江南地区外，地方小市场必然占绝对的优势。至目前为止，我们还缺乏对18世纪全国市场的综合研究，但施坚雅对1893年（光绪十九年）中国都市化的研究，可作为大致参考（表3-2）。

表3-2　1893年中国都市化数据表

经济层次 \ 行政层次	首都	省都	道都	府(州)治	县治	非行政中心	合计
首都	1	3	2				6
地域首府		15	1	3	1		20
地域都市		1	26	20	8	8	63
大都市			19	77	85	19	200
地方都市			12	62	494	101	669
中心市镇				17	581	1 721	2 319
中间市镇					106	7 905	8 011
基层市镇					12	27 700	27 712
合计	1	19	60	179	1 287	37 454	39 000

资料来源：G. Skinner, ed., *The City in Late Imperial China*, p.340。

乡村都市化进程包括村落（自然村）以外的八个层次，因此作为墟集市镇在内的地方小市场，自然便被统计在其中，这就是施坚雅所划分的第八个经济层次，即基层市镇。总数为27 712个。需要指出的是，在缺乏18世纪全国性地方小市场统计数字的情况下，施坚雅的推算只能视为大致的参考，这是因

220

为，这些数据是19世纪末的，距18世纪已过去相当时间，即使作为19世纪的数据，其精确性如何也还有待进一步研究的检验。

地方小市场作为初级市场，其功能是满足农户的一般消费和再生产的需求。康熙《龙门县志》说，"墟，即村市也。小民就近居要地设墟焉；为买贩鱼盐、懋迁布粟之处"[1]。这种地方小市场既是自然经济的产物，也是它的必要补充，其基本作用是在当地居民之间互通有无，调剂余缺，在生产者之间实现以使用价值为目的的交换。在墟集市镇中，商品所有者与需求者之间，通常面对面地、无须假手商贩即可完成商品交换，交换的商品一般限于必要生产资料和生活资料等"日用常物"。所谓"菽粟布帛，鸡豚酒蔬之属，不过趁墟贸易"[2]。道光《直隶定州志》对集市贸易保障日用所需的功能，表达得更为具体，"城乡十余集，殊期日，至期则叠肩骈迹，喧雷汗雨，民气昌矣。其用物惟镰锸筐筥盆碗布枲席，其食物惟豆麦菽粟瓜菜，其畜物惟马牛骡驴羊豕鸡鹜。物之窳者勿鬻，器之窳且靡者甚少所见也"[3]。湖南武冈州（今武冈县），有"市镇数处，列肆多者八九百家，少至数十家，所集之货，多盐米布帛，取便日用，无甚居奇罔利者"[4]。陕西富平县，"邑之集镇有四……市廛有地，交易有期，皆日用常物，无大贾也。""商贾县市花布农器，即

---

[1] 康熙《龙门县志》，卷三，《城堡·边垣·形势》。
[2] 乾隆《东安县志》，卷一，《风俗》。
[3] 道光《直隶定州志》，卷七，《风俗志》。
[4] 道光《宝庆府志》，末卷中，《摭谈》，二。

相似还是相异？

丝帛亦少。各镇市粟米酒脯菜炭而止，资生兴利无长策"①。山东高苑县（今高青县），"土人力本者多，逐末者少，即月有数集，不过蔬菜、布匹、陶冶、农具而已"②。夏津县"贸于市者，除牲畜、杂粮、棉花、白布而外，无他珍奇"③。这种墟集市镇构成农村市场的主体，无论经济发达地区，还是经济尚不发达的地区，所在多有。它们"非定期不集，非集不得贸易，且花布鸡豚粮草果蔬之外，无他奇货"④。从事贸易的主要是附近农民和手工业者，买卖的商品多是农副产品和家庭手工业品。

由于地方小市场主要是依赖农村建立起来的，因而必须在交易时间上方便农民，交易频率则取决于附近农民的购销能力，即他们依赖市场的程度。清代，市集一般多有定期，称为"墟期""场期""市期"或"集期"。参加农村市场贸易谓之"赶集""趁墟""赶街子"等。集期按农历计算，因地而异，一般有一旬一市，一旬两市，一旬三市（如一四七、二五八、三六九），一旬四市（如一四七九，二五八十，一三六八），一旬五市（即双日市）。集期越密，说明市场交易越频繁，农民依赖市场的程度越高。⑤例如江南地区墟集市镇很多是常市，"一

---

① 乾隆《富平县志》，卷二，《建置志》，"市镇"；卷一，《地理》，"风俗"。
② 乾隆《高苑县志》，卷二，《建置志》。
③ 乾隆《夏津县志》，卷二，《建置志》。
④ 乾隆《齐河县志》，卷二，《衢市志》。
⑤ 农民依赖市场的程度并不都同农民商品生产的程度和商品经济发展程度呈同比例运动，这取决于农民生产和交换的性质。为使用价值生产（包括地租），为买而卖，这种交换即使再频繁，都与真正的商品生产无涉，因而也不会摧毁自然经济的基础。

月之中，靡无市焉"[1]。但不少地方仍定期而市。如雍正《宁波府志》记载：附郭、南堡、溪口等市都是五日一集，或为一六，或为五九，或为三八[2]。广东的墟市，除"逐日市"外，都是"有常期"的。如潮州地区以"逐日市"为多，乾隆年间潮州府（今海阳市）属9县共126个墟市，实行"逐市日"的有75个，占59.5%。[3]而据乾隆《河源县志》所载，"凡粤东贸易之所，多名为墟。各立限期，或三日一聚，或五日一聚"[4]。广东增城县多为一旬三集[5]。四川最常见的场期为一旬三期[6]。福建墟市以一旬两墟为多，康熙至乾隆年间，福建农村墟市每旬两期者占全部墟市的74.49%[7]。华北地区如山东的集市亦以五日一集（一旬两集）为最普遍[8]。为了便于农民和商贩购销商品，邻近的集期多半错开，彼此互补，连成网络。这种安排，河北称之为"插花集"，广西称"交叉墟"，四川称"转转场"。

地方小市场的分布是农村交换活动的结果。它受交换活动的制约，随着交换活动的发展而变化。交换活动的增多，必然

---

[1] 光绪《海宁县志》，卷三，《风俗》。
[2] 雍正《宁波府志》，卷八，《乡里村市》。
[3] 乾隆《潮州府志》，卷十四，《墟市》；另参见戴逸主编：《简明清史》，第1册，第420—421页。
[4] 乾隆《河源县志》，卷二，《墟市》。
[5] 嘉庆《增城县志》，卷一，《舆地》；卷五，《方域》。
[6] 参见高王凌：《乾嘉时期四川的场市、场市网及其功能》，《清史研究集》，第3辑。
[7] 参见陈铿：《明清福建农村市场试探》，《中国社会经济史研究》，1986年，第4期。
[8] 戴逸主编：《简明清史》，第1册，第422、424页。

相似还是相异?

使原本稀疏的农村市集向密集化发展。相反,如果没有频繁的交换活动作为基础,密度过大的墟集市镇也会因"贸易人稀,货物留滞"①而毁废。同中国的郡县城市不同,农村小市场的密度、规模和兴衰都以购销需求作为最后的杠杆。一般说来,自然村中很少或几乎没有集市,但它们却是集市生命力之所在。这是因为,农村市场的商品多来自农户的农副产品和家庭手工业品。作为小生产者,农民不可能大宗地出售与购买,而以少量经常为原则。同时,他们既是生产者又兼商人,生产制约着交换,因而交易不能耗时太久,影响生产的进行。有鉴于此,农村小市场必须设在交通便捷,距周围村庄较近的地方,以适应农民频繁和快节奏的交换活动。威廉·施坚雅对18世纪中国四川成都东北35—90公里处的一个地区自然村与集市的关系做过研究。在那里共分布19个集镇,其中6个为中心集镇。在它们周围,大约分布着50个自然村,后者同各墟市的贸易半径都在5公里左右。②

珠江三角洲墟市分布网络,大致说以广州、佛山为中心,从密到疏分布在其周围。以靠近广州、佛山的南海县为例,明嘉靖年间,墟市贸易范围为66.5平方公里,平均人口为6 019口;清雍正年间,贸易范围平均面积为23.4平方公里;平均人口为1 887口;而处在珠江三角洲边缘的恩平县,明嘉靖年间,墟市贸易范围平均面积为226平方公里,平均人口为1 490口;康熙年间,贸易范围平均面积为113平方公里,平均人口

---

① 岭南《麦氏族谱》(乾隆三十五年抄本)。
② 转引自布罗代尔:《15至18世纪的物质文明、经济和资本主义》,第2卷,第107页。

为281丁；道光年间，贸易范围平均面积为92.5平方公里，平均人口为11 556口。①两县不同时期贸易范围平均面积的差异，是彼此农民依赖市场的程度决定的。农民交易的次数多，买卖的货物数量大，市场就会趋向密集，导致贸易范围平均面积的下降；反之，则市场分布相对稀疏，贸易范围平均面积就会增大。与此相应，农户距市场的贸易半径也会有所区别。如南海县，明嘉靖时为4.6公里，清雍正时为2.7公里；恩平县，明嘉靖时为8.5公里，清康熙时为6公里，道光时为5.4公里。现属顺德市的龙山乡市场密度更高。该乡设有3墟12市，满足了合乡土客"十余万人"的交换需求。②每市平均贸易面积为4.16平方公里，平均人口6 667人③。这里的平均贸易半径仅有1.2公里。

关于江南市镇初级市场的贸易范围，陈忠平做过较大范围的研究。他对该地区51个州县（其中平原区39个州县，山区12个州县）的相关数字进行的分门别类的统计，并制成下表，现转录如下（表3-3）：

---

① 叶显恩、谭棣华：《明清珠江三角洲农业商业化与墟市发展》，《广东社会科学》，1984年，第2期。
② 嘉庆《东莞县志》，卷九，《坊都附墟市》。
③ 参见叶显恩、谭棣华：《明清时期珠江三角洲农业商业化和墟市的发展》，《广东社会科学》，1984年，第2期。

相似还是相异？

表3-3 清中期江南市镇初级市场平均贸易范围面积表

州县名称	城镇数目（个）	土地面积（公里²）	市镇初级市场平均贸易面积（公里²/个）	平均贸易半径（公里）	州县名称	城镇数目（个）	土地面积（公里²）	市镇初级市场平均贸易面积（公里²/个）	平均贸易半径（公里）
吴 长洲 元和	24	2 529	105	5.8	宜兴△ 荆溪△	7	1 878	268	9.2
吴江 震泽	16	1 155	72	4.8	江阴	7	1 353	193	7.8
昆山 新阳	15	795	53	4.1	钱塘 仁和	28	868	31	3.1
常熟 昭文	36	1 999	55	4.2	海宁	10	588	58	4.3
					富阳△	6	1 155	192	7.8
太仓 镇洋	22	893	40	3.6	余杭△	9	698	77	5
					临安△	11	980	89	5.3
嘉定	19	461	24	2.8	新城△	7	615	87	5.26
宝山	12	800	66	4.6	于潜△	2	925	462	12
华亭 娄	19	869	45	3.8	昌化	6	1 346	224	8.4
					嘉兴 秀水	9	1 056	117	6.1
金山	13	377	29	3					
奉贤	8	587	73	4.8	嘉善	7	456	65	4.5
青浦	33	677	21	2.6	石门	3	380	126	6.3
上海	16	538	33	3.2	桐乡	8	375	46	3.8
南汇	17	1 000	58	4.3	海盐	7	534	76	4.9

续表

州县名称	城镇数目（个）	土地面积（公里²）	市镇初级市场平均贸易面积（公里²/个）	平均贸易半径（公里）	州县名称	城镇数目（个）	土地面积（公里²）	市镇初级市场平均贸易面积（公里²/个）	平均贸易半径（公里）
川沙	7	104	14	2	平湖	10	531	53	4.1
武进	8	2 459	307	9.9	乌程	12	1 829	152	7
阳湖					归安				
无锡	11	1 309	119	6.2	德清	3	391	130	6.4
金匮									
长兴△	6	1 648	274	9.3	孝丰△	2	1 137	568	13.4
安吉△	4	692	173	7.4	武康△	3	467	155	7

资料来源：陈忠平：《明清时期江南地区市场考察》，《中国经济史研究》，1990年，第2期。

注：有△号者为山区州县，平均贸易半径一项为笔者计算。

如上表所示，在39个平原州县中，除武进、阳湖、江阴三县因统计资料问题而略显特殊外，其他州县市镇初级市场的平均贸易面积在14—152平方公里之间，平均贸易半径为2—7公里；而山区12个州县中除孝丰、于潜二县较为特殊外，其余10个州县中市镇初级市场的平均贸易面积在77—274平方公里之间，平均贸易半径为5—9公里。

相比之下，对北方各省地方小市场的研究则相对不足。惟有山东例外，已经积累起一些扎实而有分量的研究成果。据许檀研究，清代中期，济南府（今济南市）陵县共有集场15处。一般集市平均交易面积约53平方公里。长清县共有大小集市35

相似还是相异？

处，一般集市的交易面积为35平方公里。武定府（府治在今惠民市）属的商河县，共有集市34处，普通集市的平均贸易面积为39平方公里。①以此推算，陵县平均交易半径为4.1公里，长清县为3.3公里，商河县为3.5公里。在清代中叶，包括济南府在内的曹州、东昌三府属平原区，集市密度称最，平均交易面积在40—70平方公里。就山东省平均而言，集市交易面积平均为66平方公里，每集的交易半径多在3—5公里之间，最长的不足7公里。②这样算来，农民赶集一般只需一两个小时的路程。

可见，农民赶集趁墟都是就近进行的，近则5公里左右，远者在10公里上下。前者，农家只需花费清晨的一段时间，就可"早市早回，既充一日之用，又不妨一日之功"③。路远者，也只需花费半天时间，就可往返市场一趟。当然，这只是平均而论，也有例外者。如河南嵩县，"市镇非列货若都会，只农器盐米备民用。今虽分置三十二所，尚有远趋数十里外者"④。但这种情况恐怕有其特殊的原因。无论如何，农民走几十里路购销基本生产生活用品，似乎不是常见的现象。

早期现代，英国农村的市场结构大致与中国类似。农村市场主要分为两种。一是所谓的村市，这些市场多在村庄进行贸易。村庄的人口约300—400人，贸易范围仅有几平方英里，来此交易者一般都是附近的贫苦农民。周围几千个农夫、工资劳

---

① 许檀：《清代山东牲畜市场》，《中国经济史研究》，1988年，第2期。
② 许檀：《明清时期山东商品经济的发展》，第251—253页。
③ 乾隆《嘉定县志》，卷十二，《风俗》。
④ 乾隆《嵩县志》，卷首。

动者和茅舍农的存在，是村市商业活动的基础。由于16世纪以来，农村中失去或减少土地的人增多，不少人越来越多地将出卖劳动力作为谋生手段；当然他们总还是种一点儿地，但土地上的产品并不能自给自足，更多时候他们要到市场持币购买生活用品。但据近人研究，这种村市数量很小，有市场的村庄只是极少数。二是市镇（market town），农村市场的主体是介于村级小市和郡市场之间的市镇。市镇的规模和影响力都大于村市。市镇一般人口在1 000人左右，偶尔也有到2 000人的。几乎每个郡都有五至六个以上的市镇存在，如肯特郡有阿什福德、克兰布鲁克、达特福德、费沃沙姆、塞文诺克、汤布赖德、坦特登和桑威齐八个市镇。伯克郡有五个市镇，斯塔福德郡有六个市镇。[①]需要说明的是，由于文献和研究的不足，村市和市镇还难以精确区分。一般说来，服务于一个村庄的市场是村市，依赖若干个村庄维持购销活动的都是市镇。当然从规模和贸易性质看，村庄和市镇则一目了然，但文献往往对于农村市场的商况记载不详，这也影响了对它们的判断。

18世纪，英格兰和威尔士继承了中世纪以来的大量市镇，尽管在此过程中，旧城的衰落与新城的兴起从来没有间断过。在18世纪的英国，促成农村经济转向商品生产的因素很多。如农业生产方式或经营方式的变迁，农村产业结构的变化，人口的城市化，海外贸易的扩大等。但农村商品生产的增加，并没有导致市场数量的增多，这是一个十分引人注目的现象，与同

[①] A. Everitt, *"The Marketing of Agricultural Produce"*, in J. Thirsk ed., *The Agrarian History of England and Wales*, Vol. IV, 1500-1640, p. 478.

相似还是相异?

期的中国形成鲜明区别。在英国,与16、17世纪相比,18世纪的市场数量不但没有增加,反倒减少许多。统计数字显示,1500—1792年,在所统计的英格兰的31个郡中,集市数量除个别郡持平或稍有增加外,其他郡有不同程度的下降。分郡统计的数据过于琐碎,从整个英格兰看,1500—1640年集市为752个,1690年为801个,1693年为614个,1720年为574个,1792年为660个。[1]

历史学家对18世纪市场减少已持定论,而且认为市场数量的减少也绝非仅在18世纪。布罗代尔曾指出,"13世纪英格兰的集市可能比伊丽莎白时代多一些,虽然这两个时期的人口几乎相等(应相差较多。——引者)……在两个时代之间,有些集市已经'消失'"[2]。关于18世纪集市减少的原因,琼·瑟斯克认为,经济增长是诱发集市减少的一种力量,但双方是如何作用的,她没有明确阐述。另外就是来自其他市场的竞争,某些市场中心地位的确立,往往伴随牺牲附近个别市场作为代价。[3] 布里斯托尔集市的壮大就威胁了周围的小集市。到18世纪中叶,索恩伯里已不再是一个商贸地,被邻近的布里斯托尔吞并,莱奇拉德也遭此厄运。可以说,大集市力量的壮大有助于剪除小集市。此外,一个集市集期的变化,都能带来它同另一个集市的直接竞争,并最终使其中一方衰落。据约翰·坎农在1735年

---

[1] J. Thirsk ed., *The Agrarian History of England and Wales*, Vol. V. II, p. 410-411, Table 17.2.

[2] 布罗代尔:《15至18世纪的物质文明、经济和资本主义》,第2卷,第25页。

[3] J. Thirsk ed., *The Agrarian History of England and Wales*, Vol. V, 1640-1750, Part II, p.413.

第三章 农村商品经济的比较

记载，萨默顿市场集期改在星期二，使它同相隔6.5英里的格拉斯顿伯里集市发生直接竞争，并促成后者衰落。在18世纪末，运输条件和贸易的变迁，使诺福克郡的27个集市中，仅三个处于有利地位，其余都处境维艰。不过，瑟斯克认为，附近集市的竞争和交通条件都不是导致集市减少的仅有原因，其他大量经济的和非经济的力量都在参与18世纪市场结构的重新塑造。这当然是一个因地而异、极为复杂的问题。如其他类型的市场与集市同在一个地方，地方政府在集市所在地，集市所在地区较为富庶等因素，都会使一个集市壮大，而带给邻近集市消极的影响。①

由于集市数量的减少，同16、17世纪相比，18世纪英国农村市场贸易的相关因素也有所变化，但程度不会太大。据阿兰·埃佛利脱研究，除五六个村庄保留自己的集市外，16—17世纪的英格兰约有760个设有一至几个集市的城镇。威尔士约有50个此类城镇，合计约800个经常设集市的城镇。当时两个地区人口在550万上下，每个设集的城镇的交易活动平均涉及6 000—7 000人。这约800个城镇集市平均涉及方圆7英里（11公里）的范围。②据此推算，农民贸易半径只有1.5英里（1.9公里）。18世纪情况有些变化。一是市镇数降至728个左右，这会带来集市贸易平均面积和农户贸易半径的相应增加，相应为7.7英里（12公里）和1.6英里（2公里）。二是每个设集城镇的交易活动涉及的人口有所增加。1751年，英格兰和威尔士有人口620

---

① J. Thirsk ed., *The Agrarian History of England and Wales*, Vol. V, 1640-1750, Part II, pp. 413, 414.

② A. Everitt, "The Marketing of Agricultural Produce", in J. Thirsk ed., *The Agrarian History of England and Wales*, Vol. IV, 1500-1640, p. 552.

相似还是相异?

万,1801年为920万,那么这一时期每个城镇的交易活动涉及8 500—12 000人。[①]不过,市场密度因地而异,各地区经济状况不同,市场也有疏密的区别。例如在早期现代的英格兰,约克郡、德文郡、萨默塞特郡、林肯郡和格洛斯特郡市镇较多,而在诺森伯兰郡和威尔士各郡,市镇数量很少。在威尔士,平均市场面积为100 000英亩,即156平方英里。在英格兰,平均市场面积仅为45 000英亩,或70平方英里。在赫特福德郡的20个市镇,平均市场面积为20 000英亩,即31平方公里,诺森伯兰郡的8个市镇平均市场面积为161 000平方英亩,合250平方英里。总的看,市场密度最高的是东部各郡,如赫特福德郡、靠近中部地区、萨福克郡和肯特郡等。这些郡市镇距离在35 000英亩,即54平方英里。兰开郡、中部其他地区、东英格兰各郡以及剑桥、诺丁汉、汉普郡、萨里郡等,平均市场面积超过45 000英亩,即70平方英里。在北部和西部各郡,市场面积在63 000英亩,即98平方英里。由于各地区市场密度差异很大,因此农民去市场的交易半径也有区别,详见表3-4。

表3-4 英国农民进入市场的距离

地区	农民路途的百分比			
	1—5.5英里	6—9.5英里	10—19.5英里	20英里及以上
北部	17	13	20	50
南部	31	38	31	0
东部	60	25	13	2

① 这一数字并不准确,因为没有与人口数字同期的集市数字,所以只能以18世纪末的集市数字,分别除以1751年和1801年的人口数。

续表

地区	农民路途的百分比			
	1—5.5 英里	6—9.5 英里	10—19.5 英里	20 英里及以上
西部	25	35	25	15
中部	36	14	29	21
英格兰	39	26	20	15

资料来源：A. Everitt, "The Marketing of Agricultural Produce", in J. Thirsk ed., *The Agrarian History of England and Wales*, Vol. IV, 1500-1640, p. 498, Table 12。

二 集散和专业市场

专业市场和集散市场是两个不同的概念。其一，专业市场是专营一种或某类生产资料和生活资料的贸易场所，而集散市场则既可是综合性的，又可包括专业性的市场；其二，专业市场可以是乡村小市层次的市场，也可以是更高层次的市场；而集散市场则是村市以上层次的市场。之所以将两者放在一起考察，是想说明这两类市场与地方小市场所体现的生产与交换的性质有所差异。如专业市场不同程度地反映出生产的专业化、地区分工等特点；而集散市场则表现出地区间经济的互补、依存和联系的性质，突破了以乡里、县邑为界限的狭小的经济单位。市场不但是个体农民再生产的必要条件，也是社会再生产的必要条件。限于本书所论范围，这里考察的专业与集散市场，仅限于农村中农副产品、农业生产资料和家庭手工业所生产的纺织品的购销地，购销其他物品的市场则不在讨论范围之内。

因交换主体、贸易目的不同，农村市场存在形态也不尽相同。方志对此也做过区别。如"贸易之所曰市，市之至大者曰

相似还是相异?

镇"①。"市者,事也。民各事其事;镇者,民之望也。商贾贸迁,舟车辐辏,财赋生焉"②。"市"的工商业发展到一定规模,也可以升格为"镇"。嘉庆时东莞县(今东莞市),"杂沓交易之场,大曰墟,小曰市,墟有常期,市无虚日"③。民国时修撰的《佛山忠义乡志》,在谈到广东风俗时说,"粤俗以旬日为期,谓之墟,以早晚为期,谓之市。墟有廊,廊有区,货以区聚,盖犹有城遗制,市则随地可设,取便买卖而已。故墟重于市,其利亦较市为大……墟期以日利四方,市期以早暮利近地"④。四川有"大场",北方也有"大集",以区别于"小场""小集"⑤。如山西保德州(今保德市),"大集米粮杂货人市","余则米粮小集"⑥。陕西郃阳县(今合阳县),"市粮食者曰小集,市诸货物者曰大集"⑦。市镇与集市同为农村市场,但两者的交易主体、功能、规模都有区别。集市的交易者以"为买而卖""以有易无"的农民为主,是小生产者交换和调剂产品的场所,往往没有居间转手的过程。他们交易的目的主要是满足再生产过程的需要。此外,小商小贩也是集市的交易者。农民入市商品,一部分被附近农民或手工业者作为直接消费品所购买,另一部分则流入商贩手里,被作为本地所产商品集中起来,运销外地;同时,商贩们

---

① 康熙《嘉定县志》,卷二,《市镇》。
② 同上。
③ 嘉庆《东莞县志》,卷十,《坊都》。
④ 民国《佛山忠义乡志》,卷一,《舆地》,"墟市"。
⑤ 高王凌:《乾隆时期四川的场市、场市网及其功能》,《清史研究集》,第3辑,第81—83页。
⑥ 道光《保德州志》,卷四。
⑦ 乾隆《合阳县全志》,卷一,《地理》,第一。

第三章　农村商品经济的比较

还要零售他们所带来的此地不能生产或缺乏的商品,因而集市小商贩的特点可以概括为"零集零售"。随各地农产品和家庭手工业品的商品化程度不同,集市中农民和商贩的数量也会此消彼长。由此可见,集市既是商品购买之起点,又是商品销售之终点,在那里进行的是一种"终端"贸易。至于市镇,虽然也存在服务本地的经济功能,但以大宗商品集散为主,进行中间层次的转手贸易,交易者以商贾为主,以获利为目的,通过集市和商贾使集市和地区市场连为一体,成为市场网络。因此,作为工商业中心的市镇,是沟通城乡市场和各地经济联系的重要枢纽,这是中国古代晚期商品经济发展的一个特点。市镇的崛起,归根到底是植根于农副产品的商品化。因而它们发展的早与迟、快与慢,完全取决于各地区商业化农副业的推进程度。

江南市镇是中国古代社会农村市场最发达的形态,也是市镇发展的典型。江南市镇的发展源于手工业品和农副产品的商品化。江南是18世纪棉织品和丝织品重要生产基地,以生产和销售为中心,兴起一大批棉布业和丝绸业市镇。同时,江南地狭人稠,有限的土地又多种经济作物,且粮食的劳动生产率滞衰,因而粮食自给率低,需要外埠运粮以解决本区民食之需,粮食贸易的市镇也由此兴起。无论经营何种商品的市镇,其贸易规模已非集市可比。江南市镇,无论手工业市镇还是商业市镇,产销都面向区域市场,有的手工业市镇还面向国际市场。[①]在此过程中,这类手工业和商业市镇发展为专业化市镇。市镇

[①] 浙江乌程县南浔镇的丝行中的广庄,即专门招待广东商人及来往上海与外商贸易者。江苏吴江县的盛泽镇,绫绸销及南洋群岛、高丽、法国和美国等地(刘石吉:《明清江南市镇研究》,第46页)。

相似还是相异？

要承担手工业品或农副产品的集散和贸易功能。如吴江县的县市，乾隆时"百货具集通衢市肆，以贸易为事者往来无虚日"①。平望镇"百货贸易如小邑"，"而米及豆麦尤多，千艘万舸远近毕集，俗以小枫桥称之"②。该县的盛泽镇成为境内所产绫绸的集散中心，"凡邑中所产，皆聚于盛泽镇，天下衣被多赖之，巨商大贾数千里辇万金来买者，摩肩连袂如一都会焉"③。在履行集散贸易功能的过程中，手工业市镇形成市镇同四乡农户的分工，即生产者主要来自四乡农户，市镇承担纺织品的收购、后期加工与外销的任务，从而形成四乡生产与市镇集散的产销格局。棉纺织品和丝绸织品的生产主要依赖四乡农户，农户专事纺织，大约始于明中叶以后。据乾隆《吴江县志》卷38载："绫绸之业，宋元以前惟郡人为之，至明熙、宣间（洪熙、宣德年间[1425—1436年]）邑民始渐事机丝，犹往往雇郡人织挽。成、弘（成化、弘治年间[1465—1506年]）以后，土人亦有精其业者。相沿成俗，于是盛泽、黄溪四五十里间，民乃尽逐绫绸之利。有力者雇人织挽，贫者皆自织而令其童稚挽花；女工不事纺绩，日夕治丝，故儿女自十岁以外皆蚤暮拮据以糊其口，而丝之丰歉，绫绸价之低昂，即小民有岁无岁之分也。"可见15世纪中叶以后，吴江县的绫绸纺织业逐渐从城镇中推广到乡村地区。

由于棉织品和丝织品被纳入商品生产的体系，农家传统的男耕女织的生产经营结构趋于解体，形成了部分"以棉织布，

---

① 乾隆《吴江县志》，卷四，《镇市村》。
② 乾隆《吴江县志》，卷五，《物产》。
③ 同上。

第三章　农村商品经济的比较

以布易银，以银籴米"①的棉纺织专业户。他们与市场的关系也不再是与消费者和小商贩的直接交易，而是将产品卖与牙行、坐镇收购的布号（布庄）或流动收购的布商，然后再经染色和踹布等加工程序，贩运到各地出售。由于商品生产的特点，作为农村市场的市镇，其经济运行的机制也不同于农村。如在丝织业市镇，"镇之丰歉固视乎田之荒熟，尤视乎商客之盛衰。盖机户仰食于绸行，绸行仰食于商客，而开张店肆者即胥仰食于此焉。倘或商客稀少，机户利薄，则怨咨者多矣"②。布行和布商已垄断了农家制成品的收购，布商也担负起对收买到的布匹进行染色和踹布等后期加工程序，但仍未介入到纺与织的生产过程中，距真正的包买商仅一步之遥。在西方，"加入或未加入行会的手工业者，凡是依赖于较大市场的，无论是从购进原料还是从销售产品来看，都要依附于商人……通常，手工业者都是购进羊毛或现成的纱来织，从铁匠铺买生铁，把自己的半成品或四分之三成品提供给那个真正推销这些产品的人进行最后加工。因此，谁既能支配原料又能控制销售，谁就占了优势，并能使实际生产者依附于自己"③。不过，从现有文献看，18世纪牙行和布商没有同生产过程发生联系。商业资本既没有向织户提供纺织原料（棉、纱），也没有控制生产工具（织机），商业资本统一指挥下的分工与协作也未建立起来。为维持生计，织户都是以布换回纺织原料（棉花）或生活资料（易米、易粟及

---

① 嘉庆《南翔镇志》，卷十二，《杂志》。
② 乾隆《盛湖志》，卷下，《风俗》。
③ 豪斯赫尔：《近代经济史》，第158页。

相似还是相异？

货币）。①因此，无论牙行或布商，都不是真正意义上的包买商，而只是收购商和贸易商。

广东的市镇也很发达。大乡中心墟如东莞县的石龙墟，"商贾凑集，当郡（广州）与惠潮之冲，其民侨富多，而土著寡"②。到乾隆时，发展成了"邑之北户，交通惠广，商贾如云，而鱼盐之利，蕉荔橘柚之饶，亦为东南诸邑之冠"③。东莞诸墟的商人，"渡岭桥，涉湖湘，浮江淮，走齐鲁间，往往以糖香牟大利"④。陆丰县东海滘墟，"枕山面海，园廛林木，鱼盐脣蛤，无不毕集。又兼闽商海贾，阜通货贿，其利甚薄"⑤。南海县的九江大墟，工商业发达，与江南的市镇难分伯仲。"货以鱼花土丝为最，甲于邑内"，"次谷、次布、次蚕种、次六畜，五蔬、百果、裘帛、药材、器皿、杂物，俱同日贸易"，收购的蚕丝"行于省佛，贩出外洋"⑥。

北方各省，市镇也有发展，但密度次于江南，也不及广东。更为重要的是，这些市镇的政治军事职能大于经济职能，其中

---

① 乾隆《平湖县志》，卷一载："妇女燃脂夜作，成纱线及布，凌晨入市，易棉花以归。"黄卬辑：《锡金识小录》，卷一载："吾邑（无锡）不种草棉，而棉布之利独盛"，"布有三等：一以三丈为匹曰长头，一以二丈为匹曰短头，皆以换花。一以二丈二尺为匹曰放长，则以易米及钱，坐贾收入。"钱泳辑：《履园丛话》，卷二十三，《杂记》，上，"换棉花"载："余族人有名焜者……以数百金开棉花庄换布……邻居有女子……常以布来换棉花。"
② 雍正《东莞县志》，卷三，《风俗》。
③ 乾隆《广州府志》，卷二，《舆图》。
④ 同上书，卷十，《风俗》。
⑤ 乾隆《陆丰县志》，卷九，《赋役》。
⑥ 道光《南海县志》，卷十三，《建置略》；光绪《九江儒林乡志》，卷五，《经政略》。

第三章　农村商品经济的比较

绝大多数的市镇尚不具备二级市场的功能。如冀鲁豫各省，据从翰香研究，该区收录于乾隆《大清一统志》中的"镇"共359个，其中"商业有所发展的农村市镇，确知其名称及发展状况者36处。这36处地方，大体上可以体现截止乾隆时期华北地区商业性集镇（个别仍称店、集）扩展状况"[①]。著名的如山东长山县周村镇，号称"齐鲁间巨镇"，可和南方市镇媲美。至嘉庆时期，周村"烟火鳞次，泉货充牣，居人名为旱马头"，"马头者，商贾往来停泊之所。若汉口、佛山、景德、朱仙镇之属"。镇西的兴隆街，"琳宫宝刹，闤闠肆广，咸依绕岸，而服贾牵牛，负贩而过者，日不啻千百计"[②]。市镇中有集，"三八日小集，四九日大集"[③]。专业市集如山东清平县，"木棉市集，向来新集最盛。近来在家庄、仓上等处，亦多买卖，四方商客云集，每月交易以数千金计"[④]。总之，18世纪时，北方作为二级市场的市镇，还只是初步发展阶段，其显著变化则要到清末和民国时期方可见到。

早期现代，英国农村市场的变化趋势是专业性市场的大量涌现。英格兰每五个市场中有两个，威尔士每三个中有一个是专业性市场，交易商品主要有谷物、牛、马、羊、奶酪、黄油、家禽、鱼、羊毛、纱线、呢绒等。当然，所谓专业化市场只具有相对意义，即该市场主要是某一种或几种商品的交易场所，

[①] 从翰香主编：《近代冀鲁豫乡村》，第121页。
[②] 嘉庆《长山县志》，卷十三，《记》，嘉庆三年邑孝廉王衍霖：《周村重修兴隆桥碑记》。
[③] 同上书，卷一，《市集》。
[④] 嘉庆《清平县志》，卷八，《户书》。

相似还是相异？

而决定市场经营的因素则是当地的生产、市场所处位置、它与本地和外埠的交通状况等。早期现代之初期，在英格兰和威尔士的约800个市镇中，专业化市场占300个以上。在这300多个市镇中，133个城镇从事小麦贸易，26个蔬菜集市，6个以上的水果市集，牛市92个，羊市32个，13个马市，14个猪市，鱼市30个以上，21个野味市和家禽市，12个奶酪和黄油市，30多个城镇经营羊毛或毛线生意，27个以上的城镇出售呢绒，11个出售皮革制品，8个出售大麻。①布罗代尔认为，集市的专业化在18世纪日趋增加。②

  18世纪的英国，市场主体的逐步变化是值得关注的现象。专业性市镇的崛起与发展，来源于生产的规模化与专业化，后者正是16世纪以来，英国农村经济发展的一个特点。当然，家庭农场主和小租地农也是市镇市场的常客。如希尔顿认为，农村市场是农民简单再生产的运行之处，农户在这里把其剩余产品转为货币，部分用来购买农村中没有的手工业品，部分用来交纳租税，③这与中世纪以来英国的交换模式和性质并无多大区别。但普通农民究竟能在多大程度上与市镇发生联系，比如像他们到市镇的频率，他们作为买方和卖方的交易数量，特别是专业性市镇同普通农民再生产活动的依存关系，都值得论证，似乎不应过分夸大其作用。布罗代尔就说过，"农民的生活当然

---

  ① A. Everitt, "The Marketing of Agricultural Produce", in J. Thirsk ed., *The Agrarian History of England and Wales*, Vol. IV, 1500–1640, p. 495.
  ② 布罗代尔：《15至18世纪的物质文明、经济和资本主义》，第2卷，第26页。
  ③ R. H. Hilton, *Town in English Feudal Society*, in R. H. Hilton, *Class Conflict and the Crisis of Feudalism*, p.185.

还停留在市场之外（至少有一半在市场之外），这是典型的自给自足的封闭性经济。农民一生中满足于消费用自己的双手生产的产品，或用食品和劳务向邻居换来的产品。他们去城镇集市的人虽然很多，但在集市只买他们不可缺少的铁犁头，而把出卖鸡蛋、黄油、家禽或蔬菜所得的钱留着纳税，他们不能算真正投入市场交换，而只是来去匆匆的过客"①。布罗代尔所说的交换，当然不是广义上的交换活动，这种交换活动对我们研究社会转型无任何意义。我们所说的交换，是以商品生产为基础的交换，而事实证明，只有建立在劳动生产率提高和规模经营基础上的商品生产和交换活动，才能真正促成传统农村经济和社会结构的转变，而后者恐怕正是中英两国商品交换所致结果存在差异的原因所在。布罗代尔既指出绝大多数农民的非商品生产性的同时，也看到了少数农民的例外。"许多富裕农民充分利用市场：英国农庄主每年冬天不必从事毛麻纺织，而能把他们的收获化为商品，他们同时向市场采购和供货。"②市镇的交易者，不应仅是小生产者和商贾，如中国同期市镇的情况；而应有更多的规模经营的大农涉足市场，他们以真正的商品生产者的姿态（不仅为谋生，更为牟利），成为市场的卖方和买方，如此，自然经济结构的解体才会实实在在地成为乡村的现实。

18世纪，英国城镇市集的交易主体是农场主，他们既可以是自由持有农，也可以是租地持有农。笼统地称呼他们就是约曼或农场主。因经营条件、方式的不同，按照同市场的关系，

---

① 布罗代尔：《15至18世纪的物质文明、经济和资本主义》，第2卷，第38页。

② 同上书，第38—39页。

相似还是相异?

农场主可划分为四种类型：经济条件不好的农场主、经济条件一般的农场主、经济条件较好的农场主和富裕农场主。经济条件不好的农场主在农场中比例较大，在资金上依赖小商人和土地所有者，在收获前数月，他们的债权人强迫他们尽早偿还债务，因此，至圣诞节前，所有新收获的谷物都要售出，而这时的价格对他们是最不利的。经济条件一般的农场主资金可以周转，但每当播种、交租和购置牲畜的时候，他们都必须筹措资金应付开支。到每年5月青黄不接时，如果家里还有余粮，他们就很满意了。经济条件较好的农场主每年要将他生产的大部分谷物出售，以得到的货币支付地租、工资、种子、牲畜等开销。但他们仍仓有余粮，留着年景不好时卖个好价钱。富裕农场主在收获后并不急于卖粮，他们将所有或绝大部分粮食囤积起来，在粮价对他们最有利的时候抛售。这类富裕农场主人数并不很多。[①] 由于经营规模的差别，这几种农场主商品生产的水平和购销能力会依次递增，但作为一个整体，他们的生产制约着市场。比如，中小农场主因缺乏资金，收获后及时将粮食出售，会平抑粮价；而那些经济条件较好、资金雄厚的农场主囤积居奇，待价而沽，使本该有充足货源的粮食市场供给不足，从而致使粮价上升。

由于市镇交易主体逐渐主要来自农场主，而他们往往是大宗农副产品的卖主，因而引起交易方式的变化。在传统经营方式下，农民自己既是生产者，又要亲自到市场出售他们的部分

[①] A. Everitt, "The Marketing of Agricultural Produce", in J. Thirsk ed., *The Agrarian History of England and Wales*, Vol. IV, 1500-1640, pp. 241-242.

产品。为此，他们带上全部交易的货物，或肩挑背扛，或马驮车载，与买者进行直接的现货交易。这种传统的交易方式来源于小生产，当时农副业的绝大部分产品主要在家庭消费，可供出售的农副产品数量不大，将它们送到市场出售不会增大交易成本。但从18世纪起，随着土地占有和经营方式的变化，商品生产在农牧业中逐渐赢得自己的优势，大宗农牧产品的现货交易，要支付运输、仓储等费用，增大交易成本，在经济上不划算。除传统的现货交易外，这时又增加了样品市场（sample market），农场主到市场仅需带一点儿所售货物的样品供买主鉴别，一旦生意谈妥，农场主再将同样品级的货物，在指定的时间送到市场或买主需要的地方。样品市场兴起于17世纪中叶，到18世纪中叶前后普遍流行。商品生产者作为市场交易主体的诞生，是18世纪农村商品经济发展中最引人注目的现象之一，它是英国农村中生产关系、生产方式变迁的重要成果，是传统农村向现代农村转变的最现实、最强大的推动力量。同一时期，中国各类农村市场的交易主体还主要是小生产者或小商品生产者，以及贸迁有无、逐利远近的商人，而鲜见真正的商品生产者的身影，这是造成早期现代以来中英农村商品经济不同命运的重要决定因素。

三　庙会和交易会

18世纪，庙会是市集、市镇之外农村的另一种商品交易形式。当然，它并不仅存在于农村和农副产品的购销，也并不仅以经济功能为限。不过，限于本书所论内容，这里仅涉及与农村市场交易有关的庙会，就是说，只谈农村中的庙会，仅涉及

相似还是相异？

庙会的经济职能；而城市中的庙会，以及庙会所具有的宗教、文化、民俗和社会的功能，则不在论述之列。

  庙会的分布带有一定的地域性，北方地区居多。庙会的起源自然离不开宗教因素，但在经济上也有其存在的必要性。集市和市镇的发展，尚不能满足农民和商贾购销商品的要求，便以庙会作为补充形式。如陕西同官县（今铜川市），市集"布粟蔬薪而外，更无长物，余皆于会期取给焉"①。有些地方"地处僻壤，商贾不通，购置货物甚艰"。如文水县，"境内无多商贾，平民一箕帚之微无从购置，惟恃有庙会"，那么庙会便成为"既便商亦便民"②的交易形式。清人柴桑说："交易于市者，南方谓之趁墟，北方谓之赶集，又谓之赶会，京师则谓之赶庙。"③道光时河南《鄢陵县志·风俗》云："城乡之有会，犹江浙之有集，闽广之有墟也。"这里把庙会完全等同于商业集市。不过，作为农村市场，集市和庙会在形式上还是有所区分。乾隆《临清直隶州志》云："定期者曰集，不定期者曰会。"其实庙会也非全无定期，只不过不是数日举行一次，而是以年或季节为周期进行贸易。如嘉庆《禹城县志》卷四《街市志》云："有定期而非常市曰会，会或三日，或五日。"庙会适应交通不便和农业季节性的特点，每年举行一二次，多在农闲之时，会期较长，体现出农民生产活动的节奏和对生产生活资料的不同需求。如山东武城县，城隍庙会为每年"二月初二日起，初六日止"，会期五天。子游庙会，每年"三月二十日起，二十三日止"，会期四

---

  ① 乾隆《同官县志》，卷四，《风俗》。
  ② 光绪《文水县志》，卷三，《市集》；光绪《浮山县志》，卷二六，《风俗》。
  ③ 柴桑：《燕京杂记》。

天。娘娘庙会，每年"四月二十二日起，二十五日止""十月初十日起，十三日止"，两次会期①。也有三日会期的，如平原县什方院等九个庙会，每年"俱大会三日"②。有的庙会则按季节举行，多在夏冬农闲时。如乐陵县的西关庙会，"五月十三日到十七日"称"夏会"；北关庙会，"十月十三日至十七日"称"冬会"③，符合农民经济活动的节奏。庙会规模较大，会期长短不一，会上商品多，商贩多，上市的农民也多。如山东禹城县，"会之日，四方云集，平地张幕，画界成巷，炫采居奇，以相贸易"④。山西太谷县，会上"四乡商贾以百货至，交易杂沓，终日而罢者为小会。赁房列肆，裘绮珍玩，经旬匝月而市者为大会。城乡岁会凡五十五"⑤。

庙会相对集市交易间隔长，不像频繁交易的集市那样，与农民日常生产生活朝夕相关；但货物品种丰富齐备，又是集市无法比拟的，因而成为农民购销生活和生产资料的重要渠道。陕西永寿县，妇女"不娴纺织，惟有会日，则群出购买衣裙细布等物"⑥。特别是婚嫁所需货物，更要依靠庙会。如江西万载县的株潭，"咸同兵燹以前，年有会期，在九十月间，商贾云集，货物骈臻，乡人嫁娶所需，只待会期采办"⑦。山西陵川县，"俗于榴月（五月）念七日为城隍神会。商贾辐辏，邑人终岁所需

---

① 道光《武城县志》，卷二，《城市》。
② 乾隆《平原县志》，卷二，《建置》。
③ 乾隆《乐陵县志》，卷一，《市集》。
④ 嘉庆《禹城县志》，卷四，《街市》。
⑤ 咸丰《太谷县志》，卷三，《风俗》。
⑥ 光绪《永寿县志》，卷四引《陕西资政录》。
⑦ 民国《万载县志》，卷四，《风俗》。

相似还是相异？

及婚嫁器用，咸于此时置备焉"[1]。各类生活资料的购买者，当然不止于农民，地主、商人、手工业者和其他人等，也都依靠庙会供应生活用品。需要指出，上述各类交易者，不仅是买方，如收取实物地租的地主有粮食，商人有从外埠运来的各类货物，手工业者和农民有自己生产的手工业品和农副产品，他们也是卖方。

庙会除大量供应生活资料外，农业生产资料的交易也很突出，从普通农具到牲畜，几乎无所不有。直隶唐县，"四月六日，商贾辐辏，百货毕聚，书籍毛墨及农器尤多，名曰神集"[2]。山西陵川县，"十月八日，崇安寺佛诞，集场颇盛。多货皮张，然鲜贵重者，余惟农器术具而已"[3]。山东禹城县，"会之日，四方云集……然有无相通，亦惟日用农器、马牛驴豕之属为多"[4]。邹平县，"会集交易，轮日赶趁"，"四月八日黄山会，初六日起，至初八日止。远近州邑、士民男妇咸结队朝拜碧霞元君像……是日，四方商贾赍百货，俱集东门交易。自庙外至山脚……农具、诸家居用物溢路铺设里余，俗称大集"[5]。夏津县每年正月、六月均有会，至期"骡马牛驴及百货会聚"[6]。莱州府（今掖县）之胶州（今胶县）有九龙山会，在州城西南20里，"每岁四月马牛者集此"[7]。据民国史料记载，济宁四乡庙会多系

---

[1] 乾隆《陵川县志》，卷五，《风俗》。
[2] 光绪《唐县志》，卷十一，《风俗志》。
[3] 乾隆《陵川县志》，卷九，《风俗》。
[4] 嘉庆《禹城县志》，卷四，《街市》。
[5] 康熙《邹平县志》，卷八，《风俗》。
[6] 乾隆《夏津县志》，卷十，《艺文志》。
[7] 道光《重修胶州志》，卷十二，《山川》。

数百年的古会，其中仅春季庙会就有16处，均有牲畜销售。[①]平阴县每年四月十五日有药王庙会，"商贾辐辏，买卖农具及牛马等物"[②]。东阿县少岱山庙会，"有几十家铁匠店"遍布南山坡，而北坡则"自上至下，广有数顷，大都是农器"[③]。河南鄢陵县，四月间县城"西关有农器会"[④]。咸丰《黄渡镇志·风俗志》载："猛将庙在重国镇，为乡人报赛之所。八月十八日前后数日，远近烧香者争趋之。田家器用毕聚成市。至晚，自烧香归，各携农、织具，络绎于路。"四川省彰明县，"二月初十至十二梓橦会，集大堰场，本城及青莲场，鬻四民器物，填街塞巷"，"三月三日，罗汉洞会，鬻器物，俨似山阴兰亭。二十八日，东乡龙踞山祀东岳神，鬻农器"，"五月十三日兴隆场祀关圣帝君，鬻农器"，"六月二十六日，西乡龙门寺祀川主，鬻农器"[⑤]。山东庙会多系古会相沿。其他省区可能也多有类似，特别是北方、西南等地区，晚清至民国间，农村生产与经营方式也没有发生显著变化，因此晚近的记载大体上是可以反映18世纪庙会的供销状况的。

由上可见，18世纪，庙会是整个农村交易系统中的重要环节。从层次等级上说，它们属于农村初级市场中心地的补充部分。与联系区域市场的市镇相比，庙会主要以服务本地为宗旨，大宗商品的集散功能较弱。对于一年中按季节举行的庙会来说，

---

① 民国《山东庙会调查》，济宁县。
② 嘉庆《平阴县志》，卷二，《庙》。
③ 咸福亭：《少岱山庙会》，载《山东庙会调查·东阿县》。
④ 道光《鄢陵县志》，卷六，《风俗》。
⑤ 同治《彰明县志》，卷七，《风俗》。

相似还是相异？

它们已然变成农村中经济与社会生活不可缺少的运作环节。有些大庙会与集镇贸易融为一体，有些小庙会成为其补充，相辅相成，构成农村社会的商业贸易体系。《张北县志》对本地农历六月庙会的总结，可视为庙会在农村社会中经济学和社会学方面作用的绝好概括。

> 此时将届秋令，收获禾稼一切农具购买困难，借此会期，内地商贩运来出售，远近农民均来争购。此便于农民者，一也。各乡农民该外、外该债务，结账还债，远隔一方，殊形不易，大多数规定会期彼此接头，清结一切，无异他处标期。此便于整理经济者，二也。农民嫁娶，对于首饰、衣服、妆奁等件，购买困难，借此会期，领女携男，亲自到会购买，自由挑拣，心满意足。此便于婚嫁事者，三也。母女、姊妹出嫁后，晤面谈心实属匪易，况系农家，终年劳碌，省亲看女，探亲访友，四也。至口内商贩，届时争先恐后，云集会场，买卖牲畜，而各乡农民所畜牛、马、猪、羊、鸡、蛋等项，均可出售。借此活动生活费者，五也。以上各种情形，足征此会于人民关系匪浅，未可淡然视之也。①

18世纪，英国也有类似于中国庙会的交易会②。这种交易会

---

① 转引自赵世瑜：《明清时期华北庙会研究》，《历史研究》，1992年，第5期。
② 交易会（fair），另译为市集，与市场相对。因与古代中国集市相区别，这里译为交易会。

除缺乏庙会所具有的宗教起源和功能外,其他经济、社会(如娱乐)功能大致相同。

按交易会的层次等级和影响范围划分,它至少应分为三种类型,一是全国性交易会,如斯托布里吉交易会,英国人把它比为莱比锡交易会。在那里,人们不但能看到英国国内各地的产品,还可见到海外商品,其影响遍及全英国。二是地区性交易会,如西部的曼彻斯特交易会,东部的波士顿交易会,北部的贝弗利交易会,它们不很出名,具有地区性意义。三是农村交易会,它们的数量最多,只为本地服务,具有明显的地方性。尽管在一个还以农业为主的世界里,所有的交易会都对广大乡村开放,但前两种交易会可能主要是在商人之间交易的批发市场,以大商人的购销为主;后者可能更多由农民参与买卖。在英国,交易会是一种古老的交易形式,有些地方的交易会甚至可以追溯到罗马和盎格鲁－撒克逊时代。但其大量涌现还是在诺曼征服以后,特别是15、16世纪以后[1]。

据统计,至1756年,英格兰和威尔士有近3 200个交易会。从17世纪下半叶至18世纪中叶,交易会的数量一直呈上升趋势。1660—1709年,交易会增加2%左右,1709—1750年增加4.5%强。[2]但从1750年起,交易会的重要性有所下降,其贸易功能削弱,有些地方的交易会变成供人们娱乐的场所。尽管如此,交易会仍然是某些农场产品的重要贸易中心,如羊、牛、

---

[1] A. Everitt, "The Marketing of Agricultural Produce", in J. Thirsk ed., *The Agrarian History of England and Wales*, Vol. IV 1500-1640, pp. 532-533.

[2] J. Thirsk ed., *The Agrarian History of England and Wales*, Vol. V. II, p. 420-421.

相似还是相异？

马、黄油、奶酪和羊毛等。1792年，英国的交易会降至1 691个，其中英格兰有1 515个，威尔士有176处。①作为农村商业网络中的一个环节，交易会与市镇的联系多于区别。市镇主要满足农民日常需要，交易时间以星期为周期，一般每周举行一次或数次，但时间较短。交易会则满足农民重要或大宗的生活和生产资料的购销需要，往往以季或年为单位，每年举行一二次或更多，②因而布罗代尔称之为"昙花一现的城市"或"临时城市"。但因为它交易的间隔期较长，农民对它的依赖程度相对较弱，这一点也促成18世纪下半叶交易会的数量锐减，重要性降低。

从起源上讲，交易会经常与市镇联系在一起。国王或领主授与一个城市或村庄举办市场的权利，几乎总是包括举办交易会的权利。但在实际生活中，许多交易会并不只是由市镇主办的。这种情况在近代早期非常普遍。在萨默塞特郡，18世纪早期每年举行的交易会不少于180个，其中绝大多数在1600年就存在了，而该郡的市镇只有39个。肯特郡有33个市镇，而交易会却超过60个，这还仅是一部分。因为不仅市镇，而且村庄也每年举办一次交易会，但这些村庄没有每周举行的市集。类似的现象在其他郡也都如此。③交易会数量多，超过市镇三倍，特别是它的规模、等级参差不一，村庄交易会不乏存在，决定了这种交易形式的性质同市镇并无本质区别，至少在

---

① G. E. Mingay ed., *The Agrarian History of England and Wales*, Vol. V., 1750-1850, I, p. 223.

② J. Thirsk ed., *The Agrarian History of England and Wales*, Vol. V., 1640-1750, II, pp. 420, 421.

③ A. Everitt, "The Marketing of Agricultural Produce", in J. Thirsk ed., *The Agrarian History of England and Wales*, Vol. IV, 1500-1650, p. 535.

第三章 农村商品经济的比较

我们所讨论的农村交易会上是这样。利普森认为，市镇以本地产品服务本地居民，交易双方主要是邻近农民和手工业者；交易会则具有全国和国际贸易的性质，交易的商品也非日常用品，而是珍稀贵重的物品。[①]不过，18世纪农村交易会情况并不是这样。

农村大多数交易会的主要商品是牲畜，其他农产品和畜产品也有出售。由于商品主要来自农村，因而要尽量方便生产者交易，减少往来时间和交易成本。贸易会所服务的地区范围，西方学者依据对早期现代约400份购销记录的分析做过估计。这项研究显示，大多数交易会距买卖双方的距离大约3—4英里。依据交易会和买卖者的距离，可作如下区分。其一，交易会的交易半径在10英里之内，是每周举行的市场区域；其二，在10—30英里，可称为"本地交易会面积"；其三，在30—75英里，可称为"区域交易会面积"；最后是超过75英里的交易半径，可称为"全国交易会面积"。在英格兰和威尔士，买卖双方约1/3的人生活在本地市场面积内，20%强的人生活在30英里外，11%的买主和23%的卖主超过75英里。此外，更详细的研究还揭示出各个地区交易会贸易距离的差异。在英格兰南部，66%的买主家距他们常去的交易会不足10英里，没有人从30英里外赶来交易；55%的卖主距交易会的路程超过75英里。在东部各郡，48%的买主来自30英里以外，同样的距离，卖主仅有44%。在中部各郡，49%的买主路途超过30英里，19%的人超过75英里，仅有少数买主和卖主是本地交易面积的居民。北部和西部

---

① E. Lipson, *The Economic History of England*, Vol. I, The Middle Ages, p. 248.

相似还是相异?

各郡,大多数卖主住在75英里外。详见表3-5。

表3-5 英国不同地区交易会面积

旅行距离 (英里)	买主和卖主距交易会路途的百分比								
	北部交易会		南部交易会		东部交易会		中部交易会		所有交易会平均	
	卖主	买主	卖主	买主	卖主	买主	卖主	买主	卖主	买主
10以下	37	28	36	66	22	26	11	14	33	38
10—29	27	28	9	34	34	26	29	38	24	30
30—74	18	22	0	0	15	35	42	30	19	20
75及以上	18	22	55	0	29	13	18	19	23	11

资料来源:A. Everitt, "The Marketing of Agricultural Produce", in J. Thirsk ed., *The Agrarian History of England and Wales*, Vol. IV, p. 538, Table 13。

就一个较大的区域而言,因各地交易会的时间错落有致,所以一年之内,每个月都有交易会在举行。但作为重要农牧商品的牲畜和黄油、奶酪等,则有大致集中的贸易季节。一般来说,虽然存在地区差异,但总体来讲,春(5月前后)、秋(8—10月)两季,是牲畜和畜产品交易会比较集中的季节,每个交易季节,会期可持续十余天或几十天;年初和岁尾则是这类交易会的淡季。[1]布罗代尔认为,交易会是一种陈旧的贸易形式,它间隔长,适应经济生活的较慢节奏。它的盛衰与经济变迁的快慢成反比。[2]因而18世纪以后,交易会逐渐成为历史的古董。

---

[1] J. Thirsk ed., *The Agrarian History of England and Wales*, Vol. V., 1640-1750, II, p.538.

[2] 布罗代尔:《15至18世纪的物质文明、经济和资本主义》,第2卷,第77、78页。

第三章 农村商品经济的比较

第三节 国内和海外市场

一 全国性商品市场

以往，学术研究更多的是强调生产决定流通，而有意无意地忽视了流通环节的重要性。毫无疑问，生产制约着流通，生产发展到何种程度，客观上就需要建立起与之相适应的流通结构。大体说，小生产创造了地方市场，小商品生产创造了区域市场，商品生产就要求建立国内和国际市场。[①]但同样重要的，是流通对生产的反作用。流通对生产的直接作用是，市场制约了生产的规模；换言之，有多大的市场就有相应的生产规模和水平。市场通过引导生产，并进一步改变农村的传统结构；生产一旦突破自然经济的范畴，转变为商品生产后，农村中产业结构就会调整，改变小农耕织结合的生产方式，使农村生产进入产业化经营的轨迹，并最终变革农村阶级关系与生产关系。关键是，国内商品市场的建立是一个复杂的问题，受制于多种因素。在18世纪，各国是否具备建立国内市场的条件；这些条件主要包括哪些，需要通过对完成这一过程的国家进行逐一研究方能综合。从反面说，国内市场发展滞后的国家，可能正是

[①] 当然，在历史上，这三类生产并非阶段分明地线性演进，而是相互渗透或互有交差，因而对市场等级的分类也只具有相对的意义。

相似还是相异？

缺少那些必要的条件或有些条件表面相似但实质不同。在这方面，18世纪，中英两国的历史可资比较，以使我们从全国性商品市场的宏观研究中，辨析两国的商品生产对各自社会历史进程的不同影响。

18世纪，进入中国全国性市场流通的商品主要来自农村，城市无大作为。农村产品又以市场容量大、关系国计民生的日常生活品，即衣食进入市场的数量最大。对此，近人的看法比较一致，只有估算数字的差别。吴承明认为，鸦片战争前，我国粮食的商品量占产量的10.5%，大约245亿斤，它们多数在地方小市场交易后就地消费掉，并不能进入全国性商品市场的流通。能够进入长距离运销的商品粮约3 000万石，合45亿斤，在粮食总商品量中占21.6%左右，比重有限。[①]全国性商品市场中商品粮的数量，一定意义上可以代表农业的剩余，它们成为非农业人口发展的最高限度。农村中专门从事经济作物、纺织业生产的家庭，不可能获得多于此数的商品粮，因而前者的发展受到后者的制约，从而使农村产业结构的调整缺乏必要条件。18世纪时，农村产业结构的调整，可能是使农村摆脱劳动生产率衰滞，提高商品化生产程度，改变小农传统生产方式的必由之路。

与明代相比，清朝进入国内市场流通的商品粮确实增加了；不过，它们基本上来自农业生产总规模的扩大，而不是劳动生产率的提高或经营方式的变化，这从商品粮流向中可以看得很清楚。华北、江南和闽广是粮食调入地区，东北、四川、两湖、

---

① 吴承明：《中国资本主义与国内市场》，第251、259页。

第三章 农村商品经济的比较

台湾、广西等地是粮食输出省区。其时粮食运输主要靠江河湖海的水运。长江、大运河、珠江水系、南北洋沿海航线是商品粮长距离贩运的重要贸易线路，它们同其他江河湖泽一起，构成18世纪中国的水运体系。分布在这些水运交通要道的商业性城市，成为连接乡村粮食初级市场的商品粮集散中心。据近人研究，主要粮食输出省区的贸易量是，奉天入关豆麦每年约为1 100万石，四川、湖广每年运往江浙的米约1 000万石，台湾、广西每年销往闽广的米约为300万石。此外，每年经大运河北上的漕米等约500万石，安徽、江西每年输往浙江的粮食也有500万石。[①]从中可见，中国农业发展较早（如华北）和水平较高（如江南、广东）的地区，粮食生产这时已不能自给。江南和闽广是都市化和农家普遍从事经济作物和纺织生产所致，华北地区除此之外还与城市消费人口数量居高和农业生产力落后等因素相关。这两类原因中前者是江南、闽广和华北等区粮食自给率低的主要原因，并不表明这些地区农业的衰落，相反，这些地区仍代表着18世纪中国南北方农业的先进水平。因此，上述地区率先开始农村产业结构调整，如华北的河南、山东及直隶部分州县，棉花种植都有很大规模，但相比之下，江南和广东发展尤快。

18世纪，上述地区已由粮食生产向粮食和经济作物（包括纺织业）并重，甚至后者为主的方向发展，对粮食生产形成不同程度的冲击，因而对客粮的需求逐年增加。粮食输出地区大

[①] 许涤新、吴承明主编：《中国资本主义的萌芽》，第272—276页。全汉升：《中国经济史论丛》，第2册，第573页。

相似还是相异？

都是农业开发较晚，土地资源相对丰裕，多以粮食种植为主，经济作物和纺织业总的说没有受粮区发达，保证了粮食输出省区能够以主要的耕地和主要的劳动力从事粮食生产。先进地区农业劳动力、技术的输入，使这里的农业生产力获得长足发展，使区域之间的经济分工在自然地形成。18世纪时，粮食输出输入省区，谁都不能离开国内粮食市场的购销：失去市场，输出省就会出现"熟荒"，其对农民的危害不亚于饥荒；输入省的谷米价格一定程度受制于商品粮的供给。与明代比，清前期区域间的经济分工有所发展，不过，这种经济分工还主要是体现在粮食生产上，国内市场开始成为社会再生产不可或缺的条件，也主要是在这个意义上说的。相反，农产品与手工业品的商品交换并无推进。至18世纪，中国大多数地区其他农产品和手工业品的生产自给自足的特点不是削弱了，反倒加强了，突出表现为棉纺织业生产在江南以外地区的发展。实际上，粮食输出和输入省份的区域经济分工具有狭隘性和片面性。因为粮食输出省区并没有改变传统耕织结合的生产方式，它们输出粮食，并不需要或依赖受方的手工业品相应地输入，换言之，粮食的商品化并不触动和改变当地的生产和生活方式。输入省的缺粮，或因手工业商品生产扩大引起的，或因人口压力和粗放经营导致粮食供不应求，总之甚少有手工业品供应输出省区。即使像江南这样纺织业的商品化较发达的输入省，以手工业品与输出省进行交换，但因后者自给自足的经济结构所致，这些工业品在当地并无多大市场；因而这种区域间的商品交换，往往是单向的，少有回头货。主要原因在于，一方面，粮食输出省的商品粮，难以完全满足江南和闽广地区因经济作物和纺织业商品化而带来的对粮食市场的巨大需求，加之其他省区棉纺织业的兴起和发展，使原料供求紧张，从而影响那里手工业生产的发展速度和产量，难以满足国内市场对纺织品的巨大需求；另一方面，输入省的传统耕织结合的生产方式又使手工业品市场相对狭隘，也制约其发展。

工业品的流通数量是衡量国内市场发展水平的重要标志。这是因为，国内市场的大小同其商品流通量成正比。自然经济状态下的小生产，能够为市场提供的商品终究是有限的。只有当手工业（首先是织）从农业中分离出来，走上独立发展的道路，才能出现真正意义上的劳动分工，农民和手工业者所生产的产品才能互为市场，市场商品量才能摆脱自然条件和耕织结合的局限，无限扩大。否则，不仅传统农业因人口压力和技术资金匮乏，摆脱不了小农经营的落后状态，手工业也会因市场狭小而得不到发展。出路只有一条，这就是乡村工业的异军突起。清前期，进入长距离运销的棉布，主要来自棉布的集中产区。据吴承明研究，当时这样的产区共有10个。归纳起来，大致可分为三大产区：一是苏松产区，产品包括松江布、常熟布、无锡布，该区棉布北销东北，南销闽广，并出口南洋，每年进入长距离运销的商品布约 4 000 万匹。二是北方产区，包括直隶东西二区（滦州、乐亭和元氏、南宫），山东沿黄河三地（历城、齐东、蒲台），河南南北二区（孟县、正阳）三省的九个棉布产区，三省各产布约 100 万匹，产品限于北方销售。三是湖广产区，包括湖北（汉阳、孝感、应城一带）和湖南（巴陵）两省，产销量合计不到 200 万匹，市场也以邻近省份为主，北销布甚少。这样，三大产区进入长距离运销的商品布共约 4 500 万匹，

相似还是相异？

占商品布销量（31 517.7万匹）的14.3%。[1]其中，苏松产区占12.7%，其他五省仅占1.6%。也就是说，除苏松棉布产区具有明显的商品生产特点外，其他省区基本是为满足区内消费而生产，外销布的数量微不足道。列宁曾指出，"资本主义国内市场的建立，是由于农业与工业中资本主义的平行发展"[2]。这就清楚地说明国内市场形成与资本主义发展的关系。列宁还说，"资本主义的国内市场，是由资本主义发展本身造成的，资本主义加深了社会分工，把直接生产者分为资本家和工人。国内市场的发展程度，就是资本主义的发展程度"[3]。18世纪，我国农业中已经出现资本主义萌芽，棉纺织业除染坊、踹坊外，尚无资本主义萌芽，粮食和棉布中，真正的商品生产还寥寥无几，商品生产者因经济和社会原因发育缓慢。因此，可供长途运销的普通商品，在国内市场的流通量相应也就很有限。中国资本主义当时的发展程度和水平，决定同期国内市场只能处于萌发阶段，其形成尚赖前者的进一步发展。

英国国内市场的萌发似乎并不早于中国。在18世纪中叶以前，英国国内贸易的范围是狭小的，相互联系也是不密切的。主要标志是市场的整合尚处于较低水平。市场的整合是指商品在市场上从价格较低地区流向价格较高地区的功能，其程度可通过区域价格变化的同步性来衡量。以小麦价格为例，伦敦市场与地方市场价格有显著的差别。每一夸特小麦的价格，1703年12月，在剑桥是40先令，在伦敦是30先令；1734年10月，

---

[1] 吴承明：《中国资本主义与国内市场》，第251，260—263页。
[2] 《列宁选集》，第3卷，第540页。
[3] 同上书，第186页。

在格拉斯特是40先令，在伦敦是30先令；1741年6月，在剑桥是50先令，在伦敦是39先令；1760年9月，格拉斯特是37先令4便士，在伦敦是23先令6便士。[①]实际上，这时英格兰分为许多孤立的地区性市场。除伦敦之外，全国没有一个城市同其他各地保持经常的贸易关系；至于乡村的贸易，很少超越邻近城市的范围。那么，何以在资产阶级革命结束的半个多世纪后，英国尚没建立起国内市场？前引列宁关于国内市场同资本主义农业和工业关系的论述，同样是对我们探讨英国国内市场的宝贵提示。英国资产阶级革命，旨在为其资本主义发展扫除前进的障碍。它的爆发及其结束，并不喻示英国农村中资本主义生产关系转变的完成。实际上，英国农村中农业和毛纺织业生产关系的变革，从15世纪末至18世纪结束，大约历时三百年，经历了所谓的"17世纪危机"。至18世纪中叶农业资本主义生产关系才迎来决定性的变革，这个变革对国内市场的形成至关重要。世界上其他资本主义国家，也是在资产阶级革命或政治改革之后，国内市场才加速形成的。

尽管中英两国国内市场形成在时间起点上并无悬殊可言，但仍需要看到英国国内市场形成的条件和机制同中国不同，它是需求扩大和商品生产发展的必然结果。换言之，巨大的需求成为刺激生产、建立国内市场的有效机制。

从国内需求角度说，人口增加必然要求生产与之相适应，对此，18世纪的中英两国具有同样的经历。与中国不同的是，

[①] 索罗尔德·罗杰斯：《英国农业和价格史》，转引自芒图：《18世纪产业革命》，第410页，注56。

相似还是相异？

18世纪英国人口的增加，伴随人口都市化的迅速发展。1750年，英格兰和威尔士超过10 000人的城镇人口占人口总数的17%，至1801年，这一比重升至23%，1851年万人以上城市的人口占到37%。不仅如此，全国农业劳动力的结构也发生变化，农业劳动力在全国劳动力的比重呈下降趋势。至1801年，受雇于农业、林业和捕鱼业的劳动力占36%，到1851年降至22%。这就是说，产业结构调整后，劳动力的结构也随之变化，农村粮食和其他生活资料的生产，由日益缩减的农村劳动者承担，每个农村劳动者养活的非农业人口不断上升，说明农业劳动生产率比从前提高了。同期的中国因市镇经济的发展，也加快了城市化进程。但18世纪工商业市镇密集发展的地区，只有江南至多再加上珠江三角洲地区，其他地区市镇密度、经济结构和发展程度都不及它们，因而从全国范围宏观考察，18世纪中国都市化的辐射度明显落后于英国。

　　客观地讲，英国国内市场的形成比中国容易得多，这主要因为两国幅员的巨大反差。毫无疑问，两国都存在地区经济发展不平衡的特点，但幅员辽阔的中国不仅会加大不平衡的程度，更重要的是，它也为逐渐解决这种不平衡问题带来更大的困难。英国地域狭小，相对而言，农村易于感应到城市经济的变化，接受前者辐射。全国中心城市的兴起，其影响力甚至可以波及大半个国家，这是同期的中国难以达到的。正因为如此，我们就容易理解，为什么伦敦在英国国内市场的形成过程中，能够发挥如此举足轻重的作用。据里格利估计，在1750年，伦敦人口达到67.5万人，占英国总人口的11%。18世纪下半叶，此比例不仅没有下降，反而有所上升。1801年，伦敦人口占全国总人口12%，1851年占14%。[1]

应该说，从早期现代以来，伦敦就成为农副产品重要的销售市场。随着伦敦城市规模的扩大，它对英格兰东南部农产品的输入，提出了越来越大的要求，在伦敦进行的农产品交易的规模越来越大，它对于农村的影响相应也越来越强。对于伦敦食品市场，费希尔做过出色的研究。从英格兰沿海路输入伦敦的谷物，从16世纪70年代末到17世纪30年代末迅速增长。林肯郡销往伦敦的谷物在1579—1580年为293夸特，1584—1586年为1 238夸特；诺福克郡运入伦敦的谷物1579—1580年为550夸特，1585—1586年为12 439夸特，1638年为19 550夸特。埃塞克斯郡输入伦敦的谷物1579—1580年为1 797夸特，1585—1586年为2 732夸特；1587—1588年为4 463夸特，1615年为10 386夸特，1624年为12 765夸特；苏塞克斯郡输入伦敦的谷物1585—1586年为258夸特，1615年为7 604夸特。从东北海岸运入伦敦的谷物1579—1580年为345夸特，1585—1586年为914夸特，1638年为4 840夸特。各郡运入伦敦的谷物总数1579—1580年为17 381夸特，1585—1586年为48 401夸特，1615年为68 596夸特，1638年为95 714夸特。[2]由于英国对粮食实行限制进口、鼓励出口的政策，有理由相信，这些输入伦敦的谷物主要是英格兰农村供应的。由于伦敦聚集了英国庞大的消费人口，"几乎整个英国的生产和贸易区域很快全都为伦敦服务"，"在

---

[1] G. E. Mingay ed., *The Agrarian History of England and Wales*, Vol. V., 1750-1850, I, p. 192.

[2] F. J. Fisher, *The Development of the London Food Market, 1540-1640*, in *Essays in Economic History*, Vol. I, ed. by E. M. Carus Wilson, pp. 136-139.

相似还是相异？

16世纪，这一经济区北达苏格兰，南抵英吉利海峡，东接北海，西连威尔士和康沃尔郡……威尔士从16世纪已加入这一行列，苏格兰于1707年同英国合并后也不例外"[1]。

伦敦的重要作用并非近人发现的。18世纪中叶，阿瑟·扬对此已有所认识。他当时强调了首都作为巨大市场的重要性。他这样写道："市场的巨大影响无疑是有益的。我以前并不这样看。但进一步的观察和思考使我相信，以前的观点是错误的。乍看起来，这可能与拥有市场和需求的人们分散开来并不相同，但情况绝非如此。人们聚集在一个地方，巨大的财富集中足以造成强烈的冲击力量。像布里斯托尔这样的城市，可以通过公路或航运与几英里以外建立联系，而能使这种交往扩大到王国每个角落的城市则非一个规模庞大的首都莫属。在马车、小船和驳船之间比较一下吧，它们服务的城市从成千上万到上百万人，这之间的差别如此之大，以致任何协调都无可做到。"1795年时他还写道："一个有七八十万人口的城市，与各拥有10万人的七八个城市相比，会形成更大的需求。"[2]有的历史学家甚至说，伦敦"正在吞食英国"。其实，伦敦吞食的不仅是英国本土生产的物品，而且还包括巨额进口产品。英国对外贸易的三分之二或四分之三，甚至五分之四被伦敦的消费吸纳了。[3]

伦敦对农副产品有巨大的市场需求，而便捷的交通运输又

---

[1] 布罗代尔：《15至18世纪的物质文明、经济和资本主义》，第2卷，第19—20页。

[2] 转引自 G. E. Mingay ed., *The Agrarian History of England and Wales*, Vol. VI, 1750-1850, p. 192.

[3] 布罗代尔：《15至18世纪的物质文明、经济和资本主义》，第2卷，第20页。

沟通它与全国各地的贸易。18世纪前,英国的陆路交通处于恶劣状态,大大落后于法国。保尔·芒图认为,这其中的原因在于,"英国是个岛国,海岸富有很深的河口和避风港,海岸的开发,使英国有可能通过海路来建立各郡间的联系:纽卡斯尔的煤是从海路运到伦敦的,苏格兰的牲畜也是从海路运往诺福克郡去饲养的。沿岸航行所提供的便利,很可能有助于推迟一个良好的内地道路系统的建立"[①]。原始的交通条件不仅使商品运输失去便捷之利,更重要的是运输费用昂贵,直接阻碍着贸易的发展。当时,10英里是一天的旅行距离。距市场越远,交易费用就相应越高。因此距离市场远近,成为决定地租数量的重要参考因素。为了取得好的收益,农场主一般还是避免远途运输,就近销售他们的商品。对此E. L.特恩布尔指出,中等距离的贸易占有明显的优势。这种贸易一般在距市场30—40英里的范围内。以1767年伯明翰市场和1772年曼彻斯特市场为例,65%和77%的贸易者来自距这两个城市40英里的半径以内。与此同时,伯明翰和曼彻斯特与伦敦的贸易分别仅占12.5%和10%,因为伦敦距这两个城市超过100英里。一般讲,一匹负载的马一天最多走35英里,这个距离是陆路贸易的极限,超过这个距离,就要依靠廉价的水陆运输。阿瑟·扬认为,在萨福克郡和诺福克郡,卖主距市场一般是25英里。因路况很差,农场主将10夸特粮食运到市场要花两整天。全部运输成本包括五匹马、两个人的时间和开销,以及马车的磨损折旧。这样,运输一夸特粮食

[①] 芒图:《18世纪产业革命》,第87页。关于18世纪前英国交通的落后状况,请参阅该书第87—89页。

相似还是相异？

费用就需要2先令。如果一个农场主每年生产300夸特粮食，假设全部用来出售，那么，仅运输就要花50镑。当然，阿瑟·扬认为50镑运费中30镑应从地租中抵销。①有鉴陆路运输费用高昂，在铁路时代来临前的18世纪下半叶，英国内河航运开始发展。当然，这种迫切要求不仅来自农副产品的商品化，而且同样也来自工业的发展。如果说，在1759年以前，英国还没有一条运河和人工水道的话，那么，在几乎不到三十年的时间内，整个大不列颠的地面上都开出了四通八达的航路。②大贵族、大地产主和工厂主是这场变革的受益者。但更重要的是，他们的利益与之联系在一起，因而发起、组织和参加了这场变革。至18世纪末"一直是那么狭窄和那么割裂的那些国内市场，终于就要毫无阻碍地彼此通连起来了"③。与中国不同的是，水路运输所联系的不仅是农副产品的产地与销地，而且至少同样重要的是，它把工业中心同原料和粮食产地联系起来，并获得了更为广大的市场，从而成为近代工业的真正开端。

二 海外市场

海外贸易的状况，是衡量资本主义发展的重要标志。这里所讲的海外贸易，并非指国内所生产的所有商品的进出口，而是与奢侈品贸易相对的、立足于农村的普通日常衣食产品。因

---

① G. E. Mingay ed., *The Agrarian History of England and Wales*, Vol., VI, 1750−1850, pp. 218, 219.

② 芒图对此做过扎实研究，详见其所著《18世纪产业革命》，第93—102页。

③ 芒图：《18世纪产业革命》，第101页。

第三章　农村商品经济的比较

为，这种贸易具有广大的买方市场，可以最大限度地刺激国内农村的生产。同时，衣食生产的承担者主要是农民，他们涉足国外市场的深度和广度，直接决定农村传统生产方式、经济结构和社会结构的变化，而这些又是城市手工业品和奢侈品贸易所无法做到的，这也是我们研究海外市场的意义所在。

清前期的中国尚未形成完整的重商主义经济学说，但是，个别有识之士已经认识到出口对促进国内生产，增加本国财富的意义。康熙年间，慕天颜在《请开海禁疏》中云："惟番舶之往来，以吾岁出之货，而易其岁入之财。岁有所出，则于我毫无所损，而殖产交易，愈足以鼓艺业之勤。岁有所入，则在我日见其赢，而货贿会通，立可以祛贫寡之患。银两既以充溢，课饷赖为转输，数年之间富强可以坐致。"[1]类似的见解在雍正年间蓝鼎元的《论南洋事宜疏》中亦可见到。[2]然而，具有这种与西欧早期重商主义极类似见解的人，在当时真可谓寥若晨星，更不可能将之作为国家政策。实际上，当时东南沿海的广大农村，农民的生计和经济的活力在很大程度上已受制于农副产品的出口。如"闽广人稠地狭，田园不足以耕，望海谋生，十居五六，内地贱菲无足轻重之物，载至番境，皆同珍贝，是以沿海居民，造作小巧技艺以及女红针黹，皆于洋船行销，岁收诸岛银钱货物百十万，入我中土，所关为不细矣。南洋未禁之先，闽广家给人足，游手无赖亦为欲富所驱尽入番岛，鲜有在家饥寒窃劫为非之患。既禁以后，百货不通，民生日蹙，居者苦艺

---

[1] 贺长龄、魏源编：《清经世文编》，卷二六。
[2] 同上书，卷八三。

相似还是相异？

能之罔用，行者叹致远之无方"①。

政治原因和自然经济结构，特别是统治层的阶级属性，使清朝对外贸易政策的出发点，限制多于鼓励，抚夷多于赢利。很能说明问题的是，乾隆帝那份著名的答英王文书，其中称："天朝物产丰盈，无所不有，原不藉外夷货物以通有无，特因天朝所产茶叶、磁器、丝斤为西洋各国及尔国必需之物，是以恩加体恤。"②这种旨在抚夷的外贸政策在客观上却推动了东南沿海至内地农副产品的商品化进程，从而在一定程度上缓解了民生的危机。衣食是农副产品的大宗，粮食和棉布都是在农村中普遍生产，进入长途贩运数量最多的商品。然而，这两类商品都并未成为18世纪中国海外贸易的主要品种。粮食是清初起禁运出洋的物品，康熙四十七年（1708年）规定"禁商贩米出洋"③。至18世纪，为靖海疆和抑粮价，清政府依然奉行这一政策。雍正七年（1729年）明文规定，"出洋船食米若干，酌定数目之外多带售卖，或实系接济奸匪，或止系图利，察出将米入官，卖米之人分别治罪"④。由此粮食被排除在出口商品之外。土布的出口大约始于18世纪30年代，当时东印度公司首次贩运中国土布百匹，并指定要南京土布。60年代之后，土布出口量逐年增加，销往英、美、日、法、丹麦、荷兰、瑞典、沙俄、南美和南洋群岛各国，成为各国争购的商品。正如美国学者所说，18世纪乃至19世纪20年代，中国棉布的对外贸易，正和其后的情形相

---

① 蓝鼎元：《论南洋事宜书》，《鹿三州初集》，卷三。
② 梁廷楠：《粤海关志》，卷二三。
③ 光绪《大清会典事例》，卷二一〇。
④ 乾隆《钦定大清会典则例》，卷一一四。

266

反，棉布是从中国流向西方去的。[1]18世纪最后十几年，中国土布出口的数量，最少年份在10 000多匹，最高年份超出200万匹，兹列表如次（表3-6）：

表3-6 18世纪末中国棉布出口数据

（单位：匹）

年代	英国	美国	其他	总数
1781	42 000	33 920	296 100	372 020
1790	96 500	166 700	246 700	509 900
1792	74 500	69 600	258 100	402 200
1793	95 000	220 000	171 000	598 000
1794	207 000	685 000	195 000	1 005 000
1795	125 000	475 000	201 000	820 000
1796	144 200	200 000	125 000	573 000
1797	248 000	1 530 000	262 700	2 125 000
1798	332 300	735 000	75 000	1 160 000
1797	350 000	6 366	925	14 713
1800	7 422	1 400 000		1 584 700

资料来源：国民党政府实业部编：《中国经济年鉴》，第11章，第220页。

据《江南土布史》编著者估计，1840年，中国农村土布产量为59.7亿匹[2]，这个数字接近土布最高产出年份1860年的产量（60余亿匹）。18世纪土布产量虽无较确切统计，但一般说会低于19世纪中叶的产量。吴承明估计，鸦片战争前，中国土布的商品量占产量的52.8%，而进入长途贩运的部分仅占商品量的

---

[1] 严中平：《中国棉纺织史稿》，第17页。
[2] 徐新吾主编：《江南土布史》，第228页，表2-31。

相似还是相异?

14.3%。① 那么,有理由相信,棉布出口量只有很小的比例。

值得注意的是,在农副产品出口中,茶叶的出口高居第一位。茶的栽培地域性较强,产地在秦岭、淮河以南各省,如安徽、浙江、湖南、福建、云南、四川等。据吴承明估计,1836—1838年平均而论,我国茶产量约258万担(毛茶,下同),其中国内消费198万担,出口60万担。按亩产50斤计,种植面积约521万亩,占耕地总面积不足0.5%。② 18世纪,茶的种植面积、产量和出口量恐都不及此。英国是中国茶叶的主要进口国。清朝出口到英国的茶叶,康熙八年(1669年)只有1万担,乾隆五年(1740年)增加到1.4万担,18世纪50年代每年约2万担,60年代每年约6万担。1784年(乾隆四十九年),英政府减低茶叶进口关税,致使茶叶进口大幅增加。80年代每年约13万担,18世纪末每年达22万担。此外,法国、荷兰、丹麦、瑞典也都从中国进口茶叶,总计每年多在10万担以下。③

中国农副产品的另一项大宗出口商品是生丝。蚕桑的生产同样建筑在一家一户的小农生产基础上,生产主要在浙江、江苏、广东的一些集中产区。据《中国近代缫丝工业史》统计,1840年,中国农村共有桑户160万,桑田面积240万亩,桑蚕茧产量96万关担。④ 丝斤(蚕丝)也是朝廷限制出口货物,但却不是一概禁绝。清政府从稳定江浙丝价出发,曾一度禁止丝织品出口。乾隆二十七年(1762年)解除丝斤运往西洋各国之禁。

---

① 吴承明:《中国资本主义与国内市场》,第251、263页。
② 许涤新、吴承明主编:《中国资本主义的萌芽》,第212页。
③ H. B. 马士:《东印度公司对华贸易编年史》,第1—6卷。
④ 徐新吾主编:《中国近代缫丝工业史》,第52页。

第三章　农村商品经济的比较

但名义上各船所带仍有数额限制，对有些丝织品，如"其头蚕湖丝缎匹等项，仍严行查禁，不得影射挟带滋弊"①。在这种情况下，丝斤出口也无自由。18世纪上半叶，华丝输英数量不大，从20、30担至1000余担不等，1779年达到4264担。丝织品也有出口，1840年前夕，丝绸出口折丝4730关担。此时华丝的出口量已达9000关担，②合计11730关担，占产量的约1.2%。这些数据自然不会同于18世纪，后者因出口量尚不及此，因而其意义更微不足道。

从全国范围看，18世纪中国农副产品出口的局限性是显而易见的。简言之，在农村具有广阔的生产基础的农副产品和手工业品的出口数量比例过低。从工业化的要求上说，这种出口的商品不是粮食和经济作物的初级原料形式，而是经过加工的工业品。同时，该商品的生产在国内经济构成中又占有极高的比例，它可以通过扩大国内外市场带动农村经济实现乡村工业化，从而改变整个农村经济的性质和运作方式。但18世纪的中国农村，出口品及其产业的这种联系并没有很好地建立起来。棉布虽有广泛的生产基础，但出口量不及茶、丝，且江南布占绝对优势；茶、丝生产地域一般限于南方，特别是茶，北方不产。桑蚕北方虽有生产，但无法同江苏、浙江、广东、四川、湖北等重要产区相比，出口量在产量中只占很小比例。从主要大宗农副产品出口的产地和数量看，都很有限，其影响地主要限于江南和广东地区，除此影响不大。而且至18世纪末，棉布

---

① 刘锦藻编纂：《清朝文献通考》，卷三二，《市籴》，二。
② 徐新吾主编：《中国近代缫丝工业史》，第49—50页，表1.1、表1.3；第55页，表2.1。

相似还是相异？

的贸易量退居到茶叶和生丝之后，中国土布既面对国内自给自足的市场而束手无策，又失去国外市场，中国的民族工业没有真正形成，便衰迹已现。18世纪，国内其他省来广州进行贸易的货物几近百种，其中部分通过广州出口国外。但这些货物大多数是当地的土特产品，其产销和吸收农业劳动力就业的数量，都无法同大宗农副产品及纺织品相比。因此，这些商品虽有贸易，某些生产者也会因此摆脱耕织结合的经济模式，但他们在农村中毕竟只是极少数人，因而对整个自然经济结构影响甚微。在世界上较早指出中国发展选择失当的不是别人，正是研究国民财富增长问题的亚当·斯密。他在1776年（清乾隆四十一年）出版的巨著《国民财富的性质和原因的研究》中多次谈及中国，对中国忽视海外贸易与发展停滞有广泛的评述。他这样写道：

> 中国一向是世界上最富的国家，就是说，是土地最肥沃，耕作最精细，人民最多而且最勤勉的国家。然而，许久以来，它似乎就停滞于静止状态了。今日旅行家关于中国耕作、勤劳及人口稠密状况的报告，与五百年前视察该国的马可·孛罗的记述比较，几乎没有什么区别。
>
> 中国似乎长期处于静止状态，其财富也许在许久以前已完全达到该国法律制度所允许有的限度，但若易以其他法制，那么该国土壤、气候和位置所可允许的限度，可能比上述限度大得多。一个忽视或鄙视国外贸易、只允许外国船舶驶入一二港口的国家，不能经营在不同法制下所可能经营的那么多交易。

第三章 农村商品经济的比较

中国幅员是那么广大，居民是那么多，气候是各种各样，因此各地方有各种各样的产物，各省间的水运交通，大部分又是极其便利，所以单单这个广大国内市场，就够支持很大的制造业，并且容许很可观的分工程度。就面积而言，中国的国内市场，也许并不小于全欧洲各国的市场。假设能在国内市场之外，再加上世界其余各地的国外市场，那么更广大的国外贸易，必能大大增加中国制造品，大大改进其制造业的生产力。如果这种国外贸易，大部分由中国经营，则尤有这种结果。通过更广泛的航行，中国人自会学得外国所用各种机械的使用术与建造术，以及世界其他各国技术上、产业上其他各种改良。[①]

斯密虽然对当时中国的实况所知甚少，但他的评论总的精神是中肯的，结论也是大致不差的。重商主义关于财富只来源于流通，与生产无涉的看法自然是偏狭的，但贸易确实通过给生产带来巨大的市场，带来巨大的利润，最终带来巨大的发展机会却是毋庸置疑的。

海外贸易是英国农村经济发展的一根魔杖，出口扩大了本国商品的市场，市场的扩大，反过来又会刺激生产的发展；在商品生产中，市场机制建立起来，成为调控经济活动的有效杠杆。至18世纪结束前，英国由农业社会向工业社会过渡已初具雏形。最能说明经济变迁的数据，不是出口商品的绝对值，而

[①] 亚当·斯密：《国民财富的性质和原因的研究》，上卷，第65、87—88页；参见下卷，第247页。

相似还是相异?

是其结构的变化。

  18世纪上半叶以前,粮食出口是海外贸易的大宗物品。这当然来自英国农业生产力的发展。早期现代,英国政府对农业生产采取保护政策,制定旨在限制进口的《谷物法》。如1670年的《谷物法》规定,只要国内小麦价格每夸特不超过53先令4便士,每进口1夸特小麦,就要加征16先令的关税;如果小麦价格在53先令4便士至80先令之间,关税为8先令;如果超过80先令,仅征收4先令。这种浮动税率同样适用于进口的其他谷物。《谷物法》限制谷物进口,旨在控制国内粮食流通的总数,避免粮价过低所导致的"谷贱伤农",保护农场主的利益,从而达到刺激农业生产的目的。在限制进口的同时,政府实行鼓励粮食出口的政策。1688年《谷物补贴法》规定,商人每出口1夸特小麦,国家就会补贴5先令,以保证英格兰和威尔士的小麦价格达到或超过每夸特48先令。用亚当·斯密的话说,就是要尽可能使谷物价格升高,为此就要尽可能使国内缺粮。政府的经济政策,确实收到了良好的效果。从1697年到1801年的一个多世纪中,英国出口商品粮4 300万夸特,占国内小麦产出的近55%。其中尤以18世纪的第二个三十年出口最多:1732—1766年,小麦出口为2 400万夸特,占这个世纪总出口量的56%。[①]实际上,18世纪,英国并非始终都是粮食出口国。大致来说,至18世纪60年代以前,英国以粮食出口为主;其后国内粮食生产不能满足需求,转而依靠进口。详见表3-7。

---

  ① T. S. Ashton, *An Economic History of England: The Eighteenth Century*, pp. 48−49, 50.

表3-7 18世纪英格兰和威尔士谷物产出、消费和进出口数据

(单位：百夸特)

时间	人口（千人）	本国消费	+净出口 -净进口	净产出	毛产出
1700	5 826	13 109	184	13 293	14 770
1710	5 981	13 457	362	13 820	15 355
1720	6 001	13 502	491	13 993	15 547
1730	5 947	13 381	343	13 723	15 248
1740	5 926	13 334	522	13 855	15 395
1750	6 140	13 815	1 006	14 821	16 468
1760	6 569	14 780	485	15 265	16 961
1770	7 052	15 867	-250	15 617	17 353
1780	7 531	16 945	-238	16 706	18 563
1790	8 248	18 556	-672	17 884	19 871
1800	9 024	20 305	-1 313	18 991	21 102
1810	10 309	23 196	-1 202	21 988	24 431
1820	12 088	27 198	-2 112	25 086	27 873

资料来源：P. Deane and W. A. Cole, *British Economic Growth, 1688—1959: Trends and Structure*, p. 5, Table 17。

由表3-7可知，整个18世纪，英国粮食产出都呈增长趋势。但18世纪50年代前，人口增长速度尚慢，因而粮食不但自给，还能出口；18世纪60年代后，人口数量激增，国内谷物消费市场与毛产出接近持平，英国遂由谷物出口国演变成进口国。促成这个转变的原因，除总人口增加导致需求扩大外，另一个重要原因是英国从18世纪下半叶启动与加速了工业化和城市化的进程。这个转变的过程和具体内容不在本目论述范围，这里仅

相似还是相异？

想从海外贸易商品的结构调整中揭示这一变化。详见表3-8。

表3-8　1699/1701年和1772/1774年英国外贸商品结构（%）

商品名称	欧洲 1699/1701	欧洲 1772/1774	亚洲、非洲、美洲 1699/1701	亚洲、非洲、美洲 1772/1774	总计 1699/1701	总计 1772/1774
出口毛纺品	43.2	18.2	4.3	8.5	47.5	26.7
其他工业品	3.5	6.2	4.8	21.2	8.4	27.4
食品	6.7	2.7	7.6	3.7	14.3	6.4
原材料	5.3	4.7	0.3	0.4	5.6	5.1
总计	58.7	31.8	10.3	31.1	75.8	65.6
进口工业品	22.1	10.7	9.5	6.2	31.7	16.9
食品	15.5	12.0	18.1	38.9	33.6	50.9
原材料	30.5	24.7	4.3	7.5	34.7	32.2
总计	68.1	47.4	39.9	52.6	100.0	100.0

资料来源：P. Kriedte, *Peasants, Landlords and Merchant Capitalists: Europe and the World Economy 1500−1800*, p. 124, Table, 39。出口总计一项，只包括英国本土输出部分，不包括再出口部分。且原书作者对1699/1701、1772/1774年食品出口总计分别计算为0.9、1.0似有误，表中相应部分是改正后的数字，出口总计数字也相应做了调整。

如表3-8所示，17世纪末和18世纪初，同18世纪70年代相比，英国海外贸易的进出口商品结构变化较大。主要表现为：出口部分中，工业品的比重上升，食品和原材料比重下降；进口部分趋势则恰好相反。由此可知，18世纪70年代，英国经济正处在结构转变之中。这个转变不局限于农村中农业和工副业的结构调整。工业化使经济发展的中心由农村转移到城市，经济增长不再植根于农业，而立足于制造业。而制造业也在这一过程中出现蜕变，即从农村中传统工业（呢绒、麻纺和丝织）向现代棉纺工业转变。这一点，从出口纺织品的变化中，可以看得很清楚。请看表3-9。

表3-9　18世纪英国纺织品出口商品结构

	羊毛制品（千磅）	棉织品（千磅）	亚麻制品（千码）	纺织品（千磅）
英格兰				
1697—1704	2 427	16	178	39
1700—1709	2 809	13	196	40
1706—1715	3 228	8	299	57
1710—1719	3 222	8	379	59
1715—1724	3 106	15	453	49
1720—1729	3 116	16	586	47
1725—1734	3 248	12	688	49
1730—1739	3 581	15	864	50
1735—1744	3 554	15	1 411	54
1740—1749	3 453	11	2 211	54
1745—1754	3 823	38	3 512	61
1750—1759	4 339	86	5 145	92
1755—1764	4 614	162	7 178	126
1760—1769	4 448	227	8 288	107
1765—1774	4 356	236	9 142	77
1770—1779	3 991	247	8 184	66
1775—1784	3 363	388	6 549	75
1780—1789	3 518	756	7 522	91
大不列颠				
1792—1799	5 425	2 896	15 164	115
1795—1804	6 323	5 371	14 992	98

资料来源：P. Deane and W. A. Cole, *British Economic Growth, 1688-1959: Trends and Structure*, p. 59, Table, 16。

相似还是相异?

乡村纺织业是茅舍工业,如同中国农村的家庭棉纺织业。它在18世纪仍保持着辉煌的地位,尽管逃脱不了"夕阳工业"的命运。在18世纪早期,呢绒工业仍处于稳定扩张中,但18世纪末,其增长率开始下降。从17世纪末至大约1741年,该行业平均增长率每十年为8%。1741—1772年,又上升至13%或14%,至18世纪最后二十五年,增长速度大幅回落,仅为6%。[①]尽管如此,至18世纪末,建立在工厂制和机器生产基础上的现代棉纺织业,并没能打败它,乡村工业仍然在为推进工业化做最后的一搏,以至很久以来,纺织业中的其他生产,只能淹没在它的巨大身影之后,从18世纪纺织业出口商品结构比例中可窥一斑(表3-10)。

表3-10　18世纪英国纺织业出口商品比例

时间 品名	1700	1750	1772	1790	1800
羊毛制品	57.3	45.9	42.2	34.8	28.5
棉织品	0.5	—	2.3	10.0	24.2
其他纺织品	2.4	6.2	10.6	7.4	6.1

资料来源:P. Mathias, *The First Industrial Nation*, p. 88, Table, IV。

西方学者认为,早期现代,前工业在农村异军突起,并引发了乡村经济与社会的深刻变化,主要受到两个因素的刺激。人口压力是内部原因,这一点同中国并无二致;外部刺激主要

---

① P. Deane and W. A. Cole, *British Economic Growth, 1688–1959: Trends and Structure*, p. 52.

来自区域和国际市场对前工业产品的巨大需求。[1]后一刺激对18世纪的中国已经产生了作用，江南和广东也见到明显效果。但毋庸讳言，由于中国出口商品数量所限，这种刺激的力度是否达到足以引发变革的程度，它对中国广大农村经济与社会影响的深度与广度，通过与同期英国相关问题的比较，我们不难获得宝贵的启示。实际上，很久以来，东西方的贸易都经历了大致相同的发展历程：最初的贸易是奢侈品贸易，至大约13世纪以后，东西方贸易的内容都发生了同样的变化。据吴承明研究，中国很早就发展了长距离贩运贸易。但在宋代以前，除盐铁等必不可少的商品外，主要是奢侈品和"任土作贡"的特产品贸易。大约自明中叶起，我国的贩运贸易才开始以民生用品为主，这是一个很大的变化。[2]沃勒斯坦也证实，封建主义并非贸易的对立面，但它只包容地方贸易和奢侈品的长距离贸易。但生产的扩大、世界体系的建立，要求奢侈品贸易转变为普通生活品贸易，这一过程在西欧13世纪以后便已开始。[3]吴承明和沃勒斯坦所讲的普通品的贸易还主要是农副产品的交换，它们的生产受制于土地，不能无限增长扩大。贸易内容的决定性变化，是从农副产品向工业品（最初是乡村工业品）的转变。这一过程于18世纪下半叶在英国实现了，而中国在18世纪还只是初露端倪。遗憾的是，19世纪没有给中国充裕的时间自己完成这一转变。

---

[1] P. Kriedte, *Peasants, Landlords and Merchant Capitalists: Europe and the World Economy 1500−1800*, p. 136.

[2] 吴承明：《中国资本主义与国内市场》，第162页。

[3] I. Walerstein, *The Modern World-System,* I: *Capitalist Agriculture and Origins of the Europan World-Economy in the Sixteenth Century*, pp. 20−21.

第四章　农民生产生活的比较

在世界文明史上，小农经济是持续时间最长、涉及空间范围最广、人数最多的一种经济范畴。从人类开始个体生产起，它可以同前资本主义社会的任何社会经济形态共存，甚至可以延续到工业化尚未完成的社会主义国家。工业革命以前，家庭无例外地仍然是物质生产的基本单位，在尚未纳入资本主义的经济体系前，无数个从事农业、手工业生产的家庭，汇集成小农经济的汪洋大海。从传统农业社会向现代工业社会的转变，必须经历工业化和市场化，其核心是对小农经济的改造。采用哪种道路改造小农经济，是由各国小农经济的发展特点和那里的政治、经济和阶级结构决定的。早期现代以来，英国率先揭开小农经济改造的历史序幕，这一历史进程大约伴随工业革命的结束而完成。但即使在英国，这一改造也并非自然的过程，而是通过代表资产阶级化地产主意志的圈地运动最终完成的。早期现代农村演变的古典形式，是英国向资本主义过渡的模式。小农分化为农业资本家与雇佣劳动者，而农业伴随着资本主义工业化而现代化。而同期的中国，小农的分化并未引起农村经济和社会的根本性转化，它尚未脱离传统小农经济周期性动荡的轨迹，因而我们并未见到基于商业化和劳动生产率提高基础上的农业革命和工业革命。因此，小农分化的结果不是导致农村经济与社会结构的现代化，它们仍是当时中国传统政治结构、经济结构赖以存在的牢固基础。

第一节 小农生产

一 农民学研究的三大体系

传统或前近代小农的转变，是现代化的核心环节，发达国家和发展中国家的现代化已经证明或正在证明这一点。因而，大约从20世纪以来，小农问题理所当然地引起社会科学界的广泛关注。时至今日，对小农问题进行过深入、扎实研究的主要有三种相对独立的体系或方向。它们是：（1）西欧从封建向资本主义过渡问题研究；（2）非资本主义社会的经济学；（3）不发达社会学。需要说明的是，上述划分只是笔者出于说明的方便，非学术界规范的称谓。为了深化我们对这个问题的思考，笔者在下面依次介绍与评析它们各自的基本观点。

西欧从封建向资本主义过渡问题的研究。该项研究的代表人物大都是欧美学者，研究的主要问题是西欧封建主义的危机和资本主义的起源。20世纪初，西欧主要资本主义国家的工业化都已完成，这一过程的基础或先决条件，是小农经济的根本性改造。它在西欧各国都持续数个世纪之久，与封建主义的危

相似还是相异?

机和资本主义起源紧密联系在一起。对此问题的研究和讨论,以亨利·皮朗的《中世纪城市》(1925年英文版)和道布的《资本主义发展研究》(1946年英文版)的出版为契机,并在20世纪50年代和70年代末展开了两次国际性大讨论。欧美历史学家对封建主义危机和资本主义起源问题的看法,大而言之,可归纳为外因论与内因论两种。前者以比利时历史学家亨利·皮朗的"贸易起源说"和美国学者斯威齐的"商业化模式"为代表。这种观点主张,"中世纪的封建主义是一种静止的制度,它需要外力的刺激才能使它走向资本主义"[①]。换句话说,"市场的力量决定农奴制的衰落和资本主义农业的兴起"[②]。因此,该说认为资本主义起源于12世纪兴起的商人阶级,并把资本主义等同于商业。这种外力论一直未赢得多大市场。就主流而言,西方学者在从封建向资本主义过渡问题上,多坚持内因论,并大多把引发西欧封建主义危机或资本主义起源的内部动力,定位在小农经济及其与其他因素的交互作用上。[③]当然,在具体阐述上,各人观点并不一致。

M. M. 波斯坦和拉杜里历来被作为"新人口论"或人口学模式的代表人物。波斯坦反对商业化模式,他证明,市场的力量远非自动导致农奴制的解体,它可能实际上跟农奴制的强化

[①] R. H. 希尔顿:《封建主义的危机》,《世界历史译丛》,1980年,第5期。

[②] R. 布伦纳:《前工业欧洲农村的阶级结构和经济发展》,《世界历史译丛》,1980年,第5期。

[③] 有些学者虽认为西欧资本主义起源的动因来自社会内部,但对它的认定却持不同看法。例如较有影响的观点有马克思·韦伯和桑巴特的理性资本主义起源说,道格拉斯·诺斯的产权起源说等。

相一致。波斯坦认为,封建主义的危机产生于以人口为自变量,土地、物价和地租等为因变量的诸种因素的矛盾运动中。其基本内容是,英国在1100—1500年,存在以14世纪初为分水岭的两类主要的趋势。此前的趋势包括贸易与人口的稳步增长,对粮食需求的压力导致增加对未垦之边缘土地的使用,与此相联系的是粮价和地租的上涨。这种趋势在14世纪初完全改变方向。由于黑死病的结果,需求与供给降低,农村人口锐减,土地大片抛荒,粮价与地租下降,劳动力供不应求,领主便被迫放弃了控制农奴的权力,因而"人口的灾祸决定了农奴制的崩溃"①。拉杜里的人口学模式以旧制度下法国农村"两个阶段的运动"为代表。第一阶段从1450—1650年,其特点是人口和地租上升,自由持有农的持有地减少,大地产增加。第二阶段从1650—1720年,表现为人口和地租减少,生产力下降,农村经济衰落。

  对波斯坦和拉杜里的人口学模式,学术界多有指责。布伦纳就曾尖锐指出,"同样的人口趋势,在不同的时间和欧洲不同的地区,产生了不同的结果"。比如同样是人口减少,"到1500年西欧农民几乎全部获得自由,而东欧农民则失去自由";而16世纪同样是人口增加,法国却出现生产力下降,而英国却恰恰相反。此外,对包括阶级结构在内的社会关系的忽视,也是波斯坦模式遭到批评的重要原因。②应该说,人口学模式关注的焦点,是封建主义如何解体的问题。至于资本

---

① R. 布伦纳:《前工业欧洲农村的阶级结构和经济发展》,《世界历史译丛》,1980年,第5期。
② 同上。

相似还是相异？

主义在西欧是如何兴起的，则未予展开讨论。仅就前一问题而言，正如批评者所论，抛开人文环境与社会关系，只从经济要素的供求关系上解释农奴制的兴衰，也难以获得普遍的验证与认同。例如中国自宋朝开始，人口踏上一亿的台阶。以后至18世纪，中国人口虽因战乱有所下降，但大的势头是在增长。但中国农村中佃农和雇工的法律地位的改善，佃农土地使用权的强化，地租形态的进步，土地市场和劳动力市场的建立等，都是在人口不断增加甚至是人口压力的情况下完成的。因此，从中国的情况看，人口增加并未对农村生产关系的改善带来不利影响。正如人口减少并未使东欧农民获得自由一样，人口增加也没有使中国农民在生产关系中处境恶化。可见，人口的增减并不是唯一的决定因素。尽管非议颇多，但以人口作为解释前现代社会变迁的重要机制，至今仍是西方学术界的主流。

英国历史学家道布对英国资本主义起源问题的研究，历来受到学者们的重视。他认为，封建主义瓦解的原因来自内部，即它作为一种生产制度的低效，领主对农民剥削的加重。农民放弃世代耕种的土地到城市和新垦区去。不论新旧垦区，土地因长期使用致使地力耗竭和产量锐减，并由此加重农民的贫困与人口下降，其结果是14世纪封建制度的危机和封建生产关系的变化，即农奴制的解体。还应看到，这一过程在很大程度上取决于政治和社会因素，包括农民的反抗力量，各地领主的政治和军事力量，国家想加强或削弱领主权力的程度。这一过程的伴随物便是资本主义的兴起。道布认为，商人阶级作为"在旧制度上的寄生虫"，对促进封建主义的瓦解尽了力，但他们最

第四章 农民生产生活的比较

终仍是一支保守而非革命的力量。只有一小部分生产者自己积累了资本，开始从事交换活动并在资本主义基础上组织生产，才是资本主义发展中真正革命性的道路。商人直接控制生产过程只可作为一种过渡形式或阶段，它最终要成为一种真正的资本主义生产方式的障碍，并使后者的发展受阻。尽管16世纪商业资本主义深入农村和制造业发展缓慢，但重要的是，17世纪早期，在农业和制造业中，从生产者自身中产生了资本家阶级，只是这条道路要经过漫长的时间，在英国也达好几个世纪。[1] 在资本主义起源问题上，道布的观点同唯物史观是基本一致的，也能得到经验的证实。但问题在于，资本主义起源的革命性道路，是否只是小生产者独立分化的结果，而与地产主阶级的转变与否无些许关联？难道中世纪晚期以来，英法贵族、地产主的不同发展特点，对两国彼此的农民分化快慢和不同的发展道路毫无影响？换言之，小生产者中分化出资产阶级，是小农经济独立自发完成的，还是地产主与农民两个阶级（甚至包括国家政权）互动的结果？这是一个值得认真研究的问题。在古代中国，历代专制王朝末年的经济危机和农民起义，没有导致专制制度基础的动摇。小农分化甚至破产虽然是习见的现象，但从中生长出资本主义的企业家却异常艰难，即使经营地主和佃富农的出现，也不能视为生产者中阶级分化达到某种程度。因为它们还处于新型生产关系的萌芽状态，且发展的趋势极不稳定。实际上，离开地主和商人的资产阶级化，生产者中很难产生出资本主义的企业家。即使在英国，地产主的资产阶级化已

---

[1] R. H. Hilton ed., *The Transition from Feudalism to Capitalism*, pp. 41, 167.

相似还是相异？

发展在先，小农的阶级分化仍然要经历漫长的发展道路。事实上，是地主通过圈地运动加速了这种转变。

布伦纳和希尔顿的研究更侧重于生产关系。两者的共同之处在于，他们将封建主义解体和资本主义起源，作为封建社会两个对立阶级的相互关系演变的结果。美国历史学家布伦纳认为，英法两国农民财产权利的不同，造成各自资本主义发展速度不同。早期现代，"由于英国农民未能确立本质上对土地的自由持有权，地产主便得以垄断、合并和圈围农民的土地，并把它们租给租地农场主。而在法国，农民较早地取得土地的自由持有权，从而阻碍了小农的分化和资本主义的成长"。至于英法农民的产权为何不同，布伦纳归之于国家政权的力量，公社和农民斗争的成败。比如英国16世纪一系列农民起义的失败，以及英国王室因财政问题对地产主的依赖，都使农民争取自由持有地的斗争流产；而在法国，因公社斗争和国家保护与干预（因小农捐税是国家财政来源），"一村又一村的农民取得了某些重要的经济和政治权利"[①]。

希尔顿"虽同意布伦纳教授强调社会关系在封建社会的演进中所起的全部决定性作用"，但同时也认为"有许多复杂的情况他并没有谈到"[②]。希尔顿论证说，中世纪农村封建的社会结构至少由三部分组成：农民家庭经济、农村公社和封建领地。三者既存在矛盾，又相互依存。农民从领主那里取得持有地，以

---

① R. 布伦纳：《前工业欧洲农村的阶级结构和经济发展》，《世界历史译丛》，1980年，第5期。

② R. H. 希尔顿：《封建主义的危机》，《世界历史译丛》，1980年，第5期。

地租和封建义务作为回报；领主取得农民剩余劳动不仅依靠所有权的垄断，还要借助于各种超经济强制即农奴制。农村公社既作为封建国家统治农村社会的基层组织，同时更重要的是，它是中世纪共耕共牧农业制度的组织者，是农民家庭经济补充额外的自然和人力资源的主要途径，更是农民同领主进行斗争的领导者和调解人。封建主义正是建立在三者关系平衡的基础上。然而，农民家庭经济具有一种"人口增殖倾向"，但农业技术的改良没有人口增长得快。唯一解决办法，也只能是扩大耕地面积，但一旦边际土地开垦殆尽，人口对土地的压力就会随上升的人口而不断增加。其结果就造成农民家庭持有地平均面积的减少，小持有地数量的增加。与"人口学模式"不同的是，希尔顿认为，造成"农民家庭经济进入人口增加和生活穷困这一自杀循环"的原因，"不单纯是压在那一向就是有限的土地资源上的人口日益增加的结果"，也包括地产主和国家的压榨，这必然导致农业生产力的停滞和下降。封建主义的危机，归根结蒂"乃是封建社会两个主要阶级之间的关系的危机，它在人口锐减之前便已开始，并在人口锐减期间和以后仍在继续"。在整个期间，上述三者的情况都有较大改变：领主的地租收入停滞不前甚至出现下降，超经济强制大为削弱；农民两极分化日益加深，一方面是"小土地持有者和无地劳工之增加"，另一方面，"在农民社会等级的顶端，我们看到了既从事农业，也从事家畜饲养业的面积相当大的农民持有地的出现"，这些"富农家庭，现在是畜牧业者和领主自用地上的农场主"；最后，由于人口锐减与流动，农民的分化，"带来了农村公社团结力的衰落"①，由此导致农村社会结构和阶级结构发生根本性变化。

希尔顿在论述英国封建主义危机的原因时，强调领主和农奴两个主要阶级之间的关系危机。类似的危机在中国古代的历史上反复不断地出现过，但并没因此导致传统制度的危机。如果没有新的经济和阶级关系，传统社会中两大阶级的危机似乎可以反复得到修复。这里更重要的是他们对资本主义萌芽原因的认识。希尔顿特别重视英国农村中富裕农民阶层的出现，布伦纳则更重视地主与农民的相互关系。由于地产主的强大，英国农民不仅没有像法国农民那样获得土地所有权，反而在圈地中被剥夺了土地。其实，英国和法国近代资本主义发展早晚的原因，不在于两国农民是否得到土地所有权，而在于两国地产主的阶级属性的变化与否。小农生产者分化出资本主义企业家，不是一自发的过程。为什么英国农民没有如法国农民那样获得土地的自由持有权，这同英法两国地产主阶级和国家政权的不同发展有无内在的联系？是农民的自由土地持有权，影响了两国资本主义的发展速度，还是地产主与国家行为是更深层的制约因素？农业资本主义发展的古典模式，是土地所有者——租地农场主——农业雇工，但它多代表英国，法国就与之不同，原因何在？这些问题难道仅从农民经济自身就能得到令人信服的说明吗？哈蒙德夫妇对此认为：

在以资本主义农业代替旧式的小农经济方面，英国

---

① 以上引文均出自 R. H. 希尔顿：《封建主义的危机》，《世界历史译丛》，1980年，第5期。

的贵族们做的事,其他国家的贵族们只要获有权力也会做……在法国,贵族的无权正如英王在英国一样,所以当那种中古时代的关系在法国瓦解的时候,它不是被一个有利于地主的团体所瓦解,而是被一个有利于小农的团体所瓦解。因此,法国的历史恰巧和英国的历史相反。18世纪中法国大多数农民是习俗相沿下来的佃农,他们保留着许多封建制度规定的义务,有些是苛刻而且卑鄙的。虽然屈从于这些服役,他们却相当独立地保有他们的耕地,一些教区的农民同领主在法庭相见是常有的事。法国革命使农民解除了一切捐税和服役的义务,并使他成为他所保有的土地的不折不扣的主人……这样一来,当中古时代的农村在法国消逝时,农民变成所有主,而在英国消逝时,农民却成为雇工。之所以如此是因为,在法国,地主和农民的关系是在一个使农民的势力大于领主的革命中被废除的,而在英国则是在领主至上时期被废除的。①

可见,英法两国中世纪地产主与农民阶级力量的对比,而不是土地产权关系,才是形成它们早期现代历史不同发展进程的原因。英国的小农虽然被剥夺了土地持有权,在道义上值得同情;但地产主的行为却代表了历史发展的趋势,英国因此成为资本主义快速成长的国家。法国的农民虽然在维护自己的权益方面胜利了,但他们所代表的却是小生产,法国的地主因其继续保持封建的阶级属性,因而对这场社会转型毫无积极的贡

---

① 哈蒙德夫妇:《近代工业的兴起》,第83—84页。

献,这一点恰好与英国地产主的历史角色和作用相反,而类似于18世纪的中国。

非资本主义政治经济学。该派的奠基人是俄国著名民粹派学者恰亚诺夫。他有关农民家庭经济的理论形成于20世纪20—30年代的苏俄,其影响之大,不仅在本国开创了以他的名字命名的"恰亚诺夫学派",而且在国际上开辟了非资本主义社会经济学这一领域,并对战后不同流派的农民学研究产生深远的影响。

农民经济行为与家庭农场运行机制问题,是恰亚诺夫理论体系的核心。这种理论抽象所依据的是1861年农奴制改革至1930年以前的俄国村社农民,他们在某种意义上类似于英国早期现代的公簿持有农。恰亚诺夫认为,这类家庭经济单位(包括农业与手工业者家庭)是一种既不同于奴隶制、农奴制,也不同于资本主义的独立的经济关系类型,其本质仍属非资本主义经济现象。以工资劳动和追求最大利润为基石的古典经济学理论,对其并不适用。解决问题的唯一办法是,应用不同的范畴建立适合其特征的非资本主义的经济学体系。

恰亚诺夫所研究的农民农场即家庭农场或劳动农场,类似于英国农奴制解体后至工业革命结束前约曼的家庭农场。这种家庭农场或劳动农场,不使用雇佣劳动,完全依靠家庭成员从事生产,以满足自身消费为目的,因而有其不同于资本主义租地农场的经济活动的动因与获利概念,即遵循所谓的劳动消费均衡模式。有学者指出,此论的发明权不属于恰亚诺夫,但将其视为家庭劳动经济所专有,并以此区别于雇佣劳动经济的

"小经济的独特规律",恰氏确系第一人。①按照恰亚诺夫的解释,农民"家庭经济活动的基本动因产生于满足家庭成员消费需求的必要性","而全年的劳作乃是在整个家庭为满足其全体家计平衡的需要的驱使下进行的"。换言之,家庭消费量的高低,决定着劳动量的大小。后一概念恰亚诺夫称之为"家庭经济活动量","是指家庭的各种经济行为,既包含农业也包含全部家庭手工业和商业中的经济活动"。农民的生产是在求得其劳动力的辛苦程度及满足家庭消费需要之间的平衡。"如果在农场核算中(劳动—消费的)基本均衡完全得到实现,那么只有非常高的劳动报酬才能刺激农民去从事新的工作",否则即会停止生产;相反,如果"尚未达到基本均衡,未被满足的需求依然相当突出,那么经营农场的家庭,便有强烈的刺激去扩大其工作量,去寻求劳动力的出路,哪怕是接受低水平的劳动报酬。'出于无奈',农民去干初看起来最不利的工作"。这正是资本主义和非资本主义经济的分野所在。②

如果说农民家庭农场经济活动的动因在于满足自身消费,其经济活动的有利性即获利概念仍以家庭需求为依据;那么,究竟是什么因素制约着家庭消费的多寡,从而最终决定着家庭经济劳动量的大小呢?恰亚诺夫将其主要归之于家庭生命周期论。恰亚诺夫认为,"每一个家庭依其建立的时间长短不同而处于不同的发展阶段之上,从而成为各不相同的劳动组织:它们在劳动力、需求强度、劳动消费比率的对比关系和进行复杂协

---

① A.恰亚诺夫:《农民经济组织》,第28页,秦晖序文。
② 同上书,第29、60页。

相似还是相异?

作的可能性等各方面都互有差异",因而可以说,"农民农场活动量取决于家庭规模和构成","家庭结构首先决定了家庭经济活动规模的上限与下限"。具体讲,"其上限由家庭劳动力的最大可利用数量决定。下限则由维持家庭生存的最低物质水准决定"。[①]农民家庭农场既是生产单位,又是消费单位;同时集物质生产和人口生产于一身,因而人口的生物学规律通过制约消费,最终决定着生产,即家庭农场的经济活动量。恰亚诺夫据此以"人口分化"说来反对列宁的阶级分化说。家庭规模与人口构成的周期性运动,确是支配小农经济的要素之一,这是恰亚诺夫理论中的闪光点,已被证明是有道理的。但小农经济还受制于其他的因素,且这些因素的重要性甚至有时不亚于家庭的生物学规律。对此,恰亚诺夫也已经认识到了[②],只是由于恰亚诺夫的研究目的,是阐明一种农民家庭经济活动的理论模式,而不是对小农经济的历史学研究,因而其体系中存在着显而易见的对阶级、社会、国家等因素的忽视,这是完全可以理解的。

不过,小农经济的变迁需要进行长时段的考察,方能进行概括。实际上,苏俄从农奴制的废除,到实行农业集体化,中间只有半个多世纪,研究客体的完整过程可能难以全面展开。另外,如何看待小农的人口分化与阶级分化,两者间的关系,它们对于不同经济状况的农民家庭农场是否应有区别?俄国这

---

① A.恰亚诺夫:《农民经济组织》,第20、28、39页。

② 如他指出,"这里必须强调,在任何时候家庭对于某一特定的农场的规定都不是唯一的决定因素,我们只是在一般意义上讨论家庭的决定作用。无论如何,依据前述数据获得的相对而言较高的相关系数其实低于100甚远,仅仅这一点也表明还存在着其他一些类似家庭规模的对我们所研究的数据具有重要影响的因素"(同上书,第40页)。

一时期农民家庭农场同其他国家的农民经济的异同点是什么？恰亚诺夫理论对当今非资本主义国家的农村变革有何理论上的借鉴意义？这些问题都值得我们思考。仅就本书研究对象而论，18世纪中国和英国农村的生产组织也主要是恰亚诺夫研究的农民农场（或称家庭农场和劳动农场）。恰亚诺夫认为，资本主义的政治经济学不能说明个体农民经济这类非资本主义经济的运行规律，因而通过实证研究创立了这种非资本主义的政治经济学。已有学者指出，该阶段农民的分化也不完全只是人口分化的结果，前资本主义社会盛行的人身依附关系和超经济强制，甚至生产关系的过重剥削，都会造成小农的分化。笔者认为，恰亚诺夫的家庭农场生产受劳动—消费均衡模式的制约，资本主义的追求利润思想不起作用的观点，也未见得完全适合说明这类小经济生产的目的。在18世纪的中国，特别是英国，家庭农场一旦突破地方小市场的局限，能够面向区域和国际市场进行商品生产，这一模式即显然不能适用。这里关键是要看它们能否服务于更大的市场。没有大市场就没有利润；没有利润，家庭农场才会以消费量决定劳动量。

欠发达社会学。欠发达社会学研究的重要内容是农民学问题，它兴起于"二战"以后。当时大批殖民地国家获得独立，它们的经济发展问题日益引起人们的关注。现实是历史的延续。究竟是何种力量或因素阻碍制约着这些国家的现代化进程，从而造成了这些国家欠发达的现状？由于欠发达社会完全是农业国，因而人们将研究视野更多地投向农业、农民与农村社会，寻找影响这些国家传统农业社会内变迁的原因，从而直接或间接地为这些欠发达国家的经济起飞，提供理论依据与现实对策。

相似还是相异?

对这一问题关注较多的学科主要是发展经济学和历史学。

将小农视为"经济人""企业家式人物",或名之为"便士小农""理性小农",这种观点来自古典经济学理论,代表作是1979年诺贝尔经济学奖得主舒尔茨的《改造传统农业》[①]。该书认为,西方工业化的历史证明,农业可以对经济增长做出重大贡献。发展中国家的农业也能为现代化积累财富,问题的关键是如何把传统农业改造为现代农业,这涉及对传统农业基本状况的估计。首先,传统农业的基本特征是什么?舒尔茨认为,"完全以农民世代使用的各种生产要素为基础的农业可以称之为传统农业",它是一个经济概念。从经济分析的角度来看,"传统农业应该被作为一种特殊类型的经济均衡状态",其核心问题是生产要素和技术没有什么明显变化。正是这种"均衡状态"不能打破,因而小农经济便长期停滞,传统农业改造也无从谈起。但舒尔茨反对认为传统农业中生产要素配置效率低下,以及存在隐蔽失业的观点。他认为,传统农业中的农民并不愚昧、落后,他们对市场价格的变动,能够做出迅速而正确的反应,常为多赚一便士而斤斤计较,其生产要素的配置达到了最优化。其次,传统农业也不存在一部分人的边际生产率是零的现象。实证研究也证明,农业产量的增减与农业人口的增减之间有着极为密切的关系。既然如此,传统农业为什么停滞、落后,不能成为经济增长的源泉呢?舒尔茨认为关键在于传统农业的资本收益率低下,在这种情况下,储蓄和投资缺乏足够的经济刺激,也无法打破长期停滞的均衡状态。资本收益

[①] 舒尔茨:《改造传统农业》,第4、24页。

第四章 农民生产生活的比较

率低下，来源于生产成本过高，即"社会所依靠的生产要素是昂贵的经济增长源泉"[1]。改造传统农业的出路，实际上就在于寻找一些新的生产要素作为廉价的经济增长源泉。舒尔茨将这种新的生产要素归之为技术变化。这里，舒氏的目的在于通过在传统农业中引入现代技术，提高农业劳动生产率，从而降低生产成本，提高资本收益率，将仅满足使用价值生产的传统农业，改造成企业化经营和追求利润的现代产业。只有这样，传统农业经济的均衡状态才会被打破，经济增长和财富积累才有望实现。

与舒尔茨观点类似的还有珀金斯和埃尔温。他们认为，中国传统农业始终在发展，但仅有量变而无质变，人口压力是关键所在。珀金斯的代表作是前引的《中国农业的发展（1368—1968年）》，他通过实证研究证明，自明初至1949年，中国农业技术和制度基本未变，但农业生产却与人口增长约略相等，人口增长是农业发展的主要动力。古典经济学习惯以土地、劳动和资本三个概念来概括一个企业的生产要素。在传统农业中，"资本"所指的是耕畜、农具、肥料和水利设施。珀金斯认为，传统农业的进步主要靠扩大耕地面积和集约化。前者以未垦荒地的存在为前提，后者主要依靠较多的劳动和资本（其中肥料和水利设施仍依靠人口和劳动力的增长）的投入。珀金斯特别指出，集约化并不能满足不断增加的人口消费，还要辅之以未垦荒地的存在。传统农业的出路在于工具的进步。中国自14世纪以后农具无明显变化。发明节省劳动力的工具旨在提高劳动

---

[1] 舒尔茨：《改造传统农业》，第74页。

相似还是相异？

生产率，而农业中大量过剩人口又使这类发明失去意义。[①]

埃尔温（伊懋可）从乡村纺织业入手发现，中国的纺织技术自14世纪后没有改变。中国纺织技术的停滞归咎于人口的增加和市场的密集。人口过多造成纺织业生产中劳力充裕和原料缺乏（土地多用于生产粮食），纺织品中劳动力成本所占比例较低，因而不用再去寻求节省劳力的技术或发明。此外，由于地少人多，农民需以家庭手工业（纺织业）赚取辅助性收入，导致市场网日渐密集。这样，在市场上有许多农户出卖纺织品，棉布商或经纪人可以相当低廉的价格买到所需产品。换言之，他们没有必要去设立手工工场，亲自监督纺织工人生产。结果形成市场与生产技术的分离，商人只关心市场的运行，而不是生产的经营与改进。埃尔温还把从公元600年到1800年，中国经济发展划分为三个时期：（1）600—1300年，此间汉民族不断向南方扩张农业耕作区域，出现不少技术创新，生产力不断提高。（2）1300—1600年为技术推广期。此间虽没有什么新发明出现，已有的较进步的技术却逐渐推广，因而生产的增加依靠更多的劳力与资本的投入和更优良的组织（如较为密集的市场网）。所以，农业生产大致能跟上人口的增加。（3）1600—1800年人口剧增导致生存危机。荒地开垦殆尽，集约化几达尽头。中国的传统技术水平已达到高峰，即使投入再多的劳力，也不会刺激农作物的总产量，农业被困在一个"陷阱"里，不能自拔。这便是他所说的"高技术平衡陷阱"。出路只有依靠现代科技革命，使之摆脱陷阱，走向现代化

[①] 珀金斯：《中国农业的发展（1368—1968年）》。

之路。①

舒尔茨、珀金斯和埃尔温都把制约传统农业质变的决定因素归结为技术停滞。笔者认为,这似乎不仅是中国的问题,而且是前工业社会普遍存在的现象。工业革命以前的英国,家庭农场和家庭纺织业中很难说工具有明显改革,但仍引发了农业革命和原始工业化。不过,珀金斯和埃尔温所强调的人口压力通过影响生产要素和技术进步,最终导致劳动生产率的停滞或倒退,或舒尔茨提出的资本收益率低下,确是一个值得注意的问题。英国通过圈地、农场合并,将小土地所有者和承租者,转入城乡工资劳动者和茅舍工业的行列,土地资源得到合理的配置,所以早期现代以来其农业劳动生产率和资本收益率大体呈上升趋势。在某种意义上说,农业生产率的提高,是农业现代化的先决条件。但恰亚诺夫证实,大量家庭农场的情况表明,其生产常常不是以最适度规模来组织的。由于土地和其他生产资料不足,家庭农场劳动力得不到充分利用。在消费未满足前,在单位面积土地上追加劳动和资本,农业集约化可以显著提高,但必定会降低单位劳动报酬。②是否可以这样说,在传统农业的制度体系得到改造以前,农业劳动生产率的衰滞或下降似乎很难避免,这恐怕也是舒尔茨将制度创新视为仅次于技术进步的原因所在。问题在于,在什么条件下,农业才会进入一种"卡

---

① M. Elvin, "The High-Level Equilibrium Trap: The Causes of the Decline of Invention in Tradition Chinese Textile Industries", in W. E. Willmott ed., *Economic Organization in Chinese Society*, pp. 137–172; M. Elvin, *The Pattern of the Chinese Past*.

② 参见恰亚诺夫:《农民经济组织》,第 3 章。

相似还是相异？

脖子"的状态？舒尔茨、珀金斯和埃尔温并未给出数据。埃尔温认为，中国在18世纪时即达此境地，王业键认为，应在19世纪中叶至20世纪前期，珀金斯认为到20世纪中期也未见到真正的困境。实际上，中国经济史上，从全国范围讲，得不出一个"陷阱"的结论。中国土地产出总是能神奇般地应付不断翻番的人口需求，尽管是一种低标准、低积累的应付。

黄宗智认为，实证研究揭示了中国经济史中存在的一系列"悖论现象"，以致人们不得不去探讨长期以来指导自己研究工作的"规范认识"，即"把近代化（即现代化。——引者）等同于商品化"。①遗憾的是，这种规范认识却难以解释如下矛盾现象，如明清时期蓬勃的商品化与糊口农业长期并存，农业中雇佣劳动的普遍化与小农家庭农业占优势、鲜见大规模的资本主义式生产长期并存，产量或收益增长与劳动生产率下降长期并存。商品化导致近代化是对英国经验的概括，它甚至不能完全适用于西欧其他国家。事实上，"解释历史上悖论现象的答案隐藏于商品化过程自身的特性之中"。具体讲，"商品化有着不同的形式和动力，产生着不同的变化"。由此，中国农村贫困和不发达的持续、近代化的延误便不难得到说明。黄宗智指出，农业商品化并不都是由牟利活动推动的，如在英国那样。这类情况在清代仅占商品化过程的一小部分（例如部分经营地主、佃富农的存在）。

过密化观点是恰亚诺夫关于农民家庭农场适度规模经营理

---

① 黄宗智：《中国农村的过密化与现代化：规范认识危机及出路》，第140页。

论的延伸。黄氏将恰亚诺夫的理论用于明清以来的小农经济研究。明清时期,"更重要的情况是商品化来自人口对土地的压力。田场面积的缩减使农业趋于过密化,即以单位劳动日边际报酬递减为代价,换取单位面积劳动力投入的增加"。由于长江三角洲的水稻产量在南宋和明代早期已达最高水平,过剩人口不得不寻求其他的出路,因而这一地区的过密化,主要通过扩大经济作物经营的形式进行,尤其以植棉和棉纺织手工业为要。在此,黄宗智提出了"过密型增长"和"过密型商品化"的概念。它们的前提都是人口过剩,生产要素中除劳力外,土地和资本相对短缺,为求生存,农民只有通过增加劳动投入的途径,取得总产出和总收益的扩大。"这是一种应付人口压力下的维持生计的策略,而非为了追求最高利润的资本主义式的策略。它不会带来资本积累"。过密型商品化,亦可称为"没有发展的商品化"。尽管自明清以来"有5个世纪蓬勃发展的商品化",这样主要由人口压力推动的过密型的商品化,"必须区分于推动近代发展的质变性的商品化"。同样,"过密型增长"即"没有发展的增长",这是一种"没有(劳动生产率)发展的(产量)增长"。就是说"过密化"可能带来的发展是有限的,生产越是密集化,就越是难于把劳动力抽出而走上通过资本化提高劳动生产率的道路。"发展"通常不会仅随着人口压力而发生,而是伴随着有效的劳动分工,增加单位劳动力的资本投入或技术进步,它意味着劳动生产率与产量同速或超前的扩展,以及社会的近代化,因而结论是:

  过密化必须区别于现代经济发展,因为它不会把农村

> 引向结构性质变。仅敷糊口水平上的小农生产持续着,甚至随着商品化、农作密集化和家庭工业更为复杂。如此变迁的前景,远不是小农生产让位于大规模生产,而是通过其承受劳动力投入报酬低于市场工资的能力,阻碍了雇佣劳动生产的发展。小农生产远未被节省劳动力的资本化生产所取代,而实际上通过推动向低成本劳动密集化和过密化的方向变化而阻碍了发展。①

黄宗智虽然提出要重视生产关系因素,但他的主要解释机制仍是人口压力。"过密化"一词译自 involution,原指物种退化。该词由英国经济人类学家C.吉尔茨在研究印度尼西亚的爪哇水稻经济时最先使用。其实,爪哇人口密度并非很高,水稻种植中劳动投入也不是很大。但当地的习俗承认每个居民都有权利收割水稻,并获得自己劳动的成果。如此出现种稻人收益递减之现象。黄宗智最初将 involution 译为"内卷化",似是对的。不过,黄氏也未对该理论模式给予数量上的界定。黄宗智认为"过密化"只是中国(至少是部分国家)的现象,西方国家产量和劳动生产率总是一起呈增长趋势。但不少学者已提出其他地区、国家也存在这类现象,比如像英国和法国。但这些国家又如何脱离旧轨迹,走上发展道路的呢?就中国而言,过密化能否解释中国清代农村的落后?据笔者的研究,清代华北农业劳动生产率的滞衰主要是粗放经营所致,而非过密化。如

---

① 黄宗智:《中国农村的过密化与现代化:规范认识危机及出路》,第73、143、145、148、149页。

果该结论不错的话，对农业投入的不足甚至匮乏，是清代华北地区农业不兴的原因，而这一点又同舒尔茨等人的研究有某种契合点。在缺乏利润机制刺激的条件下，农户仅满足糊口需要，不思进取。生产缺少新需求和牟利的刺激，自然状态依旧。

二 小农的再生产

"小农"是一个历史范畴，就是说，它并非自新石器时代起就存在，也不会在完成了工业化、城市化之后继续保留。那么，小农何指？他们包括人类历史进程中哪个阶段中的哪些群体？这确是我们需要回答的问题。大体来说，小农主要指处于"中古""中世纪"或"封建社会"至工业化完成以前，世界各国的农业生产者。[①]在这一阶段中，只有具备以下条件，农业生产者才能称之为"小农"。它们是：（1）家庭是独立的生产单位；（2）生产主要依靠家庭劳动力；（3）生产的目的主要是消费，为市场生产与交换不是为牟利；（4）与生产资料具有较为稳定的关系；（5）同处于统治地位的阶级或共同体间存在不同程度的人身依附关系。小农的再生产是上述条件或要素的不断的复制过程。满足这些要素，小农就会世代延续，否则，他们就会被历史无情地淘汰。

本目所讲的小农的再生产，指其物质生产过程，经年累月地在原有的基础上重复。在此基础上，生产方式长期没有变动，维持着简单再生产。作为一种经济范畴，小农经济长期停滞，内

[①] 上古时代小农生产尚处于萌芽、成长时期。在此阶段，有些国家过渡到小农生产阶段，有些国家还处于氏族部落制，还有些国家小农生产经历一定发展后，又为其他生产形式取代，如古希腊、罗马帝国时期的奴隶制。

相似还是相异？

部没有质变的动力。单就小农经济自身而论，应该说，中国与英国似乎并无大的差异，否则英国也无须用圈地运动去改造小农。

小农因分属不同的阶层，经济条件殊异，其再生产过程也相应会有很大差别。比如，小农可以是自耕农、半自耕农、佃农；半自耕农可能还要承佃部分土地，也可能同土地不足的佃农受雇于人。此外，小农再生产不仅限于农业，工副业和商业也是增加收入的渠道。每个家庭投入农业和工副业、商业的劳动力比例相差很大，从以农为主到二者并重，再到工副业、商业为主，不一而足。因而小农再生产过程带有很大的不确定性。清代庶民地主以下的自耕农，佃富农以下的佃农，英国中世纪的自由持有农、维兰（农奴）、茅舍农、边地农，以及早期现代由自由持有农、公簿持有农、租地持有农所构成的家庭农场主，农村中尚有少量土地的农业雇工等，都是地地道道的前现代农民，即小农。由此可见，考察小农的再生产过程，并不是一件容易的事情，它既来自研究对象的复杂性，同时也由于缺乏有关小农问题的史料。限于以上原因，这里对小农再生产过程的考察只能是粗线条的。

如前所述，小农经济属自给性小生产范畴，同市场的联系一般也仅限于满足自家的消费，由生产目的决定，其生产也基本由家庭成员承担，即使偶尔雇工也只因家庭劳动力的短缺所致，而不以获利为目的。正因为如此，小农所耕种的土地，在每个地区粮食单产大体确定后，除赋税和地租外，主要受家庭消费和劳力数量决定。换句话说，在土地供给不受限制的条件下，小农只考虑可供家庭成员基本消费所需要的最低土地承佃（耕作）量，以及家庭劳动力能够承种土地的最高限量，两者之间的交叉值,即应为每个农户所耕种的土地数量。

18世纪时,中国南北方的农业单产仍很悬殊。有人评论说:"南方种田一亩,所获以石计;北方种地一亩,所获以斗计。"[1] 任启运在《请开北方水利疏》中也指出:北方诸省,"亩之所入,不及江南什之一"[2]。南北方粮食单产的悬殊,原因主要在于集约化程度的差异。南方农民种地特点是少种多投入高产出,而广大北方地区则以广种薄收为主,因而是外延型的粗放农业体制。这种经营方式的差异,不仅造成南北方粮食单产的不同,同时也相应地使农户家庭土地承种量有数倍之差。

据《清朝续文献通考》称:南方每丁种"十亩之田,竭全力以从事,人稀之区(北方)……耕稼百亩,其所需劳力和经费仅与前十亩等,收获同而所需不同"[3]。据章谦在《备荒通论》所提供的数据,当时江南地区佃农的耕地规模是,"工本大者,不能过二十亩,为上户。能十二三亩者,为中户,但能四五亩者,为下户"。河南巡抚尹会一说,"北方土地辽阔,农民惟图广种,一夫所耕,自七八十亩以至百亩不等"[4]。这里所讲北方地区佃农的耕种面积,指的是旱田。如是种水稻的农户,不论南方和北方,一般种田在10—20亩。如朱云锦说河南,"一夫之力,治水田不过十亩"[5]。此外,18世纪时,北方特别是华北地区植棉面积逐步扩大。因种棉单位面积耗费的人工多于种粮,因

---

[1] 陆燿辑:《切问斋文钞》,卷十六,尹会一:《敬陈末议疏》。
[2] 任启运:《清芬楼遗稿》,卷一。
[3] 刘锦藻编纂:《清朝续文献通考》,卷五三,《田赋考》,四。
[4] 贺长岭、魏源编:《清经世文编》,卷三六,尹会一:《敬陈农桑四务疏》。
[5] 朱云锦:《豫乘识小录》,卷上。

相似还是相异?

而种棉比例大的农户，耕种面积也会有所降低。但鉴于清前期北方民食以旱粮为主，农户亦非都自产土布，所以"一夫耕种七八十亩以至百亩"，曾是北方佃农生产活动的写照。但尹会一又说，"小户自耕己地，种少而常得丰收；佃户受地承耕，种多而收成较薄"。因此主张，地主应"多招佃户，量力授田，每佃所种，不得过三十亩"①，以免佃户只图广种之弊。

由于经营方式有集约与粗放之别，因而南北方小农在单位面积土地上所投入的工本相差也很大。如前引《清朝续文献通考》所讲的，南方耕种10亩土地同北方耕种100亩土地所需的劳动和工本相同，尽管两者的单产会有差别，但总产却是一样。如果从经济考虑，南方因成本过高，结果并不划算，劳动生产率显然低于北方。尹会一在分析南北方产量相差悬殊的原因时，认为非尽"南沃而北瘠也"，而主要是因为"南方地窄人稠，一夫所耕，不过十亩，多则二十亩，力聚而功专，故所获甚厚"；"北方地土辽阔，农民惟图广种……意以多种则多收，不知地多则粪土不能厚壅，而地力薄矣；工作不能遍及，而人事疏矣"②。土质条件无疑制约收成多少，但从长期看，舍得投入工本和精耕细作则是高产的保障。因为再好的土质条件，如果掠夺式地使用，也会地力耗竭，不用几年便成为中田甚至下田。所以，尹会一主张欲提高作物单产，唯有精耕细作，所谓"至耕耘之法，又须去草务尽，培壅甚厚，犁则以三覆为率，粪则以加倍为准，锄则以四次为常"③。

---

① 贺长岭、魏源编：《清经世文编》，卷三六，尹会一：《敬陈农桑四务疏》。
② 同上。
③ 同上。

关于集约化带来的生产成本的上升，明清人有很多的议论，其所涉范围也主要指南方，特别是江南地区。顾炎武说：吴中"佃人竭一岁之力，粪壅工作，一亩之费可一缗"①，1缗即1000文钱。清人章谦说："一亩之田，耒耜有费，籽种有费，罱斛有费，雇募有费，祈赛有费，牛力有费，约而计之，率需千钱。"②据章谦在《积贮论》中说，江南佃农种田一亩，生产成本中的货币支出，约占秋熟亩产值的二分之一左右。姜皋在《浦泖农咨》中估计，佃农一亩田的膏壅之费，约占秋熟亩产值的三分之一或五分之二左右。沈镜贤在《泖东草堂笔记》中说，佃农种田一亩，粪壅费用占秋熟亩产值的四分之一左右。诚然，由于集约化程度不同，江南佃户生产性支出的费用会有一定差别；上述论者对南方佃农生产费用的估计也可能略有偏高。但如果以其中最低的四分之一作为平均水平，再考虑佃农还需将收成的一半交纳地租，总成本的比例也实在不小。北方的情形又当如何呢？清人陈宏谋于《巡历乡村兴除事宜檄》中说，"陕省农作所种豆麦粟谷，惟知翻犁布种，前少肥壅之功，后少锄耨之力，所种稻田，惟在旧有渠泉之处，其近河傍溪隈岸稍高者，遂不知引水种稻，未免地多遗利，民有遗力"③。安徽凤台县（今寿县），"下种后，惟黍及豆或一锄再锄之，余种皆听其自生，不复治也"④。安徽怀远县，"治田者劳务，徒以广种薄收为得计，人力不继，粪土又乏"⑤。由此可见，北方佃农种田每年的投入除

---

① 顾炎武：《日知录》，卷十，《苏松二府田赋之重》。
② 贺长岭、魏源编：《清经世文编》，卷三九，章谦：《备荒通论》。
③ 同上书，卷二八。
④ 嘉庆《凤台县志》，卷二，《食货志》。
⑤ 乾隆《怀远县志》，卷二，《风俗志》。

相似还是相异？

籽种外，工本费用是极少的。

18世纪，占小农比例最大的佃农，其独立生产能力明显增强。一般来说，佃农应该拥有除土地以外的生产资料和生活资料，诸如耕牛、农具、种子以及住房、口粮，在实行押租或预租制的地方，在耕种土地前还要垫付一定数额的货币。自唐代至明后期，佃农独立生产能力的发展，从自有生产资料和消费资料的不完备到比较完备，完全意义上的佃农从少到多，经历了一个漫长的过程。清前期比此前虽有长足进步，但各地区佃农独立生产能力和自有经济的发展仍不平衡。大体说来，南方佃农自己拥有的再生产条件优于北方佃农。如史载，"直隶业主佃户之制，亦与江南不同。江南业主自有租额，其农具籽种，皆佃户自备，而业主坐收其租；直隶则耕牛籽粒多取给于业主，秋成之后，视其所收而均分之"①。其他史料也有类似记载："北方佃户，居住业主之庄屋，其牛犁谷种，间亦仰资于业主，故一经退佃，不特无田可耕，亦并无屋可住。故佃户畏惧业主，而业主得怒视而役使之。南方佃户自居己屋，自备牛种，不过借业主之块土而耕之，交租之外，两不相问；即或退佃，尽可别图，故其视业主也轻，而业主亦不能其加凌虐。"②这就是说，南方佃农从生产资料到住房，一应自己负责，无须地主供给；北方佃农自有经济的发展程度不及南方佃农，他们多没有自己的住房，不少人也无生产资料，需靠地主供给。正因为北方佃农在生产生活上较多依赖地主，因而在北方实物成租十分常见，

---

① 孙嘉淦：《孙文定公奏疏》，卷八，《蠲免事宜疏》。
② 清代朱批奏折，乾隆四年八月初六日两江总督那苏图奏。

第四章 农民生产生活的比较

其生产过程也多受地主干涉，人身隶属关系较为明显。

诚然，对南方与北方佃农经济上的独立性的归纳，只具有相对意义，并非是讲所有南方佃农都具备独立生产与生活的条件。仅以住房为例，就档案所反映的情况看，南方的佃农，仰赖于业主房屋，寄人篱下者，也不乏其人。如湖北孝感李家垣有个叫李锦如的佃农，佃种业主土地，自己"并无房屋"，而是"租屋"居住。① 缺乏生产资料的佃户也有所见。如安徽宿州（今宿县），佃农胡振租种刘从义土地，刘从义"自出牛本"，分配时，主六佃四。② 同样，上述两条有关南北方佃农再生产条件对比的材料，虽对北方佃农自有生产资料的程度和人数估计不同，但一个基本事实是，都承认北方佃农不是所有人都仰赖地主的生产资料。后一条材料甚至认为，北方佃户也已自备耕牛，只"间亦仰资于田主"。北方土地干燥坚实，耕作时需用多牛。一个耕牛组合单位叫作"犋"。每犋需配牛只数量，大约同土质硬度、耕作技术需要和农户家庭经济实力密切相关。因而有的地方用二牛，所谓"牝牡相配曰犋"。有的地方用三牛，即"牛三只为一犋"。当然，还有的土地四牛一犋，"每犁一犋，四其牛力"③，"一牛独犁"也不乏实例。耕牛一只至少需银数两，能够自置耕牛的佃户，其他基本生产和生活资料当不会有较大缺乏。但无论南方还是北方，至少在这点上是共同的，即佃农经济的独立性，同其对地主的依附程度呈反方向运动：佃农经济上的

---

① 刑科题本，乾隆十三年十月十三日，湖北巡抚彭树葵题。
② 刑科题本，题年残缺，刑部尚书阿克敦题。
③ 参见方行：《清代前期北方的小农经济》，《历史研究》，1991年，第2期。

相似还是相异？

独立性愈强，对地主的依附程度就愈低，主佃关系就愈趋松解；反之，依附程度就高，主佃关系就紧密。

在传统农业未经历实质性变迁以前，小农几乎囊括英国农村中所有劳动者阶层。虽然他们由于生产条件和经济状况的差异，每个人都会分别属于不同的阶层，但他们作为小农的基本属性却并未改变。农民同早期现代农业资本家的重要分野，在于两者具有不同的经营方式和理念。在经营方式上，前者主要依靠家庭劳动力，后者则主要使用工资劳动者；在经营理念上，前者主要为自家消费而生产，赢利不是生产的目的；后者为利润而生产，赚钱是生产经营的出发点和归宿。依此标准衡量，大的约曼租地农已从小农中分离出来，所剩的约曼家庭农场主以及农村中的农夫、贫农、茅舍农、乡村工业织户等，仍属小农的范畴。显而易见，这里不能对小农的各个阶层的再生产条件逐一阐述。由于约曼家庭农场主是18世纪小农社会的代表，下面只以他们作为考察的对象。

土地是小农最主要的生产条件。18世纪，小农与土地的关系经历了前所未有的变化：自由持有农锐减，佃农激增。据有的学者研究，1688年时，全国有18万户自由持有农（包括公簿持有农），租地持有农约15万户；到18世纪80年代，90%的土地成为租佃持有。[①]当然，自由持有农土地的减少可有两种解释，一是部分自由持有农将土地全部卖掉而沦为小农中其他阶层的成员，从而导致自由持有农的总户数和土地所有量减少；另一

[①] M. Spufford, *Contrasting Communities: English Villagers in the Sixteenth and Seventeenth Centuries*, p. 50.

是自由持有农为生活所迫出卖部分土地，而其总户数并未因此下降，只是该阶层在全国土地总量中所占份额不断萎缩。在实际生活中，这两种情况因地而异，但可能总会相互交织在一起。一般而论，约曼家庭农场主要么是自由持有农，要么是租地持有农或公簿持有农，不大可能没有自己独立经营的土地，只是数量上有所差别。在英格兰北部，威瑟斯莱克庄园1736年的土地调查显示，当地42.9%的佃户持有10英亩以下的土地，同样比例的佃户持有10—50英亩，超过50英亩土地的佃户占14.3%。此外，54.3%的佃户种地的年收入为5—20镑，超过20镑的佃户占17.1%。在中英格兰的西北部，农场通常为小型或中等规模。在德顿-翁-特伦特，1655年时，31家佃户每户的土地不足10英亩，8个以上的佃户不足20英亩，76户的土地在20—50英亩，还有23户在50—100英亩，5户农场的土地超过100英亩。在卡伯特，1677年时，30家佃户共持有2 032英亩土地，19个茅舍农持有46英亩土地，平均每户的土地分别是68英亩和2.4英亩。在达勒姆郡西南部，有些农场土地较多，但大多数保持中等规模。18世纪50年代，在赫沃斯教区，76个农场主每人拥有32英亩土地。在格里特艾科利夫村，73个农场主每人平均拥有土地30英亩。在诺森伯兰郡，许多位于矿区的农场也很小。1712年，利德尔家族的雷文斯沃斯地产共有316英亩土地，佃户却有13人，最大的农场有土地74英亩，家庭农场的平均土地为24.3英亩。在法纳莱斯和维克哈姆，平均农场规模为28英亩，在24个农场中，仅有4个农场主拥有的土地超过50英亩。

农场规模也可反映出佃农或自由持有农土地经营数量的差异。在格洛斯特郡的韦尔，地产调查显示，40%的农场（不包

相似还是相异?

括茅舍农的土地)面积为20英亩或不足此数,近30%的农场在21—40英亩。约曼农场主的农场面积一般在60—160英亩,更大规模的约曼农场并不多见。因此,在中英格兰的西南部,小农场占优势。在莱韦森-高尔地区,在18世纪,家庭农场数量下降,两极分化严重。租地农场规模在200—400英亩,而大多数农场规模很小,不足20英亩。在英格兰东南部的唐斯,农场的平均规模是110—120英亩,在沼泽地区,农场平均面积超过160英亩。在肯特郡北部,农场面积的平均数为130英亩以上,但在肯特有些地方,该数字却只有70—80英亩。萨里郡农场的平均面积为90英亩,霍姆斯德尔为40—50英亩。在伦敦盆地地区,为60—70英亩,距伦敦越近,农场的平均面积越小。在韦尔顿,农场的平均面积为100—110英亩。一般认为,这些数字来自议会和私人地产调查,统计并不完整,农场的平均面积数字可能偏高,[①]而且其中不乏雇工租地农场。18世纪,雇工租地农场仍处于发展过程中,家庭农场主尚能拥有或承租小块土地,维系着小农再生产的基本条件。比如在诺丁汉郡的埃克林教区,1737年时,土地所有者阶层除金斯顿公爵和乔治·萨维尔爵士外,其他37名自由持有农共拥有633英亩土地。其中多者有77英亩,15名不足2英亩。37名自由持有农中,13人从上述两个大土地所有者处承租土地,其中9人的承租量超过自己拥有的土地,3个自由持有农同时是2个人的佃户。在该教区,金斯顿公爵有1 011英亩土地,25名佃户;萨维尔爵士

---

① J. Thirsk ed., *The Agrarian History of England and Wales*, Vol. V., 1640-1750, I, pp. 37, 140-141, 144-145, 190-191、292.

第四章 农民生产生活的比较

拥有753英亩土地，30位佃户。在两个大土地所有者的55名佃户中，13位土地所有者共拥有295英亩土地，额外承租527英亩，占全部租地的近1/3。在这13位自由持有农中，1人从公爵那里租佃12英亩土地，自己仅有1英亩；另一人从公爵那儿承租5英亩土地，又从萨维尔爵士处租佃到17英亩，自己拥有20英亩。①

除土地外，劳动工具、耕畜和运输设备等也是农户重要的生产要素，构成小农再生产过程的基本条件。对此，农户的财产清单（inventory）存有零星记载，从中我们可获得粗略的了解。1665年，在诺桑普顿郡一个叫安·霍伊尔的寡妇，共有11英亩耕地。她的农具包括1个犁、2只耙、1辆旧大车。1691年，在拉特兰郡的奥克哈姆，乔治·凯恩有32英亩土地，其他生产资料包括2张犁、3只耙、2辆大车、1辆四轮马车。1718年，在诺桑普顿郡的阿什利，威廉·卢因斯共有38英亩土地，农具未详，但有2辆大车、3辆四轮马车。1742年，在拉特兰郡的一个中等约曼，有60亩耕地，农场设备包括犁、耙若干，2辆大车、4辆四轮马车。1663年，同在拉特兰郡，约翰·古德哈姆是一位拥有34英亩土地的约曼，他的农场设备包括3张犁、3只耙、4辆四轮马车及一个仓库。②生产工具与设备同土地和劳动力呈正比，它们受农场经济状况和劳动量的制约。普通约曼的家庭农场所拥有的各类工具设备，一般优于只有数英亩土地的小农场，但较大农场往往会更胜一筹。如1713年，在诺桑普顿郡的劳德

---

① J. Thirsk ed., *The Agrarian History of England and Wales*, Vol. V., 1640-1750, I, p.116.
② Ibid.

309

相似还是相异？

斯，威廉·汉斯是一个较大农场主，共有土地109英亩。他有4张犁、4只耙、1个碾子、2辆大车、4辆四轮马车。①

此外，牛、马作为主要耕畜，英国农民家庭大多有之，这同那里畜牧业在农业生产结构中所占比例较高有关。现存农场主家庭财产清单中，牲畜种类及其数量记载颇详。养牛在约曼家庭极为普遍，在财产清单记录中，牛的价格比羊要高。马歇尔对300份财产清单的研究证实，87%的约曼养牛，而养羊的约曼只占70%，小约曼和惯例佃农都有1—2头牛。在东北英格兰，大多数农场主都有挽畜，通常是4只左右。18世纪初，有些农场主还有供耕地用的马。如1712年，沃登教区的安德鲁·奥利弗，饲养着几匹供耕作用的马和小马，价值为19镑1先令6便士。此外他还有4头牛。1711年，埃格林哈姆的亨利·奥格尔有7匹马，并在财产清单上注明"耕地用的马"，每匹价值为2镑。在约克郡和兰开夏郡等农牧混合生产区，1695—1739年的86份财产清单表明，这里的农场主对谷物和畜牧业统筹兼顾，大多数农场既有供牵引用的牛和马，每户还有10余头牛用于肉奶的生产。在林肯郡，17世纪时，黏土区的农场主平均有21头牛、50只羊、5匹马。在中英格兰东部平原，农场主除饲养牛、羊和猪外，不少人还养3—4匹马。在中部地区的西北部，牛和马在17世纪早期还共同用于耕作，但牛后来不再作为耕畜。17世纪90年代，在46份财产清单中仅有4份提到牛作为耕畜。在17世纪40年代，每个农场一般有2匹马，但一百年后，财产清单中每

---

① J. Thirsk ed., *The Agrarian History of England and Wales*, Vol. V., 1640-1750, I, p. 102.

个农场用于耕作的马匹平均数量升至 $6\frac{1}{2}$ 匹。马耕取代牛耕的趋势在那里已十分明显。①当然,这里并不包括从事畜牧经营的农场,因为那里的牛、马主要供出售或生产肉奶产品,不属于生产要素。从上述情况看,英国家庭农场的生产条件似乎对小农的再生产过程更有利,至少从耕畜和运输工具两项上看是如此。英国家庭农场平均面积要高出中国,在很少使用或不使用雇工的条件下,借助于人力之外的其他动力,就显得格外必要。更为重要的是,这样做可以促进粮食劳动生产率的提高。

三 农民家庭经济

研究小农的家庭经济,目的是考察一个典型农户全年的总收入和总支出,从而对小农家庭的生产与消费以及再生产条件,获得一个大致不差的数量概念。一个农户的全年总收入包括家庭成员一年中农业和工副业生产的全部实物和货币所得,而消费或支出既包括生产性支出,如交纳地租、种子、肥料等常年性支出,农具、农田水利、耕畜等非常年性支出;同时也包括生活性支出,如基本的衣食消费,以及日常生活开支。其他项目如婚丧嫁娶、建房置地等项支出,因不属于家庭经常性开支,所以我们在进行估算时暂从略不计。但这部分开支应反映在家庭储蓄中,即每个农户全年的消费和支出须小于收入部分。另外,考虑到18世纪中国各地农户的生产条件、生产内容等存在诸多差异,难以分类和逐一估算,因而我们仍同计算劳动生产

---

① J. Thirsk ed., *The Agrarian History of England and Wales*, Vol. V., 1640-1750, I, pp. 12, 36, 81, 102, 143.

相似还是相异？

率一样，以江南一典型农户作为估算家庭经济的对象。18世纪的一百年，物价特别是粮价腾涨。为此，我们仅以粮食和土布的实物形态进行计算，不再换算货币。

中国农家的收入，主要来自耕与织。首先是粮食收入。前已估算，18世纪时江南产稻区一典型农户一年可产净粮3 918.5市斤，如以每石130市斤计算，合计30石。其次是纺织收入，这里主要指棉纺织的收入。关于农家棉织业，文献中多有描述，但却很少有具体数据。不过，在现有基础上，努力做出一个大致或间接的推算，总比单用一些模糊描述和抽象概念来论证的办法好。据徐新吾《江南土布史》估计，鸦片战争前中国棉布产量达到59 692万匹，而且主要是由农民家庭副业生产的。专为市场而生产的织户已经出现，但所占比例甚微，大约生产4 500万匹，占总产量7.5%。当时的棉布主要是由耕织结合的普通农户生产的，仍据《江南土布史》的估计，1860年清代织布农户最多时，也不过占全国农户的45%。1840年，全国农村平均每户年产土布17.47匹。①

前面所引数据，不论是农户织布的比例，还是农户每年的棉布产量，都是19世纪中叶的情况，同18世纪可能有些出入，但仍可作为参考。作为生产和生活单位的农户，总要首先满足吃饭穿衣这些基本的生活消费，所以耕织结合历来被视为中国小农经济最典型的特征。织在家庭经济中所占比例大小，或每户年织布的生产率，并无确切统计的可能，完全视家庭生计的需要。倘若粮产能大致满足生产性开支、地租和家庭口粮的基

---

① 徐新吾主编：《江南土布史》，第208页。

本需要，那么织的目的一般仅在于家庭穿衣和换取少量零花钱，这样织布可能只是主妇的工作，产量亦不会达到上述平均数；但由于耕地少，种地成本和地租较高等原因，土地产出除垫付生产成本及交租外所剩无几，口粮的大部分和衣、用都需靠纺织收入解决，这样就会动员务农以外的家庭全部劳动力进行生产，那样棉布产出量必然要比全国平均数大一些。考虑到19世纪中叶，江南因人口压力所致，农户更多地依赖经济作物及织布收入，农户中工副业的产值可能要高于18世纪，因而将17匹作为18世纪江南一个典型农户全年织布量，可能不会有太大的偏差。

  支出部分，首推地租。当时江南地区定额租的地租量，是按传统办法以秋收量来计算的。清前期，伴随亩产量的增加，地主一再勒租。例如，松江府的华亭、娄邑、青浦等县，亩产碾米1.5—2石，租额少者1石，多者1石6斗，占产量66%—80%。① 但从多数地区看，大体占二分之一左右。所以，章谦说，"一亩得米二石，还田主租息一石"。此外，在承租土地时，有些地方的租户还需先缴押租和预租，还有些地方终年承担不固定的差徭和贡纳，如帛、豕、鸡等实物，然而其普遍性和数量难以估计，而押租、预租等虽然不属佃户日常开支，但佃户在承种土地前，垫付这笔可观的货币支出，除本金外，年息就成一笔收入。考虑到不少在交押租和预租的地方，正租不同程度地有所减轻，正租与额外租有进有退，并非正租外一个绝对的增值，因此皆略去不计。加之江南春花多归佃户，这样，地租

---

① 叶梦珠：《阅世编》，卷一，《宦产》。

相似还是相异?

量虽仍为对半分,但在农户全年粮食总收获量中所占比例,却不及二分之一。但我们这里仍以地租剥削量占产量的50%作为取值的标准。

再是吃穿开支。中国农民素来生活清苦,肉、蛋、奶的消费少得可怜,甚至口粮标准也较低。这虽因贫困所致,但在漫长的古代社会里已形成一定的饮食结构和消费习惯。前引长工每年口粮消费为米5.5石,这是一个壮劳力全年的口粮标准,不宜作为一般农户家庭成员的年均口粮消费。清人包世臣曾对当时平均的口粮消费做过估算,"合女口小口牵算,每人岁食米三石"[①]。佃农一家按五口计,岁食米共15石。这种估计准确度有多大呢?我们不妨换一个角度计算。按中等口粮消费计,每个壮劳动力每天口粮标准1.5斤,未成年者减半,为0.75斤。平均而计,每人日消费粮食1.125斤,年消费410斤。1清石等于134.68市斤,3清石合米404市斤。与我们的估计相差并不大。关于穿衣,清代学者江南人洪亮吉说:"一人之身,岁得布五丈即可无寒,岁得米四石即可无饥。"[②]从口粮标准看,比我们估算高出不少,这大概是指一个普通劳动力或生活较好农民的消费标准,用布亦如此。据《江南土布史》作者对1860年全国平均消费棉布计算,每人每年需1.53匹。[③]这个数字包括非农业人口在内,估计一定偏高,不过仍可作为我们反推18世纪农户用布量时的参考。标准土布每匹3.633平方码,幅宽为1.2市尺,每匹长10.8米,约合3.3丈,5丈约合1.52匹,同《江南土布史》作

---

① 包世臣:《安吴四种》,卷二六,《齐民四术》,卷二,"农二"。
② 洪亮吉:《意言》,《生计篇》,第七。
③ 徐新吾主编:《江南土布史》,第219页。

者的估计大体相同。按较低标准和一般经验，包括被、鞋、袜用布，并男女大小口混算，一人全年所需大约3—4丈布，全家需16丈，即大约5匹布。18世纪布价波动并不很大，每匹在1—4钱间浮动。米价升降较大，从700—4 000文不等。如以乾隆中米每石1.8两计，每匹布折米1.26—1.4斗。[1]5匹布约合米6.3—7斗，仅相当于口粮的21%—23%，是相当低的消费标准。

还有生产性支出。前已说明，江南佃农种地集约化程度相当高，时人对生产成本做过不同的估计，一般在1/4—1/2之间。这些估计恐怕有些夸大的成分，如生产成本占收入的二分之一，加之以另一半收入纳租，佃农辛苦一年连口粮都颗粒未获，还怎么会去种地呢？但时人的估计也不会全无凭据，总是要以一定现实为依据，可能以佃富农或经营地主为对象。再考虑到一般佃农不雇工生产，定会降低生产成本，同时经济条件差的佃农，投入也会少一些，而他们却是佃农的主体。因此以收入的15%作为其生产性支出，可能比较贴近实际。基于上述估算，我们列出下表（表4-1）。

从这张表上看，佃农辛苦劳作一年，自产的粮食扣除地租、籽种和口粮外，不仅无盈余，反而欠米4.43石，即五口之家近一个季度的口粮。不过，考虑到从秋熟再至转年春花也只有半年多时间，因而佃农只需备半年口粮，即可接上春花，每亩地春花收入平均7.5石，还略多于半年的口粮。就是说，佃农中的典型或中等农户，一年辛苦仅能勉强维持温饱。从表中可知，

---

[1] 史建云：《从棉纺织业看清前期江南小农经济的变化》，《中国经济史研究》，1987年，第3期，第79页表。

相似还是相异？

口粮仍是家庭总消费的大宗，中国历史上小农一般是好年糠菜半年粮，18世纪应无多大改观。另外，由于高产作物的推广，口粮也不会全部食米，而其他作物单产会高于种稻。然而，农家衣食以外的其他生活性开支，婚丧嫁娶，送往迎来，以及建房置地等项开支，也无着落。上表所列直接消费部分，是农家必须支出，收入部分加上进入市场部分两项合计，仍不能使收支平衡，反而入不敷出，不仅毫无积蓄，还有亏空。

表4-1　18世纪中国江南地区中等农户收支及商品率、储蓄率

收入部分	粮食收入 30 石 棉布收入 17 匹（1 匹布按折米 1.4 斗计，合 2.4 石）	总计 32.4 石
直接消费部分	地租 15 石 生产性支出约 4.5 石 口粮 15 石 穿衣用布 5 匹（合 0.7 石）	总计 35.2 石
进入市场部分	棉布 12 匹（折米 1.7 石）	
商品率	5%	
储蓄率	−3.13%	

此表虽粗疏，但总可给我们一个大致印象，反映大致不差的比例关系。清人对当时农民生活的估算，也可为上表提供一些参证或补充。

康熙末时（1716年），凌介禧对位于浙江湖州（今吴兴市）一带的程、安、德三县的考察也得出了基本同样的印象：

> 程、安、德三县……而农工最困……自举趾以至涤场，不得一日息。故一夫之耕仅十亩……输出官者，谷贵病秋粮，谷贱病夏税，价平则二税二负，杂费咸给焉。土狭民

稠，农力重艰。地与人相参，供食不足取给。外江之米，常年参半，凶岁无量焉。耕夫终岁勤劬，计十亩之所入，得半不过十石。八口之家，何以养生送死，供饘粥而殖其生！①

上面所述是一个租佃10亩土地"不得一日息"的中等农户，在没有其他工副业收入的情况下，终年劳作，最后连糊口都有困难，无以"养生送死"，甚至没有能力养育后代。

江苏的情况也是如此。清初，陈尧所述其家乡江苏通州（今南通市）的现实如次：

盖一夫一妇大约种田五千步……古之二十亩也……又时时修其沟洫，饬其耒耜，饭牛车水，所费亦不赀焉。以一岁所入，每田一亩，丰收年得谷三石，次则二石，又次之则一石而已。主人得其十六，农民得其十四焉。以一岁之所入较一岁之所费，农民之四已费其一矣，而况乎不止于一也。方其谷秀于田，则有催租之胥，放债之客，盼盼然履亩而待之。比其登场，揭囊而荷担者喧嚣满室矣。终岁所得，仅了官逋私债，曾不得一粒入口。于是与其妻子拊心而叹，把臂而泣。谓吾数口之家，岁食粟几何，衣衣几何，男女婚嫁丧葬之所需用几何。仰视其屋，上雨旁风，不稍葺治何以卒岁，所用涂茨几何，今皆未能猝办也。乃

---

① 凌介禧：《程安德三县民困状》，《程安德三县赋考》，卷二。

相似还是相异？

> 戚戚然叩诸富室之门而称贷之，以俟来年取足焉。[1]

拥有20亩地的农户可为上农。以中年计，该户可得谷40石，以6/10交租，则去24石。在所余16石粮食中，生产成本扣除1/4，即为2.4石，余13.6石。如无其他债务，五口之家口粮合计15石，所剩已无法满足全家食用。且上农家庭规模一般要大于中等农户，如此则口粮缺额更大。当然，这里尚没计算春花收入及家庭工副业的收入。如果将这部分农副业所得全部计算在内，上农的家计状况肯定好于中等农户。

嘉、道时安徽人章谦也曾做过这样的估计：上农种稻20亩，以中年计之，1亩得米2石，可收获40石米，交租用去20石，所有仅20石。生产费用若以秋熟的15%计，则为6石，所剩14石米，按五口之家岁食15石计，尚不能满足口粮消费，还未计算穿衣等项支出。作者最后总结说："其得以暖不号寒，丰不啼饥，而可以卒岁者，十室之中无一二焉。"[2]

此外，咸丰举人强汝询在《求益斋文集》中，对19世纪70年代农户的生活状况也做过详细分析，从而在某种程度上可视为18世纪农民家计的佐证。

> 今（同治朝后期）以南方之田耕作精密，人不过耕十亩，上腴之地，丰岁亩收麦一石，稻三石，其入四十石耳。八口之家，人日廪米八合，老稚居其半，人日廪米四合，

---

[1] 光绪《通州志》，卷一，《风俗》。
[2] 贺长龄、魏源编：《清经世文编》，卷三九，章谦：《备荒通论》。

率日食米四升八合，一岁食米十七石二斗八升。麦当其三之一，尚食米十一石有奇。率稻一石为粝米五斗，则留稻二十三石，麦六石，然后足一岁之食。余麦四石，稻七石，乘急而卖，幸得中价，麦石值钱一千二百，稻石值钱八百，凡为钱十千四百。纳租税及杂徭费率亩为钱五百，十亩则为钱五千，余钱五千四百耳。而制衣服，买犁锄，岁时祭祀，伏腊报赛，亲戚馈遗，宴客饮食，嫁女娶妇，养生送死之费，皆出其中。而当凡物皆贵之日，其困固宜。况所耕不及十亩，或值瘠土遇歉岁，又处赋役烦重之区，而当谷贱之时者乎？北方农事疏恶，人可耕数十亩，而所入尤薄，故愈困。①

强氏对农户地租和生产成本的估计似都过低。如以50%的地租率计算，秋熟需纳租15石，合12 000钱；生产费用若以全年粮食收益的15%计，为6石，合钱5400。两项支出合计为17 400钱。强氏仅以钱5000计之，不知何故。如以通常比例估算，这类农户10亩地之年收入，扣除口粮，不足完租。其他生产与生活开支，尚需仰赖家庭工副业收入方可维持再生产过程的延续，而扩大再生产则全无可能。对中国农民的生活状况，当年凡是到过中国的外国人也有亲身的体验。对此，亚当·斯密总结说："各旅行家的报告，虽有许多相互矛盾的地方，但关于中国劳动工资低廉和劳动者难于赡养家属的记述，则众口一词。中国耕作者终日劳作，所得报酬若能购买少量稻米，也就

---

① 强汝询：《求益斋全集》，卷四，《农家类序》。

相似还是相异？

觉得满足……中国下层人民的贫困程度，远远超过欧洲最贫乏国民的贫困程度。"①

18世纪时，英国农民的生活水平又如何呢？

估计这一时期英国农民的家计，应以约曼的家庭农场作为考察对象。这是因为，家庭农场还最大限度地保存了农民社会的基本特征，将生产单位和消费单位在家庭中统一起来；而茅舍农、农夫、雇工的家庭以及大租地农场则不同程度地失去了这些特征。当然，家庭农场由于土地拥有或承租量的多寡，可分为不同的经济地位。分属不同经济地位的农户，其家计状况自然也会有所差异。在第一章中，我们将拥有或承租50英亩土地，作为家庭农场的适度规模面积。就是说，这种规模的农场，大致只依靠家庭中非工资劳动者耕作，无须雇工。这种农户似乎可以视作约曼家庭农场中的中等户。不过，各地因人地关系、农牧业比重等因素不同，农场规模也会各不相同，从而导致家庭农场中的中等农户的土地经营面积难以整齐划一。

我们假定考察对象是一户佃农，他的土地全部用于种粮。土地仍采用敞田制，每年15英亩土地用于休耕，实际投入耕作的土地面积只有35英亩，未经圈地和改良的土地地租和单产都处一般水平。农场的劳动依靠家庭成员，不使用工资劳动者，从而省去雇工支出。先看收入部分。农户一般每年要种几种作物，大体分配是：小麦占25%，豆科植物占25%，燕麦占40%，大麦占10%。当然，农家的作物种类和分配比例也会呈现多样性和灵活性，但上述作物分配的比例代表了农户较为通行的做

---

① 亚当·斯密：《国民财富的性质和原因的研究》，上卷，第65页。

法。依上述比例，35英亩土地应包括：8.75英亩种小麦，同样数量的土地用来种豆科作物，14英亩种燕麦，3.5英亩种大麦。如果各类作物每英亩平均单产分别为：小麦20蒲式耳，豆科作物28蒲式耳，燕麦36蒲式耳，大麦24蒲式耳；不同作物每蒲式耳的价格分别为：小麦4先令6便士，豆科作物2先令6便士，燕麦1先令1便士，大麦2先令6便士。如此，8.75英亩小麦可收175蒲式耳，价值39镑4先令6便士，8.75英亩豆科作物可收245蒲式耳，价值30镑6先令2便士；14英亩燕麦可收504蒲式耳，价值27镑4先令2便士；3.5英亩大麦可收84蒲式耳，价值10镑7先令。这样全年作物合计现金为108镑2先令。此外，每英亩作物还有0.5吨稻草，35英亩可获17.5吨，每吨可卖10先令6便士，得款9镑零3便士。一般说，英国农民家庭都养有牛、羊、猪等，这部分收入在家庭经济中所占的比例恐远高出中国农户，但数量很难确定一个标准。约曼家庭应比茅舍农、农夫、雇工的饲养量大，主要为家庭提供肉、乳制品及肥料，我们姑且将这部分收入定为粮食收入的五分之一，可能不会有太大偏差。这样，这部分收入计为21镑6先令。

再看支出部分。首先是生产性支出。地租是佃户生产费用的重要部分。如第二章所述，地租会因土质、经营方式、经营内容等相差颇大。一般来说，18世纪时，土地税和什一税由地产主交纳，因而他会在租额上预留出这部分支出。考虑到敞田制下从事粮作生产，土质状况一般，地租不会奇高奇低。我们采用一户与土地所有者签订二十一年租期的佃户的租额，地租每英亩是15先令3便士，与我们在第二章中介绍的各地租额相比，属中等偏下水准，这样50英亩土地的租金为38镑2先令5

相似还是相异？

便士。其次是种子。种子的播种量依单产和产出率而定，就是说，我们已知18世纪各类农作物的平均单产和产出率，以单产除以产出率，即为各类农作物每英亩应播种子的数量。在第一章中，我们已分别介绍了几种农作物的产出率，即小麦平均为8，大麦7，燕麦7，此外，豆科作物平均产出率是8左右。由此我们可以计算出种子每英亩的播种量分别是：小麦2.5蒲式耳，大麦3.4蒲式耳，燕麦5.1蒲式耳，豆科作物3.5蒲式耳。依此比例，我们则可求出不同数量的土地所需种子数量及价格，分别是8.75英亩小麦需种子21.88蒲式耳，合现金5镑零3便士；8.75英亩豆科作物需种子36.6蒲式耳，合现金3镑9先令8便士；14英亩燕麦需种子71.4蒲式耳，合现金3镑9先令6便士；3.5英亩大麦需种子11.9蒲式耳，折合现金1镑5先令5便士。生产费用中的第三项内容是肥料支出。农户肥料既不会完全自给，也不会全部仰赖购买，因而总的说不会占去太多生产性费用。据瑟斯克主编的《英格兰和威尔士农业史》，70英亩土地所需肥料价值32镑16先令3便士，合每英亩约0.5镑。依此比例，35英亩土地每年的肥料费支出为17.5镑。第四项是挽畜支出。按瑟斯克前引书，耕种70英亩土地每年挽畜的饲料支出为31镑4先令，35英亩约合15镑7先令。[①]我们认为50英亩的农场可依靠家庭劳动力经营，因而雇工费用可略去不计。此外，如挽畜、农场工具和设备的购买与折旧，因不属经常性支出或不易估算，在此也不予计入。

---

① J. Thirsk ed., *The Agrarian History of England and Wales*, Vol. V., 1640-1750, II, pp. 85-92.

其次是生活性支出。第一项是食物消费。一般而言，不同社会集团，其食物消费的种类和开支会有所不同。社会地位越高，食物的品种越丰富，开销自然会越大。依据1808年的价格水平，明格对普通约曼农的食物消费额做了估计。他认为，一个中等农户其家庭成员的每人每周大约需要5先令。这些消费包括2磅腌肉，蔬菜，半配克褐色面包，$2\frac{1}{3}$加仑脱脂牛奶，1磅奶酪，10.5品脱淡啤酒（small beer），这些都是普通约曼家庭的基本消费。经济条件好些的约曼，每人一周消费可达7先令3.5便士。除上述基本消费外，还包括7品脱麦啤酒（ale），黄油和糖各半磅，1英两茶。[①]除糖茶外，食物都自己生产，肉及乳制品来自家养牛羊，酒是自家酿制的。中世纪以来，英国各阶层都有酿酒和饮酒的习惯。酿酒和饲养都需要粮食，具体数额难以确认。农家由于食品结构中肉、乳制品和酒类消费占相当大比例，故难以像中国那样确认每人的粮食消费量。据格利哥里·金统计，富有的自由持有农家庭人口平均为七人，小自由持有农和农场主的家庭为五人。因为我们是以中等农户作为考察对象的，故以五人作为这类家庭的标准规模。五口之中，妇女和未成年人每周食物消费额应低于5先令，如自己的孩子到别人家打工，家里有雇工，那么雇工的食物消费标准也应低于主人。当然也不排除某些约曼户食物消费额人均超过每周5先令，达到7先令3.5便士。此外逢年过节时，生活还要比平时有所改善，也要多花些钱。因此，我们就以4先令作为每周人均食物消费标准，五人一年为52镑。这项支出并不低。因为埃塞克斯郡特

[①] G. E. Mingay, *English Landed Society in the Eighteenth Century*, p. 241.

相似还是相异？

灵教区贫困农户年家庭食物消费仅为9镑14先令。[①]中等收入的约曼的生活水平自然高于甚至靠救济为生的贫农，应该说五倍左右的差别还是相当可观的。

  生活支出的第二项是穿衣。一般来说，即使以农业为主的家庭，衣服材料也无须全部依靠购买。这是因为，其一，作为衣被纺织材料的羊毛、亚麻等，农家都能生产，数量因地而异，但满足自家衣被材料之需则不应有问题。其二，农事活动有明显季节性，农闲时妇孺老幼多纺线织布，以供家用。明格发现，纺车在约曼家庭很普遍。富裕农场主的女儿和女仆把羊毛纺成纱线，然后送给织工织成布匹供自家消费。当然，小自由持有农或茅舍农因土地少，家庭纺织的目的已不限于解决自家衣被材料，而成为家庭收入的主要来源。关于约曼家庭每年人均衣被消费的具体数字，我们还未见到确切材料。但这不妨从其他材料中得到旁证。16世纪至18世纪初，埃塞克斯郡的特灵教区向穷人发放济贫税，为此详细测算了农家各项生活开销的现金数额。其中在穿衣方面是这样估算的：成年男子的穿着包括外套、长外衣、鞋、长袜共计18先令，一个妇女的内衣、外衣、鞋和长袜花15先令。孩子的衬衫、裤子、鞋计5先令。其中有些衣物需每年都要重新添置，另一些则可连用数年。因而匡算一家全年衣服支出需2镑。[②]这恐怕是当时最低的穿衣消费标准，相比之下，约曼自应要花费多些。此外，18世纪价格和劳务都比前一两个世纪为高，济贫税可能也要提高。仍是以五口之家

  [①] K. Wrightson and D. Levine, *Poverty and Piety in an English Village Terling, 1525—1700*, p. 40.

  [②] Ibid.

计，考虑到穿着各项从原材料到衣被面料完全自给自足的农户比例不会太高，不少农户还需自家纺线交由织户织成布，要付一定报酬，也有些农户需购买衣被材料，因而将一个约曼家庭全年的衣服支出定为5镑，似乎已较为充裕。此外，每个农家的生活支出还会有其他项目，如燃料、送往迎来、婚丧嫁娶等。鉴于农闲时约曼外出务工，其收入大约可与上述项目相抵，因而也不予另计。我们将上述各项制成表4-2。

表4-2 18世纪英国约曼中等农户家计

收入部分	8.75英亩小麦	175蒲式耳	39镑4先令6便士
	8.75英亩豆科作物	245蒲式耳	30镑6先令2便士
	14英亩燕麦	504蒲式耳	27镑4先令2便士
	3.5英亩大麦	84蒲式耳	10镑7先令
	稻草	17.5吨	9镑零3便士
	畜牧		21镑6先令
生产性支出	地租		38镑2先令5便士
	种子	141.78蒲式耳	13镑4先令2便士
	肥料		17镑5先令
生活支出	吃饭		52镑
	穿衣		5镑
年终结算	全年收入		137镑8先令3便士
	生产性支出		68镑11先令7便士
	生活支出		57镑
	结余		11镑16先令6便士

相似还是相异？

每年能有十几镑的结余，应该说这样的农户已具备扩大再生产的能力。从约曼留下的数量颇丰的财产清单中，我们完全可以相信这样的农户已非少数，这也印证了历史文献中对约曼较为优越的生活方式的描写。亚当·斯密把生产力的进步归之为分工的结果，但他又提出，"分工起因于交换能力，分工的程度，因此总要受交换能力大小的限制，换言之要受市场广狭的限制"[①]。消费（包括生产与生活消费）既是生产力的结果，但又反过来对生产力起到或积极或消极的影响。试想，如果英国的约曼像中国18世纪江南耕种10亩水稻田的典型农户那样经济拮据，即使有地主的资产阶级化，有地主通过圈地为佃户提供的大农场的存在，佃户两手空空，哪会有能力承佃土地？资本主义的租地农场主又从何而来？实际上，18世纪中国的佃富农的家计已达到拥有一定的财富积累的阶段，只是人数尚少，同时社会价值取向又使其往往致富后放弃经营，成为出租地主，从而影响了资本主义生产方式的成长。

第二节　农民的家庭生活

一　婚俗

在前工业社会，农民家庭是物质再生产的基本单位，而婚

---

① 亚当·斯密：《国民财富的性质和原因的研究》，上卷，第5、16页。

第四章 农民生产生活的比较

姻则是这种单位建立的前提。

婚姻成立的一个前提，就是男女当事人的婚龄。周礼曾规定，"男子三十而娶，女子二十而嫁"。有的学者认为，这个年龄不是指男女结婚的最低年龄，而是晚婚不应超过的年限，否则就要为社会所耻。实际上，中国历代王朝的法律对最低婚龄的规定，都大大早于这个年龄。清朝的法定婚龄是女14岁，男15岁，这是唐朝开元以来的传统规定，清朝只是予以继承，而清人的实际婚龄则依情况不同而各有早晚。

清代男女结婚年龄一般都在20岁以下，而且大部分地区盛行早婚。如直隶蔚县，"凡男子十六，女子十四以上，并听婚娶……迟嫁晚娶，不无习俗之累焉"[1]。山西永宁州（今离石县），"士民之家缔姻，多在孩提时，间有至成童者，完婚则自十四五至二十余岁，其贫者不计"[2]。山东邹平县，"女子十四岁已（以）上即嫁"[3]。安徽徽州（今歙县），"熹人多婚早，每十五六皆嫁娶"[4]。广东乐昌，"男子十五以上多冠娶"[5]。相比之下，有钱人家的子女婚龄会比普通农家更早。直隶张北县，"完婚年龄，男女不同。普通男子最早在十三岁，女子在十五岁；最晚男子二十岁，女子二十五岁。贫苦之家完婚最晚，男子多至二十岁，或三十余岁，男子比女子多半大十余岁"[6]。直隶阳原县，"本县

---

[1] 乾隆《蔚县志》，卷三一。
[2] 康熙《永宁州志》，卷八。
[3] 康熙《邹平县志》，卷八。
[4] 汪士铎：《乙丙日记》，转引自《中国近代经济思想史资料选辑》，第1册，第308页。
[5] 同治《乐昌县志》，卷一，《方域志》，"风俗"。
[6] 民国《张北县志》，卷五，《礼俗志》，"婚礼"。

相似还是相异？

富贵之家，男子十五而娶，女则十七始嫁；工商阶级，则男子二十而娶，女子则二八而嫁；贫农则而立、不惑之年，始得积资聘妇（贫人娶妇，须纳彩礼洋百元至二百元），女则年仅十五即嫁，盖一则减轻负担，一则借得彩礼"①。一般来说，富裕人家子弟娶妻早于贫穷家庭，而穷人家嫁女却早于前者。童养媳都在十岁上下，完全来自家庭贫寒或父母早亡的贫穷家庭，这种习惯屡见不鲜，虽如此，却不能视为婚姻的常例。贫困户因无条件养家糊口，因而被迫晚婚，但结不起婚的农户在农户中不会占多大比例。从总的习俗上，18世纪的中国婚俗倾向早婚，而且在实际婚嫁中，早婚的现象也占绝对优势，这种估计恐怕不会有太大的问题。而且这种早婚的习俗和做法，在当今中国农村中还依稀保留。

清人对早婚习俗一般持反对态度。如直隶《行唐县新志》说，"婚礼男子三十而娶，女子二十而嫁，后世虽不能尽遵古礼，然嫁娶大都在冠、笄之年……世俗嫁娶太早，未知为人父母之道……行邑此义不明，年未成童，遽为婚娶，非古也"②。民国《元氏县志》卷十六也说，"元地风俗自十一二岁至十五六岁结婚者居多。夭病时见，家室勃豁，其弊不可胜穷，蔑视古礼之过若此"。早婚成俗，有多方面的原因，一是早成亲早得子，以便传宗接代，延续香火和增加劳动力；二是男方为得劳动力，女方嫁女后可以减少家庭负担；三是晚婚会被人耻笑，舆论和习俗逼人早婚。

---

① 民国《阳原县志》，卷十，《礼俗》，"婚礼"。
② 乾隆《行唐县新志》，卷十三，《风俗志》。

第四章 农民生产生活的比较

清人择偶标准中，门第和财富为不少人所重视。山西翼城县，"两姓相合，最重门第，门第不当，断不苟就，贫富非所论也。非惟绅士为然，即商、贾、农、工亦尔。倘非偶联姻，则乡党不齿焉"①。直隶祁州（今河北安国县），"男女门户相当者，通以媒妁"②。福建长泰县，婚姻"但重门户，侈妆奁"③。此外，婚姻论财也成为方志中经常抨击的不古行为。论财的婚姻注重陪嫁和彩礼的多少。陪嫁是男方对女家的要求，女家则要求男方多送彩礼。雍、乾时，翰林院检讨夏之蓉对此有所记述："将择妇，必问资装之厚薄，苟厚矣，妇虽不德，亦安以就之；将嫁女，必问聘财之丰啬，苟丰矣，婿虽不肖，亦利共所有，而不恤其他。"④如山西临汾县，"女家勒索聘礼，男家苛责妆奁，自诗礼旧家而外，鲜有免者"⑤。《沃史》中也说，"第近世议婚者，率趋势力，不择人品。较聘财，几于鬻女；责资装，近于索负"⑥。福建安溪县"贫家嫁娶先讲定聘金若干，聘金少者无妆资"⑦。山西赵城县"婚礼，不纳采，不问名，男女生年月日不相知也。聘必以银，率二十四两，富豪者有加焉，疑于论财矣"⑧。浙江上虞县"惟富家务在妆奁丰厚，甚或鬻产负债以求观美，贫家许字论财，或七八十金，或百金，或百数十

---

① 乾隆《翼城县志》，卷二一，《风俗》。
② 乾隆《祁州志》，卷一，《舆地》，"风俗"。
③ 乾隆《长泰县志》，卷十，《风土志》，"风俗"。
④ 陆燿辑：《切问斋文钞》，卷四，夏醴谷：《昏说》。
⑤ 康熙《临汾县志》，卷八。
⑥ 康熙《沃史》，卷二五。
⑦ 乾隆《安溪县志》，卷二。
⑧ 道光《赵城县志》，卷八，《风俗》。

相似还是相异？

金，聘礼盘仪，多多益善，每见有千金之家因嫁女而中落，农民积十年赢余，因娶妇不足又称贷而益之遂穷，约以终身，甚有老死不能婚者"①。更有甚者，有因择偶论财而悔婚抢婚者，以及闹出人命者。如嘉庆元年（1796年），"湖北荆门州（今荆门市）人李兴方作媒，陈士抉将女儿许配李庭贵，议定聘礼钱十二千文，结亲时李庭贵手头拮据，先交了六千文，余额缓交，经陈士抉允许后结了婚。次年因陈士抉催讨不成，将李兴方失手打死"②。浙江嘉定县"有相沿之陋习曰争亲，即女家向男家争论财币也"，"凡民间聘妻，女家力争财礼，无力迎娶，或悔婚不愿嫁者，则纠人抢之"③。当然，也有的在彩礼上稍通融者。如山西永宁州（今离石县），"临娶纳币，即古请期之礼，谓之'大送'。其仪物，乃首饰、衣服、果品、肴馔之类，丰约称其家，财礼多寡不计；乡村之中，亦有用粟麦、猪羊等类者"④。

早婚的结果使妇女育龄提前，生育期延长，因而客观上导致多生孩子，而且代际间隔也相应缩短，这些都造成人口增长空前严重，18世纪中国农业发展的成就也为人口增长提供了物质基础。婚姻论财，实际上也具有"资本耗散"之弊，农家在入不敷出的情况下，婚姻上的超负荷支出，更加剧了生产生活的困难。

以往，历史学家认为英国人有早婚习俗，这种印象来自于

---

① 光绪《上虞县志》，卷三八，《杂志》，"风俗"。
② 《内阁全宗》，刑科题本（土地债务类），第3093号。
③ 光绪《嘉定县续志》，卷五，《风土志》，"风俗"。
④ 康熙《永宁州志》，卷八。

第四章 农民生产生活的比较

莎士比亚的名剧《罗密欧与朱丽叶》。该剧有这样一个情节：朱丽叶在十四五岁时，其母为其议婚。除此之外，并没有更多的史料可以印证存在着早婚的习俗。随着20世纪60年代西方家庭史学的崛起，关于前工业化时期，主要是16—18世纪包括英国在内的欧洲婚龄的研究取得重要突破。家庭史学家依据教区的洗礼、结婚和丧葬记录，以及19世纪以前村庄居民分户记录等重要基层资料，对西欧在工业革命前几百年里，人们的婚龄做了统计。如彼得·拉斯勒特在其家庭史的代表作《历史上的户与家》中指出，西欧在工业革命前的几百年里，在占全部人口90%的底层群众中，男女婚龄一般都比较晚。他依据英国伊灵（埃塞克斯郡一村庄）1599年的一份数据和法国朗格尼斯1788年的一份数据，同塞尔维亚的贝尔格莱德1733—1734年的一份数据加以对比，指出：伊灵和朗格尼斯两地24岁以下男子的成婚率为零，而贝尔格莱德20—24岁男子的成婚率为33%；伊灵20—24岁女子成婚率为13%左右，朗格尼斯24岁以下女子成婚率仍旧为零，而在贝尔格莱德，15—19岁女子成婚率为77%，20—24岁女子成婚率为92%。[1]在伊灵，男女初婚年龄比英国其他地区要低。在1550—1724年，112名初婚男性的平均年龄为25.3岁，而178名新娘的初婚年龄为24.6岁。在被统计的新婚夫妇中，最低年龄分别为22.5岁和21.3岁，最高年龄分别为27.7岁和27.5岁；而在曼彻斯特郡，新郎的初婚年龄为29.4岁，新娘则为28.1岁。这里1/4的新娘和1/3以上的新郎初婚时年龄在

---

[1] P. Laslett, ed., *Household and Family in Past Time*, p. 75, Table 15.

相似还是相异？

30岁以上，而在伊灵，男女晚婚的比例分别为1/4和不足1/6。[①]彼得·克里特也对16—18世纪英国人的婚龄进行了研究。他依据德文郡的科利顿、曼彻斯特的博福斯佛德和谢波希德三个村庄教区登记，考察了这些村庄自16世纪中叶至18世纪末农民婚龄的变迁历程。1550—1599年，科利顿村婚龄为27岁，其他两村不详；1600—1649年，科利顿为27.1岁，博福斯佛德为25.7岁，谢波希德为28.1岁。1650—1699年，三个村分别为29.4岁、26.4岁和28.1岁；1700—1749年，为28.3、27.5、27.4岁；1750—1799年，为26.3、26.5、24.1岁。[②]虽然拉斯勒特和克里特考察范围仅限于四个村庄，但著名家庭史学家劳伦斯·斯通在其评述18世纪80年代的西方家庭史研究状况的文章中，直言不讳地说，占人口95%的下层群众，男女婚龄都变晚，在17世纪和18世纪早期的英格兰和法国都是如此。通常的情况是，年近三十的男子娶24—25岁左右的女子。应该说，对早期现代英法两国晚婚模式普遍性的揭示，是人口史和家庭史最近二十年最令人吃惊也是最有意义的重要发现。[③]

目前，西方学者已不怀疑底层群众晚婚现象的普遍性，但对其出现的确切时间及其原因还未得出一致的结论。特别是后者，更令学者们颇费精力。为什么青年男女在青春期后的十几年方才男婚女嫁？较为流行的观点认为是由于14、15世纪以后

[①] K. Wrightson and D. Levine, *Poverty and Piety in an English Village: Terling, 1525−1700*, pp. 47−48.

[②] P. Kriedte, *Peasants, Landlords and Merchant Capitalists: Europe and the World Economy 1500−1800*, p. 63, Table 17.

[③] T. Rabb & R. I. Rotberg ed., *The New History: the 1980's and Beyond*, p.58.

"新居制"(neoLocal residence,或称单居制)的推行。在晚婚流行的地区,新婚夫妻普遍地建起自己的新居,而不是同父母合居。因此,为了结婚,他们需攒钱购买生产生活用品,如购买房屋甚至土地。这一切需要长期艰苦劳动和节俭生活才能做到。也就是说,导致晚婚的原因主要是经济上的,即年轻夫妇婚后或者立刻离开父母,或者尽快离开父母建立新居所。为此,新婚夫妇必须在婚前储蓄相当长一段时间。这样做的后果是大多数妇女的生育高峰期减少了十年左右,因而降低了人口出生率并促进了资金的积累。以伊灵为例,1550—1724年,20岁以下结婚的妇女有6.6个孩子,20—24岁有5.1个,25—29岁有3.8个,30—34岁有2.7个,35—39岁仅有2个。[1]此外,对继承习惯的研究,也为以新居制解释晚婚提供了佐证。历史学家发现,在英国农村人们认为无土地即无婚姻。在实行不可分割继承制地区,继承人因等待父亲将土地交给他,婚龄一般较晚;没有继承土地的幼子,因积资购地需要数年,也推迟了婚期。而且至少从中世纪以来,社会上还存在数量很大的终身未婚人群。[2]同时斯通也看到,18世纪下半叶起,西欧人的婚龄又出现下降的趋势,这从前引克里特对英国三个村庄的研究中也得到印证。[3]但是,斯通对此未做进一步的分析。导致18世纪婚龄有所降低的原因,可能也同非农业人口的迅速增加有关。这一时期,非

---

[1] K. Wrightson and D. Levine, *Poverty and Piety in an English Village: Terling, 1525-1700*, p. 49, Table 3.2.

[2] A. Macfarlane, *The Origins of English Individualism: The Family, Property and Social Transition*, pp. 156-161.

[3] T. Rabb & R. I. Rotberg ed., *The New History, the .1980s and Beyond*, p. 58.

相似还是相异？

农业人口的增长明显快于农业人口的增长。下面以诺丁汉郡为例制成表4-3。

另据理查德·布朗研究，18世纪上半叶，英格兰全国人口增长14%，但农业各郡几乎没有增长，而在工业区的兰开夏郡、沃里克郡和约克郡的西赖丁，人口分别增加了33%、28%和26%。18世纪下半叶和19世纪初，农业各郡人口增长88%，而西北部工业区和以伦敦为中心的东南部工商业区的人口都增加了129%。[1]

表4-3　1674—1801年诺丁汉郡62个农业村和40个茅舍工业村人口增长情况

村庄数量	平均人口数							
	1674		1743		1764		1801	
	绝对数	指数	绝对数	指数	绝对数	指数	绝对数	指数
农业村 62	166	100	187	113	199	119	276	176
茅舍工业村 40	230	100	340	148	462	201	908	395

资料来源：P. Kriedte, *Peasants, Landlords and Merchant Capitalists*, p. 64, Table 18.

农业人口落后于工业人口的增长，这一点看来不会有问题。但工商人口的增加同婚龄下降之间是否有联系，还没有更直接的证据，也没有这一时期农业人口和工商业人口婚龄的对比资料。但工商业人口的增长不再受到土地资源的限制，同时乡村纺织业又以家庭成员的劳动为主，客观上需要人口增加，而在预期寿命仍较低的18世纪，增加人口数量就要延长妇女生育时

---

[1] R. Brown, *Society and Economy in Modern Britain 1700-1850*, pp. 34-35.

间，那么婚龄就得降低。而农业人口的下降，可能同两个因素有关，一是妇女婚龄的推迟，致使其育龄期限缩短，降低了出生率；二是越来越多的家庭依赖工资劳动者，家庭的生育率同家庭劳动力的相互制约性被打破，农家没有必要因家庭需要劳动力而多生孩子，劳动力除夫妇外通过雇工解决，雇工人数依农事多寡疏密而定，从而在家庭内部使过剩人口问题得到有效控制。是否可以说，农户中人口再生产和家庭生产方式下劳动力再生产的分离，是晚婚、晚育和控制生育的主要原因。[①]18世纪的中国，以及英国乡村纺织业集中地区，人口的快速增长与家庭作为生产单位的延续，恐怕有相应的关系。

二 继承

清代实行传统的诸子平分家产的继承制度。法律规定"嫡庶子男，除有官荫袭先尽嫡长子孙，其分析家财田产，不问妻、妾、婢生，止以子数均分。奸生之子，依子量与半分"[②]。从清律律文看，继承分为政治权利和财产两个方面。政治权利的继承同绝大多数家庭不发生关系，而财产继承则涉及每一个家庭。法律对合法婚生子男，不论嫡庶，在财产继承上一视同仁，家产按子男数量平分；但非婚生子仅为前者的一半。诸子平分继承制有利于获得再生产的条件，特别是土地。但这也同时使土

[①] 在这方面，麦克法兰的观点值得重视。他认为，家庭不再作为严格意义上的生产单位，劳动力随时从工资劳动者中得到调剂补充，致使经济活动不再受制于人口的生老病死，从而限制了早婚和多子多孙，有利于积累资金。A. Macfarlane, *The Origins of English Individualism: The Family, Property and Social Transition*, p. 76.

[②] 刘统勋等纂修：《大清律例》，卷八，《户律》。

相似还是相异?

地所有者难以有稳定的财产积聚,并形成和保持规模经营,每代的财产都要被重新分割,社会上也会不断地产生自耕农、半自耕农、佃农。值得注意的是,这种代代平分家产的做法,不仅限于清代,而是中国古代社会长期奉行的一种普遍社会习俗。早在明代,人们就有了这个认识。温以介的母亲陆氏问儿子为什么本宗族穷人多,他回答说:我们的始祖有1 600亩田地,分给了四个儿子,至今已传到第六代,每房每代分一次家,到我们这一代,自然人丁多财产少了。①温氏在第一代时是大地主,四个儿子各得400亩地,第三代以后,即使每房各以两兄弟平分家产,到第六代,每家也不过12亩土地,是典型的小农了。中国历史上的自耕农或半自耕农很多,其来源之一就是中小地主之家析产户造成的。当然,从理论上说,分家析产所导致的周期性危机,也有可能通过土地财富的不断增值来解决,即在两次分家的间歇期,广占田地,恢复乃至超过原先每户的占地规模。但实际上,由于自耕农和一般地主必须承担苛重的赋税,因而其财富积累的速度是缓慢的,而以每代三十年为周期去平分家产,那么一般情况下析产后的土地,很难再达到以前的规模,更不用说超过了。

前引作于嘉庆初年的《卖田说》一文,也揭示了一个大地主家庭因析产衰败的过程。该文回忆了作者与佃户王泽润的一段谈话,其中王氏讲述了自己沦为佃农的经过:

"予家曾祖父以来,置田不下千亩。而蜀俗好分,生子五人,而田各二百亩矣。予又生孙五人,而田各五十亩矣。孙又

---

① 曹溶辑、陶越增删:《学海类编》,第三十六册。

336

生孙五人，而田各十亩矣……而十亩五分，各耕不过二亩。"[1]

由于中国没有长子继承制，家长死后，他的财产便由诸子均分继承。这样一来，即使一宗很可观的财产，经过数代细分之后便成为微不足道的了。诸子析产习俗限制了地主财富的集中和积累，造成了中小地主和自耕农阶层的广泛存在。在前现代农村，由于技术原因的限制，单产较低，维持生活的人均土地数量较大。因而，发展商品生产必须建立在一定的规模经营的基础上。否则，农民种田只求糊口，他们的交换活动也仅限于以有易无，调剂余缺，不会有财富的真正积累，社会也无法有根本性的进步可言。何炳棣认为，导致中国古代晚期资本耗散的重要因素之一，即是诸子均分的继承制度。从资本积累的角度讲，它严重阻碍了中国资本主义的发展，使之不能像英国一样在19世纪实现经济起飞。[2]

与中国相比，前工业时代的英国似乎不存在整齐划一的继承习惯，农民家庭更是如此，至少历史地看待这一问题是这样的。尽管相对欧洲大陆而言，不列颠往往被归入奉行长子继承制的国家，[3]不过，这样的看法常给人以错觉，以为英国各时期各阶级（层）唯有实行长子继承制，例如韦伯（维贝尔）就断然说，"在英国盛行封建的长子继承制，不管农民还是地主，均由长子继承全部土地"[4]，这当然与事实难以完全吻合。其实，长

---

[1] 李调元：《童山文集补遗》（一），《卖田说》。

[2] Ping-ti Ho, "The Salt Merchants of Yang-Chou: A Study of Commercial Capitalism in the Eighteenth Century China", *Harvard Journal of Asiatic Studies*, Vol. 17, No. 1–2（June, 1954）, pp. 130–168.

[3] J. Thirsk, *The Rural Economy of England: Collected Essays*, p. 361.

[4] 维贝尔：《世界经济通史》，第93页。

相似还是相异？

子继承制在贵族和乡绅中采用较早，也较通行，最初的目的是出于安全的考虑，因为大领地可以获得较多的战士，同时也可维持家族地产的完整性，防止家族的衰落。至于农民家庭，继承习惯则因地而异，差别颇大。大体而论，英国农民家庭流行四种继承制度：长子继承制（Primogeniture），主要在中部实行敞田制的地区；幼子继承制（Borough English），主要在东南部沼泽地区；诸子继承制（Gival Kind），主要在肯特地区；子女均分制（Ingeniture），主要在北部畜牧地区。从历史渊源说，一般认为，封建主为了确保农奴义务的实现，倾向于使其份地保持完整。所以农奴土地有的实行长子继承制，更多的实行幼子继承制。但中世纪英国并未在所有地区完成庄园化。在非庄园化地区，分割继承仍然有强大的势力，除北部地区和肯特较集中外，其他如诺福克、剑桥、莱斯特、诺丁汉、林肯、萨福克、埃塞克斯、米德尔塞克斯诸郡，其中一些地方也实行均分制。① 大而言之，农民家庭继承习惯无外乎分为不可分割制与可分割制两种。麦克法兰认为，在欧洲大陆，不可分割制的继承习惯只在乡绅和贵族中使用，英国是唯一在普通民众中也实行长子继承制的国家。当然，可分割继承在很多地区也极为普遍，长子（女）外的其他孩子可得到现金或动产，这种继承方式影响很大。②

历史事实确是如此。特灵教区位于埃塞克斯郡中部，距伦敦约30英里。通过对遗嘱的研究发现，这个教区没有统一的继

---

① H. C. Darby, *A New Historical Geography of England before 1600*, p.76.
② A. Macfarlane, *The Origins of English Individualism: Family, Property and Social Transition*, pp. 87-88.

承制度。立遗嘱人的财产不能全部由其子女继承，因为依照惯例，遗产的一部分被划归妻子名下，作为寡妇财产或养老金；另一部分在立遗嘱人死亡后捐赠教会。剩下的遗产方可在子女间分配。在特灵，当立遗嘱人只有一个孩子时，他或她可以得到这余下的全部财产，非常便捷而无争议。如果立遗嘱人有一个儿子，同时还有女儿，在这种情况下，通常的做法是将土地和房屋分给儿子。富有的立遗嘱人也可能把一间或几间住房分给自己的女儿们，家里的现金和动产大体上平均分配给所有的孩子。如果立遗嘱人有两个以上的儿子，有或没有女儿时，继承方式会有多种选择。当长子未婚时，房屋和土地通常由长子继承，次子获得现金或动产。可是，如果长子早已结婚并且独立生活，这时房屋和土地大概要由幼子继承。同时，富有的立遗嘱人也可能在遗嘱中给每个孩子一间房屋，以及部分土地。当然，后一种情况所被分割的土地也往往不是家族主要的地产，而是零星购买的散在各处的小块土地。也会有这样的情况，立遗嘱人有些孩子已经结婚，有些则没有结婚，遗产由长子继承，但他要在兄弟们未达到法定成年年龄前供给他们生活费。应该说，无论长子或幼子继承，不可分割的继承习惯都是极端的做法，特别在未成年者存在的情况下。上述变通办法在一定程度上对这种极端化起到了平衡作用。当然，有些立遗嘱人终身贫困，无不动产可供继承。在此情况下，家内所有现金和动产会在已婚或未婚子女中均分；或者已婚的孩子只得到少许部分，而大部分由未婚子女继承。也有的立遗嘱人没有儿子，只有女儿，在这种情况下，房屋和土地通常由长女继承，幼女只得到现金和动产。如果无不动产可供继承，现金和动产则多在已婚

相似还是相异？

和未婚女儿间均分。[①] 从发展趋势看，长子继承制渐成发展的方向，但其他继承习惯仍根深蒂固，从总量看也未完全处于劣势。

类似的情况在剑桥郡所辖的几个教区也大体如此。奇彭哈姆位于剑桥郡东北部，1520—1680年涉及两子以上的遗嘱共12份。其中仅有两份遗嘱确定由一个儿子继承土地，余子被完全剥夺了土地继承权。另有7份遗嘱或将土地在诸子中平分，或把大部分土地交一子继承，其余儿子则只得到小块地产（有时需要购买才能得到），这样做的家庭常常经济条件较好。可见，无条件的长子或幼子继承都不是常规做法，不可分割的继承制度多半要继承人放弃动产和现金，或者向没有不动产继承权的未成年者提供生活保障。在此情况下，表面上看家族地产得以保持完整，没有被分割，但由于放弃了动产和现金，继承者的再生产条件较前削弱，另赡养费用也是不小的负担。因而从长远看，这种不可分割的继承制度，同样不能避免农户出卖土地，其土地的经营规模也难以总呈稳定或扩大之势。奥韦尔是位于剑桥郡西南部的一个教区。在所统计的1543—1630年的50份遗嘱中，仅37份涉及农户家庭的继承。其中22份遗嘱中包括两个以上的儿子，从遗产分配中可看到该教区的继承习惯。这22份立遗嘱人均为农场主，其中12人将土地交由长子继承，其余儿子只得到一笔现金或牲畜、谷物。另12个农场主则让长子继承大部分土地，幼子也可得到一小块地产。当然，后种继承尚不属于诸子析产，因为家族地产的大部分仍相对完整地保留下来。

[①] K. Wrightson and D. Levine, *Poverty and Piety in an English Village: Terling, 1525-1700*, pp. 98-99.

这种长子继承的家庭仍需购买或以其他方式增加土地，否则不出几代，生计便难以维持。威林厄姆也是剑桥郡的一个教区，在1575—1603年的33份涉及不动产继承的遗嘱中，仅12人有两个以上的儿子，其中一人把房屋留给长子，条件是扶养胞弟，并为胞妹筹办嫁妆。其他八人在遗嘱中将土地平均分配给儿子们；余者出于保持家族地产完整的目的，一子继承土地，余子可分到一英亩土地或一间房屋。①

在其他各郡，继承习惯也无本质差别。长子或长孙都无绝对的继承权。通常的做法是，既承认长子的优先继承权或在遗产分配中受到照顾，但又要在一定意义上平均分配财产。在肯特郡的科巴姆，一个名叫博纳姆·凯斯的约曼，在遗嘱中给四个儿子留下总计400英亩的三个农场，350镑现金，几间住房，以及在格雷森德的码头。每个儿子所得到的遗产种类、数额不清楚，但至少排除了无条件的长子或幼子继承制。在萨塞克斯郡的沃伯莱顿，约曼乔治·胡德1708年立了一份遗嘱，将其在沃伯莱顿的全部土地给予其遗孀玛丽，外加所有家具和价值100镑的室外物品。其他土地则由他的两个年长儿子平分，条件是他们每人给两个弟弟和两个妹妹100镑现金。另一位萨塞克斯的约曼，把遗产留给四个女儿继承：两个年长女儿分到土地，三女儿获得200镑现金，小女儿得到120镑。明格认为，自由持有农不像大土地所有者那样关心长子继承或女儿的嫁妆。他们也放心不下幼子，如果他们有几个儿女，在财产继承时长子常受

---

① M. Spufford, *Contrasting Communities: English Villagers in the Sixteenth and Seventeenth Centuries*, pp. 85-87, 106, 159.

相似还是相异?

到优待,幼子同女儿所获相同。但如果他只有女儿的话,她们所得到的财产便不会少,有时可能达到500—1 000镑。[1]

以上所引材料并不全面,但还是大致反映了英国农民家庭继承习惯的特点:无条件的长子或幼子继承最少,子女析产均分次之,较常见的是有条件的长子或幼子继承制,以及部分子女(长子女或幼子女)多得,其他子女少得。

尽管有如此差别,但各地继承习惯至少在一点上是共同的,即都承认包括土地在内的财产的家族所有权,子女对此有不可剥夺的继承权。这种财产的家族中心或家族主义,不允许持有人自由或随心所欲地处置它们,特别是土地。但麦克法兰的研究对此观点发起挑战,他认为从中世纪以来,英国就奉行一种绝对个人主义的财产所有权和处置权。他的见解虽缺少同道与响应,但仍不失为有价值的一家之言。

麦克法兰认为,以往对农民社会的研究认定,农民依附于家族或共同体,家族是农业社会中生产与消费的最基本单位。在这种社会中,家族或共同体的利益高于一切,个人是微不足道的。财产归家族所有,家长不过只是其管理者,没有随意处置的权利。年轻人不仅是家族延续香火的后裔,也是家族财产的共同所有者,这是包括英国在内的所有农民社会共同具有的特征。所不同的是,英国自早期现代以来出现了一系列变化,使其脱离农民社会而步入资本主义轨道。麦克法兰同意论者对15世纪以来英国历史的观点,但主张这一变化的起点不是早期现代,其渊源可追溯到13世纪。他指出,自中世纪以来,英国

---

[1] G. E. Mingay, *English Landed Society in the Eighteenth Century*, p. 86.

农民家庭发生了有悖于农民社会特征的变迁。其一是家庭作为生产与消费基本单位的功能日渐淡化,主要表现在家庭农场不同程度地依靠工资劳动者,农场中的生产者与消费者不仅仅局限于家庭成员,且这种现象很普遍。其二是财产(主要指土地等不动产)的家族中心观点,不再是唯一的支配原则,以夫妇为中心的财产观和个人主义的财产私有权的观念兴起并获长足发展。主要标志是财产持有人生前及遗嘱中对土地有自由处置权,子女不再是自家财产的共同所有人,对他们也没有与生俱来的不可剥夺的继承权。财产持有人既可授权子女继承遗产,也可以不给他们留下一个便士,空前活跃的土地市场和土地在异姓中间的买卖,便是最好证明。他同时认为,不可分割继承与家族财产的共同所有权观念是格格不入的,但与这种完全的个人主义的财产权之间却有着某种内在联系。[1]

麦克法兰提出英国农民中世纪时已有巩固的个人地产,较其他国家要早得多,这与布伦纳的看法正好相左。麦克法兰认为,英国资本主义起源于个人财产权的强化,而布伦纳则断言,法国资本主义发展较英国迟滞的原因,在于法国农民过早获得稳定的财产权,而英国农民却没有得到。其实,麦克法兰所谓英国农民产权的强化,并非指一般意义上的农民,而仅指其上层有产者。他们同贵族、乡绅自中世纪晚期以后,通过圈地和蚕食各类土地,确实扩大了土地面积,建立起土地的个人所有权。而英国资本主义大土地所有制和租地农场正是在此基础上

---

[1] A. Macfarlane, *The Origins of English Individualism: Family, Property and Social Transition,* Chapter 4, 5.

相似还是相异？

发展的。法国的贵族地主没有英国那么好的运气，他们成为王权加强的牺牲品，因而贵族的资本主义化受阻。整个旧制度下，王权和小农取得胜利，封建主义便巩固和延续下来。从这一点上可以看出，封建社会地产主阶级的演变，对资本主义发展的至关重要性。至于小农，中世纪晚期有无获得土地所有权，似乎并不是资本主义农业进程的必要条件，因为从农业生产组织看，既有租地农场，也有家庭农场，后者与资本主义农业的经营方式并不是格格不入的。

第三节　小农分化

一　转变的机制

"小农分化"是一个使用较多的术语。但何谓小农分化？小农分化的原因是什么？这类问题至今仍远未达成共识。关于小农分化，一种看法认为，它属于小农经济自身周期性运动，尽管这会导致小农家庭经济状况的升降，甚至社会分层的出现，但小农的基本属性保持不变。如恰亚诺夫所研究的俄国农民家庭农场，希尔顿、波斯坦等人对西欧中世纪农民的研究，以及中外学者对中国历史上的自耕农、佃农的研究，都揭示了这样的现象。另一种看法则主要来自西欧的经验事实，马克思以及道布、布伦纳等人都指出，早期现代，英国小农分化出农业租地资本家和农业工人，这种分化显然已脱离小农经济自身周期性运动的轨迹，租地农场主和农业工人的出现，标志着农村现代化的变革序幕已经拉开。那么，这里就提出了一个问题，小农经济的周期性动荡是普遍现象，并非哪一个国家所独有。但为什么在英国，中世纪小农的周期性动荡会过渡到早期现代的阶级分化？而在英国和西欧以外的国家，传统的小农分化却迟迟没有经历这一转变呢？到目前为止，对传统小农的分化机制已有多种解释。如恰亚诺夫将其归之于家庭生命周期或人口分化，新人口论归之于生产要素（人口、土地）及其所派生的变量（地租、工资）的升降运动，希尔顿则将其视为土地与人口，农奴、领主和公社间相互作用的结果。令人遗憾的是，小农的阶级分化来自英国和西欧国家，但西欧学者至今仍未对这一转变机制做出令人首肯的阐述。现有的解释也仅针对英国和法国，没有从西欧或更大的范围进行概括。

我国学者在探讨中国资本主义萌芽时，常常把商业性农业的发展视为重要指标之一。这种观点似乎认为，封建晚期农业商品化的发展，会自然导向资本主义社会。其实，这种结论并不总是能被历史证实的。事实上，相反的例证倒是经常存在。

首先，农业的商品化并不一定能够促使前资本主义社会人身依附关系的解体。在西方，20世纪中叶后，对现代化起源于商业贸易，特别是国际贸易的观点，不少著名学者提出有力的批评。希尔顿指出，中世纪贸易的发展，"必须与生产方式的变化密切联系起来考察……孤立的贸易史不能告诉我们封建制度特有的关系何时和怎样让位给资本主义关系"[①]。不少学者发

---

① R. H. Hilton, *The Transition from Feudalism to Capitalism*, pp. 153-154.

相似还是相异?

现,在中世纪,商品货币经济的发展不一定都导致农奴制的解体,有时市场的力量甚至可能与农奴制的强化相一致。波斯坦也正确地指出,在接近伦敦市场的东南部地区,13世纪,当贸易和城市市场增长起来的同时也出现了劳役制加强的趋势。道布则发现,在波罗的海国家,在波兰和波希米亚,由于国际贸易活跃而使出口农产品的机会增长,其结果并未导致农奴义务的废除,反而刺激了以农奴劳动为基础的面向市场的大地产经营,即"农奴制再版"。在匈牙利,贸易的增长,大地产经营的发展和对农民压迫的加强同样是并行的。他由此得出结论:"事实上,表明货币经济发展本身导致农奴制加强的证据,看来与表明它引起封建制度解体的证据同样得多。"[1]同易北河以东的情形类似,18世纪末,国际市场对棉花生产的需求,同样刺激了北美奴隶制棉花种植园经济的发展。20世纪80年代初,加州大学布伦纳教授再次肯定了道布三十年前的观点:"商品对领主力量瓦解性影响的证据,看来同它在相反情况下(对领主力量)所起的加强性影响的证据似乎同样有说服力。"[2]也就是说,商品化同农村生产关系的现代化并没有必然的联系。因此,从商业化农业的发展中寻找农业资本主义生产关系萌芽,并非一种可靠的方法。

不仅西欧各国,中国商品化农业与农村生产关系的进步亦不呈同向运动。比如第二章所述,商品经济较发达的江南和珠江三角洲地区,实物租比例反而高于北方,其中广东、浙江实

---

[1] M. Dobb, *Studies in the Development of Capitalism*, pp. 39–40.
[2] R. Brenner, "The Agrarian Roots of European Capitalism", *Past and Present*, No.97 (November, 1982).

物租所占比例都在70%以上，不足50%的四个省份全都在北方。此外，前引秦晖、苏文的研究则证实，明清以来，在商品经济很不发达的关中地区，租佃关系不断萎缩，雇工经营颇有发展，而与这一过程相伴的，却是相对自然经济化的日益加深。不仅如此，明清以来华北地区以雇工经营为主的经营地主较多，但其劳动生产率并不比小农高，甚至劳动密集化程度高于小农。相对而言，北方自然经济下的雇佣制，江南和珠江三角洲商品经济下的租佃制，成为中国古代晚期农村经济的一个重要特点。而且，自给自足的关中农村，反而少有活跃的宗族组织和强大的族权，而东南农村宗族关系与族权却异常强大。[①] 可以说，前工业化社会中，中西商品化与现代化的这些悖论现象，可以间接证明商品化同小农的阶级分化之间没有必然的联系。

商业性农业也并不一定能引起生产力的现代化。古典经济学认为，市场是一种无言的力量，它可以自发地引导人们追求利润，从而达到使资源合理配置，形成社会分工和专业化，提高劳动生产率。但事实上，前资本主义社会中，交换活动绝非仅是各国传统社会的晚期时才出现的，它甚至同自给性生产有着几乎同样悠久的历史，只是在传统社会的晚期，由于不同的历史条件，它才成为一种普遍性的经济现象，但貌似相同的商业性农业，并未在各国导致相同的结果，即加速劳动生产率的发展，从而使社会走向现代化。

原因究竟何在呢？美国洛杉矶加州大学前中国问题研究中

[①] 秦晖、苏文：《田园诗与狂想曲——关中模式与前近代社会的再认识》，第46、54、56页。

相似还是相异？

心主任黄宗智教授对商业化的研究，提供了极宝贵的启示。他认为，可以带来发展的农村商业化的动力来自生产领域，或更直接地说，来自劳动生产率。不同的劳动生产率，作用于商业化农业后，可以引起不同的后果，从而导致现代化过程的不同命运。按照劳动生产率或效益的不同，他区别了三种情况，一是所谓的"密集化"，产出或产值以与劳动投入相同的速度扩展；二是所谓"过密化"，总产出在以单位工作日边际报酬递减为代价的条件下扩展；第三是"发展"，即产出快于劳动投入，带来单位工作日边际报酬的增加。换言之，"劳动生产率在密集化状况下保持不变，在过密化状况下边际递减，在发展状况下扩展"①。

在现代农业出现以前，农业效益决定于农业人口与资源的比例关系。甚至在农业单产或土地产出率落后的情况下，资源丰裕同样可使劳动生产率很高，从而使人均占有量和消费量相应提高。《欧洲经济史》第三卷的作者，特别注意到17世纪和18世纪低地国家和英国在这方面的重要差别："虽然在低地国家的农业已达到相对先进的技术水平，其产量比其余欧洲国家高二至三倍。但（劳动）生产率的差距并不直接关系到生产量的高低，因为按每个农业劳动者平均土地的不足，致使其农业（劳动）生产率水平很接近其他西欧和中欧国家的水平。重要的是不要犯混淆'收获水平'和'（劳动）生产率水平'的经常出现的错误。在农业中，大面积粗放的耕种有可能获得高水平的（劳动）生产率，尽管收获率很低。"作者认为，低地国家尽管农业技术

---

① 黄宗智：《中国农村的过密化与现代化：规范认识危机及出路》，第72页。

水平很高，但并不是工业革命的诞生地，其原因就在于"那里的（劳动）生产率水平还不足以促成工业的重大发展"。[①]在农业社会中，由于土地资源占有上的差异，使得农作物单产同劳动生产率并不呈同比例变化。劳动生产率与其说决定于单产，不如说决定于拥有土地的面积。这是因为，单产面积的差别远小于土地占有面积的差别。如以18世纪中国与英国一个典型农户可以耕种的面积分别为10市亩和35英亩（除休耕地15英亩外，每年实际耕种土地数）为例，那么，35英亩折合212.5市亩，相当于中国一个中等农户耕地的21倍有余。就单产而论，即使以13世纪英国小麦和18世纪中国江南水稻相比，折成市亩与市斤后，平均单产也不会相差五倍。只有提高农业劳动生产率，才会降低生产成本，提高农业生产的效益。从商品生产角度讲，这是必要的前提条件。否则，较低农业回报率，甚至不赚钱，就不会有农业中资本的积累，农业生产者中也不能产生资本家，小农分化就无从谈起。张履祥在《补农书》和钱泳在《履园丛话》中讲的农业雇工经营无利可图的现象，都反映了这一问题。

18世纪中国农村的商业化农业，建立在土地短缺基础上，这是中英两国生产力条件的最根本差别。根据梁方仲的统计，从雍正二年（1724年）至乾隆三十一年（1766年），每口平均亩数从34.11亩陡降至3.56亩。[②]短短四十二年间减少89.6%，可农作物单产这期间并未有多大提高。在传统农业社会中单产大致不变，人口的增加意味着劳动力对土地压力的加重，这些新增

---

① 奇波拉主编：《欧洲经济史》，第3卷，第369—370页。
② 梁方仲编著：《中国历代户口、田地、田赋统计》，第10—11页。

相似还是相异?

加的过剩劳动力的一部分,在缺乏其他工作机会的情况下,会源源不断地投入到本已紧张的土地上,致使人均耕地面积和人均产出进一步下降,粮食生产的过密化更加突出。而另一部分剩余劳动力则转向劳动投入和产出高于粮食生产的经济作物,以及更能充分利用家庭劳动力的棉纺织生产。应该说,经济作物和纺织业主要是为市场而生产,贫困小农最大限度地卷入农业商品化的大潮中去,商品化大为扩展。但它却不是削弱小农的家庭生产,而是加强了它,甚至人口生产的规律都受其制约,例如前述18世纪英国工业村庄人口快于农业村庄人口增长的情况。18世纪中国商业化农业的增长,实际上正是以小农的家庭生产和小商品贸易,尤其是棉布制品和粮食的生产与交换为支柱的,以"男耕女织"为标志的小农家庭的自然分工不仅没有瓦解,反而因商品化和农村生产的家庭化变得更为完备;农业与手工业、城乡间的社会分工不但没有出现,农业与手工业在小农家庭中的结合反而加强了。据黄宗智研究,在过密型商品化突出的江南地区更是如此,而北方地区,由于土地资源相对丰裕,一般不存在过密化问题,经营式农场反倒有较大发展。但总的说,由于劳动生产率和地租的原因,发展并无后劲。

英国农业资本主义发展经历两个时期,一是16世纪,一是18世纪。前者来自羊毛需求旺盛,羊毛价格陡涨的刺激;后者由于18世纪下半叶非农业人口对粮食的巨大需求。前者将大量耕地、公地改为牧场以生产羊毛,后者主要经营粮食和副食品。16世纪和18世纪农副产品价格和农业劳动生产率都有较大提高,以大的租地农场和牧场经营农业和牧业均有利可图,这是这两个世纪圈地狂潮出现的根本动力。以英国农牧业的生产结构而言,那里同样存在人口压力,西欧自12世纪以来的内部垦荒、外部殖民和向东方及海外的扩张,正好说明这一点。人口压力不利于资本主义发展,影响小农的分化,但它本身并不能完全阻碍这一进程。人口压力究竟在多大程度上发挥作用,发挥怎样的作用,要看社会生态环境和其他历史条件。历史毕竟是由人来创造的。

与中国不同,中世纪以来的商品化改造了英国的小农生产及其社会结构。黄宗智认为,"欧美近代早期和近代的农村变迁通常同时伴随着绝对产出和单位劳动力产出的扩展。因此似乎区分仅是扩大产出的'增长'与提高劳动生产率的'发展'并不那么重要"[①]。就是说,在欧美,总产出和劳动生产率的同步增长大体上是早期现代以来才出现的,这恐怕正是中国与英国商品化与现代化的重要分野。此前,黄宗智所说的"过密化",也许是农业未得到现代技术改造以前各国所习见的现象。英国以波斯坦为代表的剑桥学派和法国年鉴学派的许多研究表明,"过密化"是包括英国和法国在内的西欧中世纪农业的共同特征。波斯坦认为,停滞的或发展异常缓慢的农业,不能满足日益增多的人口需要,粮食产量的增加只能靠开垦荒地取得。而当可耕地开垦殆尽时,不断增加的人口必然导致人均耕地面积减少,劳动生产率下降。英国在11—14世纪初以前,土地与人口的比例关系处于"低压"均衡状态,土地产出量可以维持不断出生的人口数量,因而人口处于持续增长阶段。14世纪早期或更早,土地严重匮乏,人口数量已经超出耕地产出量所能维持的范围,

---

[①] 黄宗智:《中国农村的过密化与现代化:规范认识危机及出路》,第73页。

351

相似还是相异？

出现了人口的相对过剩，这种土地及其产出的不足最终引起经常性灾荒。土地与人口的这种"高压"状态，造成中世纪晚期的人口下降。[①]拉杜里在《朗格多克的农民》一书中，通过对16—18世纪法国朗格多克地区农业的研究，也得出了类似的结论。不过，拉杜里已经发现，在18世纪，旧的人口结构被一种新结构所取代，在新结构中，社会因素开始限制生物学的决定作用。基于此，马尔萨斯的学说"恰恰是在他系统阐述的18世纪失去了作用"[②]，这一点对我们认识西欧作为现代化的故乡的原因至为重要与关键。布罗代尔也持类似的见解。他认为，18世纪以前，整个人类的一切都随人口的增加或减少而变化。"每当人口激增，生活水平就会下降，食不果腹、穷困潦倒、离乡背井的人，就会变得越来越多。疫病和饥荒（饥荒带来疫病，疫病伴随疾荒）在需要养活的人口和困难的食物供应之间，也在劳动力和就业机会之间恢复平衡，而这些极其粗暴的调整正是绵延几百年的旧制度的重要特征。"西欧在1100—1350年、1450—1650年和1750年以后，存在着长时段的人口增长，但其中只最后一个时段没有伴随着人口的衰落，就是说，人口"此后不再有倒退"。[③]

可见，过密化并非中国所独有。但这里的关键问题是，在英国，这种"过密化"是如何被突破的？商业化是突破的要害

[①] M. M. Postan ed., *The Cambridge Economic History of Europe: The Agrarian Life of the Middle Ages*, Vol. I, pp. 560–565.

[②] 伊格尔斯：《欧洲史学新方向》，第71页。

[③] 布罗代尔：《15至18世纪的物质文明、经济和资本主义》，第1卷，第30页。

吗？英国突破11世纪以来农业过密化的最初诱因，来自发生于1348年的黑死病。它使英国人口从14世纪初的500万人，降到15世纪中的不足200万人。人口锐减导致劳动力匮乏和土地无人耕种。在此条件下，封建主的最佳选择是将土地改为牧场，实行商业化规模生产。因此，英国商品性养羊业起源于劳动力不足与土地丰裕，其进一步发展则通过15—19世纪的圈地运动，将土地最大限度地集中于地产主之手，在农业资本家管理下，以雇工经营资本主义的农场和牧场。因此，英国中世纪农业"过密化"的突破，源自人口锐减所致的土地丰裕，而毛纺织业又使农业劳动力离土不离乡，从而为农业人口开辟了农业以外的另一种谋生渠道。因此，英国农村的商品化建立在人口对土地压力减轻的条件下，并伴随着农业劳动生产率的提高而发展。而这一过程的主要角色并非普通小农，而是有商业意识的贵族、乡绅和大农。18世纪的中国，历史条件恰与英国相反：较低的人均土地占有量，与之相应的较低的粮食劳动生产率，使小农生存日艰，发展无望；加之官本位的社会生态环境和价值观，小农生产者确实难以出现阶级分化。即使个别人成为经营地主或佃富农，他们在漫漫的夜幕中也仅仅是寥若晨星，且又具有高度后退的倾向，因而难有真正的作为和引发中国社会任何实质性的变化。

二　富裕农民经济

前面我们对中等水平的佃农家庭经济进行了估算，从而对作为18世纪农业生产者主体的佃农生产生活状况有了大致的认识。尽管这种状况具有普遍性和代表性，但也并不能囊括所有

相似还是相异？

佃农，况且小农经济是由佃农和自耕农组成的。在18世纪的中国农村，土地可以自由买卖和租佃，这就使小农财产的分化难以避免。在这种条件下，不仅佃农"佃有余利，久亦买田作富人"，自耕农也通过"力田积资置产"而成为地主。与此前相比，清前期富裕农民经济的发展，是一个引人瞩目的现象，它是经营地主和佃富农产生的源泉。

佃富农是富裕农民经济的重要组成部分，他是从佃农中分化产生的。前已论及，佃农所承担的地租是极高的，通常要占去农产收入的一半。加之集约化下农业生产成本较高，而且集约化和人口压力又使佃农难以形成规模经营，而单产的增加极为缓慢，其又如何积累财富呢？关于这一点，马克思在《资本论》"资本主义地租的产生"一章中，对于西欧农奴也有财产独立发展的可能性的解释，为我们理解18世纪包括自耕农在内的中国富裕农民经济的产生，提供了极为宝贵的启示。他说：

> 例如，我们假定为地主进行的徭役劳动原来是每周两天。这每周两天的徭役劳动因此会固定下来，成为一个不变量，而由习惯法或成文法在法律上固定下来，但是直接生产者自己支配的每周其余几天的生产效率，却是一个可变量。这个可变量必然随着他的经验的增多而得到发展，正如他所知道的新的需要，他的产品的市场的扩大，为对他这一部分劳动力的支配越来越有保证，都会刺激他去提高自己劳动力的紧张程度；在这里，不要忘记，这种劳动的使用绝不限于农业，也包括农村家庭手工业。因此，这里已经有了某种经济发展的可能性，当然，这种可能性还

要取决于环境的适宜,天生的种族性格,等等。[①]

在此,马克思把地租剥削视为"不变量",它始终受到传统和佃户斗争及生产力水平的限制;而佃农为使自有经济发展而进行的智力和体力投入,以及由此获得的收益,却是一个"可变量",在各种条件诸如家庭劳动力结构、经营谋略、地租、农产品价格和生产成本有利的情况下,这个可变量会逐年扩大,由此地租在收益中所占比例不断缩小,以致它不但不能包含农民的全部必要劳动,更不要说他们的剩余劳动了。诚然,这些有利条件并非每个农民都能遇到,那些在一定时期内有幸在这些有利条件下从事生产的农户,就会从可变量和不变量的差额中获得实惠,从而"力农致富",成为农民中的幸运者。18世纪的中国农村,在客观上也确实存在富裕农民经济成长的某些有利条件,诸如农作物单产的提高,实物额租的普遍化,永佃权的发展,经济作物的扩大,劳动力、生产资料及普通商品市场的增多,以及农业向地广人稀、地租偏低的新垦区的扩展,农民人身依附关系的削弱等,都为农民经济的变化提供了契机。

佃农通过勤劳经营积累少量财富后,可置地成为自耕农或地主;也可以把积累的资金用于扩大租地数量,雇工经营,赚取利润,从而演变成具有资本主义性质的佃富农。

在明末的基础上,18世纪,佃富农经济在社会生态环境有利的东南山区、东北新垦区以及华北地区得到发展。如前所述,佃富农经济要以规模经营、雇工生产为基础,人口密集的旧垦

[①] 《马克思恩格斯全集》,第25卷,第894页。

相似还是相异?

区人口压力极大,不能满足佃富农对土地的需要。同时旧垦区尽管租佃关系有所调整,但地租剥削较重,对佃富农经济发展极为不利。而尚未开发的山区和新垦区,不仅土地丰裕,而且因大量移民的迁入,自由劳动力资源也很充足;同时这里统治关系薄弱,适宜新生产关系的萌芽和发展。特别重要的是,由于租种荒山生地,地租量较轻,有利于佃富农积累财富。

在东南部的闽、浙、赣、皖等省的丘陵山区,佃富农经济发展尤快。如在浙江,雍正年间福建汀洲(今长汀市)人林上峰与蓝氏兄弟在泰顺县合伙佃山,雇工种蓝,做靛出卖,获利颇丰。结账之时,林欠蓝氏兄弟银130两。① 从欠账数额分析,经营规模相当可观。在安徽,乾隆年间,怀宁(今安庆市)人丁云高、胡宗义到休宁县合伙向巴姓租佃山场,一次交租银530两,租期为15年,二人各自独立经营,丁云高雇用外籍长工12人,每人每年工银4—6两不等。② 从预交的租银数量看,丁、胡二人资本相当雄厚,而丁云高可以雇用12名长工,其佃地数量和经营规模都不会小的。还有史例可印证皖南佃富农的经营规模。嘉庆年间曾发生勒令垦民返籍的案子,一次就驱逐了"租山者十六人,帮工八百余名,所携眷口男妇共四千余人,原出租价四千金"③。倘以16个租山经营者总共交租银4 000两,雇工800名计,平均每人缴纳租金250余两,雇用50个帮工。此外还有工价银。每个雇工的年工价按银5两,饭食折银5两计,每个雇工的工食合银10两;那么每个租山经营者雇用50个雇工,总

---

① 刑科题本,乾隆元年八月四日,浙江巡抚嵇曾筠题。
② 刑科题本,乾隆四十七年九月二十三日,安徽巡抚萨载题。
③ 高廷瑶:《宦游纪略》,卷上。

计工食银为500两，与租金合计银750两。这当然不是确切的个案统计，但从此案涉及的租山经营者的人数、现金额和雇工及其家眷人数看，这些佃富农的经营规模确实是小农望尘莫及的。

从档案和文献看，佃富农多以生产经济作物为主，经营规模大，雇工人数多。经济作物与粮食生产相比，更费工本，但收益往往是后者的数倍。佃富农的经营农场比小农的家庭农场，在利用劳动力上有较大灵活性，可随资金和经营规模相应增减雇工数额，较有可能避免"过密化"，按价值规律进行生产活动。

以上列举的只是18世纪有关佃富农经营的少许个例。其实，这时佃富农经营已非个别地区的孤立现象。据吴量恺研究，在乾隆朝刑科题本中发生的有关佃富农的人命案共97起，分布在全国18个省区，具体分布如下：直隶9件，山西7件，山东4件，陕西1件，甘肃1件，河南5件，安徽2件，江苏7件，浙江3件，福建10件，江西6件，广东9件，湖广7件，四川5件，云南1件，内蒙古1件，奉天10件，吉林9件。从土地所有权的类型分，涉及民田上的佃富农人命案为84起，占总数的86.6%；涉及旗地的为13件，占总数的13.4%。从经营内容看，涉及经济作物的案件为30件，占30.9%；生产粮食作物的67件，占69.1%。① 显然，乾隆朝刑科题本中记录的涉及佃富农的命案数字，并不能代表当时全国佃富农的实际数量或比例，然而从中毕竟可以反映出一定的历史真实。尽管如此，还应看到，从总量上讲，农民租地雇工经营所占比例并不是很高。第一章关于雇工数量的考察中，刘永成统计现有乾隆朝58 000余件刑科题

---

① 吴量恺：《清代乾隆时期农业经济关系的演变和发展》，《清史论丛》，第1辑。

相似还是相异?

本中,有关农业雇工的只有6 000余件。另据吴量恺研究,乾隆二十至六十年,刑科题本中有关土地债务类的命案共两万多件,其中涉及雇工的仅4 600余件。仅从档案所提供的数字计算,刘永成统计的雇工案件较低,大约占10.3%;吴量恺的统计占23%,两者相差很大。还需要指出的是,雇工经营未必都具有资本主义生产的性质,如秦晖等学者对陕西关中地区的研究所揭示的那样,雇工经营往往同自然经济并存在一起。这种雇工制与过密型商品化一样,并不能带来劳动生产率的提高、资金的积累以及生产组织的实质性变迁。因此,可以说当时雇工经营虽已普遍存在,但具有资本主义性质的雇工经营即佃富农类型却极其有限,由此中国18世纪,富裕农民经济和农业中资本主义生产关系的成长壮大都步履维艰,进展异常缓慢。传统生产的目的是自给自足,生产为了平衡需求,这种被动型的生产模式,制约着农村微观和宏观经济的变化步伐。这种传统力量需要新的阶级力量适应市场经济原则突破它,但18世纪中国这种新的阶级力量无疑还太弱小。

18世纪时的英国,富裕农民是一个概念极为模糊的群体,甚至同时代人和史学家对这些概念的说法也各不相同,更没有统一的界定。比如,自由持有农,在16世纪和17世纪被宽泛地使用,可以指一个没有土地但享有自由的人。布莱克斯东认为,自由持有农就是一个享有郡选举权的人,终身租佃人也符合这个条件。亚当·斯密也将租佃人视为自由持有农,但阿瑟·扬认为这个概念仅指"单纯的所有者"[1]。"约曼"一词也同样令当

---

[1] 克拉潘:《现代英国经济史》,上卷,第134页。

代人困惑不已。一种意见认为,约曼指公簿持有农和租地农的上层,他们本身不是自由持有农。例如在18世纪汉普郡的克劳利村,约曼不能要求获得自由持有农高傲的头衔,当时的历史学家对此评论说,约曼农场主指拥有一个住宅和一块以上的惯例或公簿持有地,此外还从其他的佃农那里耕种或租佃土地的人。最终,这块土地从以前的持有者手中被他们买下(经常靠抵押)。约曼农场主是人身自由的人,但不是自由持有农。[①]亚当·斯密认为"约曼"可与"农场主"通用,指比农夫和雇工富有的耕作者。明格认为,约曼既指一个自由持有农,也包括公簿持有农或租地持有农,前两种人对土地的租佃权,长于年期租佃但少于自由租佃,这就是我们在第二章中介绍并认可的概念。约曼在农业上最初起源是佃农,准确地说,是获得人身自由的佃农。他们经营致富后或将资金用于扩大租地面积,成为大租地农场主,其中有些人买地或参加圈地,因此他们中的许多人身兼租地农和土地所有者双重身份。另一方面,自由持有农也被称为农场主。明格认为,自由持有农在生活方式上虽与小乡绅类似,但他们更接近于农场主这个群体。小的自由持有农只有几英亩土地,与小租佃农场主实际无异。自由持有农多属于家庭农场主,他们耕种的土地大部分是属于自己的,其收入和生活标准优于租地农场主。在东南各郡,自由持有农的富有是出了名的,他们常常被称为约曼。[②]

富裕农民经济的基础来自经营规模的大小。前述的17世纪

[①] E. W. Martin, *The Secret People: English Village Life after 1750*, p.116.
[②] G. E. Mingay, *English Landed Society in the Eighteenth Century*, pp. 87, 88.

相似还是相异?

末至19世纪初的统计学家,对于自由持有农和农场主中上等户的财产标准的划分,也只能作为大致参考。在实际生活中,上述标准早已被突破。明格认为,自由持有农中的一般户,耕种20—100英亩土地,年收入在30—300镑。而富裕户耕种的土地超过100英亩,年收入在150—700镑。如在诺丁汉郡的拉克顿,有38个小自由持有农。其中一人叫威廉·平德,他有86英亩土地,又租佃土地246英亩,成为一个名副其实的大农。[①]18世纪末,约曼的经济地位差别很大,有所谓"大约曼"和"小约曼"之分。小约曼耕种的土地一般在100—300英亩,而大约曼则多达300—1 000英亩。大约曼的经济实力接近候补骑士等级,他们多见于埃塞克斯、肯特和萨里等郡。[②]但即使在上述地区,这样大规模的农场所占比例也并不很大。根据1801年的调查,1 000英亩以上的农场在英格兰有771处,苏格兰有360处。[③]相反,5—30英亩的农场是最普遍的形式,30—300英亩的农场则占有比其他规模的农场更多的土地,而300英亩以上的农场则数量有限。在英格兰的东南部地区,农场平均面积在100英亩左右。对850个农场的财产清单的调查证实,平均年收益为321镑,这正是一个100英亩的农场一年的收入。林肯郡和诺福克郡是大农场的样板,在1800年,林肯郡20个家族各自耕种的土地超过1 000英亩,6个超过2 000英亩。在诺福克郡的拉夫阿姆,巴顿耕种了

---

① Mingay ed., *The Agrarian History of England and Wales*, Vol. VI, 1750-1850, p. 848.

② J. Thirsk ed., *The Agrarian History of England and Wales*, Vol. V, 1640-1750, I, p. 292.

③ 克拉潘:《英国现代经济史》,上卷,第556页。

3 000英亩。在其他地区，也有大农场的存在。1770年阿瑟·扬在《北部游记》中统计了248个农场，其中50英亩以下的有25个，占10%；50—100英亩的有82个，占33.1%；100—200英亩的有76个，占30.6%；200—300英亩的有26个，占10.5%；300—500英亩的有16个，占6.5%；500—1 000英亩的有11个，占4.4%；1 000英亩以上的12个，占4.8%。[1]

18世纪约曼农场主留下的财产清单，为我们了解其土地财产状况乃至该时期的富裕农民经济提供了线索。

在肯特郡西北角圣·保罗的克雷，有个查普曼家族，在18世纪初已是殷实的自由持有农。他最初拥有400英亩土地，另在克雷和其他邻近村庄与城镇购买了几百英亩。这个过程进行得很缓慢。除拥有土地外，他还有林地、小旅店、磨坊等。至18世纪末，这个家族的成员当选肯特郡的副郡守。[2]

在诺桑普顿郡的劳恩德斯，有个叫威廉·希恩斯的约曼农，以种粮为主。在1713年5月，他用50英亩土地种豆科作物和燕麦，30英亩种大麦，29英亩种小麦。三项合计共有耕地109英亩。他家中有价值29镑的小麦和大麦作为余粮，另有4张犁、4只耙、2辆二轮马车、1辆四轮马车，财产总值为338镑5先令。

在拉特兰郡的科特斯莫，一个农场主农牧业兼营，其财产清单制作于1742年。包括12头牛、71只羊、2头猪、8匹马。此外还有粮田60英亩。家中有2.5夸特麦芽，5夸特小麦，6夸特大麦和4夸特混合面粉等。农具有犁、耙，3辆二轮马车和2辆

---

[1] J. Thirsk ed., *The Agrarian History of England and Wales*, Vol. V, 1640-1750, I, p. 673, Table 7.3.

[2] E. G. Mingay, *English Landed Society in the Eighteenth Century*, p. 93.

相似还是相异？

四轮马车，财产总值285镑16先令。

在中东部的萨顿，乔治·基特是一位主要经营畜牧业和乳品业的约曼，其财产清单制作于1717年，总额达437镑6先令9便士。他共有35头牛、151只羊，并制作奶酪，畜牧业是其主要收入来源。此外，他还有耕地2英亩。①

罗伯特·贝克维尔是一个与阿瑟·扬有私交的约曼。他出生于1725年。1760年继承其父在莱斯特郡迪施利一个400英亩的农场。10年后，阿瑟·扬前去拜访他，发现在440英亩土地中，110英亩用来种草饲养400只羊和6匹马。作为一个牧场主，他所培育的新莱斯特羊因个头小价值高而极获成功。通过出租新品种的公羊，贝克维尔也使其他牧场主受益匪浅。在一季中，一只出租公羊可挣到1—2个畿尼（gninea，旧英国金币，1畿尼=1.05镑=21先令6便士），从1789年起，因新品种羊声誉远播，一只公羊租金高达400畿尼，这一年仅此项收入使他净挣3 000畿尼。②

以上所摘虽非约曼农场主中最富有的，至少是中等富裕的部分，年收入在千镑以上的约曼农场主毕竟只是极少数。英国农业委员会的威廉·马歇尔在其撰写的《英格兰中部地区致农业委员会报告之评论》中，提及约曼的年收入大约2 000镑。他写道："这个耕作者阶层比其下的农夫有许多优势，他们跑遍全国大部地区，特别是牧场主。他们到过那些遥远的市场，也到过大城市。"③这样的约曼，不仅普通小农难以企及，就是小绅士

---

① J. Thirsk ed., *The Agrarian History of England and Wales*, Vol. V, 1640-1750, I, pp. 102, 103.

② E. W. Martin, *The Secret People, English Village Life After 1750*, pp. 125-126.

③ Ibid., p. 17.

也会自叹弗如。他们承租的土地数额巨大，资本雄厚，面向市场，以现代企业的方法经营农牧业。他们的出现，表明生产者即小农中出现阶级分化，传统农业向现代农业过渡的道路已经打通，市场不再主要是调剂衣食余缺的媒介，而转变为一种对各种资源进行重新配置的无形力量。英国18世纪农村变革的成功，是地产主资产阶级化和小农生产者阶级分化相辅相成的完美结合，缺一不可。其实，18世纪中国和法国农村的缓慢运动至少从中可获得部分解释。

三 小农的贫困化

小农的分化应包括两个阶段，一是土地占有及经济收入距离的拉大，另一种是阶级的分化，即生产者中产生农业资产阶级和获得人身自由但失去生产资料的雇佣劳动者。这两种分化既有联系又存在区别。有的学者已经注意到，小农只是半个社会，它的变迁并不能仅从自身得到说明，还需要结合同期的地产主经济、城市经济和国家政权等方面分析。在传统社会内部的结构性变迁尚未到来之前，农业生产者财产和经济状况的悬殊，并不能导致向阶级分化的过渡，或者说，收入差距的加大（量变），不会必然导致农业生产者的阶级分化（质变）。从某种意义说，18世纪中国农村中生产者的分化即属于前种类型。相反，在传统社会内部结构性变迁已经发生或正在发生的地方，小农财产分化相应引发其阶级分化，从生产者中产生资本家，这基本上是英国的道路。但即使在英国，小农的阶级分化过程也是极其缓慢的。

18世纪的中国，在地主制经济下，小农经济包含了两种类

相似还是相异？

型的农民，一种是佃农，一种是自耕农。由这两种农民组成的小农经济，以一家一户为基本的生产与消费单位。农户不但从事农业，还要进行手工业生产，特别是把衣食生产紧密结合于家庭内部，小农业和家庭手工业的结合，即所谓"男耕女织"，仍是古代晚期中国南北方大多数农业区典型的生产结构。

男耕女织的小农生产结构，有其存在的经济必然性。其一，农业生产力的落后使其得到强化。中国古代社会虽然粮食总产量很高，但人均占有量和农户的劳动生产率却不高。清前期同明中叶相比，劳动生产率反而有所下降，这主要是由于集约化所带来的报酬递减。因此，较低的农业劳动生产率，限制城乡分工和农业与手工业的分离，就是说，农业没有能力养活大批专门从事手工业的非农业人口。据吴承明研究，直到鸦片战争前，我国市场流通的大宗商品是粮食。但如除去农民在地方小市场上的粮食调剂，以及非商品性的田赋和返销粮，那么粮食的商品量约有220亿斤。这220亿斤的商品粮占产量的10%，绝大部分是通过区域市场供给非农业人口的口粮，而进入长距离运销运往江浙和闽广等经济作物区的则不过30—35亿斤，占13.6%—15.9%。[①]可见，一定的农业生产力水平，特别是单位农业劳动生产率的发展，是造成农业和手工业分离的基本条件。

其二，18世纪农村手工业发展虽不乏其他因素的刺激，但主要是农户生计贫困所致。18世纪时，小农经济再生产离不开农业和家庭手工业的结合，否则农户就会失去最基本的生产生

[①] 南京大学历史系明清史研究室编：《中国资本主义萌芽问题论文集》，第6页。

活条件。就是说，农户内部农工结合，其直接原因是满足家庭衣食消费的需要。农民家庭副业，以"织"最为普遍和典型。18世纪，随着棉花种植范围和面积的扩大，"织"成为许多小农家庭经营的副业。清代时有一半农户兼事织布，另一半农户则购买棉布使用。这里所说的"织"，仅是棉织品，如加上丝织、麻织等，"织"在家庭副业中所占比例会更大。清代广大农民耕耘自食，纺织自衣，自给性结合的小农经济，在整个社会经济中占据显著的优势。但随着农业生产力和商品经济的发展，农业生产的内容日益丰富，除棉织品、丝织品外，纸、糖、油、席、陶器等农产品的加工和农村副业也得到发展，农民家庭手工业的内容也日渐增多。但农户织布或从事其他手工业劳动，是因为人口过多，土地过少不足为生，不得已才以织助耕，以副养农。

在棉布生产最集中的苏州和松江两府，据嘉庆《松江府志》记载，嘉庆十五年（1810年）人均耕地仅1.61亩。另据同治《苏州府志》记载，嘉庆二十三年（1818年），这里人均耕地仅1.05亩。嘉定县石冈、广福一带，"计口授田不足一亩，即竭终岁之耕，不足供二三月费，故居常敝衣藿食，朝夕拮据，寒暑不辍，纱布为务"①。在河南孟县，乾隆时"按口计地每人不足一亩"，"地窄民稠，耕作而外，半资纺织"②。苏松地区和其他各集中产地的棉布商品生产，就是在人口压力下发展起来的。可耕种的土地愈少，愈需要家庭手工业补充家计。其他农民家庭

---

① 嘉庆《石冈广福合志》，卷一，《风俗》。
② 乾隆《孟县志》，卷四，《田赋》。

相似还是相异?

手工业的发展,也大都有类似的原因。在浙江海盐,"盐邑城狭人众,力耕不足糊八口之家,比户养蚕为急务……是月也,男不盬,女不枱,间以捻泥、割麦、撒秧诸事,白叟黄孺,各有攸司,是为忙月。蚕或不登,则举家聚哭。盖农家全恃蚕为耕耘资,蚕荒则田芜,揭债鬻子,惨不免云"①。江南地区农业由于集约化经营,需一定生产性投资,又往往需现金支付,每亩在千文上下,农家的工副业要解决种田的生产费用。山西保德州(今保德市),许多农民"以盆科为常食,用干泥以救饥"②,即靠陶器为生。江西广信府(今上饶市)所属山区,是清代竹纸产地,"业之者日众,可资贫民生计",该府铅山县地瘠民贫,唯有竹可造纸,"小民借以食其力十之三四焉"③。在陕西略阳,"乐麦河沟之地,多产楮材,故其民三时务农,而冬则造纸为业焉"④。在人稠地少的情况下,小农土地所产除交租外,最好时仅够糊口,甚至不能支付简单再生产的费用。据本章前目估计,中等农户之家,大体如此。在人多地少,地租苛重,劳动生产率较低的情况下,小农半无产化和贫困化;但即使如此,由于生产力和社会大环境,农业传统生产关系仍极难突破。

人口压力和落后的生产力,造成农民家庭工副业的普遍化,小农经济因此就牢固建立在小农业和工副业结合的基础上。将工副业紧密结合于小农家庭内,以农养副,以副助耕,成为这种生产结构的典型模式。通过工副业,农民提高了经济收入。

---

① 光绪《海盐县志》,卷八,《风土》。
② 康熙《保德州志》,卷三。
③ 同治《广信府志》,卷一,《地理》,"物产"。
④ 道光《重修略阳县志》,卷四,《艺文部》。

以棉布生产为例,康熙时,棉纺织业劳动收益最高。"贫民业在纺织者,竭一旦之力,赡八口而无虞。"①到乾隆时,纺织业的收入仍不算低,"一人一日之力,其能者可食三人,次亦可食二人"②。按粮食计算,松江地区,嘉庆时,"昔一丈之布,羡米五升,今则二升有奇"③。棉布一匹一般为二丈,织布一匹就可得米一斗或四五升。一般农户一年按织布20匹计算,其收入是1—2石米,约等于种田1—2亩,这对农家来说,无疑是可观的收益,所以有人说,种棉织布的收益,"较稻田倍蓰"。农民从事纺织,"一日之经营,尽足以供一日之用度而有余"④。纺织业既然有如此高的经济收入,在糊口线上挣扎的小农无疑会将其牢牢抓住。其他农家工副业的作用也会大体如此。从小农经济自身讲,贫困化既导致了工副业在乡村的普遍发展,同时也成为农户家庭农业和工副业紧密结合的根本原因。

另一方面,农民为生活所迫,耕耘与纺织交错进行,充分利用农闲时间,全家男女老幼大都参加纺织,因此成本甚低,售价特贱,独立手工业者和雇工生产均不能与之竞争,结果这种农民家庭手工业反而成为该行业资本主义生产关系萌发的一种限制力量。即使在棉布生产集中的苏松地区,纺织业中既未出现小生产者的阶级分化,即从生产者中产生资本家,也未出现包买商制度。有的只是商人购销大量棉花,农户以纱或以布易棉,没有出现商业投资生产的现象,资本主义生产关系发展

---

① 康熙《紫堤村小志》,卷前,《风俗》。
② 台北故宫博物馆编:《宫中档乾隆朝奏折》,乾隆十八年四月庄有恭奏。
③ 贺长龄、魏源编:《清经世文编》,卷二八,钦善:《松问》。
④ 尹会一:《尹少宰奏议》,卷三,《河南疏二·敬陈农桑四事疏》。

相似还是相异?

的水平与棉纺织业在农村发展程度成逆向运动。[①]

如前所述,18世纪英国从农业直接生产者即家庭和租地农场主中,分化出一大批农业资本家,他们就是主要靠租地雇工经营致富的上层约曼农场主。18世纪,上层约曼农场主所经营的农场占有多大比例呢?1770年,阿瑟·扬在《北部游记》中认为,农场规模在40英亩,只需一个成年男劳力、儿童和挤牛奶女工,[②] 即40英亩的农场只靠家庭劳动力即可耕种,无须雇佣工资劳动者。依此标准,他计算出北部各种规模的农场所需雇工人数:

表4-4　1770年英国农场规模与劳动力构成表

农场规模 (英亩)	农场 数量	每个农场雇工平均数量				
		仆役	挤奶女工	男童	工资劳动者	全部雇佣者人数
0—50	25	0.3	0.4	0.6	0.2	1.5
50—100	82	1.1	0.7	0.6	0.7	3.1
100—200	76	2.0	1.0	0.8	1.6	5.4
200—300	26	2.9	1.1	0.9	3.2	8.1
300—500	16	2.8	2.1	1.9	4.8	11.6
500—1 000	11	4.4	2.5	1.6	10.9	19.4
超过1 000	12	4.9	2.5	2.4	26.0	35.8

资料来源:J. Thirsk ed., *The Agrarian History of England and Wales*, Vol. VI, p. 673, Table 7.3。

---

① 方行:《中国资本主义的经济结构与资本主义萌芽》,载南京大学历史系明清史研究室编:《中国资本主义萌芽问题论文集》。

② 克拉潘:《现代英国经济史》,上卷,第153页。

第四章 农民生产生活的比较

这就是说，不论家庭农场还是租地农场，集中经营的土地超过40英亩就得雇工。但18世纪尚无全国性的农业统计。根据1831年的人口调查，农业家庭91.1万户（不到全国总户数的30%），其中14.4万户是农场主，68.8万户是农业工人，这两项占总农户的91%。诚然，在14.4万户农场主中，还不都是租地农场主，其中包括雇工经营的较大的自由持有农。但如前所述，自由持有农中许多人亦另外租地经营，不少人的租地面积大大超过自有土地。特别是在可以雇工经营的自由持有农中，其租地所占的比例会大大高于中小自由持有农。不过，这里所反映的毕竟是19世纪前期的情况，雇工租地农场的比例也应高于18世纪。如果说在18世纪时，大约有一半左右的农业人口，已经同租地农场主—农业工人这一资本主义农业生产关系紧密联系在一起，恐怕不会有大问题。

应该指出，17—19世纪英国农业资本主义生产关系的迅速发展，小农生产者的阶级分化，并非一自然历史过程，而是晚期圈地运动所致。这一时期的圈地既包括耕地，亦包括公地。圈地的结果，一方面，土地集中于土地所有者，可以大片出租，为规模经营的资本主义租地农场创造了条件。另一方面，18世纪时，英国农村尚有茅舍农和贫农40万户。由于所耕土地仅有数亩，因此其经济收入的一部分（如放牧、砍柴、捕鱼等）来自公地。公地的消失直接导致这部分家庭成为城乡的雇佣劳动者。当然，沦为雇佣劳动者的小农绝不仅限于这些群体，包括经营家庭农场的自由持有农和租地农的下层，在圈地和农场合并之后，一些人也未能够幸免沦为半无产者甚至无产者的命运。例如在诺丁汉郡的一个教区，圈地前有20个农场，居民约

相似还是相异?

400—500人，1 800英亩耕地，200英亩牧场，200英亩草地。20户农场主农牧兼营，农业收入为3 175镑，畜牧业收入为926.5镑，总计年收入为4 101镑5先令。圈地后，农场数被减至4个，不种谷物，全部土地都用来放牧，继续留下来的居民不足80人，4个农场年收入为2 600镑。虽然总收入比圈地前降低三分之一，但每个农场主由于经营面积扩大，雇佣劳动力减少，所以平均收入从205.5镑上升至665镑，不过地租支出也从圈地前的1 137镑17先令上涨到1 801镑12先令2便士。仅在这个教区，通过圈地就有60个家庭的土地被剥夺。[①]类似的情况在全国都有发生，只是这一过程进行得相当缓慢，小农的消灭也未如18、19世纪的作家所估计的那样彻底。

小农贫困化在英国也表现为以毛纺织业为代表的乡村工业的发展。据西方学者研究，19世纪以前的世界许多地区，都经历了乡村工业异军突起的阶段。他们称之为"原始工业化""工业化前的工业化""工厂制以前的工业化""茅舍工业"等。从微观经济来说，其生产结构同中国并无二致，即将小农业和工副业紧密结合于农民家庭内部，至少相当一部分织布户是如此。关于乡村工业起源，西方学者通过大量区域研究，找到许多原因。如因人口压力、继承和阶级分化而导致的无地少地农民家庭的大量涌现；畜牧业和半畜牧业地区对劳动力需求相对少于谷物生产区；土地贫瘠，农业生产长期停滞地区，限制劳动力的供给；大量存在荒地和领主村社力量薄弱地区因大量移民涌

---

① E. W. Martin, *The Secret People: English Village Life after 1750*, pp.151-153.

入，使人口增长超前于实际劳动力的需求等。虽然如此，但一般来说，乡村工业起源于农业人口的相对过剩，家庭中有大量劳动力处于潜在的失业、半失业甚至完全失业状态，人口对土地的压力使得农民家庭收入减少，仅农业收入根本不足以养家糊口，维持最基本的家庭生活和支付封建剥削费用。因此，农民除务农外，还要靠农业以外的收入贴补家计。乡村工业包括纺织业、编织业、皮革和金属加工业等，其生产者以务农为主，在农闲间隙从事家庭手工业，依靠全体家庭成员的劳动，为区域外特别是海外市场提供商品，毛纺织业以其生产面向大众的普通消费品而成为早期现代的先导工业。布罗代尔说："真正先导工业必定以广大的需求为前提。"[①]

在英国的许多地区，以毛纺织业为主的乡村工业，从15世纪以来就是农民重要的家庭副业。它几乎广布于英国各地。无数的毛纺工人散布在英格兰的农村，散布在北起坎特伯兰郡，南至康沃尔郡，西起伍斯特郡，东到肯特郡的数不清的村庄之中。15—18世纪，英国的乡村毛纺业主要集中在三个工业聚集区：西部毛纺区，包括威尔特郡、德文郡、萨默塞特郡以及多塞特和牛津两郡的一部分；东盎格利亚，包括诺福克郡和萨福克郡，连同邻近的剑桥、埃塞克斯两郡的部分地区；约克郡西区，包括威克菲尔德利兹和哈利法莫斯。此外，与约克郡西区毗邻的兰开夏郡东部，也有发达的乡村毛纺业。毛织业的从业者多为贫困的小农，例如在位于东盎格利亚的斯托克波特附近

[①] 布罗代尔：《15至18世纪的物质文明、经济和资本主义》，第2卷，第328页。

相似还是相异?

的一个村庄里,"有五六十个佃农,他们的地租每英亩不超过十先令。在此五六十人中,只有六七个人是从租地的物产中获得其全部收入的;所有其余的人都另外有工业劳动所提供的收入:他们纺织羊毛、棉花或亚麻"。利兹附近"没有一个佃农专靠种地谋生,所有的人都为城市呢绒商工作"。[1]纺织业同农户联系如此紧密,主要是由于它能最大限度地吸收农民家庭的剩余劳动力。纺织业各工序强度的差异,造成农民家庭内部性别和年龄的天然分工。在毛纺织业,妇女和儿童成为生产上的重要力量。1724年,在埃塞克斯、萨福克、诺福克、威尔特、萨默塞特和德文等郡,从事纺织的妇女占有极高的比例,仅纺一项,她们每天可得12—15便士。结果,农场主的妻子连挤奶女工都找不到了。纺织业的收益似乎大于其他行业的劳动,因为有的地区,每周12或18便士对妇女毫无吸引力,她们纺线每周可得到7—8先令的报酬。1773年,在毛织业兴盛时期,小农场主、茅舍农和农业雇工的妻儿的纺织收入,几乎同男人在农田的收入一样多。纺纱工作一般是由妇女和儿童完成的,报酬相对较低。根据阿瑟·扬在1767—1770年收集的数字,纺纱女工的工资,随地区和年份而有所不同,每天工资在4便士至6便士之间,大约是一个短工的三分之一。利兹地区,每星期2先令6便士至3先令;兰开夏郡,每星期3先令3便士;埃塞克斯郡每天4—5便士,萨福克郡每天6便士。[2]织的收益明显高于纺纱。1757年,格洛斯特郡一个得到妻子协助的织工,每周挣13—18

---

[1] 芒图:《18世纪产业革命》,第43页。
[2] 同上书,第49页,注112。

先令，这个地区织工的平均工资为11—12先令。几年后，在利兹地区，一个熟练工人每周挣10先令6便士，在诺福克郡的诺里奇每周6先令。当然，以农家妇女和儿童为辅助劳动力的乡村工业，绝不仅限于毛、棉、麻、丝等纺织业，还有诸如制带、稻草编织、手工编织、手套制造和纽扣制造等行业。[①]不过，在工业革命推进较早较快的地区，家庭纺织业的收入已开始大幅度下降。如在坎伯兰郡，一个农妇每天工作10小时才能挣到4便士。其他地区如威尔特郡、林肯郡也都经历了工资的下降。

这一时期毛纺织业基本上组织在资本主义生产形式下。控制乡村工业的资本家有三种来源。一是从乡村土生土长的呢绒制造商，他们多为获得自由的农奴或自由小农上升而成；二是转移到农村的城市手工工匠；三是城市商人资本家。其中以商人资本家最为普遍并占据主导地位。

商业资本同毛纺织的结合程度和方式，因地区特点而呈现出差异。至18世纪时，商业资本控制下的乡村毛纺织业有两种主要的生产组织形式。一是初级的"家内制"，主要分布于约克郡西部。这里呢绒制造商身兼老板、工匠和商人。在哈利法克斯山谷，茅舍兼作住所和作坊。织工不仅拥有生产工具，还拥有原料，其生产过程是独立进行的，劳动者主要是家庭成员。织物一经织好，织工就拿到邻近的城市市场上去出卖。在这里，资本和劳动连在一起，难以区分。此外，老板兼工匠和商人的织工，还在茅屋周围有一块几英亩的土地，甚至还喂一两头母

[①] J. Thirsk ed., *The Agrarian History of England and Wales*, Vol. V, 1640-1750, I, pp. 716, 717.

相似还是相异?

牛供给家人牛奶,自己的马车可供运输货物。1806年,有人对这种叫"家庭工业制度"的经营下了定义:"在约克郡的家庭工业制度中,工业是掌握在许多老板兼工匠的手中,他们每人都有很小的资本。他们从商人手里买进羊毛。在自己家里,得到妻子、儿子的帮助,还有几个工人,在有必要时他们也把羊毛染色,使羊毛经过制造上的种种演变直至成为未整饰的呢绒为止。"[1]在这种情况下,织工只向商人购买原料,生产资料、生产过程和产品销售都与商人无涉,因而几乎不受商业资本的控制,这是中世纪的工业,其产生条件和生产机制与中国同期农村棉纺织业具有类似之处。

另一种是典型的"家内制",即通常所说的分散的工场手工业,是乡村毛织业的先进或典型形式,流行于西南部诸郡中。这种制度的出现,主要由于家庭工业的生产超过当地的消费,产品以区域或海外市场为销售对象。这样,生产者必须同商人发生联系,商人买进这些商品并将其出售于国内外市场。由于在产品销售上依赖商人,这种工业的命运便掌握在其手中。呢绒商人是资本家,亦被称为"商人工场主",他们控制着从原料供给到制成品销售的一切生产过程。这就是所谓的包买商制度(verlags system)。该词源于德语,英语中"外放制"(putting out system)即指包买商制度。[2]在典型的"家内制"阶段,毛纺织业的分工特别是纺与织的分离过程已经完成。乡村家庭工业主

---

[1] 《特别委员会关于毛纺工业的报告》,转引自芒图:《18世纪产业革命》,第42页。

[2] 布罗代尔:《15至18世纪的物质文明、经济和资本主义》,第2卷,第332页。

要承担纺线工作。由于耕织结合，织工的生产具有季节性的特点。冬天农闲时，所有茅屋的火炉旁都发出纺车的嗡嗡声。在收获时期，纺车就停止工作了。从表面看来，这些织户是独立的，但由于"他（呢绒商人）买进未脱脂的羊毛，自行负责找人梳刷、纺织、漂洗和整饰。他拥有原料，因而也拥有各种相继形式上的产品；经手加工产品的那些人，虽然有表面上的独立性，但只不过是些受雇于老板的工人而已"[1]。一位历史学家曾说过，"分散只是一种表面现象；种种事实表明，家庭劳动已陷入一张无形的蛛网之中，而蛛丝则掌握在几个包买商手里"[2]。不仅如此，继原料之后，设备也落到呢绒商手里，17、18世纪初，这一过程到处在缓慢地进行。这样生产者由于逐渐丧失生产工具的所有权，就只能出卖劳动力，以工资为生。这种形式是家庭工业制度和集中的手工工场之间的中间物，是商业资本变为工业资本的第一阶段，而集中的手工工场，在英国直到18世纪末仍然是十分例外的。

自己没有土地、也没有能力承佃土地的农业劳动者沦为农场雇工；由于失去生产资料和自主权，茅舍工业中以前集资本家、织工和商人三位一体的独立纺织者，也最终变成前工厂时代的雇佣工人。而这两种雇工都脱胎于小农，从小农变成资本主义生产体系中的雇工，正是小农阶级分化的结果。

---

[1] 芒图：《18世纪产业革命》，第43页。
[2] 布罗代尔：《15至18世纪的物质文明、经济和资本主义》，第2卷，第335页。

第五章　农民反抗斗争的比较

18世纪是清王朝的全盛时期，号称"康雍乾盛世"，但阶级斗争仍没有止息，并且成为一个令人关注的社会现象。由于18世纪新的生产力和生产关系发展缓慢，其力量极为有限，因而古代社会的基本矛盾并没有改变，农民的反抗斗争与以往相比也没有更新的内容。当然，18世纪的农民反抗也有一些与过去不同的形式和特点，即农民个别的、小规模的反抗斗争增加了，雇工成为农民反抗斗争的一支重要力量。探讨这一时期中国农民的斗争实践，无疑会加深我们对中国古代晚期农村乃至整个社会历史变化特点的认识。同时，英国自中世纪中期以来农民的斗争历史也值得与中国比较，它为以后的农民斗争奠定了基础。英国中世纪中期以后，富裕农民的兴起，他们与新贵族的联盟，成为英国农村社会的强大阶级力量。他们的斗争目标体现了农民传统斗争所不曾拥有的新内容，而贫苦农民的斗争不过是延续旧的农民斗争而已。

第五章　农民反抗斗争的比较

第一节　农民个别的和小规模的抗争

一　佃农和自耕农反抗剥削

从清朝立国以来，农民的反抗斗争就没有间断过，进入18世纪，更是不断地掀起高潮。不知是资料缺乏，还是历史实际就是如此，清代以前的中国历代农民斗争，大都集中于每个王朝的晚期，当时由于土地兼并，农民的再生产过程遭到严重破坏，在走投无路的情况下，他们以造反改变自己的生存状况，随着新王朝的建立，一个新的循环又开始了。18世纪的农民斗争与以往古代王朝农民反抗的周期并不一致。清朝从建立到灭亡共计267年，18世纪距开国也只有56年，清政府这期间实行鼓励自耕农发展、抑制土地兼并的政策，农村中各类贱民和雇工也逐渐改善了地位，佃农的租佃条件也在进步之中，社会矛盾应该趋向缓和。但农村的现实并非如此，农民此起彼伏的抗争，说明农村中的阶级矛盾仍然非常尖锐。

18世纪中国农民的反抗是历史表层的现象，其出现绝非偶然，而是由当时社会经济变化的特点决定的。首先是人口增长过快，这是中国以往任何时代都未曾有过的现象。尽管18世纪通过垦荒和移民，人口压力得到一定缓解，但至18世纪末，土地仅增加了30%强，人口却翻了一番。在江南和华北的部分州县，人口压力非常大，农户的土地耕作量都下降了，生产规模和生活水平也降低了许多。如张海珊说："今苏松土狭人稠，一

相似还是相异？

夫耕不能十亩，又大抵分佃豪户之田，一家八口，除纳豪户，租仅得半，他无所资焉。而于是下户困，困则不能不抗租，而豪户下以佃户抗租，无米之田，上供国家之赋，而于是上户亦困。"①由于地少租重，农户还要以织助耕，才得以维持基本生计，但粮价又数倍于前，所以农家的生活仍困难重重。湖南巡抚杨锡绂上疏说："臣生长乡村，世勤耕作。见康熙年间，稻谷登场之时，每石不过二三钱。雍正年间，则需四五钱，无复二三钱之价。今则必需五六钱，无复三四钱之价。盖户口多，则需谷亦多。虽数十年荒土未尝不加垦辟，然至今日，而无可垦之荒者多矣。则户口繁滋，足以致米谷之价，逐渐加增，势必然也。"②粮价上升对地多并有余粮可售的农户自然是好事，但他们毕竟只是极少数人；而大多数农民地少口多，以织助耕，居高的粮价会使他们的生活更加艰辛。

其次是官吏盘剥使窘迫的民生雪上加霜。18世纪清政府实行重农抑商政策，政府收入主要来自农业。据王业键估计，1753年，土地税构成其7.4亿两税银收入的73.5%，而厘金和盐课等项仅占26.5%。地方政府征收田赋时，往往在政府分派和合法加征的数额之外，还要非法加征一个数额，该额要占到合法赋税的10%—15%左右。③由于政府财政主要依靠土地税，所以其数量的大小对农村的影响至为深刻。早在康熙十八

---

① 贺长龄、魏源编：《清经世文编》，卷四三，张海珊：《甲子救荒私议》。
② 贺长龄、魏源编：《清经世文编》，卷三九，杨锡绂：《陈明米贵之由疏》。
③ Yeh-Chien Wang, *Land Taxation in Imperial China, 1750–1911*, p. 69, 80. 另一位美国学者兰比尔·沃拉甚至认为，非法征收的税额往往高达合法赋税的50%（见其所著《中国：前现代化的阵痛》，第23页）。

年（1679年），康熙帝就口传上谕，指责政府官员不能做到爱民养民："民生困苦已极，大臣长吏之家，日益富饶，民间情形虽未昭著，近因家无衣食，将子女入京贱鬻者，不可胜数……此皆地方官吏谄媚上官，苛派百姓，总督巡抚司道，又转而馈送在京大臣。以天生有限之物力，民间易尽之脂膏，尽归贪吏私囊。"①康熙四十三年（1704年），皇帝又谕大学士，重申官吏榨取之害："朕数巡幸，咨访民生利弊，知之甚详。小民力作艰难，每岁耕三十亩者，收成时除完租外，约余二十石。其终岁衣食之徭，所恃惟此，为民牧者若能爱养而少取之，则民亦渐臻丰裕。今乃苛索无艺，将终年之力作而竭取之，彼小民何以为生耶……所余之粮，仅能度日，加之贪吏苛索，盖藏何自而积耶……皆由在外大小官员，不能实心体恤民隐，为民除弊，而复设立名色，多方征取，以此民力不支，日就贫困。"②乾隆一朝，此类弊端更加严重。

与自耕农相比，佃农所受剥削还要深重。超经济强制并没有废除。"北方田主鱼肉佃户，有百倍于奴隶。"③乾隆初，两江总督那苏图也认为南北租佃关系差别很大，北方"佃户畏惧业主，而业主得奴视而役使之"④。但即使在南方，个别地区佃户的人身依附关系比北方甚至有过之而无不及，地主对佃户驱使殴打，无所不为，⑤地租和其他剥削苛重。例如"崇明佃民向例夏

---

① 清代实录馆：《清圣祖实录》，卷八二。
② 同上书，卷二一五。
③ 黄中坚：《蓄斋集》，卷四，《征租议》。
④ 中国人民大学清史研究所等：《康雍乾时期城乡人民反抗斗争资料》，上册，第11页。
⑤ 参阅戴逸：《简明清史》，第2册，第28页。

相似还是相异？

冬二季交纳业主田租之外，尚有轿钱、折饭、家人杂费等项"①。福建上杭，康熙时田主"欲于常额之外，巧计多取，乃制大斗取租，每斗外加四五升不等，自不足以服佃户之心"②。乾隆时，江西宁都一些地方，"田主于额租之外，杂派多项，扰累难堪"。这些杂派大致有：租地十年一批，"批赁时，田主必索佃户批礼银"；白水谷，即"批赁时佃户不能现交礼银，照依银数每岁入息三分，是为白水"；行路使费，即"田主家人上庄收租，佃户计其田之多寡，量给草鞋之费"；此外还有节牲、粢糯、新米、年肉、糍团、芒扫等项，指"佃户于出新时，或于年节致送一二"。最后一项原本出于佃户自觉，而且在佃户送去自己产品时，"田主亦有礼物回答者"；但后来成为仅佃户单方遵守的乡例，田主每年要"按例苛索"。③凡此种种，对自耕农和佃农的生计和再生产活动必然带来严重的后果。

最后，由于明末农民战争和清初所实行的一系列政策，冲击并部分调整了陈腐僵化的生产关系，使生产力获得某种程度的解放。在农业生产技术进步、商品性农业发展和资本主义萌芽的影响下，佃农个体经济有了一定程度的发展，因而他们为了保障其个体经济的独立性，不断积累和扩大个人财富，就要争取长期佃种土地的权利，反对夺田另佃。这种斗争的目的主要是为了发展个体经济，而不是为了满足基本的生存需要。这

---

① 清世宗胤禛批：《雍正朱批谕旨》，第十三函，第五册，第5—6页，雍正八年六月初六日，浙江总督李卫奏。

② 王简庵：《临汀考言》，卷十八，"批苔"，《批上杭县民郭东五等呈请较定租斗》。

③ 南京国民政府司法行政部：《民商事习惯调查报告录》（1930年），第一册，第424—425页。

第五章 农民反抗斗争的比较

种情形多发生在佃户身上,他们为了限制地主的恣意盘剥,确保自己的剩余劳动成果不被夺去,往往以争取永佃权或霸耕与地主斗争。江西、福建、广东等省所属州县尤其常见。如乾隆时"江淮各属内上元等州县既有旧地形情,业出种子庄房,佃出牛力人工,岁收租子各半均分,虽不至有顶首吞租之患,间有不守本分之佃,或分收不均,或私行偷割,业户查出理追,每藉挑培、壅塞、粪本等费,勒索霸占"①。康熙三十四年(1695年)浙江嘉兴,"有一佃户,素号强梗,佃某宦田二十余亩,亩收二石五六斗,仅完租五六斗,余米六十余石,载至嘉郡粜银四十余两"②。江西宁都所属六乡,上三乡均为土著,下三乡都是明末为避战乱来自福建的移民。至康熙时,"夫下乡闽佃,先代相仍,久者耕一主之田至子孙十余世,近者五六世、三四世,率皆致厚资,立田宅于其祖里,彼然后召顶耕者,又获重价顶与之而后归……闽佃尝赤贫赁耕,往往驯致富饶。或挈家还本贯,或即本庄轮换其居,役财自雄,比比而是"③。福建平和县,"他邑田产,俱以业户为主,起田久暂之权操自业户,租户不过按年出租而已,少有拖欠,即便起佃,租户不得过问。今和邑之俗,业主虽有田产名,而租户反有操纵之实,甚至拖欠累累,连年不结。业户虽欲起佃,而租户以粪土、田根之说,争衡掣肘,此又积习之难以遽更者也"④。古田县,"田根田面,犹建阳之田皮田骨。曷言乎田面也,完丁粮者也。曷言乎田根也,耕

---

① 李程儒:《江苏山阳收租全案》,第53页。
② 徐庆撰:《信征录》,第34页,载吴震方辑:《说铃》,后集。
③ 道光《宁都直隶州志》,卷三一,《艺文志》,魏礼:《与李邑侯书》。
④ 康熙《平和县志》,卷六,《赋役》。

相似还是相异？

耘纳租与面者也，其租计亩以秤量之。然则面果为主乎，曰否。根亦有手置、有祖遗，自持一契据，管业耕种，苟不逋租，田面不得过而问焉。于是尾大不掉，有一年欠租约以二年，二年欠租约以三年，积日累月，租多难偿，私将田根售卖而田面不知，买者或不问，因此涉讼，酿成夺耕强割重案"①。雍正十二年（1734年）七月初三日，广东总督鄂尔泰在《严禁卖产索赎暨顽佃踞耕逋租告示》中称："粤东之顽佃，以田坐落伊村，把持耕种，租谷终年不清。或田主欲改批别佃，则借称顶首、粪质名目，踞为世业。不容田主改批，亦不容别人承耕，逞凶撒泼，往往酿成命案。"②广东东莞，乾隆时"邑之东北七都抵惠阳，山原险曲，闽、潮流人，多窜居之，以种蓝为生，性多狠戾，号獠狄。所佃田地，多强霸不可御……今獠人混杂良民，佃田易货，一如邑中，惟多不可理论。故霸耕负租，时见强梗。近又有流犹投附势家，入岁钱为属佃，以故认腴田为己物，人不敢问"③。

上述霸耕世佃地主土地的佃户，都不是贫困佃农。他们有能力在耕种时投入较大工本，并敢同业主分庭抗礼就是证明。18世纪前中期，与地主进行斗争的并不都是贫苦佃农和自耕农，斗争的目的也并不总是由于生计所迫。富裕佃农（一般尚未达到雇工耕作水平）与地主的斗争也占有一定比例，在条件适合时，他们完全可以转为佃富农经济，或是买地成为地主。

由于18世纪的社会经济存在上述诸多的内在矛盾，而传统

---

① 陈盛韶：《问俗录》，卷一，《建阳县》，"骨田皮田"。
② 光绪《清远县志》，卷首。
③ 乾隆《广州府志》，卷六〇，《杂录》，二。

第五章 农民反抗斗争的比较

社会的生产力和生产关系又无力解决，在这种情况下，农民为了求得生存和个体经济的发展，与地主和官府进行了难以计数的英勇斗争，抗租、霸耕、抗粮、反科派、夺粮和平仓等，斗争的内容和形式多种多样，遍布大江南北。所以，尽管18世纪是清政府统治最巩固的时期，农民反剥削的斗争却十分频繁、普遍。例如：江西瑞金，康熙时"顽梗不逞之佃户，据田抗租，与田主为难者，十家而九。田主所收不过十之五至十之七，便为全收"[1]。福建"业户抗粮，佃户抗租，为福建积习"。台湾"佃户不知有租，业户不知有粮，其弊不可胜言矣"[2]。湖北"近来一切佃户，驯善者少，刁顽者多。宽则玩，猛则变，此中多少难调"[3]。江苏无锡"农民勤力作，无不毛之土，故田之贵数倍于前，而佃不输租，每为业户之累"[4]。浙江省泰顺县，康熙时，"钱粮正额每多积逋，官府拘提辄行抗避"[5]。江苏"吴中佃户抗租，久成锢习"[6]，至"雍正时，新旧并征，乡民多逃匿"[7]。湖南巴陵（今岳阳），嘉庆时，"刁佃踞庄，巴俗尤甚……每多抗租踞庄之弊"[8]。广东"顽佃视逋租为固有，玩田主于掌上"[9]。广西灌阳县，康熙年间"灌县地瘠俗犷，士民多贫困，逋赋久

---

[1] 同治《瑞金县志》，卷十一，《艺文志》，佚名：《荅张邑侯书》。
[2] 陈盛韶：《问俗录》，卷六，《鹿港》，"管事"。
[3] 戴长庚编修：《汉阳龙霓戴氏宗谱》，第二册，《家训》。
[4] 光绪《无锡金匮县志》，卷三〇，《风俗》。
[5] 魏际端：《四此堂稿》，卷一。
[6] 清代实录馆：《清高宗实录》，卷二四五。
[7] 黄印辑：《锡金识小录》，卷一，《备参》，上，"民役"。
[8] 光绪《巴陵县志》，卷五二，《杂识》，二。
[9] 光绪重刊乾隆《潮州府志》，卷三三，《宦绩》。

相似还是相异？

不清"①。北方的租佃关系不及南方发达，主佃关系和南方不同，抗租斗争没有南方多，更未形成风习，因而文集方志中也少见记载。

　　农民反抗剥削的初级形式是一对一的个别斗争，其中尤以佃农和雇工与地主（雇主）进行斗争的史料保存得最丰富、详尽。个别佃户和个别地主之间因欠租、索租或换佃、夺佃，往往口角冲突、争吵斗殴，结果佃户、地主或第三者或死或伤，向县衙提起诉讼。这类民刑诉讼案件在清廷档案刑科题本（土地债务类）中比比皆是。案件发生的地区也遍布大江南北，但从刑科题本（土地债务类）所反映的情况看，主佃间这类恶性案件的发案率南方似要高于北方。明清档案中这类案件数以万计。单在"土地债务类"下，每年就有几百宗至上千宗不等。应当说，主佃间的个别斗争主要采取和平说理的方式，大打出手，闹出命案因而必须提起诉讼的毕竟是少数，与实际发生的大量主佃斗争相比，不过是九牛一毛，因而刑科题本（土地债务类）中的主佃民刑案件，只不过是这类斗争的小小缩影而已。

　　佃农是被剥削者，但他们各自的经济状况不同，利害关系也不一样，故而常常是因个人利益同地主发生争执，如刑科题本（土地债务类）中经常见到的那样。但有的时候，由于特定原因，他们在共同利益的基础上相互联系，以各种民间特有方式聚集起来，有组织地与地主和官府进行斗争。比如有的因发生水旱灾荒，农民无力交纳地租。如江苏无锡，"康熙四十六年大旱……乡民倡议……租米不还籽粒。时邑绅秦某言于县，力

---

　　① 康熙《灌阳县志》。

第五章 农民反抗斗争的比较

禁止之。乡民有过胡子者，率众至秦氏，毁坏门垣，汹汹不可禁"①。在江西瑞金，康熙时"瑞邑山陬僻壤，田少山多，价值倍于他乡，仍亩田一石，除完正供外，余剩无几。兼之界连闽、粤，土著十之二三，流寓十之六七，主弱佃强，每时平则结党称雄，岁歉则乘风鼓浪，竖旗抗租"②。也有因朝廷蠲免田赋，地主不向政府交粮，佃农也要求相应减少地租。乾隆十一年（1746年），福建上杭"蠲免钱粮"，佃户"罗日光等，鼓众勒令业佃四六分租，业主鸣官，日光等殴差拒捕，复纠党积石，列械把守横杭，知县梁钦会同千总盛斌、把总童元带兵协拿，公然迎敌，鸣锣放炮，掷石如雨"③。康熙末年，清廷下诏普免钱粮，广东零都县佃农发起除赋蠲租的斗争，"一唱百和，此年秋收粒颗不纳于田主"④。也有的是反对地主索租或违例加征，要求减租。如江苏崇明县，雍正八年（1730年）时，"有乡村佃户，以业主催讨麦租紧急，聚集喧哗，强勒闭市"⑤。崇明农民先后在乾隆六年（1741年）、二十三年（1758年），曾两度进行斗争。他们"鼓党结社，不许还租"⑥，还"烧毁地主草房，并拒伤兵役"⑦。还有的农民起来保卫自己的耕作权，不许地主夺佃。如康熙四十二年（1703年），瑞金佃农提出"退脚"之说。当时瑞金地主"起田自耕，讵意（佃农）一呼百诺，乌合蜂起，揭竿聚

---

① 董含：《三冈识略》，卷十。
② 同治《瑞金县志》，卷十六，《赋役》。
③ 乾隆《上杭县志》，卷十二，《杂志》。
④ 乾隆《零都县志》，卷十三，《艺文》。
⑤ 清世宗胤禛批：《雍正朱批谕旨》，第十八函，第六册，第35页。
⑥ 清代实录馆：《清高宗实录》，卷一五三。
⑦ 同上书，卷五七五。

相似还是相异？

众，创立退脚之说，每亩勒限一两不等，方肯还田，否则据为己业，任彼更张"①。康熙五十三年（1714年），江西兴国县衣锦乡农民李鼎三，号召"闽广流寓，创田骨田皮许退不许批之说，群众数千赴县门，挟长官，要求勒石著为例"②。

18世纪，自耕农受专制国家和地主的压迫，他们不仅直接负担专制王朝的赋役，还要承受豪绅地主沉重的赋役转嫁，生活也较困难。河南罗山县，经济条件一般的自耕农家庭"幸而有秋，则亟粜以办公赋，所余几何？恐不能卒岁"③。"抗粮"是他们采用的一种反抗形式。雍正九年（1731年），直隶邢台县（今河北邢台市）属西南乡诸村，"因五六两月雨泽鲜少，田禾干枯"，乡民二三百人汇聚县府前，并劫持知县，"逼勒勘查田禾，免征钱粮"④。康熙五十六年（1717年），"河南宜阳知县张育徽加征火耗虐民，盗渠亢珽结渑池盗李一临，据神垕寨为乱，并劫永宁知县高式清入寨。阌乡盗王更一亦藉知县白澄豫征钱粮，啸聚围县城，巡抚张圣佐、总兵冯君洗不能平"⑤。山西安邑县（今运城），乾隆十二年（1747年），"刁徒七八百人各执木棍铁锹等物，并挟有草束，又复前来，公行叫喊，奉旨不完钱粮，不许差役催追旧欠"⑥。乾隆三十二年（1767年），江苏江阴县，

---

① 乾隆《瑞金县志》，卷七，《告谕》，《严禁退脚科敛名色示》。
② 同治《兴国县志》，卷四六，《杂记》。
③ 乾隆《罗山县志》，卷一，《风俗》。
④ 中国人民大学清史研究所等：《康雍乾时期城乡人民反抗斗争资料》，上册，第310页。
⑤ 赵尔巽等：《清史稿》，《列传》，卷十五，《孙廷枢传》。
⑥ 中国人民大学清史研究所等：《康雍乾时期城乡人民反抗斗争资料》，上册，第311页。

第五章　农民反抗斗争的比较

"是年秋，邑大旱，有司不以上闻，征税如故，西乡民相率哄县堂，人挟槁苗一束委弃庭中，顷刻山积。闻者以大言吓之，几至激变"①。福建惠安，乾隆十八年（1753年），据该知县邵应龙称，"粮户疲顽，每年秋成后，县令赴乡亲惩方纳。十月内循例赴乡，玉山铺，山尾村庄，顽抗不理；嗣复亲往催征，讵粮户不服拘比，争持棍石，殴伤差役三名，并向轿内掷石……查抗粮拒捕，聚众殴差，强悍已极"②。乾隆四十三年（1778年），浙江"嵊县民人王开经等，拖欠钱粮，因典史何光曙带同书役前往查催，该犯辄将差役殴打；知县吴士映闻信亲往查拿，王开经复敢纠集多人，将该县殴辱"③。以上各例中抗粮的业户都是自耕农。

除抗粮外，农民还组织起来进行反科派斗争。如乾隆三十五年（1770年），贵州桐梓"因筹军需"，要求"按粮均派马匹，无马则各出马价"，该县"按粮应派雇马二百一十四匹"。当地承办此事的贡生生员从中渔利。于是少数生员和民人先于本年正月内，"召集该里多人，在飞龙寺，用鹳血滴酒，共饮齐心，令各人通知粮户，俱不许出马、缴价应差，如违议罚；并立簿册，敛聚钱文，到京折告；并作布旗一张，上书'桐梓五里难民'字样，以致乡民观看不前"。二月初三日该县典史"因董经里总甲周文佟等三人，抗不催缴，枷号示众"。村民赵式壁"乘初四日赶集之期"，"打锣号召，众人赴城将枷犯周文佟等三人，用斧劈枷开放"，并将负责此事的贡生、生员、里差家的

---

① 光绪《江阴县志》，卷十五，《名宦》。
② 清代实录馆：《清高宗实录》，卷四五一。
③ 同上书，卷一〇五五。

相似还是相异？

"门壁什物打毁"①。乾隆十二年（1747年），河南"开封府属之中牟县，滨临黄河，该县之九堡地方，河势南迁，河员估建月堤坝台等工，需夫千名"。该县村民潘作梅等"抗不膺夫"，并向经过此地的钦差申诉，请求告免，不料却被捕押候。"当地村民聚集千余人"，"声称潘作梅为众人之事具呈，今独被拘执，必欲放出。纷纷哄闹，竟将知县姚孔𨧱围在城外泰山庙内，不容进城"②。据汪景祺记载，雍正二年（1724年），山西"万泉令瞿某，常熟人，以私派扰民，聚数千人，围城斩关而入，焚其公堂，瞿某与幕客家奴逾垣遁……围城事近颇屡见，有谓州县不可为者。余曰，民虽凶顽，然至聚众为变，皆有司之自取。若减刑薄敛，休戚相关，民安得变。即有不逞之徒，号召聚众，众亦不为聚也"③。

从史料看，抗粮和反科派斗争的参加者，远较抗租霸佃的人员身份复杂。后者虽然在经济地位上有所不同，但全部都是佃农。而在抗粮和反科派斗争中，既有自耕农，也有部分生员、贡生等绅衿地主。他们昔日的法内特权受到限制，法外特权又被严禁，其收入主要取自地租，佃户抗租使他们收入下降，又没有条件像在任官僚那样搜括民脂民膏，因而在经济利益上与自耕农逐渐接近起来。但他们又不同于英国的乡绅。这是因为这些人的社会地位大多来自学校制度或捐纳，因而他们的根本利益与专制政府是一致的。他们多数人坐收地租，与商品化的资本主义农业生产关系无涉，因而便不会像英国的乡绅那样进

---

① 军机处录副奏折，乾隆三十五年三月，贵州巡抚喀宁阿奏。
② 朱批奏折，乾隆十二年六月十九日，河南巡抚硕色奏。
③ 汪景祺：《读书堂西征随笔》，第38—39页。

行反封建的政治革命。此外，经营地主和佃富农进行经济斗争也不乏史例，他们已不是传统意义上进行小生产的农民，而是农民中的幸运者，他们与商品生产的关系，使其必然成为农村中新的生产力和生产关系的代表，他们为此所进行的斗争，才是中国农村突破传统阶级斗争樊篱的希望所在。遗憾的是，从整体看，他们的力量在各地发展并不平衡，实力较弱，且具有向绅衿地主或商人转化的后退倾向，因而也难于像英国的乡绅那样，成为中国资产阶级革命的领导力量。

抢粮闹赈也是农民进行集体斗争的重要内容。农户生产规模因人口压力下降，但家庭开支并不因此减少，加之自然灾害的频繁侵扰，小农常常收不抵支。有时不论丰年或凶年，农民皆已身无余粒。而有粮的地主又囤积居奇，造成粮价居高。据乾隆八年（1743年）的上谕："苏州有田之家，多贮米谷，待价昂贵，然后出粜，谓之栈囤。又有嗜利之徒，贿嘱有胥，将内地之米出洋贩卖，以图重价。"[1] 有的地方志谴责地主、商人联手积粮提价的行径："富室殷商，主客一辙，咸思囤粮规利，即非贩运出境，而累百盈千，坐徒翔腾。"[2] 无钱买米的农民和贫苦市民在全国各地展开夺粮平仓斗争，就连乾隆帝也承认，"大凡抢夺之案，多由富民居奇闭粜而起"[3]。乾隆四年（1739年）的上谕说："荒岁冬春之际，常有一班奸棍，召呼灾民，择本地饶裕之家，声言借粮，百端迫胁，苟不如愿，辄肆抢夺。"[4] 无粮充

---

[1] 清代实录馆：《清高宗实录》，卷一八九。
[2] 乾隆《掖县志》卷六，《艺文》，张思勉："上观察赵公太守洪公饬禁贩运出海书"。
[3] 清代实录馆：《清高宗实录》，卷四一二。
[4] 同上书，卷九九。

相似还是相异？

饥的贫民打开地主、商人和官府的谷仓。如"乾隆七年（1742年）之冬，八年之春，湖广、江西、江南等处抢粮之案，但未能免。而江西尤甚，一邑中竟有抢至百案者"①。江西南安府（今大余县），"乾隆八年大饥，二三月间每斗米百文钱，四五月骤长至二百余。四方饥民相率向富户强借，名曰平仓"②。乾隆九年（1744年），直隶滦州（今河北滦县）发生罗天才等"纠众抢割麦田，强借粮食等事"③。乾隆二十八年（1763年），直隶遵化也有农民"赴县借粮"。据载，"有乡民二三百人捶鼓哄闹，将大堂公案摔碎"④。直隶定州（今定县），嘉庆六年（1801年）大水，"州境饥，城南七堡村民张洛公、宋蛮子等九人，以李铎家富囤积，率众饥民乞借不允，遂肆劫掠"，后来"饥民亦聚至千八百人"⑤。雍正时，山东兖州，"奸民陈秀，诱集饥民数千人，匿于泗水县之黄山寨石虎洞，昼则散行乞食，夜则明火劫粮"⑥。乾隆十三年（1748），据阿里衮奏："东省连年饥馑，穷民艰于口食，共谋抢夺"，至今"已有五十二案"。⑦雍正九年（1731年），河南祥符、封丘等州县遭水灾，"乞食穷民沿途求乞，而村镇中更有卖鬻男女为山陕客商买去者……至于乡村有粮之家，多被附近穷民呼群觊觎，于昏夜之中逼勒借贷"⑧。这些斗争在一定时间

---

① 清代实录馆：《清高宗实录》，卷二三〇。
② 乾隆《南安府志》，卷二二，《别志》。
③ 清代实录馆：《清高宗实录》，卷二一七。
④ 军机处录副奏折，乾隆二十八年三月二十八日，直隶布政使观音保奏。
⑤ 道光《直隶定州志》，卷八，《人物》。
⑥ 咸丰《南浔镇志》，卷十三，《人物》，二。
⑦ 清代实录馆：《清高宗实录》，卷二一九。
⑧ 清代实录馆：《清世宗实录》，卷一〇三。

内缓解了贫苦百姓的生存危机，暂时避免了酿成更大的社会动荡，成为乾嘉年间大规模的疾风暴雨式的农民反抗的先声。

二 雇工的反抗斗争

雇工是农民分化的结果，他们是农民中的下层，是农村中最贫穷的人群。他们已不再像自耕农和佃农那样是一个小生产者，在自己或承租的土地上为使用价值而生产，在条件适宜的时候，也具有发展个体经济、积累个人财富的可能性。雇工与传统的农民经济完全不同，他失去了或基本失去了主要生产条件即土地，不能为自己而生产，必须出卖自己的劳动力，工资当然不是他所创造的全部社会财富的价值，而仅是劳动力的价格，或者说是他用以维持劳动力再生产所需要的最基本的生活资料的价格，因而在理论上说它只包含雇工的必要劳动，剩余劳动则完全被雇主侵吞。一般情况下，雇工不存在发展个体经济的可能性。雇主为了自己的利益，都拼命压低或克扣雇工的工资，而雇工为了求得起码的生存条件，必须与雇主进行针锋相对的斗争。不论雇主的经营具有何种性质，在尽可能地从雇工那里榨取最大利益这一点上，他们是没有区别的，至少在我们所研究的18世纪是如此。18世纪，农业雇工的工资大体上有两种计算标准，其一是包工工价，即计件工价。在刑科档案中，这种包工计件工价虽有表现，但还不是主要形式。更大量的工价形式是计时的，即被称为长工或短工的计时工价制度。工价的报酬形式主要是货币支付，多以银、钱结算，同时也有以实物形式偿付的，如谷物、衣物、烟等，不一而足。雇工出卖劳动力，以货币购买生活必需品，或者获得实物形式，直接满足

相似还是相异?

衣食消费，很少有积蓄。因而雇主拖欠、克扣甚至抵赖工价，势必直接影响或威胁雇工的日常生活，因而引起争执甚至命案的发生。

例如，有的雇主赖账被雇工所杀。如顺天府（今北京），康熙五十年（1711年），据雇工魏八供称：黄二雇他佣工，欠下三百文工钱。他向黄二索讨不但未得，反遭"乱骂"，又以他"吃酒不好"为名将他"逐出"，解除了雇佣关系。他在各处佣工，所得工钱不足吃饭开销，于是返回黄二家"索讨欠钱"，黄二不仅没给，还"詈骂"于他。魏八忍无可忍，"忿怒将他胸膛打了一拳，又拿木棍将他额角太阳打了两下"，黄二仍回骂不已，反扑过来。魏八"想起他先前逐出我仇恨"，持刀在"他肚肋等处乱戳了几下"，致其毙命。[①]许多雇工缺衣少食，日常生活需雇主及时支给工钱才能保证，而雇主并不体恤雇工的生计艰难，总想等完工或年底再支付工价，双方为此常常口角斗殴。如山东定陶（今菏泽市定陶区）人明克己，于乾隆十一年（1746年）十一日雇黄邦佣工，讲好"每年工价一千三百大钱，两匹布、每匹二丈四尺，十斤棉花，三双鞋，三包烟"，并且"立有雇工文契"。乾隆十三年（1748年）五月，黄邦索讨工钱，到明克己家"量麦"，明以"打了几石麦，只够自己口粮"为由，"回复他没有麦"。黄邦说雇主"家里现放着麦"，"要给我没脸，故意不肯"。到七月，雇主"卖了棉花"，支付黄邦500大钱工价，其他则要到年底"清算"。黄邦想到自己是个"穷人"，

[①] 中国人民大学清史研究所等：《康雍乾时期城乡人民反抗斗争资料》，上册，第251页。

"佣工度日",支的工钱"尚不够用",更无钱偿还旧债,又怕被辞工断了生路,于是"心里恨极了,要合他对命",又怕明克己"年力强壮"而"敌他不过",因此"立心要打死他两个儿子"。①

还有的雇主为富不仁,不仅克扣工价,而且侵占雇工钱物,令雇工忍无可忍,最终酿成命案。如山西乡宁县,雍正十一年(1733年)八月,刘河暂雇张卖货儿为短工,"言定每月工银五钱",后"因卖货儿勤谨,复议佣工一年,面言给银四两",但双方"并未立约"。转年,卖货儿"因住窑坍毁",借宿他处,便"将平日所积工银五两五钱并衣服等物,托刘河之妻褚氏收藏,嘱其不令河知"。年底时,卖货儿辞工算账,刘河"顿食前言,止给银三两",经人劝说,又"添银二钱,钱五百文"。卖货儿"因无中证雇约,含忍归寝,已经忿恨"。次日往刘河家讨取寄银等物。此时刘河"出门担水未回",褚氏"以银为刘河用去,并所有衣物","令其但向刘河讨取"。卖货儿"疑系欲昧银物","辄起杀机",用切面刀杀伤褚氏,"并女眼秀,子毛娃,致毛娃身死"。②

乾隆年间,雇主对雇工的剥削非常残酷,其手段多种多样。他们加强劳动强度,延长工作时间,不顾雇工及家人的死活,由此引发主雇间摩擦殴斗以至于命案层出不穷。如山西蒲县佃富农王中孝,雇马志桄等五个长工为他耕地,当五人之一的杨由基中途辞工而去后,雇主王中孝打算让"五个人的工作四个人做"。另一个雇工马志桄坚决反对雇主这样做,要其另雇人补

---

① 刑科题本,乾隆十六年七月初六日,署刑部尚书阿克敦题。
② 刑科题本,乾隆元年七月二十四日。

相似还是相异？

上，否则便罢工不做。面对雇工的斗争，王中孝答应"情愿给马志桄们每人钱五百文"。这里工价以包工计件为标准，雇工劳动量是确定的，减少雇工就意味着增加其他人的工作量，雇主虽没加雇他人，但给四个雇工增加报酬，雇工斗争终获胜利。①有的时候，雇主为自己利益，不准雇工请假处理家庭急务，甚至连回家探病奔丧也被拒绝。比如，乾隆三十六年（1771年）二月，山西忻州（忻县）人张毛小子到丰镇厅（今丰镇县）三瑞里乡，"雇与赵瑞风家帮种地亩"，"没写立文约，也没说定年限"。五月，当张毛小子"闻伊母索氏在籍患病，欲辞归省，赵瑞风因值农忙不允，致相口角，曾被赵瑞风之子赵付元用棒殴打"。"后来听得母亲死了"，张毛小子"又要回家"，赵瑞风仍不允从，"以致母亲临死不得见面"。"到十月里农事完毕"，即"他不用人的时候"，才"准辞出"。但到算账时，赵瑞风无中生有，反赖支过张毛小子200钱，双方发生"吵嚷"，迫使张毛小子"没奈何，认了一百文钱辞出"。此时正值"天气寒冷无工可做"，张毛小子被迫把钱买了衣服，回家又没盘缠。雇主如此残酷刻薄，令他"越想越气"。乾隆三十七年（1772年）四月二十日，他终于下决心"杀了他父子给他偿命"。于是他"拿了一把菜刀"，将赵瑞风父子乱刀砍死。②又如四川巴县，乾隆三十六年（1771年）八月，江西南城县人丁发元到雇主马世德家做工，"每年议给工钱四千八百文"。次年三月二十六日早上，马世德出外去了，丁发元"因身子发热，起来得迟"，马世

---

① 刑科题本，乾隆五十五年十一月二十三日，山西巡抚书麟题。

② 刑科题本，乾隆三十七年十一月初八日，礼部尚书兼管吏部管理刑部事务刘统勋题。

德之妻马氏"嚷说"他"贪睡懒惰，地都没扫"。丁发元"分辩几句，马氏就乱骂起来"。丁发元说"事有家主，妇人不该出口伤人"，况自己"年近五十，尽可养得马氏出来"。马氏斥责其"全不识主仆名分"，要把他"处死"，并拿刀砍伤他的顶心。丁发元"一时气极，遂夺刀过手，乱刀将马氏砍死"。①雇主无视雇工有病，恣意驱使，随便辱骂，甚至将其视为奴仆，刀伤欲置之死地，可谓心狠手毒。还有的雇主只管役使雇工，根本不顾他们的死活，遇其患病无法做工，便一脚踢出门外。如乾隆三十四年（1769年）正月，河南南召县史林雇给李贵家佣工，讲定"每年许给三千二百钱"。乾隆三十六年（1771年）二月，史林因"痨伤痛"复发，"总不见好，每日只会吃饭，不能做活"。四月二十二日晨，李贵"先假惺惺地问史林的病体怎样"？然后便说："如今麦熟了，你既不能做活，可别寻去路，我另雇人罢！"史林反驳说："现在病重得很，叫我往哪里去？"李贵说"这也顾不得"了，要把史林赶走，史林愤恨地说："我帮你做了两年多工，只使过五千七百钱，算来还该找我七百钱，你算清给我，好做盘缠。"李贵说："如今没钱。"史林痛斥雇主不讲理，"就彼此争吵起来"，史林"要拉他出外同人讲理"，李贵要打史林，因其"是有病的人，受不得打"，而史林一气之下"顺手在桌上拿起刀子"砍伤李贵致死。②

雇工中一部分人只有很少的土地，许多人流寓外省做工，

---

① 刑科题本，乾隆三十七年十二月初十日，管理刑部事务刘统勋题。
② 刑科题本，乾隆三十七年四月十八日河南巡抚何熠题。

相似还是相异?

全无土地,生活主要或全部依赖做工维持。雇工不能及时获得相应的货币和实物报酬,就无法养家糊口。可是一些雇主只顾自己利益使用雇工劳动,不仅不能按事先讲好的条件支付工价,而且还逼迫他们继续做下去,不得另外受雇他人。比如,广东陵水县(今属海南省),李文正佣工度日,僧人心鉴在觉林庵住持,与李文正同村。乾隆十五年(1750年)六月,心鉴雇李文正到庵里帮工一个月,该钱300文,心鉴只给钱200文,尚欠钱100文,"屡讨不交"。李文正"嫌其刻薄,辞工回家"。到八月十八日,心鉴到李文正家"邀其帮工",李文正因其"短给工价,相待刻薄"为由"不允"。心鉴"气忿骂詈",李文正"避出门外,坐于槛上"。心鉴"掌批李文正右腮颊及右太阳",李文正"被殴性急,用拳回击",将心鉴打伤致死。[①]又如乾隆元年(1736年),福建人僧一成留陈福生帮工,"每年许给衣服银一两",但"一成并无银钱给与"。乾隆三年(1738年)正月十二日,僧一成"令福生采取野菜,福生因欠衣资,不肯往采",于是"两相较詈"。僧一成"拳打福生,福生拾锄柄还击",致一成受伤死亡。[②]在江苏丹阳县,丁玉团雇蔡七一帮佣,"每年议价二两"。乾隆四年(1738年)七月二十六日,丁玉团和蔡七一"各持镰刀赴田埂割草"。蔡七一"因欠姜君盛手巾钱无偿,向玉团取讨欠找工银",玉团"不允"。蔡七一"即不肯做工,掷刀而走"。丁玉团"向前拉住",因蔡七一"将玉团扭结欲殴",丁玉团"即以手执镰刀砍伤七一,旋即

---

① 刑科题本,乾隆十六年七月十八日,刑部尚书阿克敦题。
② 刑科题本,乾隆三年八月初三日,福建巡抚卢焯题。

396

殒命"。①

　　雇人进行农业生产的雇主，一般不会是有权势的大地主，后者多将土地分租给小农，坐食地租，更不会亲自或携家人从事田间劳作。从档案所反映的情况看，雇主有经营地主和佃富农，也有一般自耕农。前者的生产具有商品生产的性质，后者主要为满足家庭消费和完纳赋役。两者孰轻孰重还需要统计、分析，但由于刑科档案主要是就案件本身进行调查取证，因此档案在反映雇主经营状况方面，肯定有其局限性。不过，从近年学术界对经营地主和佃富农的研究看，虽然肯定它作为农业资本主义萌芽的重要标志，而且在全国许多省份都有例证；但就其数量来说，毕竟仅是极少数，不仅同自耕农和佃农相比如九牛之一毛，而且恐怕也大大少于传统雇佣制。仅就农业雇佣制来说，哪种为传统的，哪种具有资本主义性质，还需要从生产方式的角度进行个案分析，考察其生产与市场结合的方式与性质究竟怎样。但有一点是可以肯定的，即不能以剥削的残酷性作为标准。经营地主和佃富农可以为获得更多的剩余价值，榨取雇工的劳动成果。传统雇佣制的雇主为保持或提高自己的生活水平，为积资购买地产，甚至为取得官职捐资等，也可能加大剥削雇工的力度。总之，对18世纪的雇工经营，既要看到其历史延续性的一面，也要看到它在农业商品化和自由劳动基础上，向资本主义经营演变的一面。正因为18世纪农业雇工经营具有这样的两重性，因而雇工反抗雇主的斗争性质也会随之不同。

---

① 刑科题本，乾隆五年六月初十日，江宁巡抚张渠题。

相似还是相异？

第二节　农村危机的加重与农民反抗

一　农村社会危机日益深重

18世纪，中国农业伴随人口增加而进步，解决了倍增的民食需求，这确是一个了不起的成就。这么大的人口基数，在如此短的时间内成倍增长，农村没有出现全面危机和经济衰落，这在世界历史上也是空前的。但是，我们也应看到事物发展的另外一面。尽管18世纪的人口增长，没有引发社会宏观经济的崩溃，相反，市镇和城市走向繁荣，商品经济非常活跃；但是，一个不容忽视的后果，是农民的人均产出和收入减少，小生产和小农经济非但没有因农业进步而削弱，反而进一步强化。对于耕作不多土地的自耕农和佃农而言，与市场的联系是为了求得衣食日用的满足，为了将生产品变换为货币以输租完赋，几乎没有进行商品生产的可能性。在这种情况下，绝大多数的自耕农和佃农只求勉强温饱，而无望走上富裕的道路。由于个体经济规模的缩小，每户人口数量不减甚至扩大，其他就业机会又极为有限，因此说，小农经济的微观环境比以前恶化了，个体经济更加脆弱，不堪一击。

大体说，小农能否保持生产消费的低水平，再生产过程能否艰难地维持而不致中断，主要取决于两个非经济因素的消长，一是自耕农和佃农所承受的剥削量，它们在多大程度上吞噬了小农家庭的劳动成果；二是自然灾害的频率和程度。上一节，我们已经介绍了小农为了生存下去而进行的反剥削的斗争，这些斗争的结果无疑有助于限制剥削量的继续扩大，减缓小农破产沦为雇工的速度。相比之下，自然灾害对小农的生产活动危害更大，后果也更加严重。传统农业主要是靠天吃饭，水、旱、风、虫等自然灾害，往往不仅使小农一年的劳动血本无归，而且断绝了其生活来源。18世纪的人口增加，耕地扩大，生态环境骤遭破坏，这一切无不增加了自然灾害发生的频率和破坏性。据陈振汉等编《清实录经济史资料》统计，从康熙三十九年（1700年）到嘉庆五年（1800年）的一个世纪中，全国总共发生各种自然灾害1 468次，其中康熙三十九年至康熙六十一年（1722年）148次，雍正朝十三年间计134次，乾隆朝六十年间为1 140次，嘉庆朝前五年有46次。仅从上述数字看，康雍乾三朝历年发生的自然灾害呈上升趋势，康熙朝后二十年平均每年7.4次，雍正朝约10次，乾隆朝年均19次。显然，人口的陡增及由此带来的生态环境的破坏，是日益频发自然灾害的重要诱发因素。这么说并非全凭推测。18世纪中国不同省区，自然灾害的频发率相差很大。有的省区灾害不断，时有发生；另一些地方则较少受灾害影响。从陈振汉的统计看，受灾最多的主要集中在华北和江南等传统农耕区，其次为广东、四川、两湖、关外等18世纪移民较多的地区，而云贵、广西、青藏等省区，自然灾害则相对要少得多。[①]可见人口密度与自然灾害不无关联。

[①] 陈振汉等编：《清实录经济史资料》，农业编，第2分册，第696—706页。

相似还是相异？

18世纪中国传统生产关系出现严重危机。按照唯物史观的基本原理，一个社会形态中生产关系的破坏，来源于新生产力的发展。旧的生产关系无法容纳新的生产力，便被另一个新的生产关系所取代。从历史运动的总趋势看，这种阐述无疑是正确的，是人们科学地认识社会变迁的一把钥匙。但就某一国家的某一特定历史时期而言，情况则比较复杂。在世界历史上，西欧封建社会取代罗马帝国的奴隶社会，英国14世纪中叶以后封建农奴制的解体，都并非是由于出现了新的生产力；相反，当时无论罗马帝国还是英国，农业生产力不仅没有新进步，而且还发生了严重的衰退。18世纪，中国仍以小生产立国，"粮从租出，租自佃交"，个体经济是整个大厦建立的基础，劳动者的剩余劳动量决定了剥削的最高限度，超过它，必然导致个体经济再生产活动的危机。实际上，在人口压力下，华北、江南等许多省份，农业生产已经根本无法满足再生产的基本需要，即农户的生产生活支出和交纳租赋。农户逐渐依赖于各种工副业或种植经济作物，即便如此，不少人还是沦为既无土地，又无工本承租的雇工。环顾历史，18世纪中国首次遇到这样尴尬的处境，它所威胁到的不仅是小农个体经济的生存，而且威胁到建立在小生产基础之上的整个专制制度存在的基础。可以说，18世纪小农面临前所未有的生存危机。这一点康、雍、乾诸帝都耳闻目睹，他们的上谕中时常表露对小农艰难处境的震惊和无奈。他们想尽办法加以解决，如移民、赈恤、限奢、农业多种经营等，但他们的出发点是解决生计所需，依靠的仍然是"命令经济"。这样，在执行过程中，不仅束缚了手脚和思路，而且由于命令经济的弱点，例如吏治腐败，效率低下等，致使成本过高，效益大打折扣。当一种社会制度已无法解决其自身面临的问题时，那么它就必然要陷入危机，它就迟早要被一种新的制度所取代。从这个意义上讲，如果没有现代西方文明的冲击，中国专制制度的总危机也是会自然发生的。

二 乾嘉年间的几次农民起义

18世纪前中期，伴随人口的剧增，农村阶级矛盾逐渐尖锐起来，佃农、自耕农的反抗斗争由个别到组织起来，并与城市贫民联合，将矛头直指官府。佃农在经济上受地主的剥削，地主是佃农和官府斗争的缓冲层，他们的斗争完全是经济斗争，一般不以官府为首选目标。但是，专制国家以农业立国，政府维持官僚、军队和其他支出的来源主要是田赋，田赋是国家对土地所有者征收的赋税。地主将土地交佃农耕种，坐收地租。地主获得的地租，既要完粮纳税，还要供自家日常消费，因而在田赋负担沉重时，就会增加地租，使用各种办法剥削佃农的剩余劳动，从而损害他们的生产和生活，激起反抗，因此农村中佃农欠租抗租减租的斗争十分频繁和普遍。每当此时，官府出于保证政府税收和稳定统治的目的，总是站在地主一边，用各种手段保护地主利益，压制佃农的反抗斗争。18世纪，皇帝上谕和地方官的各类训示布告，到处充斥着"奸佃""顽佃""恶佃"等污蔑性字眼儿，而且把官府作为地主逼租压佃的有效工具。在这种情况下，反抗地主经济剥削的斗争必然最终指向官府。应当说，是官府迫使农民组织起来，面对一个共同的敌人。这一点，西欧封建社会因领主制所导致的权力分散而无法做到，因为每个庄园的农奴只有局部利益而无共同利益，只面

相似还是相异？

对剥削他们的领主而没有压在他们头上、有效地行使国家权力的封建官府。中国古代社会的历史证明，每次农民起义的爆发，都与官府对农民的欺压有加直接关联。

乾嘉年间，农民斗争已不仅局限于个别的和小规模的范围，而是发展成为波及一省或数省的大规模农民起义。其中较为重要的有：乾隆三十九年（1774年）的山东王伦起义，乾隆五十一年（1786年）至五十三年（1788年）的台湾林爽文起义，以及嘉庆元年（1796年）至九年（1804年）川楚陕甘豫的白莲教起义。这三次起义的根本原因，都是官逼民反，起义领导者以宗教形式组织斗争，矛头直指官府，下面分别予以简述。

王伦起义。山东、直隶地区，很久以来就在民间秘密流传着白莲教，王伦起义是由白莲教的支系清水教组织和发动的农民武装起义。王伦系山东寿张县党家店人，曾为县役，后遭斥革。于是"倡立白莲教名色，传授咒语运气，起意聚众谋反"[①]。他精通拳棒，擅长医术。为了建立一支起义骨干队伍，王伦"择受病男妇之精悍者，不受值"，那些得到免费治病的人"均感其惠，愿为义儿、义女以报德"。[②] 王伦秘密传教"积十余年"，信徒"偏诸各邑"，[③] 清水教于是有了一批基本群众。关于起义原因，据起义军被俘人员供称，"因今岁歉收，地方官妄行额外加征，以致激变"[④]。但据清政府官员对寿张县农业生产的调查结

---

① 军机处录副奏折，乾隆三十九年九月十二日，山东巡抚徐绩奏。
② 俞蛟：《临清寇略》，载《昭代丛书》，别编辛集，卷十。
③ 同上。
④ 军机处录副奏折，乾隆三十九年十月九日，舒赫德、阿思哈、杨景素等奏。

果，一说"收成实有对半，各处俱有盖藏，并非荒歉"。另一说"寿张等县年景实有八九成收获"，且"贼匪抢夺寿张、阳谷、堂邑三县，只劫库银，不动仓谷"。①起义军征粮时，"各乡米豆粮食所在多有"，因而否认"饥民酿衅之说"。同时，清廷负责调查的官员也否认有地方官"额外加派"之事。而且除孟灿外，也"从无有供及此者"。②当然，这只是官方的一面之词，并不能作为足够的证据，因为类似的情形在全国各地时有所见。但以上调查都是乾隆皇帝责成办理的，并言明负责办理此事的官员"若据实奏明，不过失察处分，设或稍有回护弥缝之见，则是存心欺罔，一经败露，恐该抚不能当其罪愆"③。从实录等文献看，乾隆皇帝始终密切关注王伦起义，地方官想必不敢完全隐瞒事实真相。由此推测起义的直接原因同灾荒和妄征关系不大，王伦起义的直接导火索，可能是乾隆三十九年（1774年）地方官府对清水教的镇压。

据起义军被俘人员李进福等供，王伦倡立清水教，"传授咒语运气，起意聚众谋反，要从堂邑、临清往直隶一带扰乱。寿张县知县沈齐义闻风欲设计查拿，泄漏消息"④，王伦闻讯后，立即派人到堂邑张四姑（一作孤）庄"传人起事"，并告知"八月二十八日（农历十月四日）有风雨，是时正好动手"⑤。十月三日夜晚，王伦在寿张党家庄，王经伦在堂邑张四姑庄分别举事。

---

① 清代实录馆：《清高宗实录》，卷九六七。
② 军机处录副奏折，乾隆三十九年十月十九日，舒赫德、阿思哈、杨景素等奏。
③ 清代实录馆：《清高宗实录》，卷九六六。
④ 军机处录副奏折，乾隆三十九年九月十二日，山东巡抚徐绩奏。
⑤ 于敏中、舒赫德：《钦定剿捕临清逆匪纪略》，卷十四。

相似还是相异？

寿张县"胥役皆贼党",为了配合武装起义,他们"于二十八日召优在衙前演戏,椎牛醵饮,至更余,聚众数千人呼啸而入"[①],杀死知县沈齐义。义军"围官署,劫仓库,据城池"[②],王经伦亦率堂邑起义军与王伦在寿张会师。起义军又乘胜进攻,十月六日攻打阳谷,该县"胥役皆党羽,故陷之倍易"[③],王伦率起义军"横刀跃马破阳谷"[④]。八日,起义军再克堂邑。"破城之后,劫库放囚,焚烧军器,未动仓廒。"由于王伦传教活动打下了很好的基础,寿张、阳谷、堂邑和临清一带都有清水教的信众,数日之内就有义军2000余人屯聚临清境内。起义军军纪严明,秋毫无犯。"不杀掠,一切食物均易之以价。有一食人梨而少与值,立斩之,而倍以偿。"[⑤]清政府一面急调大学士舒赫德挑带天津、沧州、德州等处之兵驰赴山东,又命额驸拉旺多尔济、左都御史阿思哈选派健锐、火器二营常胜兵一千人及"索伦善射手",前往山东镇压。另一方面又在城乡张贴告示,动员地主武装剿杀起义军将士。"如有能设计擒缚首逆及党恶呈献者,必当奏闻,分别优赏。"[⑥]起义军于九月初攻克仅距临清四十里的柳林,十月十六日占领临清旧城。此后,起义军挖掘地道,准备攻夺新城,当时敌人援兵尚未赶到,形势对义军十分有利。遗憾的是,王伦未能乘胜攻取临清新城,使清军得以

---

① 俞蛟：《梦厂杂著》，卷六，《临清寇略》。
② 清代实录馆：《清高宗实录》，卷九六六。
③ 俞蛟：《梦厂杂著》，卷六，《临清寇略》。
④ 秦震钧《守临清日记》载当时一首民歌,称赞起义军"振臂一呼寿张破,横刀跃马破阳谷"。
⑤ 俞蛟：《梦厂杂著》，卷六，《临清寇略》。
⑥ 清代实录馆：《清高宗实录》，卷九六六。

坐待援军的到达。十月下旬，清政府的各路援军进抵临清，攻打临清旧城的义军。尽管起义军战士作战十分英勇，但因武器落后，寡不敌众，没有守住城池。为了不做清军俘虏，王伦举火自焚，壮烈牺牲。王伦起义时间不长，也仅限于山东一省，但它发生于靠近清政府统治中心的山东，直接威胁到南方漕粮的运输和清朝的统治，并由此揭开18世纪末大规模农民起义的序幕。

林爽文起义。继王伦起义后，乾隆五十一年（1786年）在台湾又爆发了林爽文领导的汉族、高山族农民起义。

清政府在台湾的统治十分腐败，台湾人民所受剥削极为沉重。由于台湾土地肥沃，物产丰富，内地的官僚和地主把到台湾做官当成肥私的机会，拼命地搜刮榨取，激起岛内人民的反抗。对此，乾隆皇帝在上谕中也直言不讳："今细思徐访，知逆匪林爽文等起事之由，皆因该地方官平日废弛贪黩，视台湾缺分为利薮，不以冒险渡海为畏途，转以得调美缺为喜。督抚之无能者，又或徇情保荐，明知不察，暧昧牟利，皆不可知，而劣员等并不整顿地方，抚绥安戢，于作奸犯科者又不及早查办，惟知任意侵渔肥橐，以致敛怨殃民，扰累地方，遂使桀骜奸民有所借口。"① 至林爽文起义前，台湾吏治腐败不堪。台湾知府孙景燧，台湾县知县程峻，台防同知刘亨基、董起埏，署诸罗县唐镒等人，"平时贪黩敛怨"，"虽在任久暂不同，声名俱属狼藉"②。台湾守军亦复如此。总兵柴大纪"贪纵营私，废弛营务，

---

① 清代实录馆：《清高宗实录》，卷一二八三。
② 军机处录副奏折，乾隆五十三年三月二十九日，湖南巡抚浦霖奏。

相似还是相异?

并令兵丁私回内地贸易,每月勒交银钱……台湾戍兵多有卖放私回,以致缺额,其留营当差之兵,亦听其在外营生,开赌窝娼,贩卖私盐。镇将等令其每月交钱,经年并不操练"[1]。台湾是高山族居民聚居地区,但他们所受压迫极为严重。汉族官僚地主恣意侵占其土地,迫使他们迁入从未开发过的"内山"居住。许多无法察破的案件,地方官常以高山族居民为替罪羊,"狱有不能结者,则诱杀生番以归狱"[2]。贪官污吏的剥削压迫,激起了台湾人民对地方官府的仇恨。因此,林爽文起义便把反贪官作为重要的政治目的。如起义军文告中说:"照得本盟主因贪官污吏剥民脂膏,爰是顺天行道,共举义旗,剿除贪污,拯救万民。"[3]

林爽文祖籍系福建漳州平和县,因家境贫困无以为生,于乾隆三十八年(1773年)随父迁至台湾彰化县大里栈庄,以耕田赶车为业。乾隆四十七年(1782年),天地会首领、漳州平和县人严烟过台起会。次年,林爽文及台湾后来的一批天地会的重要领袖加入天地会组织,团结在一起,"有事大家相帮,不怕人家欺侮,也不怕官役拘拿"[4]。林爽文在大里栈庄"树党结会",引起官府注意。乾隆五十一年十一月(1786年1月),彰化知县俞峻"访闻林爽文结会滋事",会同副将赫生额、游击耿世文带

---

[1] 清代实录馆:《清高宗实录》,卷一二九七。
[2] 魏源:《圣武记》,卷八,《乾隆三定台湾记》。
[3] 《林爽文起义军告示,三》,顺天丁未年(乾隆五十二年[1787年])三月,转引自中国人民大学清史研究所等:《康雍乾时期城乡人民反抗斗争资料》,下册,第781页。
[4] 中国人民大学清史研究所等:《康雍乾时期城乡人民反抗斗争资料》,下册,第811—813页,《高文麟供单》。

第五章 农民反抗斗争的比较

领兵役600名搜捕林爽文，在离大里栈六里处的大墩"扎立营盘"，命大里栈人献出林爽文，否则便"烧庄搜剿"。庄内人对即将降临的厄运都很害怕，林爽文乘机号召庄民"起意抗拒"，并于二十七日（1月16日）率1 000余众攻破清军大墩营盘，杀死知县、副将和游击等官员。二十九日（1月18日）起义军以清营武器装备自己，向彰化县城进发，沿途群众纷纷投奔义军，"走到彰化城外已有三四千人"①。十一月二十九日，起义军攻破彰化，林爽文自称"盟主大元率（帅）"。然后分攻诸罗、淡水（今新竹）。十二月一日（1月19日）攻克淡水；十二月六日（1月24日）又陷诸罗，县令董启延被杀。与此同时，庄下田在南路起兵响应，十二月十三日（1月31日）攻克凤山（今高雄）县城，县令汤大奎自刎。②

林爽文起义之初，形势对起义军十分有利。台湾守军力量薄弱，"大兵仅属固守，皆以兵单难于远捕为辞"③。援兵因路途和气候等因素，又需时日才能抵台。林爽文等起义军曾两次攻打台湾府城，都因形势突然发生变化而退兵。后林爽文率北路义军包围和集中攻打诸罗，围城达半年之久。清台湾总兵柴大纪困守孤城，清军三次增援都未达到目的。这时"诸罗之围益密，入者不能再出……而贼禁粒米不得入城，攻益急。诸罗士民……饥疲不能支……孤城将旦夕陷矣"④。由于起义军内部在力

---

① 引文均转自中国人民大学清史研究所等：《康雍乾时期城乡人民反抗斗争资料》，下册，第811—813页，《高文麟供单》。
② 同上。
③ 军机处录副奏折，乾隆五十二年二月，台湾同知杨廷理禀报。
④ 赵翼：《平定台湾述略》，载《小方壶斋舆地丛钞》，第九帙，第133页。

相似还是相异?

量、指挥和人员素质上的原因,加之地主武装对义军的袭扰与牵制,诸罗城始终攻而未克。1787年11月,增援的清军主力包围了进攻诸罗的起义部队,起义军虽奋力杀敌迎战,但终因寡不敌众,一败再败,力量损失殆尽。1788年,林爽文被清军俘获,壮烈牺牲。其他起义军虽然仍继续坚持战斗,但在清军和地主武装的共同镇压下纷纷失败。

白莲教起义。18世纪末,社会矛盾日益加剧,白莲教在下层群众中长期传播,成为反抗清政府的强大思想武器。嘉庆元年(1796年)爆发的白莲教起义,历时九年半,波及湖北、四川、陕西、河南和甘肃五省。这次规模巨大的起义严重打击了清政府的统治,使之由盛转衰。

18世纪末川楚陕三省交界处尚有大片的原始森林。川楚陕白莲教起义,就酝酿与活跃在位于三省边境的南山和巴山老林。据卓秉恬在《川陕楚老林情形亟宜区处疏》中说:"由陕西略阳、凤县迤逦而东,经宝鸡、郿县、周至、洋县、宁陕、孝义、镇安、山阳、洵阳至湖北之郧西中间高山深谷,千枝万脉,统谓之南山老林;由陕西之宁羌、褒城迤逦而东经四川之南江、通江、巴州、太平、大宁、开县、奉节、巫山,陕西之紫阳、安康、平利至湖北之竹山、竹溪、房县、兴山、保康,中间高山深谷千峦万壑,统谓之巴山老林。"① 在历史上,这些老林地区人烟稀少。但18世纪由于长江中下游和珠江流域人口激增,地少人稠,遇有灾荒,这里便成为流民就食的目的地。从雍正初年起,大批移民从上述地区迁来。"川陕边徼,土著之

---

① 严如熤:《三省边防备览》,卷十四,《老林说》。

民十无一二，湖广客籍约有五分，广东、安徽、江西各省约有三四分。"①至乾隆中叶，更是形成移民潮，老林区接纳的数省移民"以数百万计"②。他们到老林后，"遇有乡贯便寄住，写地开垦。伐木支椽，上覆茅草，仅蔽风雨。借杂粮数石作种，数年有收，典当山地，方渐次筑土屋数板。否则仍徙他处，故统谓之棚民"③。这些移民不少人仍以种地为生，或开垦荒地成为自耕农，或佃种地主土地，建立起与内地类似的租佃关系。地主收租"视地之高下，田之肥饶为准"，或"与佃户平分租谷"，或"主四客六""主六客四"。④除地租外，农民还要饱受高利贷的盘剥。"山外客民携资本入山贸易，获利息"，"山民最朴，入市交易，所欠债项由客民滚算。如春间限至秋还，秋后则限至明年麦收之时，过期以利息并入"，那些无力偿还者，"则以土地为质，而业非己有，客民以此致富者多"。⑤老林区山高林密，地形复杂，不能满足所有移民对土地的需要，所以他们"除种地以外，多资木厢、盐井、铁厂、纸厂、煤厂雇工为生"⑥。雇工的工作和生活极不安定，工厂的规模同农业生产的丰歉周期紧密相关。雇主遇"山内包谷值贱，则厂开愈大，人聚愈众；如值包谷清风，价值大贵，则歇厂停工，而既聚之众，不能复散"⑦。雇工即使受雇也备尝艰辛。在盐井背盐的雇工，"所负重

---

① 严如熤：《三省边防备览》，卷十一，《策略》。
② 同上。
③ 严如熤：《三省边防备览》，卷九，《山货》。
④ 光绪《定远厅志》，卷五，《地理志》。
⑤ 光绪《凤县志》，卷八，《风俗》。
⑥ 严如熤：《三省边防备览》，卷十四，《老林说》。
⑦ 同上书，卷九，《山货》。

相似还是相异?

常二百四十斤,包高出肩背,上重下轻。木崎树角,偶一失足,坠陡坡深涧,则人毙包烂。此等自食其力之夫,极勤且苦,所获仅足餬口"①。

农民、雇工不但受地主、商人和高利贷者以及雇主的种种经济剥削,还要受当地官吏、差役、讼棍、地痞、兵弁的欺凌。"讼棍勾结差役,无风生浪,遇棚民有事,敲骨吸髓,弁兵亦附和为奸。如今日檄令查某案,明日差令禁某事。地方遥远,山民受其凌辱,无可告诉,无为申理"②,生活在水深火热之中。严酷的生活环境和种种悲惨遭遇,使他们不能维持最基本的生活,他们对现存的统治彻底失望了,在走投无路之中,不得不铤而走险,像历史上的任何一次农民起义那样,他们把安居乐业的希望和自己的命运寄托在改朝换代,明主出世上。此时白莲教适应农民和小生产者反清愿望,调整和补充教义,提出"换乾坤,换世界"和"末结年,兵刀现"的政治主张,树起"弥勒佛转世"和"牛八"以为反清复明,推翻现存政府的斗争目标。为此,白莲教也由秘密转为公开,从宗教活动逐渐转向组织群众斗争上来,成为号召和动员人民反抗清政府的强大思想武器。于是,白莲教在湖北、河南、陕西等广大地区竞相传播,绝望中的移民们,便成了白莲教传播的最好对象;而川楚陕三省交界的广大地区,移民聚集,各种矛盾复杂尖锐,统治力量却相对薄弱,成为起义斗争最理想的基地。

---

① 严如熤:《三省边防备览》,卷九,《山货》。
② 光绪《洋县志》,卷四,《风俗》。

第五章　农民反抗斗争的比较

白莲教的迅速蔓延及其鲜明的反清性质，对清朝统治构成极大威胁。自乾隆五十九年（1794年）起，清政府在陕西、湖北、四川、河南、安徽、甘肃等省大肆搜捕白莲教徒。一时间，各省白莲教支派的主要首领或骨干纷纷被逮捕杀戮，白莲教的组织也遭到破坏。各地不法官吏更是借搜捕白莲教徒之名，榨取民脂民膏，广大贫民百姓处境更加悲惨。在这种形势下，白莲教便以"官逼民反"号召人民揭竿而起，反抗清朝的镇压和统治。起义最先在湖北爆发。从乾隆六十年（1795年）起，湖北各地的白莲教徒为武装起义进行着准备，并以书信通知各地教徒："来年三月初十日，是辰年辰月辰日（即1796年4月17日，嘉庆元年三月初十日），同教的人要收缘了，知会大家谋反，各造兵器。"① 为了准备起义，荆州（今江陵）地区的枝江、宜都两县的白莲教徒以防备湖南苗民起义为掩护，制造兵器，搬运和囤积粮食，缝制红白布帽。② 但农民的准备很快就被当地官府发觉，赶往捕拿，教徒们不得不起而反抗。他们在首领张正谟、聂杰人的率领下，于嘉庆元年正月初七日（1796年2月15日）提前两个月起义。自枝江、宜都起义后，数月之内，湖北西部的五府（襄、郧、荆、宜、施）、一州（荆门州）到处点燃起义烽火。各路义军"所在充斥，多者数万，少者数千人"③。在湖北各路义军中，尤以襄阳（今襄樊市）黄龙垱一支最为强大，坚持斗争的时间也最长久。他们转战湖北、河南、四川，

---

① 《陈德文供词》，见《清代农民战争史资料选编》，第五册，第201页。
② 清代实录馆：《清仁宗实录》，卷一；军机处录副奏折，署湖北巡抚惠龄折，嘉庆元年正月十五日。
③ 史善长：《弇山毕公年谱》。

相似还是相异？

在大山丛林中分兵流动作战，队伍日益壮大。同年九月，四川各地的白莲教徒也纷纷起义，响应湖北白莲教徒的武装斗争。川东北的达县、东乡（今宣汉县）得知湖北枝江、宜都一带白莲教起义后，先后举事，打起反抗清政府的义旗。随后四川的巴州（今巴中）、通江、太平（今万源县）等地也爆发起义，随后，起义烽火又蔓延到陕西各地。

面对湖北、四川、陕西等地的白莲教起义，清政府十分恐慌，急忙从各省调集人马镇压。起义军最初因分兵作战，消极防御，死守硬拼，给清军各个击破提供了机会。唯有襄阳义军实行流动作战的战略，加上部队作战英勇，纪律严明，战术指挥正确，又得到当地群众的拥护，因而在湖北各地白莲教起义被镇压，清军集中主力对襄阳义军进行围剿的不利局势下，却仍能坚持斗争，壮大力量，并与四川起义军在东乡会师，扭转了起义以来不利的战局。

川鄂起义军在东乡会师后，虽然进行了统一编号，但各路人马在组织上并未走向联合，也没有共同的行动纲领和统一指挥。嘉庆二年（1797年）七月，以王聪儿、姚之富为首的襄阳黄号起义军返回湖北。九月攻襄阳未克，进入陕南。十月，原留在四川的李全等率领的襄阳义军，在陕南安康同王聪儿、姚之富一股会合，准备攻打西安。但在同清军作战中失利，全军几乎覆没，王聪儿、姚之富跳崖牺牲，此后襄阳义军一蹶不振。从嘉庆三年（1798年）起，白莲教起义军的主战场转移至四川。嘉庆四年（1799年），乾隆帝去世。嘉庆皇帝在行政、用人和战略等方面做了重大的整顿。为了迅速剿灭白莲教起义，嘉庆帝重新任命了军事统帅，撤换了一些不称职的将领，在地方上建立起地主武装团练，实行"坚壁清野"，切断起义军同广大农民的联系，并大力推行招抚政策，瓦解起义队伍。尽管如此，这一年四川起义军克服重重困难，分散流动作战，利用南山、巴山老林地区的有利环境与清兵周旋，予以沉重打击，粉碎了朝廷围剿起义军的战略计划，迫使嘉庆帝再次易帅。这时，清朝统治者推行两项恶毒的策略，即把起义军引出老林地区，驱至川北歼之；同时加紧推行坚壁清野，建立团练，修筑塞堡。嘉庆五年（1800年）以后，这两项策略收到明显效果，白莲教起义也进入了后期，逐渐走向衰败。至嘉庆九年（1804年），起义军最后两名将领苟文润、苟朝九牺牲，历时九年的波及五省的白莲教大起义才被最后平定。

18世纪中国农民的反抗斗争实践与以往相比，具有了某些新的特点和内容，如佃农和自耕农日常的、小规模的抗争增加了，雇工与雇主的斗争也占有越来越重要的地位；在农村阶级关系中，经营地主、佃富农和绅衿地主与雇工、国家和新型佃农的矛盾都具有时代的特点。只有农村中实际的经济生活过程在不间断尽管还是缓慢地变化，才会在农民的阶级斗争中表现出来，使阶级斗争的原因和目标，具备不同于以往任何专制王朝时的内容。应当承认，农民的这些斗争十分有利于他们提高自己的社会或法律地位，改善他们实际的生产生活过程，并使其最终获得以往历代的中国农民所不曾有过的物质与精神力量，获得自己的个性、能力和社会交往的更大进步。正因为如此，我们对18世纪的中国农民斗争，尤其是日常的和小规模的斗争的作用，应当予以积极和肯定的评价，因为它在特定的时间、地点上使阶级力量的对比有利于劳动者；相应来说，斗争的结

相似还是相异？

果也会对劳动者有利。

但同时我们也必须注意到，18世纪中国社会进程的局限性，令农业生产力落后，农村中阶级关系与制度的创新举步维艰，这些缺陷与历代中国农村的真实状况并无本质的区别。由此，18世纪中国农民的反抗特别是农民起义，也就谈不上有什么新的内容。例如以此改朝换代，所谓"王侯将相宁有种乎？"所谓"苍天已死，黄天当立"；还以此推行平均主义的理想，所谓"等贵贱，均贫富"，所谓"均田免粮"等。古代中国的农民起义，要么由于生活所迫，铤而走险，要么由于官逼民反，而不是为了创造新制度，追求新权利，争取新生活。在这一点上，18世纪的农民起义并无二致。总之，古代中国为生存而斗争的农民起义，对推动历史的真正进步难有实质性的作用。一方面，历代中国农民可歌可泣、英勇悲壮的反对剥削与压迫的起义，确实令后世钦佩；另一方面，由于古代中国历史发展的局限，造成农民起义"不破不立"，即既不能推翻旧的专制制度，也于任何新生事物的产生无益。因此，尽管古代中国在世界历史上都堪称是农民起义规模最大、频率最高的国家，但现代化的进程没有最先起步于中国。相反，在早期现代西欧各国竞相投向现代化潮流，争当弄潮儿之时，中国却一步步落在其后；至18世纪末，中国已经与现代化失之交臂，错过了通过产业革命，保持在世界上大国和强国地位的机会。

第三节　中世纪英国农民反抗斗争历史的回顾

一　为推翻农奴制和不平等的社会而战

在中世纪和早期现代，英国农民也如封建时代的中国农民那样，进行过数不清的日常的和小规模的抗争，以及一次次地方性的农民起义，只是全国范围的农民起义屈指可数，这是与古代中国的一个较大反差。农业社会的现代化过程是巨大的系统工程，它需要其中的各个子系统彼此协调地进行结构性或功能性的变革。那种不断地复制旧系统，不进行或缺乏实质性创新的农业社会，必然难于真正地涉足现代化的进程之中。前面我们已经论述过，18世纪英国的农村内部，的的确确发生了一系列根本性变化：粮食劳动生产率的提高，地产主的资产阶级化与农民生产者中分化出资本家阶级，农牧业之间产业结构的调整，乡村工业化的蓬勃发展，农副产品和毛纺织品商品生产的进一步扩大，国内市场体系的形成，海外市场的拓展，等等。这些变化无不有利于在农村掀起农业革命，并使之担负起孕育工业社会的历史使命。除此而外，英国农民的反抗，于这一历史进程何所作为？这取决于他们的斗争原因和目标是否同一于古代的中国农民。为此，我们从18世纪上溯至中世纪，对那个时期英国农民运动的特点做一历史的回顾，目的仍在于说明英国农村社会的各个子系统的变化，为18世纪工业社会在英国的率先兴起奠定了怎样的基础，发挥了什么历史作用。

相似还是相异？

在中世纪的千年，英国的农奴制仅存在不足两个世纪。在7世纪的肯特王国和麦西亚王国，公社成员已经出现财产分化、封建依附农制和赋予受地者财产权的赐地文书。《爱尔弗里克的会话》创作于公元1000年之前，是英国修道院学生课本中的一篇读物，记录了教师与农夫的对话："你说些什么，农夫，你怎样做你的工？"教师问。"啊，先生，我工作很辛苦。我天亮就出去，把牛赶到田里，把它们套在犁上；不管冬天怎样冷，我害怕主人，不敢停在家里；我天天先把犁铧和犁刀扎在犁上，然后每天要犁一英亩或更多的地。""你一天还做些什么？""还有很多事。我须把牛食桶装满，给牛饮水，把牛粪运出去。""啊，这真是苦工。""是的，这是苦的，因为我不自由。"[①]但"不自由"的依附农民并没有很快演变成为农奴。11世纪末（1086年）诺曼征服者编纂的《土地赋役调查册》可视为英国封建化的阶段性成果，其中记载了农村不同阶层的居民及其占有土地的情况。维兰的人数最多，有109 000人，占农民总数的41%，占总耕地的45%；其次是保达和卡特（即边地农和茅舍农），87 000人，占人口的32%，耕地的5%；自由人和索克曼37 000人，占农民的14%，耕地的20%。奴隶28 000人，占农民的10%，完全没有土地。[②]当时英国的人口约200万人，上述人口只是对负担租税的成年男子的统计。11世纪，维兰（意为村民）是自由人，一种保有份地和相当殷实的农民。《土地赋役调查册》中维兰没有周工、结婚捐、任意税、死手捐等，没

---

① 转引自莫尔顿：《人民的英国史》，第37页。

② E. Miller &J. Hatcher, *Medieval England: Rural Society and Economic Change 1086—1348*, p. 22.

第五章 农民反抗斗争的比较

有提到维兰的不自由血统,维兰的农奴化在诺曼征服后很久才告完成。马克垚比较了西方学者的不同观点后认为,英国的农奴制形成于12世纪末[①],这个结论是切实中肯的。

农奴制加于农奴的不幸,首先是超经济的封建剥削。诺曼征服后,英格兰大多数土地都以封建土地的形式持有,地产管理的最小单位是庄园,庄园是地域性的、经济的、司法的管理单位。蒂托认为在英格兰低地混合农业区的中部、南部和西部存在核心村的地区,庄园的普及程度较高,控制力也很强。[②]维兰或称为"惯例佃农",意思是说他们依据庄园法庭的惯例,保有份地并履行各种义务,而无权享受王国法律(普通法)的庇护。中世纪英国庄园习惯法盛行,但各庄园的发展特点不一样,习惯法彼此也会有差别。按米勒的说法,农奴所受封建剥削最重要的内容是劳役。在13世纪以前,他们很少向领主交纳货币地租,经常有些实物地租,如在圣诞节给领主送几只老母鸡,或在复活节送一些鸡蛋。此外,他们还有属于季节性的工作,称为布恩工或帮忙义务,即在秋收时与自己的家人一起到领主自营地上收割、犁地、耙地、打谷、割草等。他们也要为领主提供用马车运输的服役,以及修补篱笆、割稻草以便苫盖屋顶等,不一而足。但农奴最沉重的剥削还是周工,即每周几日在领主的自营地上做各种各样的农活(劳役)。劳役的数量,大庄园重于小庄园,持有土地多的维兰多于土地少的维兰。[③]蒂托认

---

① 马克垚:《英国封建社会研究》,第216页。
② J. Z. Titow, *England Rural Society 1200—1350*, p. 17.
③ E. Miller & J. Hatcher, *Medieval England: Rural Society and Economic Change 1086—1348*, pp. 121-122.

417

相似还是相异?

为,农奴的各种义务受庄园习惯法的约束,不是由领主任意征纳的,领主单方面增加剥削量只是例外。①不过,典型的劳役制在英国持续的时间并不很长。13世纪时,劳役地租折算为货币地租已经相当普遍。科斯敏斯基在对1279年百户区档案进行深入研究后认为,当时继续履行周工劳役的地区已经很少,只局限在低地东盎格利亚地区的几个郡。此区之外,除极个别地方,维兰的劳役数量都趋于下降,少数地区农奴每年只履行几天或没有劳役。

科斯敏斯基通过对中部地区六郡的研究后认为,大量的历史事实表明,市场的发展导致庄园制度的强化,即劳役地租和农奴制的强化。换言之,劳役地租和对农奴剥削的加强,是对13世纪市场关系发展的回应。在地租中,劳役地租比例最高的是东部地区,劳役地租占全部地租的39%;南部和中部地区占23%—24%;西部地区劳役地租的比例进一步下降,约克郡、肯特郡等几乎不存在劳役地租。可见,劳役地租集中在东部,向南移动其重要性就在减弱,向西、向北移动则更加明显,它主要在英格兰人口最稠密和经济发展最好的地区占主导地位。与11或12世纪相比,13世纪时的庄园制度更加发达,事实上,它那时在英格兰达到了鼎盛阶段,大庄园只存在于大的世俗和教会地产。②希尔顿指出,黑死病以后,由于劳动力减少和农奴不愿意受剥削,领主才出租自营地,成为"租主"。最早开始的是在英国一些为市场生产机会较少的地区,例如北部和西部;南

① J. Z. Titow, *England Rural Society 1200−1350*, p. 60.

② E. A. Kosminsky, *Studies in the Agrarian History of England in the Thirteenth Century*, Introduction, pp. 191−192.

部和东南部有许多城市、海港和乡村工业区,旧的生产组织多保存了一个世纪之久,这是引起1381年农民不满和起义的一个重要原因。①

尽管劳役地租在部分地区趋于强化,但货币地租在地租构成中已经超过三分之二。②地租折算所依据的不是土地的实际价值,它只将维兰应服的劳役折成货币,每天合多少钱,加在一起便成为佃户应缴纳的年租。不仅如此,货币地租受庄园习惯法的限制不能随行就市,从而影响到领主的经济利益。对此,陶内研究了若干郡27个庄园的档案材料,统计了自13世纪末至16—17世纪货币地租的变化,其结果表明,在这几百年间,租金基本是稳定的。③货币地租折算后,领主可以直接得到货币。但是,如果仅靠它维持贵族的生活方式,又是远远不够的。因此,12、13世纪农奴无权的理论发展起来,来自农奴不自由的地位而必须交纳的奴役性税款被发明出来。领主借征收封建性税收和罚金的办法,弥补货币地租的不足。据波斯坦证实,货币地租以外的征收包括从死亡维兰财产中征收死手捐(教会也有类似的征纳,叫丧葬捐),向新过户土地的维兰征收进入税,向离开庄园的维兰征收迁徙税,向嫁到外庄园的新娘征收婚姻税,对维兰各种各样的冒犯行为征收罚金。此外,维兰每年还要缴纳沉重的任意税,其数量常常相当于货币地租,还有什一税等。波斯坦认为,一个持有10—15英亩土地的维兰,不包括

---

① 希尔顿、法根:《1381年的英国人民起义》,第31页。
② E. A. Kosminsky, *Studies in the Agrarian History of England in the Thirteenth Century*, p. 191.
③ R. H. Tawney, *The Agrarian Problem in the Sixteenth Century*, p. 117.

相似还是相异？

什一税和各种非经常性的货币征纳，每年的封建性负担要接近或超过其毛收入的50%。[1]蒂托同意波斯坦的意见，认为这样的估计是相当公允的，而自由人的封建性剥削则仅占到其毛收入的25%。[2]

当然，维兰的封建性负担还有其他内容。如领主禁用权要求，农奴必须将自己的谷物送到领主的磨房磨成烤面包用的面粉，为此，农奴要将所磨谷物的一定比例交给领主，叫磨房捐。13世纪其比例为所磨谷物的1/20或1/24，但从庄园材料记录看，平均值实际上在1/16左右。同时自由农与维兰缴纳的磨房捐的比例也不同，前者在德哈姆庄园为1/24，后者为1/13。再比如，禁用权又规定，农奴不能在自己家里烤面包，他们中的许多人自己也没有面包炉。有关烤面包的征纳比例，庄园材料没有留下细节的记载，但领主由此又要从农奴那里获得一笔收入，则是肯定无疑的，它们都属于经常性的封建剥削。[3]米勒认为，12—13世纪，由于英国人口过快增长，英格兰低地聚落的核心区，农奴的封建负担有加重的趋势。从13世纪末起，不仅领主，而且王国政府也开始向农奴征收兵役税等封建赋税，导致农奴的负担加重。在这种情形下，歉收、灾荒，以及挽畜因疾病死亡，又进一步造成农奴生产生活质量的下降，为黑死病这样的大灾难的发生提供了客观条件。在万般无奈下，农民向高利贷者借贷。由于基督教反对高利贷盘剥，视其为罪恶之源，因而

---

[1] M. M. Postan, *The Medieval Economy and Society: An Economic History of Britain, 1100-1500*, pp. 139-140.

[2] J. Z. Titow, *England Rural Society 1200-1350*, p. 81.

[3] H. S. Bennett, *Life on the English Manor: A Study of Peasant Conditions 1150-1400*, Chapter IV.

第五章　农民反抗斗争的比较

中世纪的高利贷多具有半地下的性质，有关这方面的记载留下的也不多。据米勒考察，农民向高利贷借债的利率从50%—200%不等。[1]

由于实行超经济强制，农奴所遭受的封建剥削要比自由农沉重得多，这也是农奴痛恨自己的身份的最主要原因。13世纪是英国农奴制的黄金时期，科斯敏斯基通过对1279年编纂的百户区档案的研究后认为，英国的中部六郡，是庄园农奴制存在的典型地区，庄园化的程度达到97%—98%。从封建剥削量来说，持有一维尔格特（约合30英亩）和半维尔格特土地的维兰，平均而言承担的地租比持有相同面积土地的自由农高2.5倍；持有1/4维尔格特土地的维兰的地租，比持有同样面积土地的自由农高2倍；只有在小土地持有者中，两者地租没有明显的差别。其原因在于维兰和自由农之中的小土地所有者，拥有的土地数量太少，没有固定的封建赋役，因而缺乏统计。在中部五郡中，牛津郡维兰维尔格特持有者的地租高于自由农一倍；剑桥郡维兰维尔格特土地的地租几乎是自由维尔格特的3倍；在亨廷顿郡，这种差别超过3倍，贝德福德郡达到5.5倍。同时，维兰地租的地区之间的差别也很突出。越是商品经济发达的地区，维兰的地租越沉重。东部的维兰受剥削的程度高于西部。东部货币经济发达，但那里仍继续实行劳役制。在牛津郡百户区，一维尔格特的地租平均比亨廷顿郡的诺曼克斯百户区轻2.5倍；亨廷顿半维尔格特的地租是牛津的2倍。[2]因此，维兰遭受的剥削

---

[1] E. Miller & J. Hatcher, *Medieval England: Rural Society and Economic Change*, p. 52.

[2] E. A. Kosminsky, *Studies in the Agrarian History of England in the Thirteenth Century*, pp. 70-73、242-246.

相似还是相异?

决定于他的不自由身份和劳役地租的比例，奴役和反抗奴役成为农村阶级斗争的重要内容。

农民土地的分化也是导致农村矛盾和斗争激化的重要原因。波斯坦认为，在13世纪维兰占有土地具有明显的差异。维兰的上等户占有1维尔格特以上的土地，中等户占有1/2维尔格特土地，下等户是茅舍农，占有1/4维尔格特的土地。他统计了12世纪末至13世纪末108个庄园的6 934户维兰的资料。结果表明，维兰中的上等户为1 513户，占22%；中等户2 280户，占33%；下等户3 141户，占45%。①科斯敏斯基对百户区档案的研究也揭示了维兰占有土地的情况：在英格兰中部六郡中，半维尔格特持有者占36%，1维尔格特持有者占25%，超过1维尔格特的持有者占1%。可见，62%的维兰有足够的土地耕种；29%的维兰的土地不足；1/4农（即1/4维尔格特持有者）通常没有耕畜，不负担劳役，他们占维兰总数的9%。②科斯敏斯基对百户区档案的研究揭示了中部地区小庄园占绝对优势，它们是富裕农民和小骑士的地产。③他认为，富裕农民经济产生的原因是，封建地租不能榨尽农民除了吃穿和预留下个生产周期费用之外的全部剩余，习惯和农民的斗争减少了领主剥削的数量。劳役地租的折算有利于那些扩大商品生产的富裕农民，不利于仅能满足自身消费的中等农民。④

---

① M. M. Postan, *The Medieval Economy and Society: An Economic History of Britain 1100-1500*, p. 145, Table 1.

② E. A. Kosminsky, *Studies in the Agrarian History of England in the Thirteenth Century*, p. 214.

③ Ibid., p. 270.

④ Ibid., p. 20.

诚然，中世纪农奴的财产分化经历了一个渐进的过程。希尔顿主张它分为两个阶段，"即在12、13两世纪中，每一乡村也都有富有贫。不过在这较早时期典型的阶级划分与14世纪及其以后因社会的变动所形成的性质不同"。他认为，13世纪末以前，农民的财产分化还是在旧秩序下进行的，农民中出现"码地主"（即维尔格特持有者）、"半码地主"这些乡村社会的骨干；同时还有一支小土地持有者队伍，他们是雇佣劳动者的后备队伍。14世纪，商品生产的发展，农业的危机，灾荒，黑死病与封建主维持所有地亩的完整以保证劳动力供给的兴趣下降，导致乡村内部农民阶级大有变动。14世纪末叶，农民阶级的上层出现了。一个村庄有四五家耕种60英亩或100英亩土地，饲养着几百头牲畜的富裕农民。在农业危机加重、商品生产市场萎缩、领主低价出租土地、破产农民纷纷将土地抛向市场之时，"存留下来的农民就租了来。这种农民通常是村子里的管事人，他因为是封建主的办事人员，原有其特别的权益与便利。这些人也时常是村子里的高利贷者。就是这类人和贵族争雇工资劳动者，而'劳工法律'的规定就是为抵制这种人的竞争而设的"。[①]16世纪起，这些富裕农民进入资本主义租地农场主的行列，他们放弃了自己的持有地，因为租地农场主的地位带给他们更大的利益。

但另一端却是这一积累过程的牺牲者，即工资劳动者群体。他们早在圈地之前的几个世纪就广泛存在于农村，有的学者甚至认为，"到13世纪初叶时，已经有超过半数的成年男子成为领

---

① 希尔顿、法根：《1381年的英国人民起义》，第35—37页。

相似还是相异?

取货币工资的日工或短工"[①]。13世纪相对生活资料而言,人口出现相对的过剩,导致普遍的营养不良。13世纪的物价上涨了两倍,但雇工的工资没有相应提高。14世纪中叶的黑死病,造成半数人口的死亡;劳动力供给减少,货币地租在地租构成中比例的上升,使物价和工资骤然高涨,贵族、乡绅和富裕农民竞相以高于黑死病前的工资争雇劳动力。为了扭转这种危险情况,代表地产主阶级利益的国家,在1349年制定了《雇工法案》。这个法案后来有许多由议会制定的法令加以补充,以使雇工接受1347年以前的工资标准,否则领地和地方政府对拒绝受雇者有权加以枷禁。13世纪以前,国家机构十分薄弱。领主与农民的矛盾是中世纪的主要矛盾;14世纪中叶以来,议会和郡季审法庭成为强行推行地主阶级意志的工具,因此,农民与地方政府和官方人员的矛盾成为中世纪的另一主要矛盾。上述矛盾在威廉·郎格兰(1332?—1400年)的长篇叙事诗《农夫皮尔斯》中都得到反映。[②]该诗一般认为是在农民起义前不多几年写的。主人公皮尔斯是一个普通农民,雇有雇工,他抱怨雇工增加工资改善处境的要求:

> 没有土地只有两只手干活的工人,
> 不愿吃隔天的蔬菜;
> 一便士一加仑对他们是不行的,一片咸肉亦不行,

---

① 阿萨·勃里格斯:《英国社会史》,第83页。
② 这篇叙事诗共有三稿,第一稿完成于1362年,第二稿完成于1376年,第三稿完成于1393年(另一说1399年),见颜元叔:《英国文学:中古时期》,第435页。

第五章 农民反抗斗争的比较

只要猪肉、鱼,或是煎烤的鲜肉,

而那是要热些更热些的,为了他们胃里的寒气。

但是他有高工资,否则他要大声咒骂,

哀叹他竟成了一个工人;

他全心全意地诅咒国王,和他所有的议会,

制定这样的法律来压服工人;

但是我警告所有你们这些工人,能用力气赚钱的时候就工作,

饥饿又快要到这里来,

饥饿将要和大水一齐重来,警戒这些无用货。[1]

此外,郎格兰还详细描述了穷苦农民为最低限度的生存而奋斗的生活:

……茅屋里的穷人

担负着一群孩子和一个地主的租子。

他们靠纺线得来预备用牛乳和粗粉煮粥,

来喂养婴儿的——

婴儿老哭着要东西吃——

却必须用来付他们的房租。而他们自己,唉,饿得受不住

怀着苦楚冬夜里起来,

在狭窄的小屋里摇摇篮,

---

[1] 转引自希尔顿、法根:《1381年的英国人民起义》,第83—85页。

相似还是相异?

> 梳着，刷着，缝补着，浆洗着，拭擦着，包裹着，
> 检点着破破烂烂的东西，
> 说道乡下女人的苦楚实在可怜，
> 许多还要强作欢颜，唉，
> 不好意思求人，不好意思叫邻居知道
> 他们所有的白天和晚上的需要。
> 孩子很多，除了两只手却什么都没有，
> 只有两只手来给他们穿衣吃饭；
> 几个便士的进项，
> 这么多张嘴却一下就给吃光。
> 面包和淡酒在他们是一桌筵席，
> 冷肉冷鱼好比是烤鹿肉，
> 一个小钱的淡菜，一个小钱的雀麦，
> 在他们是星期五或斋戒日的飨宴，
> 帮助这些负担很重的人，是一件慈悲的好事。[①]

中世纪英国自由农财产的分化甚至比农奴还要严重。据科斯敏斯基对英格兰中部六郡的百户区档案的研究，一维尔格特和半维尔格特持有者占自由农的三分之一。对占有土地的分层统计表明，超过一维尔格特的持有者占8%，一维尔格特的持有者占15%，半维尔格特的持有者占18%，1/4维尔格特持有者占12%，持有3—5英亩的自由农占10%，3英亩以下的占37%。[②]

[①] 转引自希尔顿、法根：《1381年的英国人民起义》，第83—85页。

[②] E. A. Kosminsky, *Studies in the Agrarian History of England in the Thirteenth Century*, p. 222, Table 2.

至14世纪末,乔叟创作《坎特伯雷故事》之时,他笔下的富裕自由农足以令人刮目相看:

> 同他一起旅行的是一个自由农,胡子泛白,像雏菊一样,脸色是红的,为人是热情的。他早餐时最爱吃酒泡面包。他一生寻乐,因为他是伊壁鸠鲁的信徒,认为只有快乐中才有幸福。他的家总是公开的,在乡间他简直是个款待宾客的圣徒,像圣求列恩一样。他的面包和酒都是最上等的;谁也没有他藏酒丰富。家中进餐时总有大盘的鱼面糊;酒肴在他家里像雪一样纷飞,凡是人所能想到的美味他都吃尽了。他的饮食跟着时季变换。他在笼里喂了许多肥鹧鸪,鱼塘里养了很多鲷鲈之类。他的厨师如果烧出的汤不够辛辣,不够浓烈,或是器皿不整齐,这个厨师就倒了霉!他厅堂里的大餐桌是整天铺陈好的。裁判官员们在审案会齐的时候,就是他主持着会议,十分威仪,他多次代表他的一州当过议员。他腰带边挂下一把短刀,一个稠囊,白得像清晨的牛奶一样。他当过州官和辩护律师;哪里也找不出这样一个漂亮的小地主。①

这样的自由农和前面的穷苦农民相比,境况真是天壤之别!同时,中世纪英国上层农民作为一个群体的地位,也令古代中国农民难以企及。

---

① 乔叟:《坎特伯雷故事》,第7页。

相似还是相异?

二 农民地方性的反抗活动

尽管中世纪英国乡村存在农民法律身份和占有土地的差别，但农村的主要矛盾是领主与农民的矛盾。领主认为农村的一切土地，例如他们的自营地、农民持有地、村社的公共林地和牧场都归其所有，大领地支配了经济结构，在经济发达和人口稠密的地区，也支配了农民的生活。无论自由农或非自由农，也无论富裕农民或穷苦农民，都不同程度地受其剥削，没有例外的人。据伦纳德估计，英格兰被计入《土地赋役调查册》的28郡，总共包括71 785个"犁队"。如果以120英亩折合1犁队，那么全国共有耕地860万英亩；如果以100英亩计算，则有720万英亩。[①]这些土地的年收入约73 000镑，主要由诺曼王室及重要的教俗贵族来分享。据米勒等人研究，在总收入中，国王和王室获得12 600镑，占17%；大约100名主教和修道院长及其附庸得到19 200镑，占26%；170名世俗男爵与其附庸取得35 400镑，占49%；最后剩下的8%则在最下级官吏、王室仆役、盎格鲁-撒克逊旧贵族及其仆从中间分配。[②]从封建收入分配看，全国土地的1/7属国王，1/4属教会贵族，1/2属世俗贵族，其他人只占1/13。

在理论上封建化使全国没有无领主的土地，一切土地都归封建主领有，最终都领自国王。保证对农民剥削的强制手段在

[①] L. Lennard, *Rural England 1086—1135: A Study of Social and Agrarian Conditions*, p. 393.

[②] E. Miller & J. Hatcher, *Medieval England: Rural Society and Economic Change*, pp.15-16.

中世纪前后期不同。在中世纪王权尚未集中之时,强制不是集中的,国家权力被土地所有者行使,公权与私权合二为一,领主制应运而生,在乡村这一点与中国极为不同。贵族领地的管理单位是庄园,里面设有庄官管理自营地的生产,庄园法庭负责惩戒和处罚租户,对维兰具有终审权,自由农还可以向王廷申诉。[①]但此时的王廷不过被认为是个人领地中一个较大较重要的行政中心而已。13—15世纪王权及其权力机关加强,但封建领地司法权的残余仍然存在;而这一时期农民面对两种权力系统的剥削与压迫,处境愈加艰难。他们以斗争回击国家和领主的奴役,争取自己的权利。

农民地方性的反抗活动包括许多内容,例如庄园内的经济斗争,赎买封建义务,逃亡到城市,以及集结反抗成为法外之人等。

庄园经济斗争是农奴在接受农奴制的现实下,利用习惯法和原始民主传统同领主及其庄园管理人员进行的反抗行为。希尔顿认为,在1381年起义之前,英国农民至少有一个半世纪地方斗争经验的背景,13世纪初以来,庄园材料就记载了很多这样的斗争。斗争的核心是谁该享受农民的劳动果实。13世纪农民反对加租运动,主要表现为个人的反抗。自由农的地租是固定的,他们有权得到王廷的庇护;但维兰却无权在王廷控诉其主人和取得保护,他们的地租额至少在理论上是"任意的",而维兰不承认他们在历史上是不自由人。所以,农奴在13世纪反

---

① 参见拙文:《中世纪英国农村的行政、司法及教区体制与农民的关系》,《历史研究》,1986年,第1期。

相似还是相异?

抗加租的斗争,首先表现为确定自己的身份。封建主力图表明其租户在法律上是不自由的,可以被"任意地"剥削;农民则要证明自己在法律上是自由的,因而地租额像自由人一样应当"固定"下来。为此,农民要出示自己长长的家谱,证明自己的祖先和亲属是自由人,没有履行过不自由的服役。否则,农民就会败诉,不能翻身。此外,农奴到处拒绝交纳货币地租和实物地租,提供劳役时怠工,甚至拒绝履行劳役。例如,在亨廷顿郡,13世纪最后25年教会庄园的21次开庭记录中,有意不履行劳役而被定罪的有146起之多。有许多案子是集体拒服劳役。如1294年,克兰斐德有26个农民因拒绝为领主犁田而被判处罚金;1308年,在呼屯有16个农民因在饭后该为领主犁田的时候,去犁自己的田而被处罚,这类斗争有的还演变成为暴力冲突。①

关于以上斗争,笔者再举出下面几个例子为证。其一,庄园惯例规定,领主要证明一个人的农奴身份,须由被告两个以上的亲属出庭作证;考虑到妇女性格脆弱,不适合这种场合,因而证人务必由男性担任。领主可以利用证明被告亲属是农奴的办法,从血缘关系上反推被告本人确为农奴身份;被告农奴也可能借自己亲属的庇护,证明自己不是农奴后代,从而摆脱农奴制枷锁,争得自由。1280年,在诺森伯兰郡,某领主想证明一个人是农奴,找来被告的两名女性亲属为证人。被告依据惯例认为证人不符合要求,庄园法庭的判决是,原告把女性证人带到法庭是不合适的,认为该领主再也找不出适合的男性证

---

① 参阅希尔顿、法根:《1381年的英国人民起义》,第39—43页。

第五章　农民反抗斗争的比较

人，故宣布被告是自由人。①其二，1278年，某庄园管事将一个农奴扭送到庄园法庭，告他诈病不服劳役，在家偷干私活儿。庄园法庭的陪审员的判决是，管事与该农奴之间积存宿怨，利用职权公报私仇，故前者被判罚款。其三，1315年，一庄园法庭开庭时，某些租户申诉，他们没有用马车为领主送肥料的义务。法庭经过调查，准许租户的要求。②这类诉讼多不胜数，当然，胜利者不只是农奴。

维兰负担的超常剥削，是其身份造成的；因而挣脱农奴制的枷锁，做一个自由人，成为农奴斗争的另一内容。争取自由是农奴的个人行为，主要通过赎买、逃亡和成为法外之人等途径。它们使少数农奴获得自由，不是整体得到解放；但一部分农奴争取自由的运动，对其他农奴仍发挥了不容低估的示范效应。贝内特指出，1350年时英格兰有一半以上的人口是农奴；可是到1600年，该王国已经无一人是农奴了。③他认为，农奴争取自由不同于揭竿而起，农民要权衡利害：一方面，他们痛恨不自由的身份带给自己的屈辱和超常剥削，渴望以得到自由结束这种不公正的命运；另一方面，他们有妻儿老小，有土地、牲畜和茅舍，与故乡存在着难以割舍的联系，不到迫不得已的时候，他们不会抛弃这一切。因此，他们争取自由的方式以渐进和稳妥为主，激进冒险为辅。渐进的方式主要是赎买。农奴积累起一笔财富，然后向领主一步步赎买封建义务。农奴的标

---

① H. S. Bennett, *Life on the English Manor 1150−1400: A Study of Peasant Conditions*, p.313.
② Ibid., p. 170.
③ Ibid., p. 277.

相似还是相异?

志是固定向领主履行劳役，交纳作为农奴身份标志的人头税，以及由于农奴身份导致的各种罚金和征纳如迁徙税、婚姻税、死手捐和土地过户税等奴役税。赎买就是一项一项地买断这些义务，获得相应的自由。在庄园记录中，有许许多多农奴个人以较大款项赎买的例子，也有整村农奴同时这样做的记载。但贝内特指出，对赎买的研究表明，它是极不确定的事情，没有一致的模式，完全因具体条件转移，不仅各个庄园有区别，而且历年也有所变化。每个庄园的赎买与其说受到宏观经济形势的影响，不如说它是地方和个人的特殊原因的结果。[①]

逃亡是农奴争取自由的较激进和危险的方式，但自由的诱惑使一些人甘愿抛弃农村生活的一切。贝内特说，尽管这样做很危险，但在英格兰的每个庄园，人们都清楚谁逃离了庄园，以自由人的身份住在附近的城市；谁在距此较远的庄园耕种属于自己的土地，成了自由农；谁逃离本庄园在外面结婚成家，拒绝庄园法庭每次要求其返回命令；大家甚至知道，尽管领主有追捕逃亡农奴的权力，但农奴一旦逃出庄园几英里外，再将他抓住是何等困难（因为领主只有在庄园内能够对农奴行使权力）。这也正是领主同意农奴赎买封建义务的原因之一。对农奴而言，城市为他们提供了机会，有庄园无法比拟的优越之处。他们进入城市不意味着立即就获得了自由，在他们逃离庄园的前四天，领主有权追捕他们，将其押解回籍。四天之后则另当别论了，逃亡农奴已经处于潜在自由的地位，领主只有寻求法

[①] H. S. Bennett, *Life on the English Manor 1150–1400: A Study of Peasant Conditions*, p. 280.

第五章 农民反抗斗争的比较

庭帮助,才有望重新占有他们。在获得特许状的自治城市或王室领地,逃亡农奴只要住满一年零一天,他们就取得了完全的和法律认可的自由。但波洛克和梅特兰等许多法学家似乎对这种自由的限度持保留态度,他们认为,不是怎样待在城市都能使逃亡农奴取得期望的权利,在城市住满一年零一天的农奴,只有他们成为市民、商人行会的会员和自由人,并仍然居住在城市里,才可以保证领主对他们的要求是无效的。[1]但农奴身份又阻碍他们进入市民阶级的行列,多数情况下,他们只能在城市充当临时性的雇工。农奴的逃亡使领主蒙受经济损失,一些庄园对不安分甚至以逃亡恐吓领主的农奴,实行保人和抵押财产的办法防止其逃亡,农奴一旦逃亡,其亲属的财产就会全部属于领主。[2]因此逃亡之路确实是机遇和风险同时存在。

农民摆脱压迫与奴役的最后方式是成为法外之人,即藏身绿林以武力对抗现实社会。这方面的最好例证是英国中世纪民谣中的传奇式人物罗宾汉(Robin Hood)的故事。相传他生活于12世纪的诺丁汉郡,因不堪封建贵族的压迫,与一群农民结伙反抗,出没森林,劫富济贫,仇视贵族、国王官吏和僧侣,声援受压迫的农民。他们对于小贵族即骑士没有真正的仇恨,只要后者在现实社会中是一个"好人"。这种对小贵族的看法反映了自由的富裕农民和小贵族的界限已经模糊不清了。侠盗罗

---

[1] F. Pollock & F. W. Maitland, *The History of English Law before the Time Edward I*, Vol. I, p. 648; H. S. Bennett, *Life on the English Manor 1150—1400: A Study of Peasant Conditions*, pp. 298—300.

[2] M. A. Bennett, *Life on the English Manor 1150—1400: A Study of Peasant Conditions*, pp. 306—307.

相似还是相异？

宾汉的故事在14世纪已经很著名。在郎格兰的《农夫皮尔斯》里亦已提到。主人公罗宾，也称作罗克斯莱的罗伯特，是圣玛丽修道院所属的贝堪卡庄园的一个自由人，被称作"自由的佃户"，拥有房屋和土地。罗宾的农场有160英亩肥沃土地，是个"大农"，向修道院庄园交付一定的地租。据说，这片土地是由威廉王御赐给贝堪卡修道院领主的，罗宾的祖上是根据这片土地的最后一个所有者圣玛丽修道院盖·德·罗斯西莱勋爵的遗嘱而获得它们的。

罗宾亡命法外的原因是中世纪社会矛盾的真实反映。修道院欺压农民，例如觊觎罗宾的地产，视他为眼中钉。在修道院院长看来，罗宾是个不称心的邪恶之徒。他经常在家院里说修道院院长的坏话，甚至还当着他的面数说他和他的管家对庄园的农奴和贫苦佃农的恶毒行径。修道院僧侣和庄园管事对罗宾及其言行恨之入骨，而罗宾对他们的暴虐统治和压迫也同样恨之入骨。斯卡利特是农奴，他告诉罗宾一段悲惨的故事。他的姐夫是农奴，害病死了。贝堪卡庄园的管家盖·基斯保恩爵士对寡妇说，娼妇，你滚吧，自己去找活路吧，主人家的地是不会给你的，他要给那些能交出贡赋的人。但根据庄园惯例，农奴死后可通过立遗嘱的方式，将他持有地的三分之一留给遗孀作为寡妇产，使之有基本的生活保障；除此之外，农奴后代可以继承余下的土地。后来，该寡妇因饥饿死去，几个孩子由邻居抚养。罗宾认为，该事虽是管家基斯保恩骑士所为，但肯定是得到修道院僧侣默许的；因而，骑士与僧侣同样可恶。类似的事情在圣玛丽修道院的庄园里常常发生，那里的阶级矛盾十分尖锐。

罗宾成为法外之人的直接导火索，是基斯保恩管家想卖掉贝堪卡庄园的十余名不服管的农奴。农奴们闻讯后再也无法忍受，十几个农奴催促罗宾带领他们进入森林。临行前，他们打开基斯保恩惩罚农奴的地牢，释放出关在里面的农奴；然后来到基斯保恩和主人的府邸，将其付之一炬。除暴安良之后，他们跑进谢尔武森林，二十几个农奴聚集在罗宾身边，结成了罗宾的森林兄弟，展开了一连串的斗争故事。例如气死圣玛丽修道院院长罗伯特主教，除掉诺丁汉郡的恶郡守，火烧邪恶的骑士贝莱姆领主的"魔劫堡"，等等，都表现了中世纪英国农民强烈的反抗精神，不屈不挠的斗争意志，是当时农民抗争的真实写照。[1]但是，这些亡命法外的绿林侠盗亦不能避免农民的局限，例如对宗教的热心，对封建国王的尊敬。他们相信好国王、坏官吏，因而"除了国王"，都一律加以诅咒。[2]

三 1381年的农民起义

马丁认为，中世纪英国的农民斗争经历了两个发展阶段。在13世纪和14世纪早期，农民对领主的攻势只能做出防御性的抵抗；14世纪后期，农民向领主发起进攻性的斗争。[3]前述农民的地方性斗争是第一阶段，本目讨论的农民起义是第二阶段。1381年的农民起义是英国中世纪史上唯一的全国性农民反抗。起义的过程并无特别之处，但起义的条件及其纲领却值得与古代中国农民起义比较时注意。

---

[1] 参见 H. 吉尔伯特：《罗宾汉》，第1、8、9、10各章。
[2] 希尔顿、法根：《1381年的英国人民起义》，第91—92页。
[3] J. E. Martin, *Feudalism to Capitalism: Peasant and Landlord in English Agrarian Development*, p. 78.

相似还是相异?

这次农民起义不是天灾造成的。1376年和1378年之间是好年成，1378—1380年是平年。黑死病后，经济发展的趋势有利于农民。例如货币地租的发展，租金下降，工资上升。在黑死病前，货币地租已在全国占优势，庄园劳役制趋于解体，东南部教俗贵族的大地产保持和恢复劳役制的行动只是延缓而不能根本阻止劳役制解体的过程。同期，领主自营地的出租已达到可观的程度，也可以证明劳役制的解体已是不可逆转的潮流。然而，农奴制不能简单地等同于劳役制，劳役制只是农奴制的主要内容之一。而且，劳役制的解体也不是一个自然和直线进步的过程。前述农奴在庄园的各种斗争，持币赎买封建义务和逃亡等，都成为封建领主放弃劳役制的强大人为压力；黑死病造成的人口锐减，只是在一定时期对劳役制和农奴制的衰落起了加速作用；其后，鉴于雇工缺乏导致工资上涨，某些领主又恢复劳役制，加剧了领主与农民的矛盾。

1381年起义有些特点与中古时期的农民起义截然不同。例如法国扎克雷农民起义是因绝望铤而走险，是绝望的人们的反抗运动，没有建设性的纲领，除了打击压迫者外别无目的。然而，1381年的英国农民起义则是一群已经得到一点自由和繁荣而要求更多的自由和繁荣的人们所为。劳役制已经动摇，农民在人身和时间上已经获得一些自由，但他们还未成为自由人（freeman）。还有一点尤其重要，即农奴制对农民剩余劳动的剥夺，使其难以真正地积累财富，而通过农业商品化积累财富，在当时的英国已经具备社会环境和阶级力量。马丁列举了农奴所要交纳的所有税款：每年必须交纳的任意税，数量相当于持有地的地租，直接决定中等农户的生活水平和对土地以及其他生产手段的投资。此外，非常年征收的税金有死手捐、土地继承税、婚姻捐、对女农奴私通的罚金、对农奴子弟做教区神父的征税、村庄和十户组督察的司法罚金、买卖牲畜和谷物的征纳、磨房和烤面包炉及酿酒房的使用税、迁徙税，以及在森林、牧场、河流和荒地放牧、砍柴、捕鱼时交纳的税款，等等。马丁估计，上述征纳占领主总收入的40%，这是贵族领主权的重要体现。来自领主权的剥削攫取了农奴大量的剩余劳动，阻碍了农民土地和财产的积累。[1]只有取消领主权，农民才会更多地享受自己的剩余劳动成果，才能获得更大的积累财富的可能性与现实性；更重要的是，才会真正拥有发展商品生产的自主权。

当时的正统思想极力维护这种不平等的制度。社会成员被划分为世俗贵族、教士和农民三个等级；贵族作战，教士祈祷，农民劳动。律师和法学家们鼓吹农奴无权的理论。当然，非官方的思想也在生长和传播，并成为农民起义的强大精神武器。14世纪时威克里夫提出个人通过与上帝发生直接关系而得救的思想，这种观念最后导向否认教会的圣事和教阶制度，每个人成为自己的神父。同时，代表官方思想的传教士们也在宣扬社会正义、社会平等和带有浓厚基督教色彩的原始共产主义的思想。托钵僧在乡村"向人宣讲柏拉图，而证之以塞内加，天下所有的东西，一律应该归公有"。约翰·保尔的讲道最具有代表性。"当亚当耕种、夏娃编织的时候，那时谁是上等人？"这种思想在农民之中已经深入人心。农民们说，"我们是按基督的形

---

[1] J. E. Martin, *Feudalism to Capitalism: Peasant and Landlord in English Agrarian Development*, pp.42-43. 希尔顿也持有类似的看法，见希尔顿、法根：《1381年的英国人民起义》，第37—38页。

相似还是相异?

象造成的,可是我们被当做畜类养活着",他们要重新讨回做人的尊严和平等。因此,起义的直接原因,是由于社会的不公平。

农民仇视领主权,也痛恨除国王以外的王国官员和国家政策。13、14世纪,王权得到恢复和集中,王权的加强主要表现在司法和财政方面,郡的季审法庭成为王权在地方上述两项权力的中心。中世纪政府工作是通过法庭进行的,但贪污腐化妨碍司法的公正。在13、14世纪的政治讽刺诗中,贪污腐化是显著的题材。诗中不仅埋怨王廷买卖法律的仲裁,而且指出教会和政府的法官接受贿赂而放松法律,各郡的官员拿到钱就不尽职守,非贿赂不能得到公道,在法律面前穷人与富人根本不平等。这时,民歌中除反抗领主权带给他们的剥削外,主要是攻击政府的税吏,强调交税的负担落到农民头上,尤其是贪官污吏盗用税款:"赋税害得我们苦,就是没病也亡故,国王所得很有限,原来落入贪夫手。"[①]特别是政府制定的雇工法令,强迫雇工接受低水平的工资,否则便被戴上木枷,额头烫上"F"(英文单词fault[过失]的字母)的烙印。可见,在领主权瓦解前,政府已经代表封建统治阶级在行使强制力,而且通过税收和王家法庭的榨取,通过腐败官僚统治的贪污勒索,其剥削程度不亚于来自领主权的征纳。因此,起义者最想杀死的是和领主一样可恶的王国官员、法官和律师。

这次起义发生在繁重劳役制仍继续保留的东部和南部地区,可是也包括并无繁重劳役制度的自由郡肯特郡在内。在英格兰的东部和南部,商品交换最发达,领主的权力也最强。但是,

---

① 转引自莫尔顿:《人民的英国史》,第95页。

这里既有强迫劳役的大庄园,也有与市场联系密切、封建奴役较弱的小庄园。这里的工资劳动者在人口中占较大的比例,劳动立法中冻结工资、限制雇工流动和对农民不满进行镇压的条款引起强烈反应,社会矛盾一触即发。在这种状态下,1380—1381年国家开征第三次人头税就成为起义的导火索。起义集中在英格兰东南部的埃塞克斯、肯特、米德塞克斯、赫特福德、剑桥、诺福克和萨福克等郡。在这些郡,农民的分化十分显著,不同的阶层都想通过起义改变现有状况。[1]

起义爆发于1381年5月30日,埃塞克斯郡的福宾村镇发生群众抗税事件,起义由此开始。起义的另一个中心是肯特郡,领导人是瓦特·泰勒和约翰·保尔。来自各郡的农民起义军约六万人进入伦敦,向国王请愿。请愿书便成为农民起义的纲领。1381年6月14日星期五,农民在迈尔恩德向国王提出要求,被称为《迈尔恩德纲领》,主要内容包括:(1)废除农奴制;(2)废除劳役制;(3)持有他人土地者每英亩只交纳四便士地租;(4)实行自由买卖。6月15日,国王在伦敦的史密斯菲尔德会见农民。瓦特·泰勒代表农民提出要求,史称《史密斯菲尔德纲领》,主要内容是:(1)废除领主权;(2)剥夺修道院和世俗教士的土地,分配给农民;(3)废除维兰制和农奴制,一切人都应该自由;(4)农民在王国的任何地方都享有自由渔猎之权。[2]《迈尔恩德纲领》反映了农民中富裕户和中等户的要求,他们正日益成为真正的商品生产者。该纲领中的废除农奴制,

---

[1] J. E. Martin, *Feudalism to Capitalism: Peasant and Landlord in English Agrarian Development*, pp. 75–76.

[2] 蒋孟引主编:《英国史》,第209—211页。

相似还是相异？

固定每英亩的地租额，以及买卖自由等条款至15世纪都实现了，它们有助于结束庄园的统治，以合理的地租保障租佃权，发展商品生产。《史密斯菲尔德纲领》则更多地代表了穷苦农民的利益，他们还提出废除人头税，修订雇工法令，废除现存法律和基督教的教阶制等要求。[①]然而，国王利用谈判诱捕，杀害了瓦特·泰勒，并残酷镇压了农民起义。尽管如此，十年后农民起义的要求一一成为现实。14世纪末，雇工工资得到提高；15世纪领主自营地农业普遍衰落，这些变化都是农民起义深远影响的结果。

第四节　18世纪前后英国农民的斗争

一　为土地和新社会而战

16世纪是英国资本主义时代的开端，从这时起，资本主义生产关系开始在农村成长；从此，农村形势发生了前所未有的变化，农民斗争也进入了一个崭新的发展阶段。

这种变化起因于16世纪前后英国所面对的国际和国内环境的完美结合，它的推动力量是地产主阶级。中世纪是自然经济，生产主要是为了消费；领主庄园每年虽然有大量的谷物出售，

---

① J. E. Martin, *Feudalism to Capitalism: Peasant and Landlord in English Agrarian Development*, pp.76-77.

但主要是以有易无，用实物形态的谷物换取其他生活消费品，或换回货币后，再去购买家庭所需要的其他生产生活用品。农民经济除规模小于前者外，本质并无不同。这种经济具有较大的惰性，缺乏内在自我扩张的冲动。只是在消费得不到满足时，领主才会增加剥削量；农民经济则通过扩大经营范围和规模，增加劳动量等办法渡过难关。自然经济建立在小农经营或小生产的基础上。小农的生计主要是依靠家庭农场和工副业的收入；领主的收入来自地租和领主权所赋予他们的对农奴的超经济强制权力；在当时的条件下，他们将农奴紧紧地束缚在土地上，通过人身依附关系禁止农奴迁徙，避免劳动力和生产资料分离。小农和生产资料的结合，保证了领主榨取地租和其他封建性收入。如果不是分化所致，农民不会完全与土地分离。所以，中世纪农民运动主要是反抗地租和领主权的剥削，要求废除农奴制和领主权。当时的商品市场、土地市场、劳动力市场和领主权（对农民而言）等都限制了商品生产，地产主和富裕农民也就没有扩大土地的必要性。

15世纪最后三十年，英国开始了圈地运动。它的发起者最早是乡绅。他们对价格革命的冲击和机遇十分敏感，扩大自己的经营，将自然经济下的农业转变成为商品生产，这样不仅可以在价格革命的冲击下站稳脚跟，避免破产；而且还能够发财致富。因此，扩大土地的占有和经营规模就显得十分必要和迫切。于是，地产主开始了圈地，向公地和小农的耕地开刀。从此以后，农民与土地的关系发生重要变化，古代社会中劳动力与土地天然的结合，向现代作为资本的土地与劳动力分离过渡。这时的圈地与以往封建的土地兼并已经不同，它是资本主义原

相似还是相异？

始积累的"前史"；它的动机不再简单来自地产主扩大消费需求的刺激，而是追求利润的商品生产的结果。这种动机所引发的行为冲动，较之以往都更加强大和持久。最早使资本家产生赚钱冲动的商品是羊毛及其纺织物，它成了牧场和手工工场资本家的摇钱树。当然，这个过程并不是此时突然开始的；真正的商品生产也不是此时一下子形成的，而是历史的、不断完善的结果。商品生产的出现在客观上要求改变农村中现存的生产方式，改变土地所有制的性质，改变农业和乡村手工业的生产组织，并最终改变农村的生产关系。资本主义是私有制发展的最高阶段，它的建立需要劳动者与生产资料的分离，即资本集中到少数人的手里。圈地运动是促成和加快这种分离的手段，它使农民失去对公地的权利，让他们与世代耕种的土地分离。乡绅有足够的力量对付普通农民，封建王权的反对和制止也不能根本改变这一进程。对此，莫尔在他的《乌托邦》中描写了圈地运动的结果：

> 你们的绵羊本来是那么驯服，吃一点点就满足，现在据说变得很贪婪很凶蛮，甚至要把人吃掉……那儿的贵族豪绅，乃至主教圣人之流……不让任何人在庄园上耕种，把整片地化做牧场，房屋城镇都给毁掉了，只留下教堂当做羊圈……佃农从地上被逐出，他们的财产被用诡计或压制的方式剥夺掉。有时他们受尽折磨，不得不出卖自己的家业。那些不幸的人们想尽办法，只有离乡背井了，其中有男的、女的、丈夫、妻子、孤儿、寡妇、携着婴儿的父母，以及人口多养活少的一家大小……等到他们在流浪生

第五章 农民反抗斗争的比较

活中把卖来的钱花得一干二净,他们就只有盗窃,受绞刑的处分,否则就是挨家沿户讨饭了。此外他们还有什么可行的呢?[1]

当然,农民没有逆来顺受地接受圈地,没有像莫尔所描述的那样,消极地面对剥夺和苟且为生;所以,从16世纪前后开始,英国农民运动的主题就是反抗圈地,为保有小农对公地和耕地的使用权而战斗。实际上,他们作为农民,不想失去的是乡村的传统生存方式和田园生活。在这一点上,他们得到封建王权的有力支持;而王权在包括圈地等有助于资产阶级发展的关键问题上,站在了新贵族的对立面。因此,一方面王权极力反对圈地;另一方面,郡一级的地方权力把持在乡绅手里,他们拒不接受国王禁止圈地的政令,成为剥夺农民的圈地和血腥立法的积极推行者。这样,都铎王朝时期开始建立的王权与城乡资产阶级的联盟破裂了,后者只有以革命推翻封建王权,使资产阶级掌握国家最高权力;他们成为封建王权的掘墓人。

农民的分层使其不同阶层在早期现代扮演了不同的历史角色。普通农民反抗圈地从道德标准衡量是值得同情的;但以历史标准来判断,他们不过是在维护小生产,阻碍历史的进程。但不是所有农民都是圈地运动的牺牲品,自由持有农的租佃权受王廷和普通法的保护;从维兰转化而来的并且占农民各阶层人口最多的公簿持有农的租地,成为圈地的主要对象。公簿持有农是约曼的主体,他们的上层与富裕的自有持有农是富裕农

---

[1] 莫尔:《乌托邦》,第36—37页。

相似还是相异？

民，他们与乡绅一起最早加入到圈地的行列，是农村变革的推动力量。两者也租地雇工经营农场，成为农业资本家。值得注意的是，他们在财富和社会地位上都与小乡绅没有区别，成为乡绅的后备力量，就像乡绅是贵族的后备力量一样。他们与乡绅在政治、经济和宗教上的利益极为近似，两者的结盟保证了对普通农民和封建王权斗争的胜利。他们担任下院的议员和乡村社会的领袖，还是英国资产阶级革命期间的清教徒（平等派的来源之一），以及克伦威尔"铁骑军"的战士。他们支持乡绅在农村的政策，反对甚至痛恨封建王权。凡此种种表现，使他们的历史作用已经有别于英国传统的小农；18世纪中国农民斗争难以摆脱历史的局限，不能不说与缺少这支力量息息相关。

有了以上这支力量，农民斗争就具有了鲜明的反封建性质，是为新社会而战。例如要求废除教会的什一税，将公簿持有权变成资本主义的私有权，废除封建剥削和义务，保护私有财产，主张国家对经济活动采取自由放任的政策，要求清教并建立廉价教会，取消封建制度，甚至把国王看成是封建制度的罪魁祸首，主张建立资产阶级的民主共和国，这是中世纪农民的思想境界所不曾达到的高度，是认识上的飞跃。当然，这里有许多新贵族的影响，毕竟后者才是英国资产阶级革命和之后农村变迁的领导力量。15世纪以来至18世纪，英国国内经历了圈地运动、宗教改革、价格革命、土地革命、17世纪危机、农业革命等一系列重大变革，为解决上述问题创造了条件。

可见，农民为土地而战，包括了各种目的和心态，性质不同，历史作用也会有所差别，不能一概视之。另外，也并不是所有的农民都具有为新社会而战的觉悟，小农拼命地想维持现状。但是，由于富裕农民阶层的壮大，早期现代英国农民斗争的历史条件和目标已经明显区别于18世纪的中国，因此，他们各自的影响力也就明显不同。

二 17世纪圈地和资产阶级革命时期的农民斗争

革命前，英国农村形势已经极度紧张。持续不断的圈地运动，森林用益权的减少，公簿持有制使农民的租佃权没有保障，相当一部分农民丧失了自己的份地，封建专制制度日益沉重的压迫，所有这一切令农民无法忍受。但从此以后，农民斗争中已经见不到富裕农民和中等农民的身影，像在1381年的农民起义时那样。他们非但不能再担负领导农民斗争的使命，而且与贫农的利益分道扬镳，甚至成为敌视、掠夺和反对穷人的力量。因此，之后的农民斗争主要来自贫苦农民，他们的斗争是争取自己的生存权利。早在16世纪初期，英国中部各郡圈地运动的规模就已经超过其他地区。由于政府不能制止圈地，英国各郡发生了无数次农民起义。声势最大的一次农民起义是1549年爆发于诺福克郡的凯特起义，这是1381年以来规模最大的农民战争。起义者激烈地反抗剥夺他们祖辈传下来的土地。政府出动12 000名士兵前去镇压，但起义者仍然顽强抵抗，直至失败。这次起义虽然遭到镇压，但它对于遏止附近一带的圈地，保护东益格利亚的自由持有农，还是发挥了积极作用。除此之外，东部各郡一些声势较小的农民起义，是1549年以后爆发的。大约16世纪70年代后，中部的北安普敦、莱斯特、贝德福德、亨廷顿、白金汉和沃里克六郡进行了71 236次圈地；因此，上述各郡都发生了反抗圈地的农民运动。

相似还是相异?

17世纪初期,即1607年5月,英国中部爆发声势浩大的农民起义。是年,政府对中部六郡的圈地进行调查,结果发现,在1607年前三十年中,六郡的圈地运动有增无减。在此形势下,农民坚决抵制圈地,力图恢复以前使用公地的方法。他们发动起来砍掉棚栏,填平沟渠,将被圈占的所有公地恢复为敞田。起义者人数较多,例如沃里克郡的一个村庄有3 000人参加;莱斯特郡的科茨比奇城聚集了5 000人。北安普敦郡和贝德福德郡的农民也来加入起义的行列,运动犹如燎原之火,有扩大到不可遏止之势。参加起义的人是中部六郡最贫苦的农民。他们在英国资产阶级革命初期被称为平等派和掘地派,是激进的政治运动和社会改革的拥护者。他们向国王和其他郡的农民发出呼吁书和传单,控诉圈地给他们造成的巨大痛苦和不幸。起义的领导者是约翰·雷诺兹和斯蒂尔。他们相信国王能保护农民,故只将斗争矛头对准乡绅。起义最终被政府军镇压下去。

除了中部六郡外,17世纪20、30年代东部各郡沼泽地带的村社农民为维护对公地的使用权,也掀起了顽强的斗争,斗争一直延续到60年代初期。东部地区富于沼泽,大贵族为了扩大经营,组织排水公司进行排水,以便能够获得大片干地。他们在排干了沼泽的公地周围竖立栅栏,建起房屋,将村社的公地据为己有。甚至国王也对东部的排水过程垂涎三尺。1625年,查理一世宣布,依据国王特权,征服大海获得的沼地属于国王的财产,为此,他亲自过问诺丁汉、剑桥、林肯、约克、诺福克和贝德福德六郡平原的排水事宜。村社农民向政府和司法机关提交集体请愿书,控告排水专员和外国技术专家给他们造成的损失。在申诉无效的情况下,农民就破坏排水设施,以武力抢夺被占领的公地附属地。17世纪30年代，在东部六郡里，类似的行动发生过二十多起，其中尤以剑桥和林肯郡最为集中。1638年东部沼泽区的农民运动有发展到普遍暴动的趋势。当运动的四位主要发起人被捕时，据说农民准备捣毁监狱救人，治安法官立即加强了看守措施。在斗争过程中，各郡农民始终团结在一起，但没有形成领导中心，缺乏计划。

其他地区也有农民斗争活动。在英格兰北部地区，村社农民抗议将土地变成交纳地租和履行封建义务的持有地，以及开始的圈地运动。他们大肆抢劫，拆毁栅栏，拒服兵役，不承认国教会。在西南部地区，以往这里存在广大的国王森林，附近居民对国王森林享有用益权。17世纪初期，国王大量出售森林，农民在易主的森林中失去了用益权。为此，农民进行反抗。他们拆除栅栏，填平沟渠，声言要杀死那些看林者。政府派军队镇压，逮捕了运动的参加者。1630年1月，星室法庭审理了被捕者。1631年夏，威尔特郡也爆发了农民起义，是由国王出卖布雷敦森林引发的。起义者拆毁新林主建立起来的栅栏，后被当地民军镇压。类似的事件在伍斯特和格洛斯特郡也有发生，直至英国革命前始终不绝。

英国资产阶级革命时，农村变革的任务仍然异常艰巨。虽然经历了土地革命和一个多世纪的圈地运动，但封建的土地所有制和小生产的经营方式还占据优势地位，同时贫苦农民要求得到土地，期望着耕者有其田。在整个革命期间，富裕农民和中等农民的利益更接近于乡绅，成为独立派和平等派成员。他们在土地问题上不是想"使耕者有其田"，而是鼓吹私有制，主张私有财产神圣不可侵犯。和乡绅一样，他们想以革命的方式，

相似还是相异？

建立起大土地私有制和大租佃制，而通过没收王党、王室和教会的地产，并大块出售和出租，就能达到上述目的。独立派的共和国毫不关心哪怕是使部分没收来的土地转归农民所有的问题（如采取小块出售，分期付款等）。革命期间，封建骑士领地制也变成自由的领地，满足了乡绅摆脱封建义务的愿望。因此，革命的土地政策有利于新贵族、富裕农民和中等农民。贫苦农民不仅没有得到任何实惠，而且在法律上，他们处于更加不利的地位。大地产主放开手脚去对付广大的份地领有农，都铎王朝的反圈地法完全被抛弃了，乡绅们对村社土地的掠夺愈演愈烈。

在这种情况下，40年代末掘地派出现了，他们代表了农村穷人和城市平民的利益，代表人物是杰拉尔德·温斯坦莱。他曾在伦敦做过小商人，破产后搬到乡下，成了小佃农，有时也打短工，备受贫困的各种折磨，同时也目睹了贫苦农民的生活状况。特别是地产主和富裕农民、中等农民对穷人的所作所为使他认识到，只有自己起来反抗，才会改变悲惨的命运。他们反对土地私有制，认为它是一切不平等现象和人民贫困的根源。尽管他们提出财产公有的要求，体现着原始平均主义精神；但他们宣扬不用暴力而是通过和平手段实现自己的目的。于是他们着手耕种那些未开垦的公地和荒地，由于他们缺少耕畜和其他农具，只得用铁锹翻地，掘地派由此得名。[①]

1649年，在萨里郡的科布汉镇（距离伦敦30英里），温斯坦莱带领三四十人在圣乔治山上开垦荒地。当国务会议派骑兵

---

① 以上内容参阅科斯明斯基等主编：《十七世纪英国资产阶级革命》，上册，第一、十、十一、十二、十三各章。

前来驱赶时，他和掘地派成员保证说，不以武力进行暴力斗争，不侵犯任何人的私有财产，只利用那些尚未分配的土地。虽然国务会议默许了他们，但是当地的乡绅和世袭领有农，却用最残酷的方法迫害他们，破坏他们搭起的茅舍，打碎他们的用具，践踏他们的庄稼，甚至将他们打得半死，把他们投入监狱，或判处罚款。在新贵族和富裕农民、中等农民联盟的力量对比下，特别是乡绅继续圈占村社公地，掘地派的想法不过是个"乌托邦"而已，根本无法实现，理论与现实之间存在着距离。但他们每回都重新开始工作，并且满怀必胜的信心，呼吁人们加入到他们中间来。他们在《掘土者之歌》中唱道：

光明磊落的掘地者，
全都快快起来吧，起来吧！

为了夺取荒芜的旷野，
因为谁都可以看到，
当前的贵族骑士们
在怎样凌辱所有的人，
他们在如何鄙视你们的劳动。
快快起来吧，起来！
他们在拆毁你们的茅屋，
起来吧！
他们在拆毁你们的茅屋，
他们用恐吓驱赶你们进城，
起来吧，快快起来吧！

相似还是相异?

  可劣绅们的末日即将来临,
  穷人就要戴上皇冠!
  尽管四周全被劣绅们占领。
  快快起来吧,起来吧!

  与他们有关的任何阴谋诡计,
  都旨在夺走你们的土地。
  快快起来吧,起来吧!
  律师是劣绅的朋友。起来吧!
  他恶毒捏造各种罪行,
  全都主张将你们投入监狱。

  快快起来吧,起来吧!
  牧师多方袒护他们,
  快快起来吧,起来吧!

  牧师多方袒护他们,
  当我们想动手,
  为自己获得自由的时候,
  他竟称为罪行。
  快快起来吧,起来吧! [①]

  运动很快就蔓延到其他地区。在北安普敦郡的惠灵巴拉,

[①] 巴尔格:《克伦威尔及其时代》,第231页。

共有一千多生活没有保障的穷人，其中有三百多人动手开垦城市的荒地；在肯特郡、白金汉郡、北安普敦郡和赫特福德郡也出现掘地派运动。独立派共和国以治安法官、郡守和警察对付他们，掘地派在各地遭到驱除、逮捕和残酷殴打；乡绅将他们称作"国家的最大鼠疫"，因为掘地派运动威胁到他们的私有财产。掘地派运动是人民革命的顶点，但它的失败也属必然。他们的土地纲领不能把农民各阶层的矛盾和利益统一起来。富裕农民拥护乡绅解决土地问题的办法，把土地转变为资本主义的租地农场，以便使他们能够剥削雇佣劳动。中等农民虽然不能像富裕农民那样经营大的资本主义农场，但他们想使自己持有的封建地产如公簿持有地转变为私有地产，反对土地公有。总之，农民的分化使掘地派运动必然遭到失败，但他们的理想成为剥削者的永世噩梦。①

三　18世纪农民的反抗运动

进入18世纪，变革土地产权早已通过资产阶级革命在政治和法律上扫清了障碍，但"17世纪危机"和小生产的顽强抵抗，使英国农村的产权制度和生产方式仍相当传统。18世纪下半叶，经济形势开始好转，农业革命重新掀起高潮。在这种形势下，农村产权和生产方式的变化旗鼓重整，表现为更大规模的圈地运动，农民继续为反抗圈地而斗争。

18世纪的圈地狂潮在彻底改变着乡村的面貌。哥尔斯密（1728—1774年）在他所著的叙事劝善诗《荒村》中，叙述了这

---

① 巴尔格：《克伦威尔及其时代》，第224—233页。

相似还是相异?

一转变的过程。他描写了一个和他度过童年的村镇相似的乡村奥本村。哥尔斯密将他青年时这一村落的情形和他到了成熟的年龄再访问它时所见的情形加以对比。在前一时期,奥本村是繁荣的,住在村子里的农民辛勤地耕种自己的土地,他们的生活是田园牧歌式的。他们在乡村的娱乐中,度过自己的闲暇时光,唱歌或在林中草地上跳舞。但随着时间的推移,奥本村的一切都改变了。村子荒凉了,杂草丛生,再也听不到村民们的欢笑和歌唱。这种变化是由于地产主们把田地变成牧羊场和猎场,农民丧失土地的缘故[1]。该作品基本上是以现实主义手法创作的,因而,它能够大体反映出18世纪圈地给农村带来的变化。

面对圈地,农民以请愿、示威以至起义坚决反抗。他们拒绝承认圈地法,驱逐圈地的官吏,拆毁圈地的栅栏,在18世纪的六七十年代进行了激烈和顽强的斗争。政府对此十分震惊,采用死刑惩罚以暴力反抗圈地者,但农民并未因此而退缩。1767年,兰开夏郡农民进行大规模起义,抗议疏干和圈围沼泽,遭到政府军的镇压。1771年,林肯郡又爆发农民起义。关于这次起义的原因,时人记载说:"这次骚动是由三四件以前进行的圈地所引起的,从那时起,骚动就没有停止,有时造成很可怕的形势。可以用来辩护贫民这种行动的全部理由,就是他们穷。托斯特村的土地在四年以前还归大量的小农场主所有,现在却完全集中在一个人手里。这一情况难道不是可悲的真相吗?"[2]如前所述,17世纪以后农民运动的参加者都是穷人,18世纪及

---

[1] 阿尼克斯特:《英国文学史纲》,第241—242页。
[2] 塔塔里诺娃:《英国史纲:一六四〇年——八一五年》,第286—287页。

其之后也不例外。他们关心自己在公地上的传统权利,并将它视作基本的生计来源之一。所以,保护公地不被侵占,是他们斗争的重要内容。但面对穷人坚持对公地的权利和地主强占公地的做法,由地产主制定的法律却采取截然相反的态度,当时的一首民谣说:

> 平民偷去公地的鹅,
> 法律要他坐牢;
> 恶霸偷去鹅的公地,
> 法律任他逍遥。①

1797年诺桑普顿郡的骆兹教区,贫苦农民在一封递交议会的请愿书中说:

> 在下面签名的小土地所有者和有权利使用公地的人的请愿书。请愿人要求向议院陈述,在改良本教区土地的借口下,在企图圈围的土地上的茅舍农和其他有权使用公地的人,将被剥夺一项他们现在享有的极其珍贵的特权,即在这些土地上放牧他们的奶牛、小牛和羊。这个特权,使他们能在严冬季节养活自己和亲属,因为那时他们即使有钱,也不能从其他土地占有者取得一点儿牛奶或乳清,以应此急需;这个特权还使他们现在能向畜牧业家以合理价格提供幼而瘦的家畜,等养肥了,投入市场,以更恰当的

---

① 转引自蒋孟引:《蒋孟引文集:英国历史从远古到20世纪》,第285页。

相似还是相异?

价格卖给广大的消费者;这种做法,他们认为是使民食充裕和便宜的最合理而最有效的途径。他们还认为,圈地的更有毁灭性的后果是,他们的村庄会被弄得几乎完全荒无人烟,而现在这里则住满了勇敢强壮的农民,从他们当中,以及从其他敞地制教区的居民之中,国家一直得到海陆军兵员的补充,取得它的最大力量和光荣。圈地还将由于雇佣劳动的需要,把那些农民大群地赶入工业城市;在那里,他们劳动在织机上或熔炉旁,这种职业的性质,很快就会消耗他们的体力,使他们的后代也衰弱下去;于是不知不觉地消灭了一个伟大原则,即服从自然规律,服从国家,这本是纯朴天真的乡民的特性,如果他们均匀分布于敞地制诸郡中;而这种民性,正是国家的良好秩序和统治所依靠的。以上所述,就是对于请愿人自己作为个人的一些损害,也是对于公众的恶劣后果;这些,请愿人认为必将随这回圈地而来,正如他们曾经随许多次圈地而来过一样;然而,他们并不以为有权向议院(宪法的卫士和贫苦农民的保护者)陈述,直到由于现在审议中的法律向他们表明事情已不幸降临到他们自己的命运中了。①

至18世纪末,这里的贫苦农民仍在为维持敞田制而力陈圈地的利弊得失,他们眷恋着公地和小块份地,不愿失去田园般的乡村生活。他们认为,小生产和村社与封建的产权制度并非

---

① 转引自蒋孟引:《蒋孟引文集:英国历史从远古到20世纪》,第285—286页。

一无是处，它不仅可以生产家庭所需的生活资料，还能够提供廉价的民食，丰裕的兵员；更重要的是，乡村最适合保持人类健康的体魄和纯朴的本性，国家立国的根本也在于此；而工业和城市却无法完全做到这些。因此，国家要选择农业和乡村文明，拒绝工业和城市文明。今天看来，乡民的陈言的确在一定意义上言之成理，甚至不乏预见性；但乡村文明也要进步，它并不意味着固守小生产，坚持模糊不清的土地产权制度。英国农村阶级力量的对比，决定了贵族、乡绅和大农在农村的优势地位，大土地私有制和大农业体制势在必行；而小私有制和家庭农场也没有被完全淘汰掉，因为后者实际上已经得到了改造。社会的进步和有建设性的阶级斗争必须以先进的阶级力量的存在为前提，代表落后生产力的阶级包括贫苦农民在内，尽管他们是社会物质财富的创造者，但他们不能成为推进社会根本变革的力量，他们所进行的阶级斗争也不会把社会带入更高的发展阶段；在这一点上18世纪的中英贫苦农民的抗争都是一样的。英国贫苦农民的局限不在于留恋乡村，而是墨守陈旧的产权制度和生产方式，而它们是农村进步的障碍。因此，他们的请愿不过是落日余晖，只能作为一个已经逝去时代的挽歌。

参考文献

一、中文文献

1.经典著作

马克思、恩格斯：《马克思恩格斯全集》，北京：人民出版社1956—1983年版

马克思、恩格斯：《马克思恩格斯选集》，北京：人民出版社1977年版

马克思：《资本论》，北京：人民出版社1975年版

列宁：《列宁选集》，北京：人民出版社1972年版

2.古籍

（1）档案、官书等

曹溶辑、陶越增删：《学海类编》，上海：商务印书馆民国九年（1920年）版

陈梦雷编：《古今图书集成》，民国二十三年（1934年）中华书局影印本

光绪《大清会典》，光绪二十五年（1899年）刻本

光绪《大清会典事例》，光绪二十五年（1899年）刻本

国民党政府实业部中国经济年鉴编纂委员会编：《中国经济年鉴》，上海：商务印书馆1934年版

贺长龄、魏源编：《清经世文编》，北京：中华书局1992年版

蒋良骐：《东华录》，北京：中华书局1980年版

蓝鼎元：《鹿洲初集》，台北：文海出版社1977年版

李程儒：《江苏山阳收租全案》，道光七年（1827年）刻本

参考文献

李心传撰:《建炎以来系年要录》,北京:中华书局1956年版
梁廷楠:《粤海关志》,台北:文海出版社1975年版
岭南《麦氏族谱》,乾隆三十五年(1770年)抄本
刘锦藻编纂:《清朝文献通考》,杭州:浙江古籍出版社1988年版
刘锦藻编纂:《清朝续文献通考》,北京:商务印书馆1955年版
刘统勋、依兰泰纂修:《大清律例》,清(1644—1911年)刻本
南京国民政府司法行政部:《民商事习惯调查报告录》,北京:司法行政部1930年版
乾隆《钦定大清会典则例》,四库全书本
清代实录馆:《清世祖实录》,北京:中华书局1986年版
清代实录馆:《清圣祖实录》,北京:中华书局1986年版
清代实录馆:《清世宗实录》,北京:中华书局1986年版
清代实录馆:《清高宗实录》,北京:中华书局1986年版
清代实录馆:《清仁宗实录》,北京:中华书局1986年版
清高宗敕撰:《清朝通典》(《清通典》),台北:新兴书局1963年版
清世宗胤禛批:《雍正朱批谕旨》,光绪十三年(1887年)上海点石斋朱墨套色石印本
仁和琴川居士辑:《皇清名臣奏议》,台北:文海出版社1967年版
宋濂等撰:《元史》,北京:中华书局1976年版
山东省立民众教育馆编辑股编辑:《山东庙会调查》,民国二十二年(1933年)版
申时行等修:《明会典》(《万历会典》),北京:中华书局1989年版
台北故宫博物院编:《宫中档雍正朝奏折》,台北:台北故宫博物院,1978—1980年版
台北故宫博物院编:《宫中档乾隆朝奏折》,台北:台北故宫博物院,1982—1987年版
台北"国史馆"编:《清史列传》,台北:中华书局1962年版

相似还是相异？

王云五主编：《丛书集成初编》，上海：商务印书馆1935—1937年版

吴邦庆编著：《畿辅河道水利丛书》，台北：文海出版社1970年版

吴坛：《大清律例通考》，光绪十二年（1886年）刻本

无名氏：《湖南省例成案》，乾隆四十年（1775年）刻本

于敏中、舒赫德：《钦定剿捕临清逆匪纪略》，台北：成文出版社1971年版

俞森撰：《荒政丛书》，台北：文海出版社1989年版

原北平故宫博物院文献馆编：《清代文字狱档》，上海：上海书店1986年版

允禄等编：《清雍正上谕内阁》，内务府藏雍正九年（1731年）刻本

张光月：《例案全集》，康熙六十一年（1722年）刻本

张惟贤等纂修：《明神宗实录》，台北："中研院"历史语言研究所1962年版

长孙无忌等撰：《唐律疏议》(《唐律》)，北京：中华书局1985年版

赵尔巽等：《清史稿》，北京：中华书局1998年版

中国第一历史档案馆藏：户科提本

中国第一历史档案馆藏：军机处录副奏折

中国第一历史档案馆藏：内务府档案

中国第一历史档案馆藏：刑科题本（土地债务类）

中国第一历史档案馆藏：朱批奏折

（2）文集等

包世臣：《安吴四种》，台北：文海出版社1968年版

曹树翘：《滇南杂志》，嘉庆五年（1800年）五华山馆刊本

柴桑（一说佚名）：《燕京杂记》，《北京历史风土丛书第一辑》，北京：古籍出版社1986年

陈宏谋：《培远堂偶存稿》，民国二十年（1931年）铅印本

陈盛韶：《问俗录》，台北：武陵出版公司1991年版

戴长庚编修：《汉阳龙霓戴氏宗谱》，民国九年（1920年）注礼堂本

戴兆佳：《天台治略》，台北：成文出版社1970年版

参考文献

董含：《三冈识略》，北京：中国社会科学院历史研究所善本室藏清康熙刻本
鄂尔泰：《授时通考》，北京：中华书局1956年版
方苞：《方望溪全集》，北京：中国书店1991年版
方观承：《御题棉花图》，乾隆三十年（1765年）刻本
高廷瑶：《宦游纪略》，台北：文海出版社1972年版
顾公燮：《消夏闲记摘抄》，上海：商务印书馆1917年版
顾炎武：《日知录》，北京：商务印书馆1935年版
顾炎武：《天下郡国利病书》，上海：上海书店1985年版
洪亮吉：《意言》，北京：北京图书馆出版社1998年版
黄卬辑：《锡金识小录》，台北：成文出版社有限公司1983年版
黄中坚：《蓄斋集》，康熙五十年（1711年）刻本
孔继汾：《阙里文献考》，上海：上海古籍出版社1967年版
李调元：《童山文集补遗》，上海：商务印书馆1936年版
李煦：《李煦奏折》，北京：中华书局1976年版
李彦贲：《江南催耕课稻编》，道光十四年（1834年）刻本
李渔辑：《资治新书》，上海：上海图书集成印书局清光绪二十年（1894年）版
李兆洛：《养一斋文集》，光绪四年（1878年）刻本
凌介禧：《程安德三县赋考》，同治三年（1864年）刻本
刘靖：《片刻余闲集》，乾隆十九年（1754年）刻本
陆龟蒙：《甫里先生集》，聊城杨氏据宋刊本影印
陆燿辑：《切问斋文钞》，吴门刘万传局1736—1795年版
陆以湉：《冷庐杂识》，北京：中华书局1984年版
马国翰辑：《竹如意》，清（1644—1911年）刻本
眉史氏（陆世仪）：《复社纪略》，上海：上海国粹学报馆1908年版
祁寯藻：《马首农言》，咸丰五年（1855年）刻本
钱泳辑：《履园丛话》，北京：中华书局1979年版
强汝询：《求益斋全集》，光绪二十四年（1898年）江苏局刻本

相似还是相异？

屈大均：《广东新语》，北京：中华书局1976年版
任启运：《清芬楼遗稿》，长白英和清嘉庆二十三年（1818年）年刻本
盛百二：《增订教稼书》，乾隆五十七年（1792年）课本
施鸿保：《闽杂记》，福州：福建人民出版社1985年版
史善长：《弇山毕公年谱》，同治十一年（1872年）刻本
孙嘉淦：《孙文定公奏疏》，台北：文海出版社1966年版
陶煦：《租覈》，清光绪二十一年（1895）刻本
田文镜：《抚豫宣化录》，郑州：中州古籍出版社1995年版
汪辉祖：《双节堂庸训》，清河龚裕1851—1874年版
汪景祺：《读书堂西征笔记》，北京：故宫博物院民国十七年（1928年）版
王简庵：《临汀考言》，北京：北京出版社据康熙刻本影印
王士禛辑：《香祖笔记》，上海：上海古籍出版社1982年版
王心敬：《丰川续集》，济南：齐鲁书社1997年版
王晫等辑：《檀几丛书二集》，康熙三十六年（1697年）刻本
魏际端：《四此堂稿》，光绪三十三年（1907年）四川成都文伦书局铅印本
魏礼：《魏季子文集》，道光二十五年（1845年）刻本
魏源：《圣武记》，北京：中华书局1984年版
吴焘：《游蜀日记》，小方壶斋舆地丛钞本，同治十三年（1874年）
吴震方辑：《说铃》，康熙四十四年（1705年）刻本
谢肇淛：《五杂组》，北京：中华书局1959年版
徐珂：《清稗类钞》，北京：中华书局1984年版
薛福成：《庸庵笔记》，上海：商务印书馆1937年版
严如熤：《三省边防备览》，扬州：江苏广陵古籍刻印社1991年版
杨屾：《知本提纲》，乾隆十二年（1747年）刻本
叶梦珠：《阅世编》，上海：上海古籍出版社1981年版
尹会一：《尹少宰奏议》，北京：中华书局1985年版
俞蛟：《梦厂杂著》，上海：上海古籍出版社1988年版

张潮辑：《昭代丛书》，清康熙三十六年（1697年）刻本
张鉴辑：《雷塘庵主弟子记》，北京：中华书局1995年版
张履祥：《补农书》，乾隆四十七年（1782年）《杨园先生全集》本
张英：《恒产琐言》，光绪八年（1882年）刻本
昭梿：《啸亭杂录》，北京：中华书局1980年版
赵翼：《廿二史札记》，北京：商务印书馆1958年版
赵翼：《平定台湾述略》，《小方壶斋舆地丛钞》第九帙
郑廉：《豫变纪略》，杭州：浙江古籍出版社1984年版
朱云锦：《豫乘识小录》，同治十二年（1873年）刻本

（3）地方志

《安肃县志》，张钝等纂修，乾隆四十三年（1778年）刻本
《安溪县志》，庄成修纂，乾隆二十二年（1757年）刻本
《巴陵县志》，姚诗德等修、杜贵墀纂，光绪十七年（1891年）刻本
《保德州志》，王克昌修、殷梦高纂，康熙四十九年（1710年）刻本
《保德州志》，清乾隆五十年（1785年）王秉韬修、姜廷铭纂，道光四年（1824年）补刻本
《宝庆府志》，黄宅中、张镇南修、邓显鹤纂，道光二十九年（1849年）刻本
《博野县志》，吴鏊、尹启铨纂修，乾隆三十二年（1767年年）刻本
《曹州府志》，周尚质修、李登明、谢冠纂，乾隆二十一年（1756年）刻本
《长山县志》，倪企望修纂，嘉庆六年（1801年）刻本
《长泰县志》，张懋建修纂，乾隆十五年（1750年）刻本
《长治县志》，吴九龄修、蔡履豫纂，乾隆二十八年（1763年）刻本
《常熟私志》，姚宗仪纂，明万历四十五年（1617年）稿本
《潮州府志》，周硕勋纂修，乾隆四十年（1775年）刻本
《潮州府志》，周硕勋纂修，光绪十九年（1893年）重刻乾隆四十年本
《重修胶州志》，张同声修、李图纂，道光二十五年（1845年）刻本
《重修略阳县志》，谭瑀修、黎成德纂，道光二十六年（1846年）刻本

相似还是相异？

《重修宁海州志》，舒孔安、王厚阶纂，同治三年（1864年）刻本
《登州府志》，施闰章修，杨奇烈、任璿续纂，康熙三十三年（1694年）刻本
《定兴县志》，张主敬等修、杨晨纂，光绪十六年（1890年）刻本
《定远厅志》，余修凤修纂，光绪五年（1879年）刻本
《东安县志》，李光昭修、周琰纂，乾隆十四年（1749年）刻本
《东莞县志》，周天成修、邓廷喆、陈之遇纂，雍正八年（1730年）刻本
《东莞县志》，彭人杰等修纂，嘉庆三年（1798年）刻本
《凤台县志》，李兆洛纂修，嘉庆十九年（1814年）刻本
《凤县志》，朱子春等修纂，光绪十八年（1892年）刻本
《浮山县志》，麃学典修、武克明纂，光绪六年（1880年）刻本
《佛山忠义乡志》，冼宝干等纂，民国三十二年（1921年）刻本
《甫里志》，彭方周纂修，乾隆三十年（1765年）刻本
《富平县志》，吴六鳌修、胡文铨纂，乾隆四十三年（1778年）刻本
《高苑县志》，张耀壁纂修，乾隆二十三年（1758年）刻本
《巩县志》，李述武修、张九钺纂，乾隆五十四年（1789年）刻本
《灌阳县志》，单此藩修、陈廷藩、蒋学元纂，康熙四十七年（1708年）刻本
《光山县志》，杨殿梓修、钱时雍纂，乾隆五十一年（1786年）刻本
《广安州新志》，张善荣修、周克望纂，光绪十三年（1887年）刻本
《广东通志》，郝玉麟修、鲁曾煜纂，雍正九年（1731年）刻本
《广东通志》，阮元主修、陈昌齐主纂，道光二年（1822年）刻本
《广平府志》，翁相修、陈斐纂，明嘉靖十五年（1536年）刊本
《广信府志》，蒋继洙修、李树藩等纂，同治十二年（1870年）刻本
《广州府志》，张嗣衍修、沈廷芳纂，乾隆二十四年（1759年）刻本
《桂阳直隶州志》，汪学灏修、王闿运等纂，同治七年（1868年）刻本
《海宁县志》，金鳌等纂修，光绪二十四年（1898年）刻本
《海盐县志》，王彬修、徐用仪纂，光绪三年（1877年）刻本
《河间县志》，杜甲修，胡天游、黄文莲纂，乾隆二十五年（1760年）刻本

《河内县志》，袁通修纂，道光五年（1825年）刻本
《河源县志》，陈张翼主修，乾隆十一年（1746年）刻本
《和顺县志》，黄玉衡修、贾切纂，乾隆三十三年（1768年）刻本
《合阳县全志》，席奉乾修、孙景烈纂，乾隆三十四年（1769年）刻本
《衡阳县志》，杨纯修、徐玑纂修纂，雍正十二年（1734年）刻本
《湖南通志》，陈宏谋修，范咸、欧阳正焕纂，乾隆二十二年（1757年）刻本
《怀远县志》，苏其炤修纂，乾隆十二年（1747年）刻本
《黄渡镇志》，章树福纂，咸丰三年（1853年）刊本
《获鹿县志》，周棨纂修，乾隆四十六年（1781年）抄本
《畿辅通志》，李鸿章修、黄彭年纂，光绪十二年（1886年）刻本
《济南府志》，王增芳等修、成瓘等纂，道光二十年（1840年）刻本
《嘉定县志》，赵昕修、苏渊纂，康熙十二年（1673年）刻本
《嘉定县志》，程国栋纂修，乾隆七年（1742年）刊本
《嘉定县续志》，程其珏修、杨震福纂，光绪八年（1882年）刻本
《江阴县志》，陈延恩、李兆洛等纂修，道光二十年（1840年）刻本
《江阴县志》，卢思诚、冯寿镜修，季念诒、夏炜如纂，光绪四年（1878年）刻本
《九江儒林乡志》，朱次琦等倡修，冯栻宗、黎璿主编，光绪九年（1883年）刻本
《乐昌县志》，徐宝符等修、李秋等纂，同治十年（1871年）刻本
《乐陵县志》，王谦益修、郑成中纂，乾隆二十七年（1762年）刻本
《乐亭县志》，陈金骏纂修，乾隆二十年（1755年）刻本
《临汾县志》，邢云路、林弘化修纂，康熙三十四年（1695年）增刻本
《林县志》，杨潮观纂修，乾隆十七年（1752年）刻本
《陵川县志》，程德炯纂修，乾隆五年（1740年）刻本
《龙门县志》，章焞纂修，康熙五十一年（1712年）刻本
《龙溪县志》，吴宜燮修，黄惠、李畴纂，乾隆二十七年（1763年）刻本
《娄县志》，谢庭薰修、陆锡熊纂，乾隆五十三年（1788年）刻本

相似还是相异？

《陆丰县志》，王之正修、沈展才纂，乾隆十年（1745年）刻本
《滦州志》，吴士鸿修、孙学恒纂，嘉庆十五年（1810年）刻本
《罗山县志》，葛荃修、李之杜纂，乾隆十一年（1746年）刻本
《孟县志》，仇汝瑚修、冯敏昌纂，乾隆五十五年（1790年）刻本
《南安府志》，蒋有道、史珥修纂，乾隆三十三年（1768年）刻本
《南海县志》，潘尚楫修、邓士宪等纂，道光十五年（1835年）刻本
《南翔镇志》，张承先编纂、程攸熙增订，嘉庆十二年（1807年）刻本
《南浔镇志》，汪曰桢纂，咸丰九年（1859年）至同治二年（1863年）刻本
《宁波府志》，曹秉仁修、万经纂，雍正十一年（1733年）刻本
《宁都直隶州志》，黄永纶修、杨锡龄纂，道光四年（1824年）刻本
《宁国县志》，杨虎修、李丙麐纂，民国二十五年（1936年）铅印本
《平和县志》，王柏等修、昌天锦等纂，康熙五十八年（1719年）刻本
《平湖县志》，高国楹、沈光曾等修纂，乾隆五十五年（1745年）刻本
《平原县志》，黄怀祖修、黄兆熊等纂，乾隆十四年（1749年）刻本
《平阴县志》，喻春林修、朱续孜纂，清嘉庆十三年（1808年）刊本
《齐河县志》，上官有仪主修、许琰纂，乾隆二年（1737年）刻本
《祁州志》，王楷等修、张万铨等纂，乾隆二十一年（1756年）刻本
《蕲水县志》，刘佑修、杨继经纂，顺治十四年（1657年）刻本
《清河县志》，钱启文纂修，康熙五十七年（1718年）增刻本
《清平县志》，万承绍修，周以勋纂，嘉庆三年（1798年）刻本
《清远县志》，李文烜修、朱润芸等纂，光绪六年（1880年）刻本
《饶阳县志》，单作哲纂修，乾隆十四年（1749年）刻本
《瑞金县志》，郭灿、黄天策修纂，乾隆十八年（1753年）刻本
《瑞金县志》，张国英、陈芳等修纂，同治十三年（1874年）刻本
《松江府志》，宋如林等修、孙星衍等纂，嘉庆二十三年（1818年）刻本
《嵩县志》，康基渊纂修，乾隆三十二年（1767年）刻本
《陕西通志》，贾汉复、李楷等纂修，雍正十三年（1735年）刻本

参考文献

《上杭县志》，顾人骥等修、沈成国纂，乾隆十八年（1753年）刻本

《上虞县志》，储家藻修、徐致靖纂，光绪二十五年（1899年）刻本

《深州直隶州志》，张范东修、李广滋纂，道光七年（1827年）刻本

《盛湖志》，仲沈洙纂，乾隆三十五年（1770年）刊本

《石冈广福合志》，萧鱼会、赵稷思纂，嘉庆十二年（1807年）刻本

《太仓州志》，王祖畲、钱溯耆等修纂，王祖畲续纂，民国八年（1919年）刻本

《太古县志》，恩浚、王效尊修纂，光绪十二年（1886年）刻本

《汤溪县志》，谭国枢增修，康熙二十二年（1683年）刻本

《唐县志》，陈咏修，光绪四年（1878年）刻本

《通州志》，吴存礼修、陆茂腾纂，康熙三十六年（1697年）刻本

《通州志》，高天凤修、金梅纂，乾隆四十八年（1783年）刻本

《通州直隶州志》，梁悦馨等修，季念诒、沈锽纂，光绪二年（1876年）刻本

《同官县志》，袁文观纂修，乾隆三十年（1765年）刻本

《万载县志》，张芗甫修、龙赓言纂，民国二十九年（1940年）刊本

《蔚县志》，王育橞修、李舜臣纂，乾隆四年（1739年）刻本

《文水县志》，王炜修、阴步霞纂，光绪九年（1883年）刻本

《沃史》（《曲沃县志》），范印心、张奇勋纂修，康熙五年（1666年）刻本

《无极县志》，黄可润修纂，乾隆二十三年（1748年）刻本

《无锡金匮县志》，裴大中、倪咸生等修，秦缃业等纂，光绪七年（1881年）刻本

《吴江县志》，郭琇修、叶燮等纂，康熙二十三年（1684年）刻本

《吴江县志》，陈荀纕、丁元正修，倪师孟、沈彤纂，乾隆十二年（1747年）刻本

《武城县志》，厉秀芳编修，道光二十一年（1841年）刻本

《五寨县志》，秦雄褒纂修，乾隆十六年（1751年）刻本

《西江志》，白潢修、查慎行纂，康熙五十九年（1720年）刻本

《夏津县志》，方学成修、梁大鲲纂，乾隆六年（1741年）刻本

相似还是相异？

《兴国县志》，崔国榜、蓝拔奇等修纂，同治十一年（1872年）刻本
《行唐县新志》，吴高增主修，乾隆三十七年（1772年）刻本
《溆浦县志》，陶金谐修、杨鸿观纂，乾隆二十七年（1762年）刻本
《鄢陵县志》，何鄂联修、洪符孙纂，道光十二年（1832年）刻本
《洋县志》，张鹏翼、赵沛霖等修纂，光绪二十四年（1898年）刻本
《阳原县志》，刘志鸿修，李泰棻纂，民国二十四年（1935年）铅印本
《掖县志》，张思勉、于始瞻纂，乾隆二十三年（1758年）刻本
《翼城县志》，许崇楷修纂，乾隆三十六年（1771年）刻本
《峄县志》，王振录等修、王宝田等纂，光绪三十年（1904年）刻本
《应城县志》，罗湘修、王承禧纂，光绪八年（1882年）刻本
《永宁州志》，谢汝霖修、朱铃、张永清等纂，康熙四十一年（1702年）刻本
《永寿县志》，郑德枢、赵奇龄修纂，光绪十四年（1888年）刊本
《雩都县志》，高泽叙续修、段彩续纂，乾隆二十二年（1757年）刻本
《禹城县志》，董鹏翱修、牟芦坡纂，嘉庆十三年（1808年）刻本
《云阳县志》，朱世镛修、刘贞安等修纂，民国二十四年（1935年）铅印本
《增城县志》，赵俊、李宝中修纂，嘉庆二十五年（1820年）刻本
《紫堤村小志》，汪永安纂，康熙五十七年（1718年）刻本
《邹平县志》，程素期修、程之芳纂，康熙三十四年（1695年）刻本
《张北县志》，陈继淹修、许闻诗等纂，民国二十四年（1935年）铅印本
《彰明县志》，何庆恩修、朝栋等纂，同治十三年（1874年）刻本
《赵城县志》，杨延亮修纂，道光七年（1827年）刻本
《正定府志》，郑大进修纂，乾隆二十七年（1762年）刻本
《直隶定州志》，宝琳等修纂，道光二十九年（1849年）刻本
《周庄镇志》，陶煦撰，光绪八年（1882年）刻本

3.当代出版物

（1）资料集

安徽省博物馆编：《明清徽州社会经济资料丛刊》，第1辑，北京：中国社

会科学出版社1988年版

陈振汉等编:《清实录经济史资料》,北京:北京大学出版社1989年版

洪焕春编:《明清苏州农村经济资料》,南京:江苏古籍出版社1988年版

李文治主编:《中国近代农业史资料》,第1辑,北京:生活·读书·新知三联书店1957年版

梁方仲编著:《中国历代户口、田地、田赋统计》,上海:上海人民出版社1980年版

王毓瑚辑:《区种十种》,北京:财经出版社1955年版

赵靖、易梦红编:《中国近代经济思想史资料选辑》,上、中、下册,北京:中华书局1982年版

中国第一历史档案馆、中国社会科学院历史研究所合编:《清代土地占有关系与佃农抗租斗争》,上、下册,北京:中华书局1988年版

中国第一历史档案馆、中国社会科学院历史研究所合编:《清代地租剥削形态》,上、下册,北京:中华书局1982年版

中国人民大学历史系、中国第一历史档案馆合编:《清代农民战争史资料选编》,第五册,北京:中国人民大学出版社1983年版

中国人民大学清史研究所、档案系中国政治制度史教研室合编:《康雍乾时期城乡人民反抗斗争资料》,上、下册,北京:中华书局1979年版

(2)专著、论文集

从翰香主编:《近代冀鲁豫乡村》,北京:中国社会科学出版社1995年版

陈恒力:《补农书研究》,北京:中国农业出版社1963年版

陈支平:《清代赋役制度演变新探》,厦门:厦门大学出版社1988年版

戴逸主编:《简明清史》,第1、2分册,北京:人民出版社1980年版

戴逸:《乾隆帝及其时代》,北京:中国人民大学出版社1992年版

戴逸:《18世纪的中国与世界:导言卷》,沈阳:辽海出版社1999年版

冯天瑜:《"封建"考论》(第二版),武汉:武汉大学出版社2007年版

冯佐哲:《贪污之王:和珅秘史》,长春:吉林文史出版社1989年版

相似还是相异？

何炳棣：《1368—1953年中国人口研究》，上海：上海古籍出版社1989年版

何龄修等：《封建贵族大地主的典型——孔府研究》，北京：中国社会科学出版社1981年版

侯建新：《现代化第一基石——农民个人力量与中世纪晚期社会变迁》，天津：天津社会科学院出版社1991年版

胡如雷：《中国封建社会形态研究》，北京：生活·读书·新知三联书店1979年版

黄冕堂：《清史治要》，济南：齐鲁书社1990年版

（美）黄宗智：《华北的小农经济与社会变迁》，北京：中华书局1993年版

（美）黄宗智：《中国农村的过密化与现代化：规范认识危机及出路》，上海：上海社会科学院出版社1992年版

蒋孟引：《蒋孟引文集·英国历史：从远古到20世纪》，南京：南京大学出版社1995年版

蒋孟引主编：《英国史》，北京：中国社会科学出版社1998年版

李文治等：《明清时代的农业资本主义萌芽问题》，北京：中国社会科学出版社1983年版

李文治：《明清时代封建土地关系的松解》，北京：中国社会科学出版社1993年版

刘石吉：《明清时代江南市镇研究》，北京：中国社会科学出版社1987年版

刘永成：《清代前期农业资本主义萌芽初探》，福州：福建人民出版社1982年版

马克垚：《英国封建社会研究》，北京：北京大学出版社1992年版

南京大学历史系明清史研究室编：《中国资本主义萌芽问题论文集》，南京：江苏人民出版社1993年版

戚国淦、陈曦文主编：《撷英集》，北京：首都师范大学出版社1994年版

秦晖、苏文：《田园诗与狂想曲——关中模式与前近代社会的再认识》，北京：中央编译出版社1996年版

参考文献

全汉升：《中国经济史论丛》，第2册，香港：香港中文大学新亚书院新亚研究所1972年版
史志宏：《清代前期的小农经济》，北京：中国社会科学出版社1994年版
吴承明：《中国资本主义与国内市场》，北京：中国社会科学出版社1985年版
吴量恺：《清代经济史研究》，武汉：华中师范大学出版社1991年版
徐浩：《18世纪的中国与世界·农民卷》，沈阳：辽海出版社1999年版
徐新吾主编：《中国近代缫丝工业史》，上海：上海人民出版社1990年版
徐新吾主编：《江南土布史》，上海：上海社会科学院出版社1992年版
许涤新、吴承明主编：《中国资本主义的萌芽》，北京：人民出版社1985年版
许檀：《明清时期山东商品经济的发展》，北京：中国社会科学出版社1998年版
严中平：《中国棉纺织史稿》，北京：科学出版社1963年版
颜元叔：《英国文学：中古时期》，台北：书林出版有限公司1983年版
章有义：《明清徽州土地关系研究》，北京：中国社会科学出版社1984年版
中国社会科学院历史研究所等编：《封建名实问题讨论文集》，南京：江苏人民出版社2008年版

（3）论文（含译文）

（英）布伦纳，R.：《前工业欧洲农村的阶级结构和经济发展》，尚信（张云鹤）译，《世界历史译丛》，1980年，第5期
陈铿：《明清福建农村市场试探》，《中国社会经济史研究》，1986年，第4期
陈铿：《清代南平建瓯地区田价研究》，《中国经济史研究》，1990年，第3期
陈树平：《玉米和番薯在中国传播情况研究》，《中国社会科学》，1980年，第3期
陈忠平：《明清时期江南地区市场考察》，《中国经济史研究》，1990年，第2期
方行：《清代前期北方的小农经济》，《历史研究》，1991年，第2期
高王凌：《乾嘉时期四川的场市、场市网及其功能》，《清史研究集》，第3辑，成都：四川人民出版社1984年版
黄冕堂：《清代农田的单位亩产量考辨》，《文史哲》，1990年，第3期

相似还是相异?

江太新:《清代前期押租制的发展》,《历史研究》,1980年,第3期

江太新:《清初垦荒政策及地权分配情况的考察》,《历史研究》,1982年,第5期

江太新:《清代前期直隶获鹿县土地关系的变化及其对社会经济发展的影响》,《平准学刊》,第1辑,北京:中国商业出版社1985年版

江太新:《从清代获鹿县档案看庶民地主的发展》,《中国社会经济史研究》,1991年,第1期

李文治:《明清时代的地租》,《历史研究》,1986年,第1期

刘永成:《论清代雇工劳动》,《历史研究》,1962年,第4期

刘永成:《清代前期农业租佃关系》,《清史论丛》,第2辑,北京:中华书局1980年版

潘喆、唐世儒:《获鹿县编审册初步研究》,《清史研究集》,第3辑,成都:四川人民出版社1984年版

商鸿逵:《略论清初经济恢复和巩固的过程及其成就》,《北京大学学报》,1957年,第2期

施诚:《全球史中的"早期近代"》,《史学理论研究》,2009年,第4期

史建云:《从棉纺织业看清前期江南小农经济的变化》,《中国经济史研究》,1987年,第3期

史志宏:《从获鹿县审册看清代前期的土地集中和摊丁入地改革》,《河北大学学报》,1984年,第1期

史志宏:《清代前期的耕地面积及粮食产量估计》,《中国经济史研究》,1989年,第2期

孙毓棠:《清初土地分配不均的一个实例》,《历史教学》,1951年,第2卷第2期

吴量恺:《清代乾隆时期农业经济关系的演变和发展》,《清史论丛》,第1辑,北京:中华书局1979年版

(英)希尔顿,R.H:《封建主义的危机》,孙秉莹译,《世界历史译丛》,

1980年，第5期

许檀：《清代山东牲畜市场》，《中国经济史研究》，1988年，第2期

徐浩：《中世纪英国农村的行政、司法及教区体制与农民的关系》，《历史研究》，1986年，第1期

徐浩：《英国农村封建生产关系向资本主义的转变》，《历史研究》，1991年，第5期

徐浩：《论中世纪晚期英国农村生产要素市场》，《历史研究》，1994年，第3期

徐浩：《相似还是相异？——近现代国外有关中西方文明的历史比较》，《史学理论研究》，2016年，第3期

徐浩：《西北欧在欧洲文明形成中的核心作用》，《史学月刊》，2021年，第10期

薛国中：《16—18世纪的中国农业革命》，《武汉大学学报》，1990年，第2期

叶显恩、谭棣华：《明清珠江三角洲农业商业化与墟市的发展》，《广东社会科学》，1984年，第2期

赵世瑜：《明清时期华北庙会研究》，《历史研究》，1992年，第5期

（4）中译本

（苏联）阿尼克斯特：《英国文学史纲》，戴镏龄等译，北京：人民文学出版社1959年版

（苏联）巴尔格：《克伦威尔及其时代》，阿贤奇译，成都：四川大学出版社1986年版

（苏联）波梁斯基：《外国经济史》（资本主义时代），郭吴新等译，北京：生活·读书·新知三联书店1963年版

（美）伯尔曼，哈罗德·J.：《法律与革命——西方法律传统的形成》，贺卫方等译，北京：中国大百科全书出版社，1993年版

（英）勃里格斯，阿萨：《英国社会史》，陈叔平等译，北京：中国人民大学出版社1991年版

相似还是相异？

（美）卜凯：《中国土地的利用》，金陵大学农学院农业经济系译，南京：金陵大学出版社1937年版

（法）布罗代尔，费尔南：《15至18世纪的物质文明、经济和资本主义》，第1、2、3卷，顾良、施康强译，北京：生活·读书·新知三联书店1992年、1993年版

（英）戴尔，克里斯托弗：《转型的时代——中世纪晚期英国的经济与社会》，莫玉梅译，徐浩审校，北京：社会科学文献出版社2010年版

（美）弗兰克，安德烈·贡德：《白银资本——重视经济全球化中的东方》，刘北成译，北京：中央编译出版社2000年版

（英）哈蒙德大妇：《近代工业的兴起》，韦国栋译，北京：商务印书馆1959年版

（民主德国）豪斯赫尔，汉斯：《近代经济史》，王庆余等译，北京：商务印书馆1987年版

（英）吉尔伯特：《罗宾汉》，彭安娜译，长沙：湖南人民出版社1983年版

（苏联）科斯明斯基，叶·阿：《十七世纪英国资产阶级革命》，上、下册，何清等译，北京：商务印书馆1990年版

（英）克拉潘，约翰：《现代英国经济史》，上、中、下卷，姚曾廙译，北京：商务印书馆1974年版

（英）克拉潘，约翰：《简明不列颠经济史》，范定九、王祖廉译，上海：上海译文出版社1980年版

（英）库利舍尔，约瑟夫：《欧洲近代经济史》，石军、周莲译，北京：北京大学出版社1990年版

（美）兰德斯戴维·S：《国富国穷》，门洪华等译，新华出版社2010年版

（美）罗兹曼，吉尔伯特主编：《中国的现代化》，"比较现代化"课题组译，南京：江苏人民出版社1988年版

（美）马士，H.B：《东印度公司对华贸易编年史》，区宗华译，广州：中山大学出版社1991年版

（英）麦迪森，安格斯：《中国经济的长期表现——公元960—2030年》，伍晓英、马德斌译，王小鲁校，上海：上海人民出版社2008年版

（英）麦克法兰，艾伦：《英国个人主义的起源——家庭、财产权和社会转型》，管可秾译，北京：商务印书馆2008年版

（法）芒图，保尔：《18世纪产业革命》，杨人楩等译，北京：商务印书馆1983年版

（美）摩尔，巴林顿：《民主和专制的社会起源》，拓夫等译，北京：华夏出版社1987年版

（英）莫尔，托马斯：《乌托邦》，戴镏龄译，北京：生活·读书·新知三联书店1957年版

（英）莫尔顿，阿·莱：《人民的英国史》，谢琏造等译，北京：生活·读书·新知三联书店1962年版

（美）彭慕兰：《大分流——欧洲、中国及现代世界经济的发展》，史建云译，南京：江苏人民出版社2003年版

（美）珀金斯，德·希：《中国农业的发展（1368—1968年）》，宋海文等译，上海：上海译文出版社1984年版

（意）奇波拉，卡洛主编：《欧洲经济史》，第1、2、3、4卷，徐璇等译，北京：商务印书馆1988年、1989年版

（俄）恰亚诺夫，A.：《农民经济组织》，萧正洪译，北京：中央编译出版社1996年版

（英）乔叟，杰弗雷：《坎特伯雷故事》，方重译，上海：上海译文出版社1983年版

（英）琼斯，埃里克：《欧洲奇迹——欧亚史中的环境、经济和地缘政治》（第三版），陈小白译，北京：华夏出版社2015年版

（英）斯密，亚当：《国民财富的性质和原因的研究》，上、下卷，郭大力、王亚南译，北京：商务印书馆1997年版

（美）斯塔夫里阿诺斯：《全球通史：1500年以后的世界》，吴象婴等译，

相似还是相异?

上海:上海社会科学院出版社1993年版

(美)斯塔夫里亚诺斯:《全球分裂——第三世界的历史进程》,上、下册,迟越等译,北京:商务印书馆1995年版

(美)W.舒尔茨,西奥多·W:《改造传统农业》,梁小民译,北京:商务印书馆1987年版

(苏联)塔塔里诺娃:《英国史纲:一六四〇年——一八一五年》,何清新译,北京:生活·读书·新知三联书店1962年版

(美)王国斌:《转变的中国——历史变迁与欧洲经验的局限》,李伯重、连玲玲译,南京:江苏人民出版社1998年版

(德)维贝尔:《世界经济通史》,姚曾廙译,上海:译文出版社1981年版

(德)韦伯,马克斯:《新教伦理和资本主义精神》,黄晓京、彭强译,成都:四川人民出版社1986年版

(英)沃尔夫,亚:《十八世纪科学、技术和哲学史》,上、下册,周昌忠等译,北京:商务印书馆1991年版

(美)沃拉,兰比尔:《中国:前现代化的阵痛》,廖七一译,沈阳:辽宁人民出版社1989年版

(英)希尔顿等:《1381年的英国人民起义》,瞿菊农译,北京:生活·读书·新知三联书店1956年版

(美)伊格尔斯,格奥尔格:《欧洲史学新方向》,赵世玲等译,北京:华夏出版社1988年版

二、英文文献

1.专著

Ashley, W. J., *The Economic Organization of England: An Outline History*, London: Longmans, Green & Co., 1914

Ashton, T. S., *An Economic History of England: The Eighteenth Century*, London: Methuen, 1955

参考文献

Beckett, J.V., *The Aristocracy in England 1660−1914*, Oxford and New York: Basil Blackwell, 1986

Bennett, H. S., *Life on the English Manor: A Study of Peasant Conditions 1150-1400*, Cambridge: Cambridge University Press, 1937

Boserup, E., *The Conditions of Agricultural Growth: The Economics of Agrarian Change under Population Pressure*, London: Earthscan Publications Ltd, 1993

Broadberry, S., Campbell, B. M. S. , Klein, A., Overton M., and Leeuwen, Bas van, *British Economic Growth 1270−1870*, Cambridge: Cambridge University Press, 2015.

Brown, R., *Society and Economy in Modern Britain 1700-1850*, London: Routledge, 1991

Bruce M. S, Campbell, *The Great Transition: Climate, Disease and Society in the Late-Medieval World,* Cambridge: Cambridge University Press, 2016

Carus-Wilson, E. M., ed., *Essays in Economic History*, Vol. I, London: Edward Arnold, 1965

Chambers, J. D. & Mingay, G. E., *The Agricultural Revolution, 1750−1880*, London: B. T. Batsford Ltd., 1966

Corfield, P. J., *The Impact of English Towns, 1700−1800*, New York: Oxford University Press, 1982

Darby, H. G., *A New Historical Geography of England before 1600*, London: Cambridge University Press, 1973

Deane, P., *The First Industrial Revolution*, Cambridge: Cambridge University Press, 1965

Deane, P. & Cole, W. A., *British Economic Growth, 1688−1959: Trends and Structure*, Cambridge: Cambridge University Press, 1966

Dobb, M., *Studies in the Development of Capitalism*, London: Routledge &

Kegan Paul, 1954

Elvin, M., *The Pattern of the Chinese Past: A Social and Economic Interpretation*, Stanford: University Press, 1973

Floud, R. & McCloskey, D., eds., *The Economic History of Britain Since 1700*, Vol. 1: 1700—1860, Cambridge: Cambridge University Press, 1981

Hilton, R. H., ed., *The Transition from Feudalism to Capitalism*, London: NLB, 1976

Hilton, R.H., *Class Conflict and the Crisis of Feudalism: essays in medieval social history*, London: The Hambledon Press, 1985

Kerridge, E., *Agrarian Problems in the Sixteenth Century and After*, London: Allen & Unwin; New York: Barnes and Noble, 1969

Kosminsky, E. A., *Studies in the Agrarian History of England in the Thirteenth Century*, Oxford: Basil Blackwell, 1956

Kriedte, B., Medick, H. & Schlumbohm, J., *Industrialization before Industrialization: Rural Industry in the Genesis of Capitalism*, Cambridge: Cambridge University Press, 1981

Kriedte, P., *Peasants, Landlords and Merchant Capitalists: Europe and the World Economy 1500—1800*, London: Penguin Books, 1991

Laslett, P., ed., *Household and Family in Past Time*, Cambridge: Cambridge University Press, 1972

Lennard, R., *Rural England 1086—1135: A Study of Social and Agrarian Conditions*, Oxford: Clarendon Press, 1959

Lipson, E., *The Economic History of England*, Volume 1, The Middle Ages, Ninth Edition, London: Adam & Charles Black, 1947

Macfarlane, A., *The Origins of English Individualism: The Family, Property and Social Transition*, London: Allen & Unwin, 1978

Martin, E. W., *The Secret People: English Village Life after 1750*, London:

Phoenix House, 1954

Martin, J. E., *Feudalism to Capitalism: Peasant and Landlord in English Agrarian Development*, London: Macmillan Press, 1983

Mathias, P., *The Transformation of England: Essays in the Economic and Social History of England in the Eighteenth Century*, London: Methuen, 1979

Mathias, P., *The First Industrial Nation: An Economic History of Britain, 1700-1914*, London: Methuen & Company, Limited, 1983

Miller, E. & Hatcher, J., *Medieval England: Rural Society and Economic Change 1086-1348*, London ; New York : Longman, 1978

Mingay, G. E., *English Landed Society in the Eighteenth Century*, London: Routledge and Kegan Paul, 1963

Mingay, G. E., *The Gentry: The Rise and Fall of a Ruling Class*, London: Longman Group, 1976

Mingay, G. E. ed., *The Agrarian History of England and Wales*, Vol. VI, 1750-1850, Cambridge: Cambridge University Press, 1989

Pollock, F. & Maitland, F. W., *The History of English Law before the Time of Edward I*, Cambridge: Cambridge University Press, 1923

Porter, G. R., *The Progress of the Nation in Its Various Social and Economical Relations, from the beginning of the Nineteenth Century to the present time*, London: C. Knight & Co., 1836

Porter, R., *English Society in the Eighteenth Century*, London: Penguin Books Ltd., 1982

Postan, M. M., ed., *The Cambridge Economic History of Europe*, Vol. I: Agrarian Life of the Middle Ages, London: Cambridge University Press, 1966

Postan, M.M., *The Medieval Economy and Society: An Economic History of Britain 1100-1500*, London: Weidenfeld and Nicolson, 1972

Rabb, T. K., & Rotberg, R. I., eds., *The New History: The 1980s and Beyond*,

Princeton: Princeton University Press, 1982

Rozman, G., *Urban Networks in Ch'ing China and Tokugawa Japan*, Princeton, New Jersey: Princeton University Press, 1973

Skinner, G., ed., *The City in Late Imperial China*, Stanford: Stanford University Press, 1977

Spufford, M., *Contrasting Communities: English Villagers in the Sixteenth and Seventeenth Centuries*, New York: Cambridge University Press, 1974

Stone, L., *The Crisis of the Aristocracy 1558-1641*, Oxford: Clarendon Press, 1965

Tawney, R. H., *The Agrarian Problem in the Sixteenth Century*, London, New York: Longmans, Green and Co., 1912

Thirsk, J., ed., *The Agrarian History of England and Wales*, Vol. IV, 1500-1640, Cambridge: Cambridge University Press, 1967

Thirsk, J., *The Rural Economy of England: Collected Essays*, London: The Hambledon Press, 1984

Thirsk, J., ed., *The Agrarian History of England and Wales*, Vol. V, 1640-1750 (Part I, Regional Farming Systems; Part II, Agrarian Change), Cambridge: Cambridge University Press, 1985

Titow, J. Z., *England Rural Society 1200-1350*, London: George Allen and Unwin Ltd., 1969

Wallerstein, I., *The Modern World-System I: Capitalist Agriculture and the Origins of the European World-Economy in the Sixteenth Century*, New York: Academic Press, 1974

Wrightson, K. and Levine, D., *Poverty and Piety in an English Village: Terling, 1525-1700*, London, New York: Academic Press, 1979

Yeh Chien Wang, *Land Taxation in Imperial China, 1750-1911*, Cambridge, Mass.: Harvard University Press, 1973

Young, A., *The Farmer's Guide in Hiring and Stocking Farms*, London: W. Strahan, 1770

2.论文

Bennett, M. K., "British Wheat Yield Per Acre for Seven Centuries", *Economic History*, Vol. 3 (Feburary, 1935)

Brenner, R.,"The Agrarian Roots of European Capitalism", *Past and Present*, No.97 (November, 1982)

Broadberry, S., Hanhui Guan, and David Daokui Li , "China, Europe and the Great Divergence: A Study in Historical National Accounting, 980−1850 ", University of Oxford, Discussion Papers in Economic and Social History, Number 155, April, 2017

Elvin, M, "The High-Level Equilibrium Trap: The Causs of the Decline of Invention in Traditional Chinese Textile Industries", in Willmott, W. E., ed., *Economic Organization in Chinese Society*, Stanford: Stanford University Press, 1972

Ping-ti Ho, "The Salt Merchants of Yang-Chou: A Study of Commercial Capitalism in the Eighteenth Century China", *Harvard Journal of Asiatic Studies*, Vol. 17, No. 1−2 (June, 1954)

Rostow, W.W., "The Beginnings of Modern Growth in Europe: An Essay in Synthesis", *Journal of Economic History*, Vol. 33, 1973

Turner M., "Agricultural Productivity in England in the Eighteenth Century", *Economic History Review*, 2nd. ser., Vol.35, No.4, 1982